股权激励方式选择偏好与契约改进路径研究

华玉昆　著

中国财经出版传媒集团
中国财政经济出版社
·北京·

图书在版编目（CIP）数据

股权激励方式选择偏好与契约改进路径研究 / 华玉昆著. -- 北京：中国财政经济出版社，2024. 6.
ISBN 978 - 7 - 5223 - 3303 - 8

Ⅰ. F279. 246

中国国家版本馆 CIP 数据核字第 2024JQ8820 号

责任编辑：彭　波　　责任印制：史大鹏
封面设计：孙俪铭　　责任校对：徐艳丽

股权激励方式选择偏好与契约改进路径研究
GUQUAN JILI FANGSHI XUANZE PIANHAO YU QIYUE GAIJIN LUJING YANJIU

中国财政经济出版社 出版

URL：http：//www. cfeph. cn
E - mail：cfeph@ cfeph. cn

社址：北京市海淀区阜成路甲 28 号　邮政编码：100142
营销中心电话：010 - 88191522
天猫网店：中国财政经济出版社旗舰店
网址：https：//zgczjjcbs. tmall. com
中煤（北京）印务有限公司印刷　各地新华书店经销
成品尺寸：170mm × 240mm　16 开　19. 75 印张　307 000 字
2024 年 6 月第 1 版　2024 年 6 月北京第 1 次印刷
定价：78. 00 元
ISBN 978 - 7 - 5223 - 3303 - 8
（图书出现印装问题，本社负责调换，电话：010 - 88190548）
本社图书质量投诉电话：010 - 88190744
打击盗版举报热线：010 - 88191661　QQ：2242791300

前　言

自2006年正式实行《上市公司股权激励管理办法（试行）》以来，股权激励制度在中国上市公司推行已有15年。其间，两种主流的股权激励方式在不同阶段分别受到不同程度的选择偏好并在2012年出现反转，反转的时间节点正好与中国特定的宏观经济与政府换届关联的时代背景高度吻合，这种离奇的“巧合”背后很可能蕴藏着深刻的经济学意义和特殊的制度含义。然而，针对中国上市公司股权激励问题的研究却很少关注股权激励方式选择问题，特别是在近15年的长期视阈下，鲜有学者对股权激励方式选择动因、偏好反转及由此对股权激励效应产生的影响等方面展开研究，更缺少从实证发现到股权激励底层逻辑反思到理论基础的重新审视再到股权激励契约改进路径的探索。回望股权激励制度实践史与理论发展史，已有的经验与理论已然难以对当下的中国样本提供令人满意的答案，现实的超前发展亟须在新的经验证据上完善理论，在新的理论层面上为股权激励契约改进路径提供新的科学指引。

鉴于此，本书基于长期时间窗口并结合宏观与微观研究视角，通过实证揭示、规范评判、制度选择和实践验证的四大研究步骤，对现代企业经营者股权激励方式选择偏好的理论框架、实践范式和股权激励制度的实际效果进行多层次多维度考察与验证，对依托于经营者剩余索取权的股权激励契约理论模型进行效率改进，继而在此基础上提出现代企业经营者股权激励契约改进路径并对契合改进路径的新型股权激励契约实践效果进行初步验证。本书的主要结论包括：

第一，上市公司究竟采用何种股权激励方式，是股东与管理层在不同情势下基于不同博弈态势进行选择的结果：（1）总体而言，企业微观层面的管理层风险偏好和宏观层面的经济增速与市场风险均显著影响了股权激励方式选择决策，但宏观因素起决定性作用。（2）经济环境的时代变迁引致股权激励方式选择偏好出现反转，在反转之前，除宏观经济增速对股权激励方式选择偏好产生显著影响外，管理层风险偏好与市场风险水平均未对此产生显著作用，而在偏好反转之后却恰恰与此相反。（3）股权激励方式选择偏好反转之谜的解释符合公司治理权力主导地位相机转移的理论假说，即在经营形势有利时，公司治理由管理层权力占主导地位，股权激励方式选择结果更多地取决于管理层私人收益的取舍而偏好于股票期权方式，但在经营形势不利时，公司治理转由股东权力占主导地位，股东治理对管理层风险偏好的逆向规制作用显著，企业更偏好有利于保护股东利益的限制性股票方式。

第二，选择不同的股权激励方式会产生不同的激励后果，其中以经营者事前出资购买激励权益的限制性股票要比股东事前“免费”赠送激励权益的股票期权更具激励效率：（1）股权激励总体上对提升经营业绩、降低经营风险和代理成本产生了显著的激励作用，并在提升经营业绩和降低经营风险方面分别具有持续六年和四年的激励效应，但总体的激励效应及其持续性主要源自限制性股票方式，尤其在降低经营风险方面更为明显。（2）股权激励方式选择偏好反转前后的时代特征对不同方式激励效应及其持续性存在调节作用：①在偏好反转之前经营形势有利，股票期权的业绩激励作用及其持续性略优于限制性股票，但对降低经营风险未见明显激励效应；②在偏好反转之后经营形势不利，限制性股票的多维激励效应及其持续性均好于股票期权，尤其体现在降低经营风险方面。(3) 进一步研究还发现：产权性质、行业异质性和相对业绩评价基准的差异等方面均对不同方式激励效应存在调节作用，但限制性股票的激励效应总体上仍然优于股票期权。

第三，提升股权激励契约效率、破解“有福同享，有难不能同当”的激励困局，关键在于选择收益与风险对等的股权激励方式，采用经营者事前出资购买剩余索取权的契约安排。本书实证研究结论对股权激励契约改进路径选择带来了如下重要启示：更有效的现代企业经营者股权激励契约应当在激励权益的配置方式上坚持经营者人力资本与物质资本双重投入的复合激励契约安排，在“免费”赠予经营者剩余索取权的同时追加经营者出资购买剩余索取权，并采用相对业绩评价机制。进一步基于这一实证启示的理论研究与验证结果表明：(1) “免费”赠予经营者剩余索取权的激励契约因经营者未提供物质资本“抵押”而存在收益与风险不对等，因采用风险业绩考核存在经营者努力与业绩不对等，而使经典委托代理激励契约存在效率损失。(2) 当“免费”赠予经营者剩余索取权的同时要求经营者事前出资购买额外追加的剩余索取权，并以行业平均业绩为基准进行相对业绩评价，可以实现激励契约效率的帕累托改进。(3) 以实践中契合经营者出资购买剩余索取权改进思路的房地产项目跟投这一准自然实验对新型股权激励契约实际效果进行验证发现，基于等价交易原则由经营者事前出资购买剩余索取权的激励契约安排确实具有显著的激励与约束双重治理作用。

相较于已有研究文献，本研究可能的贡献在于：一是从宏观视角对股权激励及其方式选择动因进行深入分析具有一定新颖性，不但丰富与拓展了该领域的研究内容，还契合了时代发展对现代企业经营者激励制度创新的需要。二是对股权激励效应进行多层次与多维度的实证检验，这种立体式检验思路拓展了这一领域现有实证研究范式，可以获得更为综合和可靠的研究结论。三是重构了委托代理激励契约模型，较好地解决了经典理论模型存在效率损失的问题，为真正解决企业经营者收益与风险不对等、努力与业绩不对等的难题提供了更为完善的理论基础。四是对倾向得分匹配法和双重差分法相结合的研究方法在技术实现手段上进行了较大改良，避免了多期检验时匹配的控制组样本中特定企业在各个期间不一致以及双重差分基准不一致的估计偏误问题。

目　录

第 1 章

绪　论

1.1　问题提出与研究意义

1.1.1　研究背景

（1）政策背景

为完善企业法人治理结构，建立有效的经营者激励约束机制，中国上市公司早在 20 世纪末就已引入股权激励制度，但由于资本市场发育滞后、股权分置弊端和法律法规缺失，仅有少数企业成功实施股权激励计划（杨慧辉等，2012）。进入 21 世纪以来，随着一系列相关政策法规的出台和股权分置改革的完成，中国上市公司股权激励制度开始步入规范化发展轨道。特别是在贯彻落实《国务院关于推进资本市场改革开放和稳定发展的若干意见》（国发〔2004〕3 号）和《国务院批转证监会〈关于提高上市公司质量意见〉的通知》（国发〔2005〕34 号）等文件精神的背景下，2005 年 9 月 30 日，证监会审议通过了《上市公司股权激励管理办法（试行）》（以下简称《管理办法（试行）》）并于 2006 年 1 月 1 日起开始实行。《管理办法（试行）》首次明确规定了中国上市公司股权激励的定义、可供选择的激励方式、适用的实施范围和程序等内容，并为激励计划的具体条款设置提供了指导性意见。其颁布实行确立了上市公司股权激励制度的法律地位，标志着中国股权激励制度的正式建立（杨慧辉等，2012；陈文强，2017）。此后，证监会还陆续发布了与股权激励实施要求有关的三个事项备忘录和两个监管问答，对实施对象、股份来源、股票价格、授予方式、行权指标、业绩条件和会计处理等具体操作层面问题作了进一步说明，为股权激励制度的正确实施提供了较为完备的操作指引，有力地促进了股权激励制度在上市公司中的顺利推行（梁上坤，2016；胡景涛等，2020；肖永慧和段康，2020）。

2013 年 11 月，党的十八届三中全会审议通过了《中共中央关于全面深化改革若干重大问题的决定》，明确提出要“优化上市公司投资者回报机制”，为落实这一文件精神，国务院连续出台了《国务院办公厅关于进一步加强资本市场中小投资者合法权益保护工作的意见》（国办发〔2013〕110 号）和《国务院关于进一步促进资本市场健康发展的若干意见》（国发〔2014〕17 号）等重要文件，这一系列致力于深化改革的工作部署和战略决策均涉及了完善上市公司股权激励制度的相关内容，其中国发〔2014〕17 号（也称为“新国九条”）更是明确提出要完善现代企业制度和公司治理结构，推动企业员工持股与股权激励机制探索。在这个基础上，为切实促进形成资本所有者和劳动者利益共同体，提高管理层的积极性，激励经营者提高企业核心竞争力，进而优化投资者回报机制，保护投资者合法权益，证监会于 2016 年 7 月 13 日正式发布了经过系统修订后的《上市公司股权激励管理办法》（以下简称《管理办法》），并自 2016 年 8 月 13 日起实行。新的《管理办法》在坚持市场化改革的总体原则和简政放权、宽进严管的理念下，围绕信息披露规范，致力于逐步形成企业自主决策、市场约束有效的上市公司股权激励制度。其发布和实施进一步完善了股权激励的制度规范和法律依据，是对 2005 年首次出台的《管理办法（试行）》在实施十年来的经验总结和全面升级，为新时期切实发挥资本市场优化资源配置作用，引领企业这一微观主体积极响应供给侧结构性改革和国有企业混合所有制改革的国家战略提供了更加有效的动力机制，也为新时期形成制度相对更为成熟、市场导向更为明确、设计自主和决策灵活同时又监管有效的良性治理局面奠定了基础（杨志强等，2016；陈丹和曹伟豪，2018；韩卓辰，2020）。事实发展也表明，新的《管理办法》为各类上市公司实施股权激励计划提供了行之有效的指导规范，不但进一步规范了主板市场上市公司股权激励实施方案，也对中小板、创业板、科创板、新三板和非上市企业的股权激励计划提供了直接的指导和借鉴（魏春燕，2019；李朝芳，2020）。至此，经过近十五年的发展，中国股权激励法规和政策体系已经基本形成。

从股权激励法规和政策精神落实情况来看，自2006年1月1日正式实行《管理办法（试行）》以来，实施股权激励的中国上市公司逐年增加，股权激励计划公告数迅速增长。据国泰安数据统计，截至2020年12月，共有1 837家上市公司公告了3 219份股权激励计划，其中797家公司的1 105份激励计划采用股票期权激励方式，1 005家公司的2 079份激励计划采用限制性股票激励方式，另有35家公司的35份激励计划采用股票增值权激励方式。按年度统计的详细数据可知（见表1－1），除了2007年和2009年这两年因政策纠偏以及2019年因此前IPO公司较少、宏观经济形势严峻（荣正投资课题组，2020），导致上市公司股权激励计划公告数大幅降低外，大部分年度股权激励计划公告数同比快速增长。同时，与《管理办法（试行）》明确指引的两种股权激励方式相对应，十五年来的股权激励计划平均98%都选择了股票期权和限制性股票两种激励方式，而选择股票增值权激励方式的激励计划数始终只有个位数，并在2019年及之后，不再有公司再选择这一激励方式。此外，值得注意的是，历年来主要的两种股权激励方式年度占比在2012年基本持平，而在2013年度出现了根本性的反转，由2012年之前的股票期权激励方式为主转变为2013年及之后限制性股票激励方式为主（见图1－1）。从图1－1可以看到，股票期权激励方式年度占比在2007年达到最高值之后逐年波浪式下降，而限制性股票激励方式年度占比则在2007年出现最低值之后逐年波浪式上升，并在2013年出现年度占比权重完全反转的现象。综上所述，在长期一脉相承的政策背景下，股权激励实践发展历程及其方式选择偏好却出现了“离奇”的反转，着实令人困惑。若从制度经济学角度来看，其现象的背后很可能蕴藏着深刻的经济学意义和制度含义。考虑到宏观经济环境的变迁，我们有理由推测，在中国特殊的政策背景下，股权激励方式选择决策中不仅有微观层面涉及经营者私人收益与风险权衡的内生动机发挥了持续作用，而且还受到宏观层面多维度影响因素的外在冲击。

表 1 -1　　2006 ~ 2020 年中国上市公司股权激励计划公告统计

年度/统计	激励计划公告（次）数				占比（%）			
	期权	股票	增值权	合计	期权	股票	增值权	合计
2006	32	9	1	42	76.2	21.4	2.4	100
2007	13	1	2	16	81.3	6.3	12.5	100
2008	55	12	3	70	78.6	17.1	4.3	100
2009	18	8	2	28	64.3	28.6	7.1	100
2010	60	17	5	82	73.2	20.7	6.1	100
2011	86	42	5	133	64.7	31.6	3.8	100
2012	69	71	3	143	48.3	49.7	2.1	100
2013	87	103	3	193	45.1	53.4	1.6	100
2014	63	121	3	187	33.7	64.7	1.6	100
2015	53	169	2	224	23.7	75.4	0.9	100
2016	67	202	2	271	24.7	74.5	0.7	100
2017	93	353	3	449	20.7	78.6	0.7	100
2018	146	321	1	468	31.2	68.6	0.2	100
2019	141	257	0	398	35.4	64.6	0.0	100
2020	122	393	0	515	23.7	76.3	0.0	100

注：①激励计划公告以首次公告日进行统计。②数据来源于国泰安数据库。

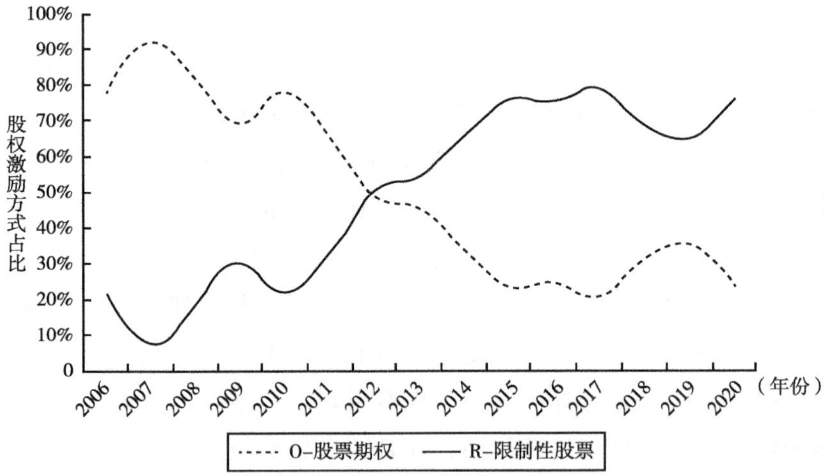

图 1 -1　股权激励方式选择偏好反转

数据来源：国泰安。

(2) 时代背景

伴随着上市公司股权激励法规制度和政策体系的逐步建立，上市公司经营者激励机制不断完善，企业经营者的潜能得以大幅激活，员工积极性得以有效发挥，上市公司业绩得以显著改善（陈文强，2017）。但近年来，贸易保护主义抬头，经济全球化浪潮受阻，中国外向型经济面临调整和转型，出口额在GDP的比重连年下降（见图1－2），出口企业纷纷转向国内市场，以致许多行业的竞争广度、深度和强度不断推高，市场“风口”迅速消失，“躺赢”机遇渐行渐远，甚至步入行业发展低谷，企业陷入发展危机。与此同时，中国经济经过多年的高速增长后，面临换挡转轨，转型升级，经济增长趋势逐渐由上行期步入下行期，GDP增长率趋于逐步下滑（见图1－3），宏观经济景气渐显低迷（见图1－4），系统性市场风险呈放大之势（见图1－5），投资增速则逐年放缓（见图1－6）。这一切意味着中国经济已经步入新常态。在新的历史转型发展的宏大背景和变革阵痛之下，企业经营者正面临着愈益增大的经营挑战与破局压力，也由此在很大程度上改变了经营者原有的私人风险意识与收益函数，进而使企业经营者激励问题变得更为复杂多变和举足轻重，原有激励契约更须适应时代发展需要。因此，在经济下行期，面对系统性市场风险明显放大的情形，上市公司作为重要甚至主导的市场参与者，必然敏锐地根据宏观经济形势调整经营战略和策略，但这种调整的程度乃至成败却从根本上取决于企业

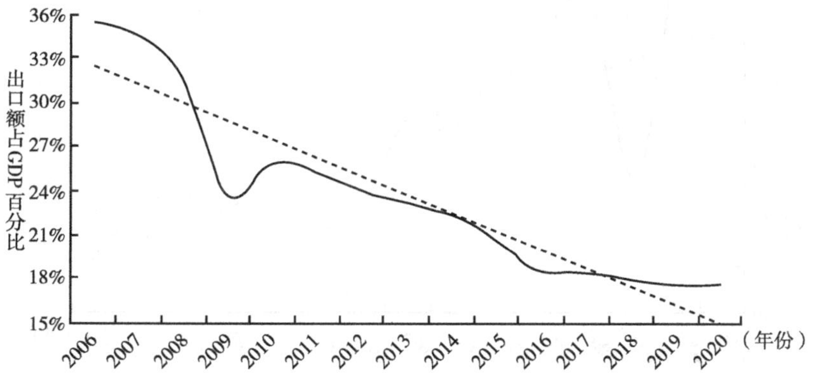

图1－2 2006～2020年出口额占GDP比重变化趋势

数据来源：国家统计局。

经营者的经营决策行为背后的动机，而这种动机又取决于经营者对其自身私人收益与风险的考量，即上市公司经营者的激励契约特别是当下渐成核心激励机制的股权激励制度必然在经营者个人收益与风险偏好的平衡下随着宏观经济形势的改变而改变。

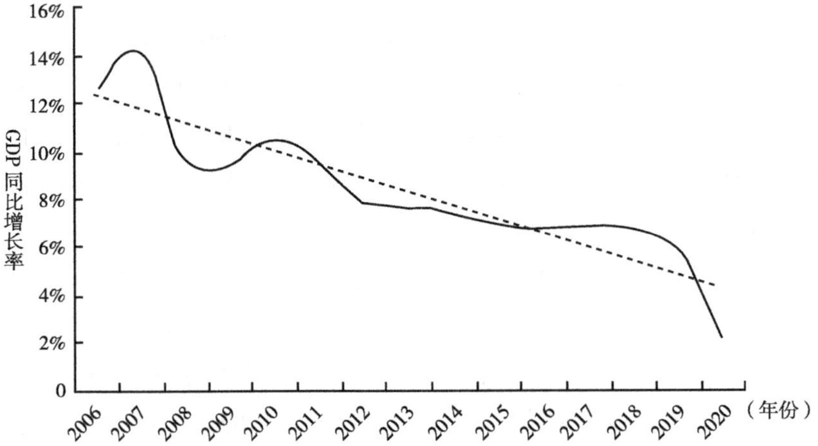

图1－3　2006～2020年GDP同比增长率变化趋势

数据来源：国家统计局。

图1－4　2006～2020年宏观经济景气预警指数变化趋势

数据来源：国泰安。

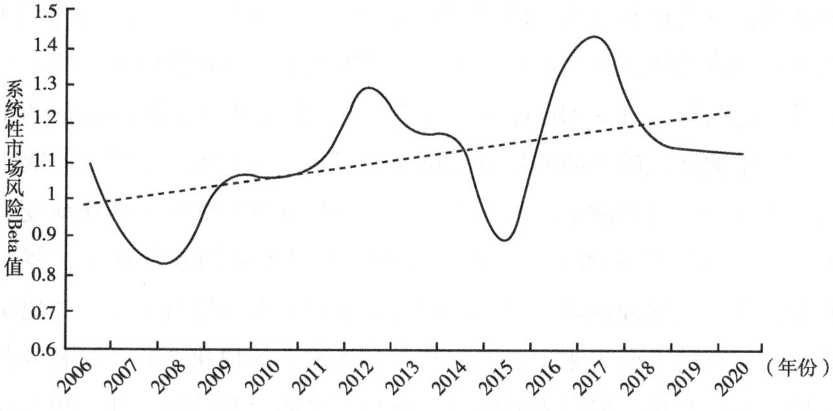

图1-5　2006~2020年系统性市场风险Beta值变化趋势

数据来源：国泰安。

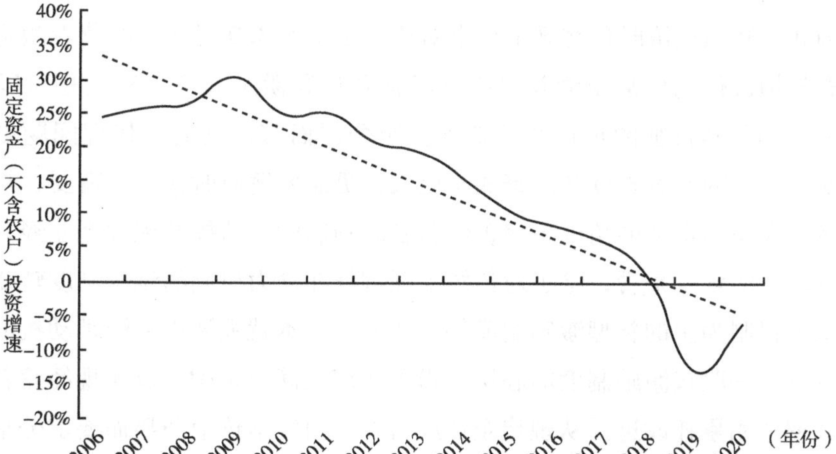

图1-6　2006~2020年全社会（不含农户）固定资产投资增速变化趋势

数据来源：国泰安。

新时期除了宏观经济形势明显改变外，时代经济特征也发生了根本性变化。21世纪以来正在由工业3.0进入工业4.0时代，即信息化时代向智能化时代转变，经济竞争的内核越来越取决于知识、信息、大数据以及人工智能技术等区别于以传统生产要素为核心竞争力的年代，具有知识特征的生产要素已经成为最重要且最具有价值的生产要素，因此当前和可预见的未来也被称为知识经济时代或信息化时代（高闯和李俊华，2017）。在知识经济或信息化时代，知识管理能力成为绝对的核心竞争力，人的因素成为决定性因素，即人力资本的重要性空前凸显（Shen Qiang et al.，2022）。但由于具有知识特征的工作性质决定了对掌握知识的人的监督难度更大，因此人的作用的发挥更取决于人的内在动力机制——自我激励。在当下，面对市场竞争形势快速迭代演变、行业红利乃至“风口”转瞬即逝、企业经营风险有增无减的复杂环境，要实现企业的长期生存、发展和成功，经营者势必要承担更大的经营风险，付出更大的经营性努力，这对经营者来说必然意味着私人成本的快速上升，而私人收益却相对下降，反过来讲，经营者必然要求获得更多的收益分享，即超出劳动补偿收益的激励性收益对提升经营者自我激励水平变得至关重要。正如 Akindayomi（2010）所指出的那样，知识经济时代，企业激励性薪酬方案在提高公司绩效方面的重要性再怎么强调都不过分，可见，经营者自我激励的重要性不言而喻。因此，知识经济时代客观上要求对成形于工业 3.0 时代的经营者激励制度的已有架构进行优化甚至创新以提升经营者自我激励效率，特别是对以“两权分离”为基本特征的现代企业譬如上市公司而言，其委托代理问题更为突出，对经营者的监督难度和监督成本更大，更需要适应时代发展需要、从提升经营者自我激励水平的角度来完善经营者激励制度。从提升现代企业经营者自我激励水平的角度来看，除了对传统上强调外在动力机制的激励制度转变为以内在动力机制为主的新型激励制度外，还要对原本就强调内在激励动机的主流激励制度——股权激励制度的底层逻辑重新审视甚至重构，以实现经营者自我激励效率的帕累托改进。从现代企业经营者人力资本价值凸显而要求分享更多收益的现实选择来看，如何匹配与更多收益对等的风险分担责任相关的制度安排，无疑是上市公司股权激励制度变革的重要内容。从近年来强调收益与风险对等的激励契约创新实践来看，收益与风险对等原则已经被证明是实现经营者收益分享、风险共担的良性激励效率之重要前提。例如，近年来中国互联网行业和房地产行业的诸多先行企业对经营者参与收益分享、实现风险共担的激励制度进行了大胆尝试与探索，如阿里巴巴集团实行的事业合伙人制度、万科集团和碧桂园集团等房地产企业引入的项目跟投制度等，都是在知识经济时代大背景下坚持收益与风险对等原则，创造性地构建出经营者人力资本与物质资本双重投入的新型股权激励制度，其对传统股权激励契约改进路径的探索具有重要启示。

（3）理论背景

现代企业因“两权分离”而存在委托代理问题，股权激励则被认为是解决委托代理问题的最重要和最有效的手段之一（Jensen and Meckling，1976），因而成为现代企业治理框架体系的重要构成部分，并被广泛应用于不同国家不同行业的不同类型企业中。由于其制度内核涉及企业经营者个人的行为动机与选择偏好，且激励契约的条款设置存在较为充分的自由裁量权，而使其相关研究主题常研常新，自出现以来就一直是公司治理领域的研究热点。据考证，虽然股权激励实践最早可以追溯至18世纪中国山东典当业以及晋商古典企业中的“银股”制和“身股”制（康晶晶和张增强，2012），但现代企业股权激励制度则被认为起源于20世纪50年代的美国，并在20世纪80年代得以广泛推行（Jensen and Murphy，2010），虽然20世纪末股权激励实践在欧洲以及日本也有所发展，但与美国相比仍然处于起步阶段（Murphy，1999）。据美国商业周刊报道，美国在20世纪90年代末，《财富》500强中90%以上的公司都对其高级经理人员采用了股票期权激励计划，而且经理人股票期权报酬占其薪酬比重由20世纪80年代中期的1/5上升到了90年代中期的1/3（Hall and Liebman，1998；Murphy，1999），到1998年这一占比达到35%，其中标准普尔指数为500的公司的这一比重为38%（Perry and Zenner，2000），至2000年时则上升至51%（Murphy，2002），甚至在一些研究样本中，股票期权薪酬占比更是达到了前所有未有的70%以上（Core et al.，2003）。特别地，在世纪之交的1994~2004年，虽然CEO股票期权的年度使用量在66%~77%波动，但获得股票期权奖励和持股的CEO比例却从87%稳步增长到96%（Tzioumis，2008）。因此，考虑到这一时期高管薪酬和美国经济高速增长的同步性，有学者认为股权激励不仅改变了美国上市公司高管的薪酬结构（Murphy，1999），而且是美国经济在20世纪末“一枝独秀”、史无前例持续增长的秘密武器（Weinberg，1999），是缔造纳斯达克神话的主要原因（周嘉南和陈效东，2014）。值得注意的是，在不同的股权激励方式中，限制性股票大约在20世纪70年代中期即被引入美国企业实践中（Sloan，1993），但美国长期以来最主要的股权激励方式却是股票期权而非限制性股票或其他激励方式。正是因为美国上市公司股权激励实践从一开始就热衷于股票期权激励方式，美国股权激励问题的研究文献也就长期专注于股票期权，研究的热点问题包括股票期权激励方式的选择动因、激励效应等，其中激励效应又涉及企业业绩、代理成本、机会主义行为等多方面。对于股票期权激励方式的选择动因，早期热点文献一般认为与美国的会计、税务处理有密切关系（如期权支付无须列入损益表）（Hite and Long，1982；Stewart，1990），之后的核心文献则认为与美国的政治、经济、机制和行为因素有关（Murphy，1995；Murphy，1999；Oyer and Schaefer，2005）。进入21世纪后，不少文献还从比较的角度对股票期权和限制性股票激励方式的选择动因进行了研究（Feltham and Wu，2001；Hall and Murphy，2003；Lambert and Larcker，2004；Dodonova and Khoroshilov，2006；Kadan and Swinkels，2008；Carey and Sun，2010）。对于股票期权的业绩激励效应研究文献则主要从报酬——业绩敏感度入手（Jensen and Murphy，1990；Yermack，1995；Hadlock and Lumer，1997；Hall and Liebman，1998；Carpenter，2000；Murphy，2002；Hall and Murphy，2002），但多以实证检验直接激励效应，缺少动态研究视角。此外，对股票期权激励伴生的代理成本和机会主义行为等方面的研究文献也十分丰富和成熟，成果众多，出现了大量的代表性文献（Stewart，1990；Saly，1994；Yermack，1997；Aboody and Kasznik，2000；Brenner et al.，2000；Chance et al.，2000；Murphy，2002；Baker et al.，2003；Bartov and Mohanram，2004；Coles et al.，2006；Call et al.，2016；Klein and Maug，2020）。从已有文献来看，现有研究进展已经相当深入，继续针对美国样本寻求能避免重复工作的进一步研究机会比较有限。

中国现代意义上的股权激励实践早在20世纪末就已引入上市公司，对此也有零星文献进行了理论和实证分析，但由于当时市场和法制建设滞后，所得结论基本持否定（饶晞浩，1999；周建波和孙菊生，2003）。2006年1月，中国证监会审议通过的《股权激励管理办法（试行）》正式实行，国家层面规范化的现代企业股权激励实践由此拉开帷幕，继而针对中国上市公司股权激励问题的研究文献开始层出不穷，主要集中于股权激励的实施动因和激励效应的理论与实证研究。对于实施股权激励的动因，现有文献主要借鉴了以美国样本为研究对象的研究范式，以微观视角为主，忽视了中国特定的宏观环境因素，未考虑宏观经济环境不同带来的异质性影响（Lian et al.，2011；周嘉南和陈效东，2014；刘峰和冯星，2014；陈艳艳，2015；屈恩义和朱方明，2017；陈艳艳和郭然，2017；张奇峰等，2018；张奇峰等，2018），此其一。其二，针对中国股权激励方式选择偏好的变化未能引起足够的关注，中国股权激励方式的选择空间与美国不同的是，从一开始就在法规上明确了上市公司可以自由选择的两种股权激励主要方式，但为何起初更多公司选择股票期权方式而2012年之后更多公司选择限制性股票方式？忽视这一反转现象的情形下研究得出的激励方式选择动因是否还是全面和正确的？反转现象背后隐藏的机理又是什么等问题，过往少有文献进行研究。对于激励效应的研究，尽管基于中国特定的市场和法制背景而涉及更为丰富的研究维度如财务业绩的提升、国有企业的影响、创新投入的变化、投资效率的改变等，但与以美国样本为研究对象的文献一样，多以直接激励效应或总体激励效应为核心研究内容（王烨，2009；潘颖和刘广生，2009；Lian et al.，2011；张宪，2016；徐长生等，2018；孙凤娥等，2019；邵剑兵等，2019；胡景涛等，2020），缺少动态研究视角。不过，需要指出的是，与2006年之前的文献不同的是，这一时期的研究大部分都验证了显著的激励效应。此外，近些年虽然也有部分文献对股权激励的动态激励效应进行了实证研究（顾斌和周立烨，2007；陈艳艳，2012；Fang et al.，2015；陈文强和贾生华，2015；陈文强，2017；陈文强，2018），但与静态视角下激励效应总体结论一致的情形不同的是，动态激励效应的现有研究结论存在很大分歧，有认为没有长期激励效应的（顾斌和周立烨，2007；陈艳艳，2012），也有认为只在激励实施当年及之后两年有持续激励效应的（Fang et al.，2015），还有认为实施当年和次年无效但其后有三年连续的动态激励效应的（陈文强和贾生华，2015；陈文强，2016；陈文强，2017）。同时，现有多数有关股权激励长期动态激励效应的研究文献都未能关注股权激励方式选择不同而可能存在的长期激励效应差异，即便有个别文献对此进行了实证研究如陈文强（2017），但却忽视了宏观因素特别是中国特殊的时代背景对不同激励方式长期激励效应存在的调节作用。当然，尽管有些不足，前期学者如陈文强等对不同股权激励方式长期激励效应进行识别和实证研究的尝试仍然是具有重要理论和现实意义的开创性努力。

此外，随着知识经济时代的快速发展，人力资本的重要性日益凸显，职业资本家与职业企业家的专业化分工不断深化，现代企业两权分离的程度也在不断加深，作为职业企业家的企业经营者激励问题变得更加复杂。因人力资本掌握越来越大的话语权，传统上根深蒂固的“资本雇佣劳动”观念正在被“劳动雇佣资本”或“资本与劳动相互雇佣”的新观念所挑战，原有一成不变的企业高管薪酬激励机制已难合时宜。因此，基于委托代理理论分析框架建立起来的股权激励制度正面临着前所未有的变革要求。一是经典委托代理分析框架内含的众多假设条件越来越远离现实，如代理人风险偏好不变（财富水平不变），收益风险与损失风险或者说在上行风险与下行风险的不同区间内，代理人收益与风险效用相同等（Mirrlees，1974；Mirrless，1976；Holmström，1979；Holmström and Milgrom，1987）。其实质是只强调代理人参与剩余收益分享的权利而忽视其承担风险损失的责任或承担风险责任的可置信性，比如让经营者（代理人）“免费①”拥有事前无须投入物质资本、事后有行权选择权的股票期权激励，抑或让经营者（代理人）廉价获得剩余索取权的限制性股票激励。从这个角度而言，现有股权激励制度存在契约缺陷的根源在于经典委托代理理论分析框架忽视了不同情景下代理人风险偏好和损失厌恶性存在的差异及其影响，忽视了责权利三者的对等原则，从而使经营者可以基于经营环境和风险水平的变化采取逃避风险承担责任的机会主义行为，其直接表现就是股权激励实践中经营者（代理人）愿意共享收益却不愿意（不能）共担风险的现象即“有福同享、有难不能同当”的激励困境难以得到有效治理（段文斌和袁帅，2004），最终扭曲了传统股权激励制度下的激励契约效率。二是企业经营业绩和风险水平除了取决于经营者（代理人）的努力外，还取决于外生随机冲击因素的影响，但委托代理理论依托的代理模型解析解却是以业绩期望值进行求解，人为消除了外生环境因素的影响，使均衡解只取决于经营者（代理人）的努力而使取值永远非负，从而可能使坏形势下的努力者受到惩罚，在好形势

---

① 此处的免费一词加上双引号，意指形式上免费，特别是指事前形式上免费，但实质上有时并非真的免费，这取决激励对象事后是否行权，此其一；其二，未支付对价的激励权益还可能被认为对应于经营者人力资本（周其仁，1996），因此本文中涉及免费一词时，若没有特指，则加上引号，以示此意涵，后文均同此意，不再作重复说明。

下的不努力者受到奖励，也就是说，运气薪酬可能掩盖或者抵消了股权激励真正的激励效应。为解决这一问题，Holmström and Milgrom（1987）提出引入与外生变量有关但与经营者（代理人）努力水平无关的相对业绩变量作为比较基准，以消除运气薪酬。但已有的理论求解模型却以某一特定的可比企业业绩构建这一变量（Holmström and Milgrom，1987；张维迎，2012），实际上并不能真正消除运气薪酬。真正能消除运气薪酬的变量是企业所在行业的平均业绩，因为整个行业的平均业绩是在平均意义上消除了外生冲击后代表平均努力水平的业绩。对此，已有少量文献进行了经验实证（黄辉，2012），但契约改进的理论实证却仍显不足。同时，迄今为止，中国股权激励实践中具体到不同激励方式下的激励契约只有极少数包含相对业绩评价条款，从而使得如何设计有效的经验实证检验方案以及如何改进股权激励契约实践方案仍需深入探究。因此，基于现有文献可见，在政策革新、时代转型发展等外部多重因素的叠加下，无论是经典委托代理理论框架中脱离现实的假设条件及由此对应的激励契约结构，还是相对业绩评价机制的理论与经验实证，都有待于进一步深入研究。

1.1.2 研究问题

中国上市公司股权激励制度经过十五年的推广应用和迭代升级，在政策体系上已经相对成熟，但是股权激励政策的实践效果深受时代背景紧密相连的宏观经济环境因素的复合影响，而现有研究文献却很少考量宏大的时代背景。在过去的十五年中，中国宏观经济发生了明显的周期性变化，由高速增长的上行经济形势转变为换挡升级、供给侧结构性改革背景下低速增长的下行经济形势，特别是随着近年来中美贸易战的恶化，经济下行压力更加有所增大。那么，在不同的时代背景下，面对不同的宏观经济形势和不同的系统性市场风险，以及微观层面经营者行为和动机的变化，到底是什么决定了上市公司实施股权激励以及选择何种股权激励方式的动因？出现股权激励方式选择偏好反转的背后动机是什么？股权激励不同方式的激励效应有何差异？特别是在不同的时代背景下，不同股权激励方式选择偏好反转前后的短期激励效应和长期动态激励效应有何差异和变化？不同股权激励方式在不同的产权性质、不同的行业特征和不同的业绩考核标准下，其短期和长期激励效应又有何不同？针对其中可能存在的机会主义动机和短期行为选择空间，传统股权激励方式的选择动因和激励效应带来了哪些启示？股权激励契约当如何改进？在新时期契合改进思路的新型股权激励制度实践效果如何？是否为股权激励契约改进路径的合理性提供了印证等一系列问题都值得深入研究。具体而言，本研究拟解决的主要问题聚焦于以下 5 个方面。

（1）考虑宏观经济环境因素下的股权激励方式选择动因是什么以及为何出现了偏好反转？

现有研究中主要关注上市公司实施股权激励计划本身决策的内生动因，很少关注股权激励方式选择的外生动因，比如缺少基于特定的宏观经济环境因素考量外生的宏观动因，但事实上这是同一问题的两个方面，需要同时进行探究和回答。进入 21 世纪后，中国经济取得了突飞猛进的发展，特别是在党的十八大之前，GDP 平均环比增长率接近 11%，名义平均环比增长率更是超过 15%（数据来源于国家统计局）。高速的经济增长降低了企业市场行为的风险。但在党的十八大之后，随着全球宏观经济增速放缓和我国经济发展进入转型期，我国 GDP 环比增长率下落至 6% 以下，企业高速扩张的经营风险明显增大。引人关注的是，上市公司股权激励方式选择偏好也在党的十八大这个时间节点出现反转，在党的十八大以前以股票期权为主导，而党的十八大之后则以限制性股票为主导，这一反转的对应关系是否属于巧合？还是背后有着深刻的经济学含义？现有研究中提出的股权激励实施动因以内生因素为主的结论是否还稳健？抑或在特定的宏观环境因素作用下发生了怎样的改变？为此，笔者试图同时考虑微观层面的内生因素和宏观层面的外生因素，并基于委托代理理论的分析框架，围绕上市公司股东和经营者私人收益与风险的博弈均衡，对实施股权激励及其方式选择的深层动因展开分析和论证。从而为下文理论分析与实证检验股权激励方式选择偏好反转前后的短期静态激励效应和长期动态激励效应提供理论支撑。

（2）不同股权激励方式选择偏好下的激励效应以及偏好反转前后的激励效应发生了何种变化？

现代企业经营者薪酬激励制度无论多么有效，都有其特定的适用环境，离开了其所处内外环境的考察，只能是“刻舟求剑”，难免脱离客观实际。现有文献中股权激励及其不同方式激励效应的实证研究都是在特定的时间窗口取样，证实了在特定的时代背景下短期静态激励效应或总体激励效应，所得结论存在时间范围内的孤立性。因此，本研究试图在不同的时代背景下实证股权激励总体静态激励效应①并进行比较，以验证股权激励方式选择偏好反转前后不同时代背景下股权激励契约背后的行为动机假设，从而为股权激励契约改进提供思路。同时，不同于现有文献中只关注股权激励及其方式选择对企业业绩或代理成本的静态激励效应，本研究增加了对企业经营风险静态激励效应的考察维度。因为对于股东（委托人）而言，追求利益最大化不但在于业绩水平的提升，还在于业绩风险（业绩波动性）的降低，尽管业绩风险或业绩波动性的降低有其极限，但作为投资回报的重要评价维度缺一不可。基于以上考虑，本研究将系统地考察股权激励及其方式选择的总体静态激励效应，分别从经营业绩、经营风险和代理成本这三个方面展开实证检验，其中的经营业绩和经营风险检验在于评价股权激励及其方式选择的最终经济后果，而对代理成本的检验在于评价股权激励及其方式选择的过程有效性。在这个基础上，本研究将进一步检验股权激励方式选择偏好反转前后对股权激励及其方式的静态激励效应可能存在的调节作用。除此之外，本研究还将基于产权性质、行业差异和业绩考核基准的不同对股权激励方式的静态激励效应可能存在的调节作用进行实证。

（3）不同股权激励方式选择偏好下的激励效应持续性以及偏好反转前后激励效应持续性发生了何种变化？

股权激励作为一种长期激励制度，其制度目标不仅追求实施当期的短期静态激励效应，更关注长期可持续的动态激励效应。然而，现有文献中少有研究股权激励长期动态激励效应的，仅存的个别实证研究还存在以下几点局限：一是不考虑股权激励方式的不同，将两者合并为单一的股权激励虚拟变量，从总体上考虑股权激励的动态激励效应，二是在寻找控制组样本时，需要尽可能消除内生性问题，但现有文献常用的倾向得分匹配法存在误用，由此可能造成现有文献对股权激励的动态激励效应存在很大分歧，比如有学者认为实施后的当

① 静态激励效应意指实施当期的激励效应，而实施后各期的激励效应，则称为动态激励效应或激励效应持续性，下同。

期开始存在连续三期左右的动态激励效应（屈恩义和朱方明，2017），还有的认为股权激励的动态激励效应存在滞后，在实施的第三期才开始具有持续三期的动态激励效应（陈文强，2017）。本研究认为现有文献研究结论的差异可能源自样本期间和研究方法上的技术操作细节不同，因此，需要基于特定的时代背景对此分别展开实证检验，并且在选择能够尽可能消除样本自选择偏误的研究方法的同时，在方法的使用过程中还要避免技术误用带来的估计偏差。为此，本研究分别基于股权激励方式选择偏好反转前后两个样本期间并采用能够有效消除样本自选择偏误的倾向得分匹配与双重差分相结合的研究方法（PSM - DID），通过改进方法上的技术操作细节，重新对上市公司股权激励及其方式的动态激励效应进行实证检验，以探明不同时代背景下，股权激励及其不同方式的长期动态激励效应存在何种差异，从而为股权激励契约的方式选择条款设计提供理论基础。本研究还将基于产权性质、行业差异和业绩考核基准的不同对股权激励不同方式选择偏好下的动态激励效应可能存在的调节作用进行实证检验。

（4）股权激励方式选择动因及其偏好反转和股权激励不同方式选择偏好下的激励效应实证结果为完善股权激励契约提供了何种启示？以剩余索取权分享安排为核心契约要件的经营者股权激励契约改进路径当作何选择？

前文已论及，中国情景下的股权激励方式选择动因分析离不开对宏观经济环境因素的考量，实证结果将揭示不同的宏微观环境下股权激励方式选择偏好背后的企业经营者行为动机及其后果，其逻辑很可能落在以下命题之中：究竟采用何种股权激励方式是委托代理双方在不同情景下基于不同博弈态势进行选择的结果，不同的选择结果将带来不同的激励效应及其持续性，要获得更好的激励效果，则要对股权激励方式选择的契约安排做出更好的制度设计。为此，本研究基于实证结果提供的逻辑启示，将重新审视古典企业与现代企业委托代理问题的本质差异，引入前景理论分析代理人的行为动机，从代理人风险厌恶性和损失厌恶性的多重分析视角对股权激励契约作用机理进行解释，特别地考虑股权激励方式选择偏好反转前后上行风险和下行风险对代理人行为动机的不同影响机理，以代理人收益与风险对等、努力与业绩对等的激励与约束双重治理目标为导向，对依托于剩余索取权分享的现代企业经营者人力资本产权激励契约的主要问题展开深入分析，阐明现代企业经营者剩余索取权激励契约存在的主要缺陷，提出以经营者事前投入物质资本的剩余索取权分享安排以改进现行股权激励契约的新思路，借此重构委托代理激励契约模型，并证明这一理论模型的帕累托效率改进，从而为知识经济时代背景下的股权激励制度创新提供新的理论视角，并在方法论层面为新型股权激励制度实践提供操作指引。

（5）现实中契合股权激励契约改进思路的新型股权激励契约实践应用模式有何特点？实际激励效果是否为本研究提出的股权激励契约改进路径提供了有力的效率印证？

近年来，在新兴企业中以及人力资本发挥关键作用的行业中出现了一些基本满足本研究关于股权激励契约理论模型改进思路的新型股权激励契约实践模式，如事业合伙人制度和经营者内部跟投制度，这些创新的股权激励契约模式的共同特点与传统上“免费”或“廉价”获得股权的激励契约模式有很大的不同，即：都需要激励对象在事前以等价支付方式出资购买企业剩余索取权。那么这些新型股权激励模式或方式有何优缺点？是否具有不同的适用性？是否真的有效？对此，本研究一方面作出理论回答，另一方面予以实证检验。考虑到经验数据的获得条件，本研究仅对其中的经营者内部跟投制度的激励效应进行实证研究。具体而言，是以房地产上市公司项目跟投为例，对新型股权激励契约的实效性进行验证，从而为改进的股权激励契约模型在激励效率上提供经验证据，完成从现实发现到理论改进再到现实验证的系统研究闭环所对应的完整研究环节，从而为现代企业经营者股权激励制度创新实践必须坚持收益与风险对等的激励契约原则这一理论命题提供实证支持。

1.1.3 研究意义

从现有文献和实践发展来看，本研究意义主要体现在以下4个方面：

第一，本研究从时代背景的转换与股权激励方式选择偏好反转的重合现象出发，同时从宏观和微观层面深入考察中国上市公司股权激励方式选择的动因及其变化，可以拓展和丰富股权激励实施决策动因的研究内容，为股权激励方式的激励效应研究提供新的分析视角，为上市公司股权激励契约条款设计提供关于方式选择的思路。从掌握的现有文献来看，股权激励实施动因得到了较多关注，取得了较为丰富的研究成果且结论趋于一致，但尚未有文献全面分析股权激励方式的选择动因，即便有个别文献涉及这一问题，也主要从企业微观层面的单一视角对内生因素进行了初步分析。本研究在现有文献关于股权激励方式选择的内生因素分析基础上，首次从宏观经济形势和市场系统性风险态势的外生因素入手，综合宏观与微观层面影响因素的多重分析视角，基于委托代理理论分析框架，对委托人与代理人双方在选择股权激励方式时的动机进行了考察。这一分析范式可以在一定程度上开拓和丰富股权激励研究内容，填补以往股权激励方式选择动因研究缺口。其次，本研究对中国上市公司股权激励方式选择偏好反转现象的特别关注和实证研究，不但较为全面地回答了股权激励方式选择动因的决定因素，为后文从股权激励方式选择偏好反转前后两个阶段的激励效应及其持续性进行比较研究提供了思路，而且也为后续研究中全面考察宏微观环境因素对股权激励效应的影响提供了有益的参考。

第二，不同于现有文献主要从提升经营业绩和降低代理成本两个维度实证检验激励效应的思路，本研究对股权激励过程中呈现的显性代理成本和隐性代理成本降低、激励后果中呈现的经营业绩提升和经营风险控制等两个层面四个维度的绩效进行多重实证检验，从而在多维立体的角度全面掌握股权激励效果，拓展和完善了股权激励短期静态激励效应的研究范式。首先，股权激励的理论基础——委托代理理论的初衷在于降低代理成本，但长期以来对代理成本的检验手段上只关注可以观察的显性代理成本，而忽视了难以观察的隐性代理成本，对此，本研究借鉴李世辉和雷新途（2008）关于显性与隐性代理成本的划分方法，分别采用管理费用率和总资产周转率代表显性与隐性代理成本，在长期时间窗口内对其静态激励效应进行实证检验，同时，还基于股权激励方式选择偏好反转前后的两个时间窗口对其进行分期检验，这种全方位的实证分析有助于进一步打开企业经营者激励的“黑箱”，进而在激励过程中看清股权激励契约对企业经营者行为的作用机理。其次，对外部股东（委托人）来说，不仅追求高回报还要求低风险，因此，股东（委托人）除了关心业绩水平的提升外，还关心业绩水平的波动性即经营风险。换言之，就激励效应而言，股东（委托人）利益最大化在于收益与风险的综合价值最大化。为此，本研究同时对业绩水平和经营风险的总体静态激励效应进行考察，并基于股权激励方式选择偏好反转前后的两个时间窗口进行分期检验。此外，本研究还基于产权性质、行业差异和业绩考核基准的不同分别对股权激励方式的短期静态激励效应进行了实证研究，这种多层次多维度的研究思路和实证结果将为后续研究更加全面、深刻地认识和把握股权激励后果提供有益的思路借鉴。

第三，在检验股权激励及其不同方式选择偏好下的静态激励效应基础上，本研究进一步对股权激励长期视角下的激励效应持续性（长期动态激励效应）进行多角度实证检验，与现有文献不同的是，本研究除了就股权激励及其方式选择偏好对经营业绩的长期动态激励效应进行实证检验外，还就股权激励及其方式选择偏好对经营风险的长期动态激励效应进行了实证检验，拓宽了股权激励动态激励效应研究视角，丰富了股权激励动态激励效应的研究内容，为股权激励动态激励效应的后续研究提供了可资参考的、较为完整的研究范式。首先，对股权激励及其方式不同选择偏好的动态激励效应同时从总体的角度和选择偏好反转前后的不同时间窗口进行实证，提供了多层次多维度的经验证据，为现有文献迥异的研究结论在更为宏观的层面提供了新的解释视角。其次，就掌握的文献来看，本研究首次就股权激励对经营风险的激励效应持续性进行了实证检验，充实了股权激励动态效应的研究范畴。这种将股权激励及其不同方式选择偏好与业绩+风险的动态激励效应多层次多维度实证检验范式有望成为未来研究的有益参考。此外，本研究结论还表明，除了研究方法的不同可能导致不同甚至截然不同的研究结论外，还有可能因处在不同宏观环境的时间窗口内取样不同导致研究结论的不同，这意味着不同文献的研究结论可能都只是局部正确，并未对问题的全景进行俯瞰，所得结论只是对应于单一的特定情景。本研究的这一认识可能为正确把握现代企业经营者薪酬激励制度的激励效应、对激励理论的研究成果进行中肯合理的评价和应用提供了可供参考的方法论思维。

第四，引入契约理论、人力资本理论、产权理论和前景理论等新制度经济学理论观点，结合股权激励及其方式选择动因、方式选择偏好反转前后激励效应及其持续性实证检验结果的启示，本研究重新思考了股权激励制度的理论基础——委托代理理论，并着重以经营者事前出资购买剩余索取权的契约安排改进了经典的委托代理激励契约模型，进而在新的理论模型指引下，确立了股权激励契约的改进路径。本研究这一理论成果将为现代企业股权激励理论的后续研究与实践创新提供重要的参考依据。经典的委托代理模型事实上缺少对代理人承担风险的有效契约安排，导致现代企业股权激励契约结构存在过度强调收益分享而忽视风险共担的契约缺陷。激励契约的建立和执行是为了降低委托代理双方的交易成本，但是依照经典委托代理理论建立的股权激励契约未能在事前充分降低交易成本或者存在巨大的事后交易成本而在实践中大大损失了契约效率。依据人力资本理论和产权理论可知，经典委托代理理论实质上是基于代理人的人力资本产权授予其“免费”的剩余索取权，但人力资本及其产权因人身依附性而无法为其承担风险提供可置信的保证，因为当面对上行风险时，企业的经营目标解决的是发展问题，此时委托人与代理人容易实现收益共享，风险承担并非首要目标，但当面对下行风险或企业危机时，企业的经营目标首先要解决的是生存问题，此时具有风险厌恶特征的理性代理人因私人收益与私人成本的考量容易背离委托人利益，不愿或有意逃避承担风险，而且这种逃避几乎不受约束。本研究提出的考虑事前投入物质资本的新型委托代理模型指引下的激励契约由于代理人天生的损失厌恶性反而会促使其主动承担风险（降低风险），进而与委托人利益保持一致。总之，本研究改进的委托代理模型及以其为理论基础的新型股权激励契约强调现代企业经营者事前人力资本与物质资本双重投入的契约安排，有利于从根本上解决收益与风险不对等的激励契约效率损失问题，为在理论上与实践中切实提升以两权分离为基本特征的现代企业经营者激励契约效率提供了重要的理论参考。此外，本研究还根据不同业绩考核标准下所具有的静态与动态激励效应检验结果，对改进的委托代理激励契约模型引入相对业绩评价变量进一步予以完善，为股权激励契约的业绩考核条款设置引入相对业绩评价机制提供了有益的理论参考依据。

1.2 研究方法与技术路线

1.2.1 研究方法

针对本书的研究问题和预期的研究意义（目的），本研究综合应用规范分析和实证研究，定性与定量相结合，具体包括文献分析法、定量实证检验分析法、比较分析法。

文献分析法为本研究确立选题、提出问题、分析问题和得出结论提供了充实的理论基础与经验实证证据。已有文献是本研究的立论起点所在，是本研究论据的重要支撑。笔者在对股权激励及其方式选择相关的委托代理理论、契约理论、人力资本理论、产权理论与前景理论等诸多重要的新制度经济学理论经典文献进行了较为系统学习的基础上，全面梳理和阅读了股权激励及其方式选择研究领域的重要文献，对该领域的热点前沿问题、重要观点、研究视角、实证结论和研究局限进行较为深入的学习和评述基础上，紧密结合时代背景和股权激励实践发展的历程演变，反复思考相关研究的前沿问题，寻找有价值的研究机会，并由此确定了本书的研究选题，提出了自己的研究问题和研究思路，文献分析为本书的研究框架、研究过程和研究结论提供了坚实的理论基础。

定量实证检验分析法是管理学和经济学研究中最常使用的定量研究方法，通常是在理论分析的基础上，对研究问题提出理论假设，并采用定量数据对理论假设进行统计检验。具体包括理论分析与研究假设、数据收集与整理、基本统计分析、模型建构与数据统计验证等步骤。本研究首先基于文献分析法，结合现实与理论发展背景确立研究问题后，决定采用二手定量数据，来源包括：(1) 国家统计局公布的宏观经济数据；(2)《中国检察年鉴》和各省市检察院官网公布的反腐败数据；(3) 国泰安和万得数据库提供的上市公司年度财务数据、市场风险数据、股权激励数据和公司治理数据。在收集了所有相关数据后，本研究采用 Stata16.0 统计计量软件和 Excel 数据处理软件对数据进行处理。对于模型建构及数量分析，由于股权激励实施事件及其方式选择在客观上存在样本自选择偏误的内生性问题，因此，参考已有文献做法（何靖，2016；屈恩义和朱方明，2017；陈文强，2017），本研究采用学术界公认能最有效消除样本自选择偏误内生性问题的方法之一——倾向得分匹配法与双重差分法相结合的实证研究方法（Propensity Score Matching & Difference In Difference，以下简记为 PSM + DID）。PSM + DID 是一种组合式实证研究方法，首先通过倾向得分匹配法（Propensity Score Matching，PSM）为股权激励实施组找到与其实施前最接近的对照组，并将两组在实施后的绩效平均值做差然后求得平均处理效应（Average Treatment Effect on the Treated，ATT），但由于PSM方法按倾向概率值进行匹配，并不能完全保证百分百匹配，仍可能存在一定程度的事前差异以及时间趋势效应。因此，在PSM的基础上再次使用双重差分法（Difference In Difference，DID）以去除前定差异和时间趋势效应，进而得到股权激励的净效应。此外，本研究在DID建模时，引入常见的控制变量进一步控制住自变量可能存在的差异带来的影响，并采用控制行业和年度的双向固定效应模型检验方法。

比较分析法是指对不同定性分析结果、不同分类的定量检验结果进行比较分析。本研究主要包括相关理论的对照比较和实证检验结果的对照比较，如人力资本理论及产权理论中关于人力资本收益与风险承担问题的分析结论，前景理论框架下基于损失厌恶性的代理人行为动机分析结论，股权激励方式的选择动因分析与实证结果，不同激励方式的激励效应实证结果，选择偏好反转前后激励效应的差异，不同产权、不同行业和不同业绩考核基准下的激励效应，传统股权激励契约结构与新型股权激励契约结构，事前同时投入物质资本与人力资本的委托代理模型与改进前相比的效率差异等。可以说，比较分析法贯穿本研究规范分析与实证研究的全过程，在文献研究和实证检验时均有所应用。

1.2.2 技术路线

本研究基于长期时间窗口并结合宏观与微观研究视角，通过实证揭示、规范评判、制度选择和实践验证的四大研究步骤，对现代企业经营者股权激励方式选择偏好的理论框架、实践范式和股权激励制度的实际效果进行多层次多维度考察与验证，对依托于经营者剩余索取权的股权激励契约理论模型进行效率改进，继而在此基础上提出现代企业经营者股权激励契约改进路径并对新型股权激励契约的激励作用进行初步验证。整个研究进程遵循从现实发现到理论改进再到现实验证的系统研究闭环，完整的研究技术路线如图1-7所示。

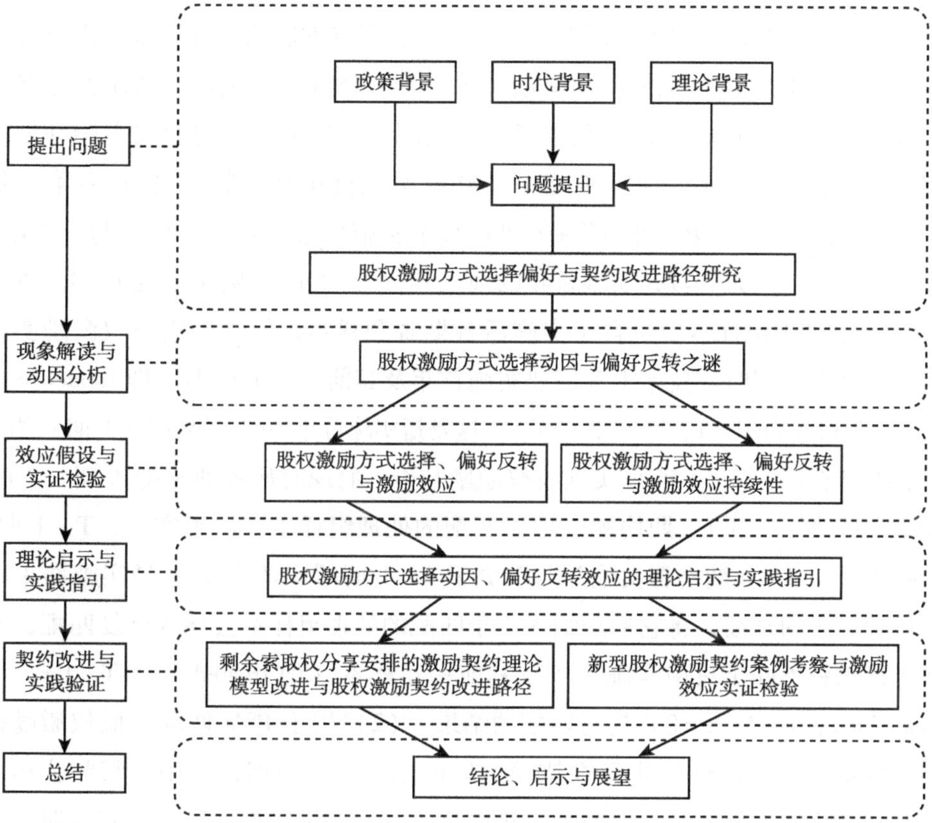

图1-7 研究的技术路线

1.3 主要难点与可能创新

1.3.1 主要难点

本研究难点主要包括以下两个方面：

一是股权激励及其方式选择的短期激励效应和长期动态激励效应实证模型在Stata计量程序实现过程中需要确保采用正确的技术方法存在较大困难，特别是为了避免现有研究中在运用PSM+DID研究方法时经常出现的技术误用问题，需要对现有文献的方法误用原因和结果进行深入思考并对数据结构进行反复测试。通过对现有文献应用 PSM + DID 混合研究方法的考察发现，现有实证研究结果可能存在 3 类技术性偏误：（1）用于 PSM 匹配的股权激励实施组样本（处理组，treated = 1）存在错误选取问题，由于上市公司股权激励计划的有效期一般超过三年，现有研究中通常把实施首年（T 期）、实施后第一年（T + 1 期）、实施后第二年（T + 2 期）直至实施后第 n 年（T + n 期）均视为实施年度而定义为 t = 1，实施首年的前一年（T - 1 期）则定义为 t = 0，以至于 t = 1 的处理组样本中包含了实施后各期观测样本，但在确定股权激励实施与否的动因识别时，技术上只需要实施首年及其前一年的样本（即 treated = 1，T，t = 1 和 treated = 1，T - 1，t = 0），这是指实施首年的前一年（T - 1 期）相关变量决定了下一年（T 期）实施股权激励与否，而现有研究通常把 T 期、T + 1 期、T + 2 期……T + n 期均视为用于匹配的处理组样本，但事实上，T + 1 期、T + 2 期……T + n 期是否实施并非取决于 T - 1 期即 t = 0 期，它是实施期 T 时期决策后果的延续，将它们均纳入用于匹配的处理组样本会导致重复匹配，其匹配结果将不同于只用实施首年及其前一年样本（即 treated = 1，T，t = 1 和 treated = 1，T - 1，t = 0）进行匹配的结果。（2）用于 PSM 匹配的股权激励控制组样本（treated = 0）也存在错误选取问题，由于长期样本中，某些公司个体是在全样本期间的第二年或第三年以后才开始实施股权激励，而实施股权激励首年之前的 T - 2 期、T - 3 期直至 T - m 期并不需要纳入处理组样本，但现有研究中的样本选择中通常仍然将其包含在全部样本中作为初始的控制组样本（treated = 0），以至于在 PSM 匹配时出现自我匹配的情况。（3）在对股权激励持续激励效应的 DID 检验时将 T + 1 期、T + 2 期……T + n 期的 t = 0 样本误判为它们各自的上一期，即将 T + 1 期的 t = 0 样本误判为 T 期、将 T + 2 期的 t = 0 样本误判为 T + 1 期，以此类推将 T + n 期的 t = 0 样本误判为 T + （n - 1）期，导致 DID 检验比较的基期完全不一致。以上这些问题将使 PSM + DID 方法的实证检验结果存在很大的计量偏误，为了避免这种常见的计量偏误，本研究在样本选择时进行了大量的数据测试和确认，最终的样本选择逻辑遵循 PSM 只选取 T - 1期和 T 期，多期 DID 检验时始终以 T - 1 期（t = 0）为基期，具体含义见表 1 - 2 的取样逻辑展示。此外，本研究为了最大限度地保留有效样本，在对全样本数据初始清理后谨慎地填补了缺漏值后，最终以非平衡面板作为计量程序运行的基础样本，因此与现有文献通常采用平衡面板可以一次性实现匹配结果不同的是，本研究在 PSM 程序运行时无法一次性实现全部结果，而必须采用逐次 PSM 的方式。但是，本研究拟检验的短期静态激励效应涉及 8 个 ATT 检验变量，考虑全样本、激励方式分类和偏好反转前后两个阶段，外加实施前的匹配样本对照，共计涉及 PSM 程序运行和数据提取 64 次；而拟检验的长期动态激励效应则涉及 4 个 ATT 检验变量的连续 8 期，即实施当期和实施后 1 -7 期，每一期都要进行一次 PSM 并整理汇报 ATT 结果，考虑全样本、激励方式分类、偏好反转前后两个阶段、产权性质分类、行业要素密集程度分类、市场竞争程度分类和相对业绩考核基准分类，外加实施前的匹配样本对照，共计涉及 PSM 程序运行和数据提取 117 次，数据运算量很大，重复工作量甚巨，如果按照一次一次的常规运算和数据提取方法，期间还涉及数据纠错和优化等反反复复的调整工作，势必耗费大量的时间和精力。为此，笔者通过认真钻研 Stata 计量程序，在中山大学连玉君教授的原始代码基础上，重新编写、调整和优化本研究适用的 PSM 代码，特别是通过引入适用于本研究需要的循环算法，一举高效地解决了烦琐的重复性工作，实现了程序自动运行并自动提取结果的目的。最后，本研究涉及的 DID 检验采用的回归样本并非一次性提取的 PSM 配对组样本，而是逐次提取的配对组样本，数据量同样很庞大，并且 PSM 提取的配对组样本只是实施股权激励事件之后即 T = 1 的配对组样本，对于 T = 0的配对组样本则需要手工处理，为此，笔者通过运用 Excel 特殊的处理技巧和编写专用的 Stata 处理代码，最终也较高效地完成了这一工作。

表 1 -2　　样本选择逻辑展示

年度	处理组（treated = =1）					
	公司 1			公司 2		
	观测样本	观测时期	实施前后	观测样本	观测时期	实施前后
2006	a1	T -6				
2007	a1	T -5				
2008	a1	T -4		a2	T -2	
2009	a1	T -3		*a2*	*T -1*	*t =0*

续表

年度	处理组（treated = =1）					
	公司1			公司2		
	观测样本	观测时期	实施前后	观测样本	观测时期	实施前后
2010	a1	T-2		*a2*	*T*	*t=1*
2011	*a1*	*T-1*	*t=0*	a2	T+1	t=1
2012	*a1*	*T*	*t=1*	a2	T+2	t=1
2013	a1	T+1	t=1	a2	T+3	t=1
2014	a1	T+2	t=1	a2	T+4	t=1
2015	a1	T+3	t=1	a2	T+5	t=1
2016	a1	T+4	t=1	a2	T+6	t=1
2017	a1	T+5	t=1	a2	T+7	t=1
2018	a1	T+6	t=1	a2	T+8	t=1

注：①T代表股权激励实施首期，T-1代表实施首期的前一期，T+1代表实施后的第一期，其他依此类推。②斜体部分（T-1和T期）为PSM样本选择范围，T+1期、T+2期直至T+n期在DID检验时始终以T-1期为基期（即t=0）。③T-2期、T-3期直至T-m期均不纳入检验样本。④年度以2006~2018年为例，并以任意两家公司为例。

二是股权激励契约理论模型的改进存在较大困难，即引入经营者事前投入物质资本和行业相对业绩评价变量对经典委托代理模型进行改进的工作难度较大。经典委托代理模型实质上是基于企业经营者（代理人）的人力资本投入提出的产权激励模型，是传统工业企业解决所有者与经营者委托代理问题的有效办法，但未考虑企业经营者（代理人）风险承担责任和能力的可置信性，因而只在市场处于上行风险时有效，但在市场处于下行风险时则难有实效，因为此时，企业经营者（代理人）将根据经营成功的概率下降即市场下行风险增大的时机变化，综合平衡自身的私人收益与私人成本，特别是在知识经济时代，掌握关键人力资本的经营者很可能采取逃避承担风险的机会主义行为，甚至在面临损失时，由于挽回损失的收益全归委托人，经营者（代理人）基于理性选择将放弃努力。据笔者所查阅的文献来看，这种对风险区间的划分和与此对应的经营者（代理人）行为动机的分析在现有文献中少有涉及，要厘清风险与经营者行为动机的关系，需要涉及金融学、组织行为学和行为经济学知识，为此，笔者花费相当长时间学习金融学中风险管理相关知识、组织行为学中的组织承诺理论和行为经济学中的前景理论，从而基于风险变化、组织承诺度和损失厌恶等理论基础对经典委托代理模型进行了重新审视、重新建模并求得模型解析解，其中的数学推理难度较大，但笔者通过反复求解和验证，最终亦较好地解决了这一难题。

1.3.2　可能创新

相较于已有研究，本研究可能在以下4个方面有所创新或改进：

一是现有文献中对股权激励及其方式选择的动因分析主要基于微观层面的企业特征视角而忽视了宏观因素的重要影响，本研究在承继前人微观研究的基础上着重从宏观层面对股权激励及其方式选择动因进行深入分析的研究视角具有一定新颖性，这不但拓展与丰富该领域的研究内容，也契合了时代发展对现代企业经营者薪酬激励制度创新的需要。随着知识经济的深入发展，人力资本的重要性越来越突出，甚至在某些行业已经超过了物质资本成为最重要的稀有资源。现实中对如何最大程度地激励握有关键人力资本的企业经营者积极性、创造性和责任性这一重要问题的持续追问，使得股权激励制度的推行和创新成为现代企业经营者激励契约安排绕不过去的重要方面。站在时代发展的大背景下，从过去到现在，从微观到宏观，重新思考现代企业经营者股权激励制度的改进，具有重要的理论和现实意义。

二是对股权激励及其不同方式激励效应的检验，不同于现有文献采用单一或特定的研究维度，本研究对股权激励效应的实证检验是多层次与多维度的，这种立体多维的实证检验思路是对现有股权激励及其不同方式激励效应实证检验范式的改进。本研究不但检验静态激励效应，还检验长期动态激励效应；不但检验股权激励全样本激励效应，还检验不同激励方式的激励效应；不但检验经营业绩，还检验经营风险和代理成本；不但检验股权激励方式选择偏好反转前后两个阶段，还检验不同产权性质、不同行业划分和不同业绩考核方式。可以说，本研究对股权激励及其不同方式激励效应进行了更为全面的检验与比较，得到了更为综合和有效的研究结论。

三是与现有文献采用平衡面板和一次性实现实证结果的方法不同的是，本研究对PSM + DID实证方法的技术实现手段进行了较大改良。通过非平衡面板，本研究最大限度地保留了有效样本，但是数据处理和运算工作量庞大。因此，本研究在常规 PSM + DID 程序代码的基础上，自行编写了静态与动态激励效应的运行代码，实现了逐次 PSM + DID 及其结果的自动汇报，解决了常规方法导致样本损失的问题和估计效率低下的问题，特别是对股权激励及其不同方式长期动态激励效应进行 DID 检验的模型实现技术上，本研究使用逐次 PSM 进而实现逐期 DID，避免了现有文献中采用一次性 PSM 的同一套数据识别不同期间的持续激励效应存在效应叠加的问题。其中在 PSM 实现过程中，采用首期匹配的配对组样本构建持续激励效应的检验样本，避免了匹配的控制组样本中特定企业在各个期间不一致以及双重差分基准不一致的估计偏误问题。

四是本研究重构的委托代理激励契约模型改进了经典激励契约模型存在效率损失的不足之处，并基于此清晰地勾勒出现代企业经营者剩余索取权激励契约形式与人力资本和物质资本的对应关系、剩余索取权配置等价程度与激励效果的对应关系，为逻辑一致地认识现代企业股权激励契约提供了理论范式。现有文献直接引用经典委托代理模型对股权激励契约进行分析和论证，重复了其模型隐含的契约缺陷，无法真正解决企业经营者（代理人）收益与风险对等、努力与业绩对等的难题。本文则引入经营者（代理人）事前投入物质资本而且以等价交易的方式获得剩余索取权对经典委托代理模型进行了改进，同时进一步引入行业平均业绩作为相对业绩评价基准，最终在契约的适用性条款和业绩评价两个层面上实现了帕累托效率改进，为真正解决企业经营者（代理人）收益与风险对等、努力与业绩对等的难题补充了新的理论基础。同时，基于剩余索取权激励契约效率改进路径的理论分析，总结归纳出以下两个重要命题：（1）“免费赠予”经营者剩余索取权的激励契约如股票期权，在一定范围内对应于经营者的人力资本，但收益与风险不对等，而经营者出资购买的剩余索取权如限制性股票，则直接对应于经营者物质资本投入，是实现收益与风险对等的关键性制度安排；（2）剩余索取权分享安排的激励契约形式从配置时的等价程度、收益与风险的对等程度来看，由利润分享到股票期权到限制性股票再到新型股权激励契约形式，存在剩余索取权配置等价程度由低到高、收益激励由弱到强，而风险激励则由大到小的反向变化对应关系。

1.4 章节安排

本研究在考察股权激励及其方式选择动因的基础上，检验了激励方式选择动因及选择偏好反转的理论假说，从而基于股权激励方式选择及其偏好反转的事实，对股权激励及其不同方式选择偏好下的激励效应和激励效应持续性进行了全面的实证检验，并据此提供的理论启示对经典委托代理激励契约理论模型进行了改进，为新型股权激励契约提供了较为完善的理论基础，进而在这一理论基础上，提出新型股权激励契约实践创新路径，最后再以现实中契合这一创新路径的新型股权激励契约实践模式进行分析对比的同时对其激励实效进行初步验证。本研究共由 7 章组成，各章内容安排如下：

第 1 章为绪论。本章主要交代研究的背景、问题和意义。首先，从政策背景、时代背景和理论背景阐明股权激励方式选择偏好反转问题及股权激励契约改进路径研究的重要性，并基于现有研究进展和不足、实践发展要求，确立本研究的主要研究问题，继而对选题的研究意义进行阐述。其次，对本书的研究方法和研究思路进行说明，并总结本研究的难点与可能的创新。

第 2 章为相关理论与文献综述。本章主要任务是梳理股权激励相关的基本理论、股权激励及其方式选择的动因、股权激励及其不同方式激励效应等方面的理论与实证研究文献。首先，对股权激励相关的委托代理理论、契约理论、人力资本理论、产权理论和前景理论等基础理论进行较为全面地综述，并对不同基础理论与股权激励的关系进行阐述；其次，对股权激励实施动因、股权激励方式选择动因、股权激励及其不同方式总体激励效应与激励效应持续性 4 个方面的相关研究文献进行较为系统的回顾和简要评述，指出当前研究的局限和本研究拟改进或完善的方面。

第 3 章为股权激励方式选择动因与偏好变迁的理论解读与经验实证。首先，从宏观层面的国家经济形势与系统性市场风险对现代企业股权激励及其方式选择的动因进行理论解读并结合微观层面的经营者风险偏好提出相应的研究假设；其次，结合宏观环境变化对股东和经营者之间的博弈影响进行分析，并籍此提出解读股权激励方式选择偏好反转之谜的理论假说；最后，运用中国A股上市公司的公开数据、采用逻辑回归模型分别对股权激励及其方式选择动因的研究假设和偏好反转之谜的理论假说进行实证检验。

第4章为股权激励方式选择偏好与激励效应研究。首先，运用中国A股上市公司数据对企业经营业绩、经营风险和代理成本3个维度的股权激励短期静态激励效应、股权激励不同方式选择偏好下的短期静态激励效应、偏好反转前后股权激励不同方式选择偏好下的短期静态激励效应进行实证研究，目的在于总体上判定股权激励是否有效，了解不同方式选择偏好情形下的激励效应差异。其次，对企业经营业绩、经营风险两个维度的股权激励效应持续性、股权激励不同方式选择偏好下的激励效应持续性、偏好反转前后股权激励不同方式激励效应持续性进行实证研究，以验证不同股权激励方式的长期动态激励效应及其差异。本章实证检验采用倾向得分匹配法和双重差分法相结合的双重检验方法（PSM + DID）以尽可能消除样本自选择效应的干扰并得到股权激励的平均处理效应和净效应。在此基础上，还进一步按照产权性质不同、行业异质性和相对业绩评价基准的不同对股权激励方式的短期静态激励效应进行分类检验。

第5章为股权激励方式效率异质性启示与剩余索取权配置研究。本章基于前文关于股权激励及其方式选择动因、股权激励及其不同方式选择偏好和偏好反转对短期静态与长期动态激励效应的调节等方面的理论与实证研究结论带来的启示，重新审视现代企业股权激励的理论基础与契约缺陷。在此基础上，引入经营者事前等价交易原则下投入物质资本的方式、采用行业平均业绩作为相对业绩评价基准的思路对经典委托代理激励契约模型进行理论改进和效率比较，并以改进的理论模型作为股权激励契约新的理论基础，进而基于此提出新型股权激励契约的实践创新路径。

第6章为剩余索取权购买式配置的新型股权激励契约实践与效果验证研究。首先，对近年来在部分新兴企业中出现的新型股权激励契约实践模式进行现象解读和适用性分析；其次，对其中的经营者内部跟投制度以房地产项目跟投为例进行实证检验，从而不但在理论上证明经营者理事前投入自有物质资本获得剩余索取权的激励契约具有效率，而且通过实证检验为此提供经验证据，进而为现代企业基于经营者人力资本与物质资本双重投入的复合激励契约创新实践所具有的合理性提供经验证据支持。

第7章为结论与展望。本章的主要任务在于对全文研究结果进行系统的总结，在更加综合的视角下归纳股权激励及其方式选择动因、偏好反转背后的深层次原因、短期静态与长期动态激励效应、理论启示与契约改进路径等方面问题的研究结论，进一步阐明本研究的理论贡献及价值所在，指明本研究结论对实践应用的参考思路，并对本研究中存在的局限和不足进行分析，对今后需要进一步深入探究的问题和研究的方向进行展望。

第 2 章

相关理论与文献综述

股权激励作为现代企业治理体系的重要组成部分，在实践中已经成为企业经营者特别是高管激励的主要薪酬形式。自 20 世纪 50 年代在美国出现并在全世界推广运用以来，除了在实践中被大量文献证明行之有效外，其背后深刻且丰富的经济学理论也随之大量涌现和发展，为企业股权激励实践提供了深厚的理论基础。中国在 21 世纪初引入股权激励制度至今已有十多年，如何全面深入地认识中国情境下的股权激励实施成效和制度进路，明确已有文献研究成果的理论价值、实践意义与进一步研究的机会，需要从根本上理解和把握股权激励背后相关理论的基础上，对已有文献研究结论进行系统梳理和总结。为此，本章首先详细阐述强力支撑股权激励逻辑的核心概念和基本理论，然后对股权激励实施动因和激励效应相关的国内外研究文献进行较为全面的梳理、总结和评述。

2.1 概念界定

2.1.1 股权激励

虽然股权激励一词在经济政策、企业理论与激励实践中频频出现，但由于立足角度不同，其概念内涵并不十分明确，常见的高管持股、员工持股和股票期权或限制性股票都被称为股权激励，但事实上它们的含义各有不同。高管持股可能是兼任高管的原始股东按照公司章程最初投资入股持有的股权或股份，也可能是实施股票期权或限制性股票激励计划后获得的股票在期满后仍持有的股票。员工持股广义上也包含高管持股，狭义上则主要指企业普通员工持有股票，这种股票的获得方式也存在多种可能，由于与本研究主旨无关，在此不作归纳。股票期权和限制性股票则是本文要明确加以界定的股权激励的两种主要方式。在学术层面，股权激励作为一种企业经营者激励契约，是企业所有者通过授予经营者股份形式的现实权益或潜在权益，使经营者分享企业剩余索取权进而激励其把个人利益建立在企业利益增长基础之上的一种长期制度安排（葛军，2007）。在政策层面，根据中国证券监督管理委员会颁布的2016年版《上市公司股权激励管理办法》（以下简称《管理办法》），股权激励是指“上市公司以本公司股票为标的，对其董事、高级管理人员及其他员工进行的长期性激励，包括股票期权、限制性股票及法律允许的其他方式”。在实践中，政策层面的定义也是上市公司实际使用的用语含义所在。

因此，本研究采用《管理办法》中关于股权激励的明确定义，并且特指2006年1月1日正式实行《股权激励管理办法（试行）》之后中国A股上市公司授予公司管理层的股票期权或限制性股票这两类主要的激励方式所实行的股权激励，但不包含管理层现实中和历史上已经持有的股票对应的股权激励，尽管已经持有的股票客观上也存在激励效应，但与追加的、面向未来的股权激励计划的出发点和激励目的是不完全相同的。

2.1.2 股权激励方式

股权激励方式是指企业在实施股权激励计划时所采用的具体方式，包括虚拟股票、业绩股票、股票增值权、股票期权和限制性股票等多种类型。虚拟股票是指公司授予激励对象的一种“虚拟”的没有实际持有形态的股票，实际是一种仿照股票权利结构授予激励对象的一定的分红权或股价升值收益权，但没有所有权和表决权，不能转让和出售，并在离开企业时自动失效。业绩股票是指激励对象在完成或达到指定业绩目标后由公司赠送或以奖励基金购买本公司的股票，如果未能完成或达到指定业绩目标，或出现有违反公司规定以及非正常离任时，未兑现部分的业绩股票将被取消。股票增值权是指上市公司授予激励对象在未来一定时期和约定条件下，获得规定数量的股票价格上升所带来收益的权利，获得股票增值权的激励对象不拥有实际股权，其不能转让、担保和用于偿债。股票期权是指上市公司授予激励对象在未来一定期限内以预先确定的条件购买本公司一定数量股份的权利，并在行权期满时有弃权权，且激励对象获授的股票期权不得转让、用于担保或偿还债务。限制性股票是指激励对象按照股权激励计划规定的条件，事前获得的在转让等方面权利受到限制的本公司股票，限制性股票在解除限售前不得转让、用于担保或偿还债务，但一般需要在授予的当时由激励对象缴纳折价后的相应股款（杨晓刚，2017）。

本研究所指股权激励方式特指《管理办法》指明的两种激励方式：股票期权和限制性股票，其概念即前段所述定义。两者具有明显不同的特征，一是股票期权的行权价格不得低于股票票面金额，且原则上不得低于下列价格较高者：①股权激励计划草案公布前 1 个交易日的公司股票交易均价；②股权激励计划草案公布前 20 个交易日、60 个交易日或者 120 个交易日的公司股票交易均价之一。二是限制性股票授予价格不得低于股票票面金额，且原则上不得低于下列价格较高者：①股权激励计划草案公布前 1 个交易日的公司股票交易均价的 50%；②股权激励计划草案公布前 20 个交易日、60 个交易日或者 120 个交易日的公司股票交易均价之一的 50%。三是股票对价的支付方式不同，股票期权事后支付，也可以放弃行权权而终止支付义务，但限制性股票必须事前支付，且没有弃权权。

2.1.3 股权激励效应

股权激励效应是指上市公司对激励对象实施股权激励政策后在公司经营管理行为、公司绩效等方面表现出来的经济后果，这种经济后果也被称为激励效果、激励作用或激励效应。文献中涉及的股权激励效应主要指公司绩效上出现的变化，具体地说是指上市公司实施股权激励政策后企业财务绩效出现的变化程度。鉴于现有文献常常交叉使用激励效果、激励作用或激励效应，因此，为与现有文献同步，本研究也将根据表达和理解的便利需要，交叉使用激励效果、激励作用或激励效应等相关表述。

股权激励从一开始就被认为是一种长期激励机制（顾斌和周立烨，2007；Bebchuk and Fried，2010；Chen and Lee，2010），但考虑到股权激励效应检验通常从实施当期开始验证，所以对股权激励效应的研究通常包括（当期）短期静态激励效应和长期动态激励效应（激励效应持续性）。为便于表述和区分，本研究对短期静态激励效应也会以静态激励效应或短期激励效应予以表述，意指实施当年的激励效应，目的是从总体上判定股权激励是否有效；而长期激励效应是指超过一年后的持续激励效应，由于实施股权激励政策后每年的激励应不可能完全一致，而是存在上下波动的现象。因此，在借鉴现有文献的基础上，本研究将实施后多年的激励效应持续性也会根据上下文需要将其表述为长期动态激励效应（陈文强，2017）。考虑到本书的研究问题，本研究所述股权激励效应具体包括：一是经营业绩、经营风险和代理成本的短期静态激励效应，主要从总体上检验中国上市公司股权激励方式及其偏好反转前后的当期激励效应，回答股权激励是否有效的基本问题；二是经营业绩和经营风险的长期动态激励效应或激励效应持续性，主要验证股权激励方式及其反转前后股权激励效应在时间轴上的动态分布特征，回答股权激励效应的持续性问题。

2.2 基础理论

2.2.1 委托代理理论

在经济学中的委托代理理论要义，简单地说就是指由于委托人与代理人的效用函数不一致，委托人追求自身财富最大化，而代理人追求自己工资津贴收入、奢侈消费和闲暇时间最大化，从而导致两者利益冲突，进而降低代理效率。这一理论观点最初在企业股东与经理人的关系问题中得到广泛而深入的探讨，它的思想内核最早可以追溯至亚当·斯密1776年出版的《国民财富及其性质的研究》中对公司制企业股东与董事关系的论述（彼时的董事更似今天的公司高管），他指出："董事管理的不是他们自己的钱而是别人的钱，因此不能指望他们会像私人合伙企业中的合伙人那样尽心尽力，以至于公司日常管理中，漫不经心和浪费总是无所不在”（亚当·斯密，1972）。进入 20 世纪后，现代公司制企业已经成为经济领域的主角，资本主体和经营主体的分离现象极其普遍，两者的委托代理问题迅速暴露，美国经济学者伯利和米恩斯对此进行了深入探讨，他们发现：现代公司制企业中分散的股东缺乏严密监督公司经理的能力，作为非所有者的经理于是能够引导企业追求利润以外的目标。由于公司资源实际控制在经理手中，相当部分的现代公司制企业事实上已经被经理人所控制，由此导致了所有权与经营控制权的“两权分离”，这一现象已经成为现代公司内部权力结构变革的主流趋势，是深刻影响现代公司制度体系演变的“经理革命”（Berle and Means，1932）。特别地，他们还正确地指出，现代公司中股东的分散化使股东在公司的物质资本成为了“消极的资本”，而对公司发展更为重要的人力资本成为了“积极的资本”，隐含着对激发人力资本“积极性”之重要性的深刻认知。自此，由企业所有权与经营权相分离所带来的利益冲突问题成为委托代理理论学者关注的中心问题。

委托代理理论的核心假定是委托代理双方均为理性经济人、存在利益冲突和信息不对称。理性经济人意指委托代理双方均有追求个人效用最大化的经济人属性，从而在客观上存在利益冲突的可能。同时，代理人行为难以被观察或观察成本太高而失去完全观察的经济意义，使得代理人事实上掌握了委托人难以了解的私人信息，为代理人实施损人利己的机会主义行为提供了机会，代理人则基于个人理性，在追求私人利益时将不惜损害委托人利益。这种委托代理关系在现代公司制企业中表现为股东作为企业的委托人委托经理人实施经营管理活动以实现企业利润最大化，但追求企业利润最大化的股东不参与具体的经营决策，追求自身私人效用最大化的经理人事实上完全掌控具体的经营管理活动，由于两者的效用函数客观上不一致，且经理人通过掌控经营控制权握有私人信息，使经理人有能力、有动机实施机会主义行为为自己谋取私人收益，从而出现 Arrow（1963）提出的道德风险问题。在这一过程中，委托人虽然理论上可以通过观察代理人的行为获取代理人受托责任履行情况的信息，但由于信息不对称事实上难以评判代理人的努力水平，这就引出了监督与激励的问题。解决委托代理问题的第一大手段——监督首先由阿尔齐安和德姆塞茨

(Alchian and Demsetz, 1972) 提出，他们认为企业实质上是一个团队生产组织，团队成员的个体贡献难以测量和分离，个体的努力与报酬难以建立直接的对应关系，因此，监督变得极为重要，指定专门的监督者就成为解决团队生产效率问题的关键所在。但监督者的动力又来自哪里或者说谁来监督监督者的循环问题又摆在了眼前，对此，阿—德提出让最后一位监督者拥有剩余索取权成为终极监督者的"终极"解决方案，但是他们的观点最终实际上又落于古典企业的治理套路，离不开资本雇佣劳动的治理逻辑，强调的是剩余索取者必须是资本家，即由资本家监督经理人，换言之，股东仍要回到企业的经营管理活动中，作为终极监督者的股东与次一级监督者的经理人之间的信息不对称、利益不一致的委托代理初始问题于是再次循环出现，这就意味着对于两权分离的现代公司来说，仍然没有真正解决股东与经理人之间的委托代理问题，但阿—德提出的剩余索取权分享思路却对治理委托代理问题的理论研究与激励契约创新产生了深远的影响。比如，沿着阿—德的思路，巴泽尔（Barzel, 1982）进一步提出，在团队生产过程中，团队成员中个体贡献最难测定的一方应该拥有企业剩余索取权，由其来雇佣并监督团队中个体贡献更容易测量的其他成员。此外，还有霍姆斯特罗姆和梯若尔（Holmström and Tirole, 1989）提出了权利安排与委托代理双方要素贡献估价相联系的思路，而杨小凯和黄有光则借此指出，由于直接定价成本和交易费用很高，对于企业发展至关重要的核心人才应安排他们为企业剩余收益的索取者（Yang and Ng, 1995）。

显然，解决委托代理问题的更好选择是采用激励手段而非外在监督，特别是通过剩余索取权分享来激励代理人自我监督以实现代理成本的消除或降低。霍姆斯特罗姆和梯若尔（Holmström and Tirole, 1989）曾指出企业激励机制比监督机制更为重要，更能有效地解决委托者和代理者之间的利益冲突，这也是经典委托代理理论与模型的核心思想。经典的委托代理理论首先在信息经济学视阈下得以兴起和发展，最初由威尔逊（Wilson, 1969）、罗斯（Ross, 1973）、詹森和麦克林（Jensen and Meckling, 1976）、霍姆斯特罗姆（Holmström, 1979）、霍姆斯特罗姆和米尔格罗姆（Holmström and Milgrom, 1987）等学者在理性经济人、利益相冲突和信息不对称的假设下建立了标准分析框架——完全激励契约。其中威尔逊、罗斯、霍姆斯特罗姆和米尔格罗姆等发展出了参数化分析法，建立了经典的委托代理数学模型，他们基于委托代理双方的完全理性，假定委托代理双方的风险偏好不变而且委托人可以精确地预测到未来的所有可能结果的情况下，只要满足代理人参与约束和激励相容约束条件，在数学上就可以得到社会福利最大化的纳什均衡解，即在理论上代理人将会做出最有利于委托人的选择，同时也是最利于代理人自身的选择，其实质是将委托人和代理人的效用函数进行嵌入式捆绑，使代理人的利益随委托人的利益增加而增加，并且增加的幅度同时大于代理人由此付出的努力成本的增加幅度和采取机会主义行为所获得的私人收益，从而使代理人主动采取在客观上有利于委托人的行为决策（闫妍和刘宜，2016）。与此同时，詹森和麦克林（Jensen and Meckling，1976）等则对委托代理的成本结构进行了深入探究，明确了代理成本的构成包括：委托人的监督成本、代理人的保证成本和企业剩余损失三个部分。他们在秉承阿—德提出的剩余索取权分享思想基础上，拓展了巴泽尔的观点，提出让经理人成为企业剩余权益的拥有者是解决代理问题的有效手段，是实现委托代理双方利益趋同、降低代理成本的已知最佳选择。

从现代企业经理人薪酬激励实践来看，经典的委托代理模型和詹森与麦克林提出的代理成本理论已经成为解释现实和指导实践的主流理论，成为了股权激励契约理论发展与实践应用的重要理论基础，甚至已经成为现代公司治理的逻辑起点（陈文强，2017），广泛用于解释现代公司制度框架内的一切机会主义行为。但经典委托代理理论置于完全契约理论体系之下，其先验性地假定委托人可以预测未来的所有或然状况和发展结果，并由此设计出完备激励契约的观点，是脱离现实的，因为人是“有限理性”的且难以承受“完全预测”带来的预测成本、全面缔约的缔约成本和违约时的证实成本的（Tirole，1999），这是其一。其二，委托代理理论聚焦的是事前事中对代理人的行为及其动机诱导问题，但却假定代理人风险偏好不变并将代理人收益等价于期望收益的解析解，其实质是符合正态分布的收益决定了期望收益值永远非负，使代理人只面对上行风险而无须面对下行风险。作为股权激励的理论基础，这一脱离现实的逻辑缺陷很可能是造成现有股权激励契约方案大多存在收益与风险不对等、努力与业绩不对等问题的理论根源（段文斌和袁帅，2004；李云飞和周宗放，2011）。因此，经典委托代理理论既是本研究分析股权激励及其方式选择动因、激励效应的理论基础，也是本研究试图进行理论创新、作出理论贡献的重要方面，本研究将基于委托代理激励契约模型的理论改进提出股权激励契约改进的路径。

2.2.2　契约理论

契约理论发端于科斯对市场与企业本质特征的考察，在科斯的《企业性质》一文中指出："由于预测的困难，关于商品或劳务供给的契约期限越长，那么对买方来说，明确规定对方该干什么就越不可能，也越不合适"。这是首次在理论上从契约的视角理解交易行为以及企业与市场的关系，即契约完全时，以市场完成交易，当契约不完全时，以科层组织的企业形式完成交易（Coase，1937）。或许是基于科斯的这一思路，正式的契约理论同时朝着完全契约理论与不完全契约理论的不同路径演进，由此形成了之后如雷贯耳的完全契约理论与不完全契约理论。

完全契约理论的核心观点是：①企业和市场在本质上没有区别，两者均属于契约的一种形式；②契约双方均能够预见到未来的各种或然状况并为此设计最佳的收益转移机制和风险分担机制，进而实现激励与约束条件下的次优效率。但在演化过程中，完全契约理论是以委托代理的契约关系为研究主线的，因此，完全契约理论的主要目标是基于委托人利益最大化（社会福利最大化）的角度解决信息不对称条件下代理人的道德风险问题，通过阿尔齐安和德姆塞茨（Alchian and Demsetz，1972）、罗斯（Ross，1973）、莫里斯（Mirrlees，1974）、霍姆斯特姆和米尔格罗姆（Holmström，1979；Holmström and Milgrom，1987）等对委托代理人双方利益在契约中嵌套实现最大化的理论探讨与模型分析，形成了标准的委托代理理论，因此，狭义的完全契约理论对应于经典委托代理理论而不作区分（聂辉华，2017）。完全契约理论的关键假设正如前文所述的委托代理理论一样，包括：①委托代理契约各方当事人是完全理性的，能够预见到未来的全部或然状况；②委托人和代理人之间是信息不对称的，代理人拥有委托人无法了解或难以掌握的关于自己行动的私人信息；③契约描述的所有条款均可为第三方证实。在以上假设下，意味着委托人可以和代理人约定所有可能的情形和利益分配方案，因此，委托人对代理人的主要工作就是设计完全的激励契约以诱导代理人选择最有利于委托人利益的行动，即所谓的激励相容。这一思想的最后演化结果基本吻合了阿—德的团队生产激励思路（Alchian and Demsetz，1972），即在完全契约下的薪酬安排将同时涉及工资机制和风险分担机制，必须让负责监督职能的代理人承担部分风险，即便这种分担不可能实现最佳效率。为此，霍姆斯特姆（Holmström，1979）构建了一个标准的道德风险模型，证明在信息不对称条件下委托人和代理人之间无法实现最优的风险分担，委托人给代理人提供的次优契约必须在激励和保险之间进行权衡取舍（聂辉华，2017）。此外，针对完全契约情形下代理人的风险分担问题，霍姆斯特姆（Holmström，1982）还提出了信息含量准则，进而提出了相对绩效评价的方法，相对绩效评价方法通过代理人之间绩效的相互比较，可以过滤掉影响产出的系统性不确定因素噪声，从而更加准确地度量代理人的真实努力水平。基于以上理解，完全契约理论的核心思想概括起来就是，通过完全的、不留漏洞或缺陷的契约设计，对价值创造和价值分配做出事无巨细的完全安排，可以达到消除代理人道德风险、实现委托人最大利益的激励目的。显然，这种极致追求在很大程度上是偏离现实的，因此，为更贴合现实情景，以哈特为代表的产权经济学者发展出了更具解释力的不完全契约理论。

不完全契约理论的核心观点是：①契约双方当事人并不能预见到未来所有情况，或者即便能预见到也无法用双方都理解或认同的语言写进契约，或者即便能用语言写进合同，但总有一些变量存在“双方可观察但无法向第三方证实”的特征，因此契约通常是不完全的；②因为契约是不完全的，所以一旦当事人做出了事前专用性投资，在事后将面临另一方通过敲竹杠的行为攫取专用性投资带来的准租金损失；③预见到敲竹杠行为，当事人将减少专用性投资，从而损害社会总福利；④为减少敲竹杠带来的成本，至少实现次优效率，可以通过事前的产权安排，让专用性投资更重要的一方拥有所有权，以使其获得谈判优势和剩余收益。可见，与完全契约理论不同的是，不完全契约理论存在以下 3 个关键假设：①契约当事人是有限理性的，无法预期到未来的各种或然情况；②契约当事人具有攫取准租金的机会主义行为动机；③契约当事人存在关系专用性投资。从不完全契约理论对敲竹杠机会主义行为提出的解决之道来看，关键在于产权配置，因此，不完全契约理论也被称为产权理论（聂辉华，2017）。产权配置思路起初源于对交易费用经济学的批判，彼时，交易费用经济学提出，在契约不完全的情况下，企业之间的合并将使市场交易时的讨价还价机制转变为使用命令、控制和权威的科层官僚机制，可以减少相互敲竹杠的机会主义行为从而节约交易成本（Williamson，1985）。但格罗斯曼和哈特（Grossman and Hart，1986）却认为：两个企业从市场上合并成一个企业，并不能减少机会主义行为本身，尽管交易费用经济学指出了产权配置所增加的收益，但并未指出产权配置带来的成本，以至于无法逻辑一致地进行企业边界分析。于是，格罗斯曼和哈特将契约中可以事前约定和证实的权利称为特定权利（specific rights），这部分内容是可以完全契约化的。同时，将事前无法约定或不可证实的权利称为剩余控制权（residual rights of control）或剩余权利，即在契约不完全时可以拥有的机动处置权（Grossman and Hart，1986）。那么，又该依据什么来配置剩余控制权呢？对此，格罗斯曼和哈特先验性地认为拥有财产权的一方天然地拥有剩余控制权，即财产方在面临契约中没有约定的情形时就应该拥有更大的谈判力和更多的投资收益，从而激励其在事前提供更多的专用性投资，比如在雇佣关系中。相反，失去产权和剩余控制权的一方就会减少投资激励。因此，在不完全契约环境下，产权极为重要。对于物质资产产权在解决不完全契约环境下敲竹杠问题的决定性作用，哈特和莫尔（Hart and Moore，1990）在考虑工人的激励问题时进一步进行了明确，他们认为工人失去物质资产就会缺乏生产力，因此，企业所有者控制了物质资产就控制了人力资产。正是在这个意义上，他们将企业的本质理解为一种物质资产的集合体，由此引出企业剩余索取权源于剩余控制权，剩余控制权源于物质资产的产权逻辑。格罗斯曼、哈特和莫尔基于这一逻辑对不完全契约问题的分析框架也被称为GHM模型。

综上所述，根据完全契约理论，如果委托人和代理人之间是信息对称的，那么委托人就可以直接监督代理人的行为，从而实现最优的投入和产出。但是，根据不完全契约理论，即便委托人和代理人之间是信息对称的，如果信息难以向第三方证实，并且存在关系专用性投资时，还是会出现敲竹杠的机会主义行为问题，从而社会最优投资和产出仍然无法实现（聂辉华，2017）。基于此，哈特等（Hart，1995）对完全契约理论提出了尖锐的批评意见：一是完全契约理论的模型过于复杂，脱离现实。例如，根据完全契约理论的道德风险模型，代理人薪酬结构中分成比例不但取决于努力的边际报酬、代理人的风险偏好程度，还取决于努力的边际成本和外部随机因素，而且其中任何一个维度的变量发生改变都将带来分成比例的变化。可真实世界中的薪酬机制并没有如此复杂，而且也不是根据这些变量来调整的。二是完全契约理论未能解释产权的价值。因为如果契约是完全的，即任何情况都可以通过契约来约定，那么现实中企业为什么还需要产权？更何况权威、权力和等级的内部安排，这显然也是脱离现实的，因为契约就可以完全解决这些问题了。三是如果契约是完全的，那么为什么现实中常常出现事后再谈判现象？为何不用一个长期契约代替一系列短期契约？对以上质疑，完全契约理论至今未能给出有力回答。同样地，完全契约理论学者也对不完全契约理论提出了强烈质疑，特别是针对不完全契约理论的立论前提之一——有限理性，例如，马斯金和梯若尔（Maskin and Tirole，1999）认为，在不完全契约情形下，当事人一方面可以预见到未来的成本和收益，自然也就可以将不可预见的或然性在事后以可证实的方式描述出来，另一方面又假定契约当事人是有限理性的，无法预知所有的或然情形，这与前者可以预见到未来的所有成本和收益假定存在矛盾。从立论前提来看，显然，这一质疑很大程度上动摇了不完全契约理论的基础所在。此外，由于与现实观察不符，不完全契约理论坚持产权来自物质资本的论断也受到了很大的批评，特别是在知识经济时代，在两权分离的现代企业中，起关键作用的人力资本事实上拥有真实的控制权。同时，哈特等对不完全契约情形下的非契约权力定义为“剩余控制权”并直接等同于所有权，也是脱离现实的，混淆了不完全契约中未能契约化的现代企业中经理人的经营管理剩余控制权和股东终极（剩余）控制权，给后续研究带来了概念上的误导。值得一提的是，2008 年之后，为应对完全契约理论学者的批评，哈特与其合作者在经典的不完全契约理论分析框架中引入了行为经济学理论关于参照点的见解，重新解释了契约和企业产权，由此开创了第二代不完全契约理论和产权理论（Hart and Moore，2008）。

通过对契约理论核心思想的梳理可以发现，无论是完全契约理论还是不完全契约理论，尽管因为假定条件不同、理论边界不同而存在分歧，但两者均在逻辑上自洽，对现实都具有强大的解释力。可以说，两种理论分支都是相对正确的，都是有理论和实践价值的。因此，两种理论分支在理论研究与契约实践中得到广泛应用。比如在不考虑产权安排的前提下，完全契约理论对组织内部人员的工资机制、工作分配、竞赛机制和寻租活动，对企业内部的金融契约、公司治理，对市场上企业之间的交易关系以及政府对企业的规制问题等方面都提供了重要的分析框架和实践参考。而在考虑产权安排的前提下，不完全契约理论对企业内部组织、公司金融、产业组织、公共经济学、国际贸易等领域都提供了强有力的解释框架和问题解决思路（聂辉华，2017）。特别地，对现代企业经营者激励问题研究而言，两种理论分支都提供了直接的理论基础，一是完全契约理论以委托代理契约模型为高管薪酬安排提供了以工资为基础分成为补充的激励工具，事实上考虑了不完全产权意义上的剩余分享以实现高管风险分担的激励目的，为人力资本参与剩余分享提供了重要的理论根据。二是不完全契约理论从物质资本决定剩余控制权的角度为高管薪酬安排提供了以企业产权为基础的激励工具，考虑了完全产权意义上剩余控制权与剩余索取权相结合的经营者风险承担责任，为人力资本与物质资本相融合的产权激励契约改进路径提供了重要的理论启示。同时，不完全产权理论引入行为经济学理论要素的新思路也对现代企业经营者产权激励制度创新实践和研究提供了新的分析应用视角，对本文关于股权激励及其方式选择、新型股权激励制度创新实践和契约改进路径研究提供了重要的理论启示。

2.2.3　人力资本理论

人力资本的思想最早可以溯至古希腊思想家柏拉图和亚里士多德关于人的教育及其经济价值的论述，之后，重农主义的代表人物魁克开始研究人的素质，他提出“构成国家财富的是人”，而英国古典经济学创始人威廉·配第则提出劳动决定价值的观点，奠定了劳动价值论的基础。至 18 世纪，英国古典政治经济学的奠基者亚当·斯密首次在理论上把人力视为资本，在 1776 年出版的《国民财富的性质及其原因研究》中明确提出人的才能与其他任何种类的资本同样是重要的生产手段的观点（亚当·斯密，1972）。他详细分析了人的经验、知识和能力作为财富和生产财富的重要作用，并据此指出，“学习一种才能，须受教育，须进学校……学习的时候，固然要花费一笔费用，但这种费用，可以得以偿还，赚取利润”。斯密对经济增长中人的作用的深刻洞察以及把人力视为资本的经典思想，对后世主流经济学产生了重大且深远的影响。例如，受斯密的影响，李嘉图发展了斯密的劳动价值学说，论证了商品价值量取决于劳动时间的原理，指出机器和自然物不能创造价值，只有人的劳动才是价值的唯一源泉（参见《政治经济学及赋税原理》2013 年中译本）。李嘉图的这些观点此后又直接影响了马克思提出关于劳动是剩余价值的源泉的重要论断（参见《剩余价值论》1975 年中译本），为人力资本理论的形成提供了重要的哲学基础。与此同时，穆勒在斯密关于人力是资本的思想基础上，提出人的技能和知识都是对劳动生产率产生重要影响的因素，他强调人的能力应当与机器、工具一样被视为国民财富的一部分（参见《政治经济学原理》1991 年中译本）。继穆勒之后，萨伊也指出，花费在教育与培训方面的费用总和是“积累资本”，受过教育培训的人的工作报酬，不仅包括劳动的一般工资，而且还应包括培训时所付出的资本的利息，因为教育培训支出的是资本（参见《政治经济学概论》2014 年中译本）。特别是他提出的科学知识是生产力的一部分的思想，无疑对现代市场经济制度的建立和完善具有划时代的理论贡献。此外，古典经济学的集大成者、19 世纪末英国著名经济学家马歇尔也提出知识和组织是资本的重要组成部分，是最有力的生产力（参见《经济学原理》2019 年中译本）。费雪则在 1906 年发表的《资本的性质与收入》一文中首次提出人力资本的概念，并将其纳入经济分析的理论框架中（参见《资本的性质与收入》2018 年中译本）。以上古典和新古典经济学家关于人力资本的丰富而深刻的见解为现代人力资本理论的形成和发展奠定了夯实的思想基础。

尽管早期关于人力资本的思想不乏微观视角，关注了个体学习知识技能的投资、产出和回报，但现代人力资本理论最初是从宏观视角开启的。被称为“人力资本之父”的美国著名经济学家舒尔茨作为现代人力资本理论的奠基者，首先就是从宏观视角论证了一个国家或地区的经济增长在新古典经济学中未能得到解释的部分主要来自人力资本的贡献（参见《论人力资本投资》

1990 年中译本），并在 1960 年美国经济学年会上的演说中系统阐述了基于这一研究发现而建立的人力资本理论，而且也因为这一重大理论贡献，舒尔茨在 1979 年赢得了诺贝尔经济学奖，人力资本理论也继而成为经济学中一门新的分支。此后，学界迎来了人力资本研究热潮，其中具有重要影响力的学者如丹尼森、明赛尔、贝克尔、巴泽尔、张五常、福格尔、罗森以及我国国内学者周其仁等均对现代人力资本理论体系的完善作出了杰出贡献。其中，丹尼森对舒尔茨论证的教育对美国经济增长的贡献率进行了修正，他将经济增长的余数分解为规模经济效应、资源配置和组织管理改善，知识应用上的延时效应以及资本和劳动力质量本身的提高等，从而论证了 1929～1957 年美国的经济增长中教育的贡献率应是 23%，而不是舒尔茨所发现的 33%（Denison，1962）。明赛尔则首次将人力资本投资与收入分配联系起来，并给出了完整的人力资本收益模型，从而开创了人力资本研究的另一个分支，同时他还研究了在职培训对人力资本形成的贡献（Mincer，1958）。与丹尼森、明赛尔继续从宏观视角研究人力资本问题所不同的是，贝克尔、巴泽尔、张五常、福格尔、罗森和周其仁等则更多地从微观视角考察人力资本主体在获得和使用人力资本时的行为研究上，如贝克尔弥补了舒尔茨只分析教育对经济增长的宏观作用的缺陷，系统地进行了微观分析，研究了人力资本与个人收入分配的关系（Becker，1962）。巴泽尔（Barzel，1977）、张五常（1984）则从人的行为动因角度定义人力资本为“主动财产”，认为其效能的发挥不仅取决于外部的环境条件，更取决于人力资本载体本身——人对于外部环境条件的反应。基于“主动财产”的产权特性，罗森（Rosen，1986）指出“人力资本的所有权仅限于它的人”。福格尔等（Fogel and Engerman，1975）甚至指出，即便是在极端的人身控制之下的奴隶，奴隶主付出极其高昂的监控和管制成本，作为“主动财产”本身的奴隶仍然最终控制着人力资本的输出（如努力）。周其仁（1996）也从人力资产具有主动性角度，提出人力资本与其所有者在生理上不可分离的特性决定了“人力资本非激励难以调度”的论断。以上观点和思想，在新制度经济学视域下，表明从微观视角入手的巴泽尔、罗森、福格尔、张五常和周其仁等的研究已经上升到了产权经济学层面，为人力资本产权理论乃至企业理论的拓展和实践应用提供了重要的思想渊源和理论依据。

就现代企业经营者人力资本而言，根据舒尔茨的观点，企业经营者人力资本是反映在经营者个体身上并由个体所拥有的基本素质和综合能力，具体包括经营者个体所拥有的与其自身不可分离的知识、技能、资历、健康、管理方法和经验等等。从贝克尔、巴泽尔、张五常、福格尔、罗森和周其仁等的研究来看，企业经营者的人力资本与其所有者天然的在技术上不可分离的产权特性，决定了经营者始终掌控着自身人力资本。这意味着企业经营者人力资本的使用情况和最终产出水平都受经营者主观感受和意志的影响及控制，任何外部的意志都只有在转化为经营者自己的意志之后才能得到执行和贯彻。因此，要充分调动和发挥人力资本的积极作用，只能通过激活人力资本所有者这一“主动财产”所有者的能动性才能办到，即必须对企业经营者进行相应的激励才能使经营者个体身上所拥有的基本素质和综合能力得以输出，因此，如何激励人力资本成为关键所在。从这个意义上来看，委托代理关系中存在的道德风险问题也可归因于经营者人力资本的自我控制，而针对道德风险，委托代理理论提出了解决问题的两大手段——监督和激励，但因客观上信息不对称，监督手段缺乏效率，因而从更有效率的角度出发，激励手段成为解决委托代理问题最重要的手段，可是该如何激励呢？委托代理理论提出了为代理人配置剩余索取权的契约安排，这一解决方案很快在理论上和实践中都被认为行之有效，甚至成为股权激励的理论基础。但人们不免要问的是，经营者（代理人）获得的剩余索取权源自何处？如果说委托人（股东）的剩余索取权来自其事前投入的物质资本，那么形式上似乎未投入任何物质资本的经营者（代理人）凭什么取得剩余索取权？仅仅因为经营者（代理人）可能“作恶”而赋予其产权？这岂不陷入“作恶”越多，奖励越大的逆向激励？显然这在理论上和情理中都难以被接受，对此，委托代理理论也没有给出过合理解释。直到人力资本理论的出现，才对这一疑问提供了令人信服的答案——企业经营者（代理人）是因为投入了无形的人力资本而获得相应的产权（剩余索取权），从而有权参与利润分配。根据人力资本理论，人力资本是对个人长期投资积累形成的另类无形资本，属于广义资本的一类，当然具有资本逐利的本质属性，获得资本回报也就理所当然。正如萨伊所指出的，花费在教育与培训方面的费用总和是“积累资本”，受过教育培训的人的工作报酬，不仅包括劳动的一般工资，而且还应包括培训时所付出的资本和利息，因为教育培训支出的是资本。可以说，正是因为人力资本理论的出现，经典委托代理理论提出为代理人配置剩余索取权的契约安排在法理上取得了“正当性”。

如果说委托代理理论和契约理论主要从委托人或投资方角度研究组织监督和激励以提升组织价值回报问题。那么，人力资本理论则是从代理人或经营者的人力资本潜能发挥的角度研究价值创造问题，更进一步地说，前者是从（物质）资本入手，后者是从人的因素（人力资本）入手。但是不可忽视的一点是，人力资本与物质资本的产权特性截然不同，物质资本与其所有者可以相互分离，可以被他人占用和质押，还存在“被虐待”的可能，但人力资本与其所有者不可分离，永远掌握在其所有者手中，即便人力资本所有者完全退出所在组织，他依然可以丝毫未减地握有他的人力资本（周其仁，1996）。这一客观事实暗含的经济含义是：对于两权分离的现代企业来说，如果投入物质资本的股东与投入人力资本的经营者均有权获得企业产权（剩余索取权），两者在企业经营成功或有利可图时都可以参与剩余分享，但在企业经营亏损或破产时，两者却面临极截然不同的损失风险。在张维迎看来，物质资本所有者投入的物质资本实质上是承担企业经营风险的“资产抵押”，在经营失败时“跑得了和尚跑不了庙”，而人力资本所有者却可以全身而退（张维迎，1996）。在这个意义上，人力资本产权似乎并未能真正解决委托代理问题，但人力资本理论关于人力资本与其所有者不可分离的产权特性为理解和改进委托代理激励契约模型提供了重要的理论工具和研究视角。

2.2.4 前景理论

前景理论也叫展望理论（prospect theory），由美国心理学家卡尼曼和特沃斯基教授首先提出，他们将心理学研究应用在经济学中，对在不确定情况下人为判断和决策行为的认知做出了突出贡献，并以这一重大理论贡献而荣获2002年诺贝经济学奖。前景理论为人们从企业家的决策行为入手打开企业“黑箱”提供了极为锋利的“手术刀”，为人们理性认识经济人“理性”提供了全新的观察视角和理论分析思路。

在前景理论出现之前，古典和新古典经济学以经济人完全理性为前提，将企业的经营行为高度抽象为价格均衡过程而不见企业家身影，企业家的决策行为被完全掩盖在朦胧的企业“黑箱”之内很少受到关注。在很长时间里，当必须涉及经济决策问题时，人们主要以期望值理论和期望效用理论进行理解和分析。期望值理论源自17世纪帕斯卡和惠更斯提出的数学期望理论，这一理论的核心思想是，当面对多种选择方案时，每一种方案都有不同的结果和概率，将各种结果与它们的概率相乘并求和，选择那个能够带来最大值的方案作为决策依据。但是这一理论在面对圣彼得堡悖论时却无法提供合理解释，于是在1738年，伯努利在其著作《风险度量的新理论阐述》中指出，在决策时，人们首先要确定一个效用函数而不是单纯的财务价值。从此，对人的决策问题分析开始纳入人的主观感受——效用，并在随后的200多年时间里，吸引了无数学者围绕效用问题展开持续的争论，但都没有达成令人满意的结论。直到1948年，冯·诺伊曼和摩根斯坦提出期望效用理论，才基本结束了这场争论（龚磊，2020）。期望效用理论建立在公理化假设基础之上，在完全理性人假设前提下对现实中个体的经济决策行为具有强大的解释力，从而成为决策理论的重要基石，并且成为经典委托代理模型的建模基础。但是，随着人们认识到建立在“经济人”假说之上的完全理性决策理论只是一种理想模式，期望效用理论不可能真正“理性”指导实际中的决策。也就是说，期望效用理论的最大前提——经济人理性假设受到质疑之后，期望效用理论的立论基础也就不存在了，此其一。其二，期望效用理论与期望值理论一样，都假定现实中的风险分布为随机正态分布，因此计算的平均期望值始终大于零，实际上人为地消灭了负值的可能，使决策结果始终处于正区间，导致经典委托代理模型的均衡解在下行风险区间时等于零而脱离现实。

针对“经济人”完全理性假设脱离现实的困境，赫伯特·西蒙（Herbert Simon）提出了满意标准和有限理性标准（Bounded Rationality Model），用“社会人”取代“经济人”，大大拓展了决策理论的研究领域，产生了新的理论——有限理性决策理论。有限理性模型又称为西蒙模型或西蒙最满意模型（Simmon's Bounded Rationality Model）。这是一个比较现实的模型，它认为人的理性是处于完全理性和完全非理性之间的一种有限理性。但是有限理性如何在实证层面上予以证实，特别是在风险环境下，经济行为个体在有限理性约束下如何做出最优选择问题，在很长一段时间里未有进展，直到前景理论的出现。诺贝尔经济学奖委员会认为，卡尼曼和特沃斯基（Kahneman and Tversky, 1979）提出的前景理论，有助于人们从更深层次上理解风险决策与心理认知。因此，前景理论甚至被认为是最成功的风险决策描述模型（龚磊，2020）。前景理论从行为实验研究出发，从人的心理特质、行为特征揭示了影响选择行为的非理性心理因素。通过一系列的实验发现，人的决策选择取决于结果与展望（即预期、设想）的差距，而非结果本身。人在决策时会在心里预设一个参考点，然后衡量每个结果是高于还是低于这个参考点。对于高于参考点的收益型结果，人们往往表现出风险厌恶，偏好确定的小收益；对于低于参考点的损失型结果，人们又表现出风险喜好，寄希望于好运气来避免损失。因此，在确定的收益和“赌一把”之间，多数人会选择确定的好处，所谓“见好就收、落袋为安”，称之为“确定效应”，即风险规避。在确定的损失和“赌一把”之间做一个抉择，多数人则会选择“赌一把”，称之为“反射效应”，即风险追求。总结起来，前景理论得出了以下 4 个基本结论：①大多数人在面临确定性获利的时候总是风险规避的（确定效应）；②大多数人在面临确定性损失的时候总是风险喜好的（反射效应）；③大多数人对得失的判断往往根据事前的参考点决定（参照依赖）；④大多数人对损失比对收益更敏感（损失厌恶性）。以上结论也被称为原始前景理论，对现实中个体经济决策行为提供了远强于期望效用理论的解释。但是存在以下被众多学者质疑的不足之处：①只涉及两个非零结果，不能应用于更多结果的决策；②并不总是满足随机占优；③没有考虑函数类型及参数；④参考点的定义和选择问题未能明确（龚磊，2020）。为回应这些质疑，卡尼曼和特沃斯基发表了他们关于前景理论的第二篇力作《前景理论的进展：不确定性的累积表示》（Tversky and Kahneman, 1992），从而建立了第二代前景理论——累积前景理论。在这篇文献中，他们提出了风险态度四重模式，进一步明确了收益区间风险规避、损失区间风险追求的确定性参考点这一重要前提。此后，学术界进一步发展出第三代前景理论，提出当决策权重被指定为序依赖时，允许参考点不确定，这一思路较好地解决了一二代前景理论中偏好逆转等问题。

前景理论关于风险情景下的个体经济决策行为实际是什么样的实证结果，对金融领域参与者的决策行为研究提供了革命性的理论工具，摆脱了以期望效用理论分析经济个体决策行为时规范研究思路下违背实际的困境。特别是其中关于经济个体损失厌恶性和风险偏好的研究结论，提醒人们看待经济行为时要重视人性的因素，对理解经济个体在衡量收益与风险时的心理动机提供了极具参考价值的理论依据，为本文解释企业经营者的风险行为决策的心理机制提供了独到的见解参考。关于经济个体的损失厌恶性与风险偏好可以表述在以下价值函数图和风险态度的四重模式坐标图上，如图2－1所示。其中图2－1a为价值函数表达，显示在损失区域的函数曲线斜率明显大于收益区域，意味着，等量损失带来的负效用绝对值大于等量收益带来的正效用值，这一性质也被直接称为损失厌恶性。图2－1b是风险态度的四重模式，清晰地表达了收益与风险的关系：收益概率越高时越不愿意冒风险，损失概率越高时越趋向于冒风险。风险态度四重模式实际上表明，经济个体的风险偏好并不能简单地根据价值函数认为面临收益时风险规避、面临损失时风险追求，而必须考虑参照点和概率高低。一是价值参照点的选择决定了预期结果处于收益区间还是亏损区间，二是不同于理性人对概率感知是客观线性的，有限理性的现实人或“社会人”对概率感知存在扭曲，经济个体在现实中会对低概率过度加权，而对中高概率欠加权，特别是对概率中间值跳跃到极端值0和1时，0或1还会成为概率本身的参照点，从而使经济个体的选择快速靠近风险追求或风险厌恶（概率扭曲中的敏感性递减原理）（龚磊，2020）。因此，概率的参照点是0还是1从根本上也决定了经济个体的风险偏好，当没有任何预期结果落在经济个体认为很可能出现的情形时（比如小于0.5的感知概率，或者概率无法预估的情形），经济个体的决策行为甚至出现反转，即面临收益时倾向于冒险而面临损失时规避风险（存有侥幸心理）。正如哈利·马克威茨（2000）所洞察到的那样：人们面对正区间时表现出风险追求，而在负区间上表现出风险厌恶（龚磊，2020）。这一结论在斯洛维奇和利切坦斯泰因（Lichtenstein and Slovic，1971）的研究中也得以印证，即人们通常选择概率高而损益小的“P类赌局”（称为安全博弈，即风险厌恶），但是往往给概率低而损益大的“$类赌局”（称为风险博弈，即风险追求）以更高的定价。综上所述，前景理论提出的损失厌恶性、风险态度四重模式、参照点原理以及概率扭曲思想对分析现代企业经营者的风险决策行为提供了前所有未有的新视角和新思路。

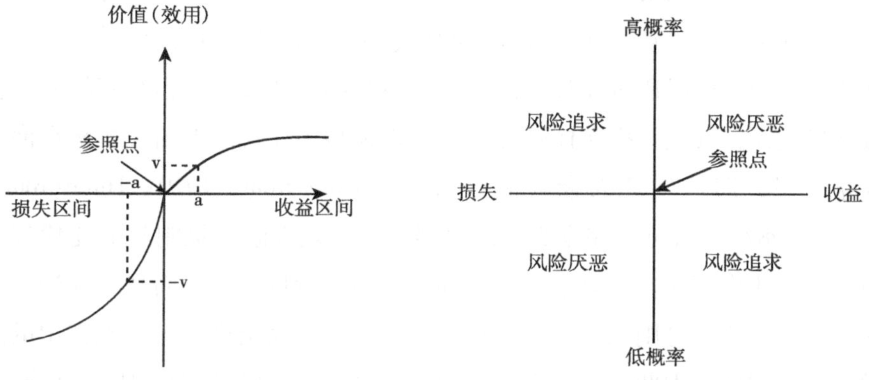

（a）价值函数　（b）风险态度的四重模式

图2－1　前景理论基本结论

资料来源：参考龚磊《前景理论与决策那些事儿》，北京：电子工业出版社，2020。

2.2.5　基础理论与股权激励

随着新制度经济学的出现和发展，所属的企业理论中众多理论分支对现代企业实施股权激励的必要性提供了深刻的经济学解释。一是委托代理理论为现代企业股权激励提供了直接的理论依据。一是作为委托代理理论的渊源之一，团队生产理论认为企业是一个团队生产组织，由于团队成员的贡献难以测量和分割，为了消除或减少团队成员搭便车和偷懒的行为，需要监督者来监督团队成员的生产活动，但面临谁来监督监督者的问题，为此，需要一位拥有剩余索取权的终极监督者，即让终极监督者拥有股权（Alchian and Demsetz，1972），实质是老板成为监督者。虽然这一理论出路最终回到了古典企业治理模式的资本家监督机制，但其提出以剩余索取权解决监督监督者的思路却与现代企业股权激励内含的剩余分享机制不谋而合。其次，标准的委托代理理论认为作为委托人的股东与作为代理人的经理之间由于信息不对称、收益函数不一致而存在代理人机会主义空间，只有让经理的报酬模式尽量与股东一样，才能统一委托代理双方的利益，降低代理成本，即让经理像股东一样参与剩余收益分享（Jensen and Meckling，1976；Haugen and Senbet，1981），这一观点被认为是现代企业实施股权激励最直接的理论依据（陈文强，2017）。二是契约理论中的完全契约理论认为尽管委托代理双方的信息不对称，但委托代理双方都是完全理性的，委托人可以通过设计满足代理人参与约束和激励相容约束的完全契约来激励代理人，其核心机制体现在委托代理模型中让代理人的报酬函数嵌入剩余收益变量，即让代理人参与剩余分享（Holmström，1979；Holmström and Milgrom，1987），可见，完全契约理论强调的代理人激励机制与委托代理理论相同，都是让代理人参与剩余分享，同样指向了股权激励。而契约理论的另一分支不完全契约理论则认为委托代理双方不可能是完全理性的，现实中的人只能做到有限理性，因此委托代理双方都不可能完全预期到未来所有可能情形，即便在理论上可以，在现实中也会因为契约成本高到离谱而无法实施，而且还可能因无法以双方可理解的语言进行描述以及可证实给第三方的方式立约，客观上也使委托代理契约是不完全的。因此，可契约化的特定权力不重要，重要的是无法完全契约化的剩余权力——剩余控制权和剩余索取权，其中剩余索取权源于剩余控制权，剩余控制权源于物质资本，并且剩余索取权要与剩余控制权相匹配（Grossman and Hart，1986；Hart and Moore，1990）。虽然不完全契约理论着力于企业产权配置问题，且提出剩余索取权源于剩余控制权、剩余控制权即企业所有权且剩余控制权源于物质资本的观点与事实不符和引起概念混淆，但其产权激励思想和剩余控制权与剩余索取权相匹配的观点却对现代企业股权激励理论与实践发展具有意义重大的创新性启示。因为在两权分离的现代企业中，股东与经营者不可能就日常经营管理任务订立事无巨细的完全契约，经营者事实上掌握了日常经营管理的剩余控制权，而剩余控制权必须与剩余索取权匹配时才能被有效使用。可见，不完全契约理论同样为现代企业股权激励提供了理论依据。三是人力资本理论认为人的因素是创造价值的根本因素，人力资本作为一种长期投资形成的无形资本天然地具有资本逐利本性，客观上存在不以他人意志为转移的投资回报诉求，不但要获得维持必要劳动的工资，而且还要获得（人力资本）长期投资的资本回报。但人力资本具有不同于物质资本的人身属性，在技术上天然地与其所有者不可分离。因此，人力资本所有权仅体现于它的人，是一种主动性财产，当其产权被忽视、限制或者删除而残缺时，人力资本所有者会“关闭”人力资本的输出，使人力资本的价值一落千丈或荡然无存，即企业人力资本产权激励对企业价值创造具有决定性作用（Schultz，1961；Fogel and Engerman，1975；Barzel，1977；Rosen，1986；周其仁，1996）。由此可见，人力资本理论不但为委托代理理论和不完全契约理论提供了重要的理论支撑，也从人力资本产权的角度为现代企业股权激励的必要性提供了强有力的理论依据，如“免费”赠予经营者的股票期权激励实质上对应代理人的人力资本投入。四是前景理论认为作为“有限理性”的社会人，他（她）的决策选择取决于结果与展望（即预期、设想）的差距，而非结果本身。即人在决策时会在心里预设一个参考点，然后衡量每个结果是高于还是低于这个参考点。对于高于参考点的收益型结果，人们往往表现出风险厌恶，偏好确定的小收益；对于低于参考点的损失型结果，人们又表现出风险喜好，寄希望于好运气来避免损失。因此，人的行为选择取决于两类参照点：预期结果的参照点和概率的参照点，而预期结果的参照点和概率的参照点又决定了人的风险偏好和损失厌恶性。同时作为有限理性的人对概率感知还存在扭曲现象，从而使其表现出四重性，即在高确定性与高收益时风险规避，低确定性与高收益时风险追求；而在高概率与高损失时风险追求，低确定性与高损失时风险规避（Kahneman and Tversky，1979；Tversky and Kahneman，1992）。前景理论虽然未直接触及现代企业股权激励问题，但它提出的损失厌恶性、风险态度四重模式、参照点原理以及概率扭曲思想对实施股权激励会带来风险激励作用提供了重要的分析视角。特别是其中的参照点原理，对股权激励制度中需要激励对象事前投入物质资本的限制性股票方式的激励契约设计和作用机理的理解提供了理论基础，为本研究提出企业经营者获得股权激励权益时需要支付对价的观点提供了理论依据。

2.3 文献回顾

股权激励作为现代企业经济与管理领域的研究热点，从西方到东方，从过去到现在，一直受到理论界与实业界的广泛关注和热烈讨论，相关研究文献多如牛毛，汗牛充栋，丰富的研究文献为理论上持续拓展研究边界和不断丰富理论内涵提供了坚实的研究基础，也为指导股权激励实践发展提供了富有参考价值的理论依据。本节基于本研究问题和研究主旨的需要，从股权激励实施动因、股权激励方式选择动因、股权激励效应及其持续性和股权激励不同方式激励效应四个方面对国内外相关理论与实证研究文献进行系统的梳理和评述。

2.3.1 股权激励实施动因

（1）基于股权激励作用的实施动因

股权激励实施动因的实证研究文献主要来自国外特别是关注美国股权激励实践的相关文献，对中国股权激励实施动因进行实证研究的文献尚不多见。从国外文献来看，主要来自美国上市公司股权激励实施动因实证研究，但由于美国股权激励实践从一开始就以股票期权方式为主，已有文献关于股权激励实施动因的分析基本上等价于股票期权实施动因分析。如德夫斯柯、盖伊等（Defusco et al.，1990；Guay，1999）认为，上市公司之所以实施股权激励是因为股票期权具有非负的凸性支付结构，能够降低经理人在风险项目决策中的风险厌恶性。奥耶、谢弗和齐奥米斯等（Oyer，2004；Oyer and Schaefer，2006；Tzioumis，2008）认为，实施股权激励的原因在于股票期权具有吸引和留住人才特别是风险厌恶性较低的人才的重要作用。另有一些文献指出，广泛的股票期权激励计划的引入通常旨在降低工会的议价能力（Cramton et al.，2008），提高组织凝聚力（Pendleton，2006），并鼓励企业特定人力资本的积累（Blair et al.，2000）。概括而言就是，由于股权激励是相对于现有薪酬组合之外的额外支付，股权激励能起到更大的激励作用（Hall and Murphy，2000），所以股权激励广为流行。除此之外，还有一些文献认为实施股权激励为经营者通过信息操纵获取私利提供了机会主义空间（Yermack，1997；Aboody and Kasznik，2000；Chauvin and Shenoy，2001）。如通过授予日前向下盈余管理以降低授予价（Aboody and Kasznik，2000；Baker Collins Reitenga，2003；Coles Hertzel Kalpathy，2006），而在授予日后进行向上的盈余管理以实现可行权日业绩达标

(Gao and Shrieves, 2002; Bergstresser and Philippon, 2006; Burns and Kedia, 2006),并在股票出售日前进行盈余管理以操纵股价获利(Bartov and Mohanram, 2004),还可以选择出售或行权的时间窗口来获取私利(Carpenter and Remmers, 2001; Bartov and Mohanram, 2004)等方面。因此,实施股权激励的动力也可能是来自企业高管的代理问题。显然,这些文献都从股权激励的作用出发证明了实施股权激励的必要性,但实际上这些研究结论表明的更可能是实施股权激励的后果,存在互为因果、循环论证的不足。

(2)基于企业微观特征的实施动因

为了真正从企业微观层面找出股权激励的实施动因,相当一部分国外文献致力于从企业个体特征、治理特征和财务特征寻找股权激励实施原因。如克劳福德和沃兹(Clifford W. Smith and Watts, 1992)、柯尔和盖伊(Core and Guay, 1999)、内田(Uchida, 2006)等研究发现,公司规模大小对实施股权激励存在正相关关系。但默菲(Murphy, 1985)发现实施股权激励与企业规模负相关,而马兹拉咖(Matsunaga, 1995)、迈赫兰(Mehran, 1995)、色利和克鲁姆(Sesil and Kroumova, 2005)等研究则表明股权激励与公司规模之间并不存在显著相关关系。莱伦等(Lewellen et al., 1987)、克劳福德和沃兹(Clifford W. Smith and Watts, 1992)、马兹拉咖(Matsunaga, 1995)、迈赫兰(Mehran, 1995)和伊特纳(Ittner et al., 2003)等发现,公司未来的增长机会越高,采用股权激励机制的可能性就越大,但雅尔玛克(Yermack, 1995)发现企业成长性与股权激励之间呈负相关关系。长冈(Nagaoka, 2005)发现新设立公司、成长性高的公司更可能实施股权激励,而被监管行业和股权集中度高的公司很少实施股权激励计划。布莱恩(Bryan et al., 2000)、伊特纳(Ittner et al., 2003)、内田(Uchida, 2006)等研究发现公司债务杠杆率与股权激励实施呈负相关关系。同时,内田(Uchida, 2006)还发现股权越集中的公司越可能实施股权激励。周柔等(Chourou et al., 2008)则发现成长机会与CEO持股比例和股东持股比例呈负相关关系,与非系统性风险呈凹性相关关系。此外,还有朱春辉等(Zhu et al., 2021)研究发现高成长机会、新经济企业、高管持股、高薪企业更可能实施股权激励。阿尔维斯(Alves et al., 2009)研究发现,经理人持股比例和公司规模与公司股票期权激励正相关。雅尔玛克（Yermack，1995）、布莱恩（Bryan Hwang Lilien，2000）、克尔和盖伊（Core and Guay，2001）的研究还表明现金流约束也是股票期权激励实施的影响因素，但伊特纳（Ittner Lambert Larcker，2003）的结论与之相反，而马兹拉咖（Matsunaga，1995）则没有发现两者之间的显著相关关系。

从国内已有文献来看，笔者查阅到的实证研究文献也主要从企业微观层面入手，特别是从企业自身的个体特征、治理特征和财务特征因素寻找股权激励实施动因。如冯涛等（2010）基于中国2005~2008年的713家上市公司数据，采用面板数据二值响应模型实证检验上市公司推行经理层股权激励安排的决定因素，他们发现：两权分离程度越高的企业，实施股权激励的可能性越大，产权性质也是影响上市公司实施股权激励重要原因，即国有企业比民营企业更有可能实施股权激励，同时，公司治理结构亦是重要影响因素，比如独立董事占比较高的企业更有可能实施股权激励，此外，公司个体特征如公司规模、成长性等因素同样是不可忽视的影响因素，且规模越大、成长性越高的上市公司越有可能实施股权激励。于卫国（2011）发现股权激励事件与高管年度薪酬和公司规模显著正相关，与股权集中度、股权制衡度和经营风险显著负相关，与其他因素不相关。连玉君等（Lian et al.，2011）则认为，上市公司的规模、负债率、固定资产比重、营业利润率、高管薪酬、高管持股、两职合一、第一大股东持股、股权制衡度、股权集中度、产权性质和行业性质等方面均是实施股权激励的影响因素。屈恩义和朱方明（2017）发现，股权激励作为一项公司内部治理机制的重要组成部分，与其他的公司治理机制相互影响，而且公司财务状况、现金流等方面构成了股权激励实施的客观条件，同时高管个人特征也会影响激励决策。陈文强（2017）也认为，企业规模、财务杠杆、前期业绩、高管薪酬、高管持股、两职合一、董事治理、股东治理、产权性质和行业性质是决定上市公司实施股权激励的重要影响因素。

2.3.2 股权激励方式选择动因

（1）基于股权激励不同方式激励作用的选择动因

从现有文献来看，国外研究主要从股权激励方式的不同功能入手进行分析，如布莱恩等（Bryan et al.，2000）认为股票期权带来更多的投资冲动，限制性股票使厌恶风险的CEO更倾向于规避风险，对于高成长性公司来说，更宜选择股票期权。因此，成长性较高且追求高增长业绩的行业，更多采用股票期权（Bryan et al.，2000；Core et al.，2003；Hall and Murphy，2003）。但霍尔和墨菲（Hall and Murphy，2003）同时也指出，公司之所以使用更多的股权期权而不是限制性股票，是因为董事会和经理错误地认为股票期权很便宜，认为期权不产生会计费用，也不需要现金支出。德安吉利斯等（De Angelis et al.，2013）的证据表明，市场下行风险对不同股权激励方式激励契约的影响不同，股票期权会增加经营者薪酬的凸性，并提供更多的下行保护，因此，遭遇外源性下行风险增加的公司会在薪酬方案中更多地使用股票期权而非限制性股票。布莱恩等（Bryan et al.，2000）发现，由于限制性股票的线性收益，在诱导厌恶风险的高管接受风险高、价值增加的投资项目方面，其效率相对较低，即股票期权更有利于诱使高管追求风险。但股票期权引发更多风险的传统观点受到了卡朋特（Carpenter，2000）和罗斯（Ross，2004）的挑战，他们认为股票期权并非是传统上简单地认为诱发管理层追求风险的激励方式，期权补偿对风险承担的影响是模糊的，取决于管理者的效用函数，事实上管理层会根据所持资产价值的改变而动态调整资产风险水平，当资产价值不断放大时，管理层通常会缓和投资组合的风险水平。卡朋特和罗斯的观点在凯莉和孙博（Carey and Sun，2010）的研究中得以进一步深入，凯莉和孙博认为虽然传统上认为股票期权具有更高的风险承担激励，但在平均风险（小于等于三个标准差）之外的极端风险（大于三个标准差）情形下（也称为尾部风险），期权反而抑制管理层承担风险，而基于限制性股票的薪酬却有利于激励管理层承担尾部风险。因此，具体的股权激励方式选择并非简单地决定于风险追求的目标，还要考虑企业经营者的效用函数和预期风险的极端程度。德肖等（Dechow et al.，1996）和布莱恩等（Bryan et al.，2000）认为，税收及现金流节约的影响也是股权激励方式选择偏好不同的重要原因，比如美国的股票期权激励早期未列入税收项目，而且股票期权不会减少公司现金流，从而使得股票期权成为最受欢迎的高管激励方式。卡尼尔和罗瑟（Canil and Rosser，2011）则对同时采用两种激励方式的混合模式选择动因进行分析，他们指出，由于股票期权在有效期内不享有股息从而不受股息保护，而限制性股票由于具有股息权利，两者各有不同的激励功效，为取长补短，提出应同时采用两种激励方式。赫尔和墨菲（Hall and Murphy，2002）、布鲁因和卡特（Blouin and Carter，2010）还发现，采用限制性股票方式是公司使员工利益与股东利益保持一致的一种成本较低的方式，因为限制性股票授予减轻了成本价值差异。

（2）基于企业微观特征的选择动因

波亦尔等（Boyle et al.，2011）则认为，股权激励对高管的激励水平取决于参照点和行业平均业绩波动性，因此，风险较高的行业，公司应该提供更高凸性的薪酬以激励高管承担风险，即高风险行业应使用股票期权激励。反之，低风险行业则更应采用纯股票方式。吴（Wu，2011）则表明，当经营者有更强的能力、公司治理体系更为有效，应该更多地采用股票期权，即公司治理效率越高则越采用股票期权，反之则应该选择限制性股票。中国上市公司的股权激励方式选择偏好从正式引入股权激励制度开始就不同于美国式一边倒地倾向于股票期权，而是呈现两种方式并存、差异分布明显的发展历程。尽管中国上市公司股权激励方式选择的差异化及其激励效应的不同在2006年以后受到了不少关注和研究，但针对中国上市公司股权激励方式选择动因的研究文献却比较少见，直到近几年才陆续出现若干相关文献。为数不多的这些文献有一个共同的特点，就是主要从微观层面对上市公司个体特征、治理特征和财务特征入手分析股权激励方式选择动因。例如，季勇（2010）和肖淑芳等（2016）发现，高管持股比例高的公司更倾向于选择股票期权，反之则倾向于选择限制性股票，同时，总经理与董事长两职合一的上市公司更倾向于选择股票期权，反之则倾向于选择限制性股票。徐宁（2010）则发现企业成长性、企业规模与控股股东性质是影响其股权激励方式选择的显著性因素。徐经长等（2017）从高管风险态度与股权激励方式选择之间的关系寻找两者关联证据，结果发现，高管越厌恶风险则所在公司越倾向于选择风险激励强度较大的股票期权方式激励高管，以激发高管的风险承担意愿；反之，高管风险承担水平越高即对风险越不敏感，所在公司越倾向于选择风险激励强度较小的限制性股票方式，以减弱高管的过度冒险倾向。邱强等（2018）对上市公司管理层风险偏好、股权激励与风险承担三者之间的作用关系进行实证检验也发现，管理层风险偏好与公司风险显著相关，而这一相关性离不开股权激励的传导，即风险偏好的管理层更倾向于股票期权激励，风险厌恶的管理层则倾向于限制性股票激励。陈文强和王成方（2021）则对处于不同发展阶段的企业选用的股权激励方式存在异质性偏好现象从企业生命周期的角度进行实证，结果发现，成长期和衰退期企业更倾向于采用股票期权，而成熟期企业更倾向于采用限制性股票，并且这种适应性匹配关系在高管权力较小、市场竞争充分和股价崩盘风险较低的样本中更加显著。

2.3.3 股权激励效应及其持续性

长期以来，股权激励效应一直是学界关注的热点问题，也是股权激励这一研究领域的中心问题。经几十年的发展和积累，国内外关于股权激励效应的研究文献早已浩如烟海，但总体上而言，根据股权激励实施后的影响后果不同可以分为直接激励效应和间接激励效应两大类，直接激励效应是指股权激励实施后以财务绩效呈现的经济后果，如代理成本、企业业绩水平及其波动性；间接激励效应是指股权激励实施后激励对象行为方式的改变，如对公司投融资行为、股利政策、盈余管理、创新行为、员工离职率、信息操纵、关联交易等方面的影响结果（陈文强，2017）。同时，股权激励涉及不同的激励方式，实际的股权激励计划最终都要以特定的激励方式予以实施，因此，根据股权激励方式选择的不同，直接激励效应、间接激励效应又可以进一步分为总体激励效应和不同方式激励效应。此外，根据考察时间范围的不同还可划分为短期静态激励效应和长期动态激励效应，当只考察实施当年的激励效果就是短期静态激励效应，而考察实施后连续多年的各期影响效果就是长期动态激励效应，但截至目前，对股权激励效应的研究主要集中于短期的直接激励效应和间接激励效应（包括总体和不同方式激励效应），对长期激励效应的研究文献极为少见。考虑到本研究主要关注的是股权激励及其方式选择、偏好反转对代理成本、企业业绩水平及其波动性的影响，本研究对股权激励效应的研究重点在于直接激励效应下的短期静态总体激励效应、不同方式激励效应和激励效应的持续性。因此，文献梳理分成两部分，本部分为股权激励效应及其持续性，下一部分为股权激励不同方式激励效应。

（1）股权激励直接效应

股权激励的直接激励效应是股权激励研究的核心话题，自股权激励问题进入学术研究视域以来股权激励与企业绩效的关系问题就一直是研究的焦点，研究热度长盛不衰，相关实证研究文献已是浩如烟海。但是，尽管国内外学者对股权激励短期静态直接激励效应的验证作出了巨大努力，却始终没有取得一致结论，对股权激励影响企业绩效的关系问题长期争论不休，从正相关到负相关，再到不相关，乃至非线性相关，每一种观点都在对应研究样本中找到了相应的证据，可谓公说公有理，婆说婆有理。通过对这一问题主流文献的系统梳理和分析，本研究发现，已有研究结论的迥异主要源于研究视角的不同，当然，在技术上也和样本选择及研究方法的不同有关。在研究视角上，根据陈文强（2017）的归纳，股权激励与企业绩效正相关、负相关和不相关、非线性相关的三类关系对应着最优契约论、管理者权力论和最优契约与管理者权力两者共同作用论三大研究视角。

最优契约论遵循完全契约理论的逻辑，它的核心观点是企业股东与经营者的委托代理关系中，股东占主导地位，股东能够有效控制的直接代理人——董事会不仅独立于高管而且还能够站在股东利益最大化角度，为企业整个管理层设计出充分考虑参与约束与激励相容约束的激励契约，促使股东与经营者的目标函数相一致，从而降低代理成本和提升企业价值，而股权激励契约正是充分考虑代理人参与约束与激励相容约束的激励方案。因此，在最优契约论视角下，股权激励是解决企业股东与经营者委托代理问题的有效治理手段（Jensen and Meckling，1976；Holmström，1979；Holmström，1982；Holmström and Milgrom，1987；Jensen and Murphy，1990）。根据谢德仁（2004）的研究，最早基于最优契约论对股权激励短期静态直接激励效应进行实证检验的是墨菲（Murphy，1985），他利用 1964 ~ 1981 年 73 家美国最大制造业公司 461 名经理人的数据来检验经理人股票回报与企业业绩之间的关系，结果表明，股权激励对经理人提升企业业绩具有显著的激励效应。此后，迈赫兰（Mehran，1995）利用美国 1979 ~ 1980 年随机抽样的 153 家制造业公司的数据进行实证检验的结果也表明，经理人股权激励对企业绩效具有明显的激励效应，符合最优契约论预期。布莱恩等（Bryan et al.，2000）利用美国1992～1997年股权激励实践大发展时期的1 700多家上市公司数据进一步对股权激励效应进行检验的结果同样支持最优契约论关于股票期权对企业绩效具有激励效应的理论推断。帕利亚和利希滕伯格（Palia and Lichtenberg，1999）利用美国1983～1993年255家制造企业的样本数据实证检验还发现，管理层持股能克服管理者的短视行为，促进企业管理变革，提高生产效率，最终提升企业价值，从而也为最优契约论提供了经验证据。除了早期的实证研究文献支持股权激励效应的最优契约论，进入21世纪后还有大量国外文献发现了股权激励符合最优契约论观点的证据（Hanson and Song，2000；Hanlon et al.，2003；Hillegeist and Penalva，2003；Akimova and Schwödiauer，2004；Aboody et al.，2010；Chen and Ma，2011；Fang et al.，2015）。从国内文献来看，也有大量针对中国上市公司样本的研究结论支持股权激励最优契约论的观点。股权激励在2006年正式引入中国上市公司之前，主要从管理层持股角度展开实证研究，如王克敏和陈井勇（2004）发现，企业代理成本与高管持股比例负相关，公司绩效与高管持股比例正相关。而在2006年正式引入股权激励制度后，葛文雷和荆虹玮（2008）率先对2006年实施股权激励的中国上市公司样本进行实证检验发现，管理层股权激励水平与公司业绩之间存在显著的正相关关系。随后，张俊瑞等（2009）运用事件研究法的实证检验发现，股权激励具有"凸性激励"效用，实施股权激励一年后公司净资产收益显著提升。潘颖（2009）也发现企业业绩与股权激励比率呈正相关，且激励强度越大，企业业绩越好。为了避免股权激励效应检验结果可能存在的内生性问题，连玉君等（Lian et al.，2011）首次利用类似准自然实验研究的倾向得分匹配法消除样本自选择内生性问题，对2006～2011年实施股权激励的中国上市公司样本数据进行了实证检验，结果也显示，股权激励显著降低了管理层的代理成本，提升了实施样本公司的经营绩效。范圣然和陈志斌（2016）从代理成本的角度进行研究的结果同样表明：股权激励的实施可以有效降低企业代理成本，抑制管理者利用企业现金的机会主义行为。为了进一步得到更为纯粹的激励效应，屈恩义和朱方明（2017）对中国上市公司2007～2015年较长时期的样本进一步采用倾向得分匹配法和双重差分法相结合的实证方法再次对股权激励效应进行了实证检验，结果表明，进一步剔除事前差异和时间趋势效应后的股权激励样本公司以净资产收益率和总资产收益率衡量的经营业绩在总体上依然好于控制组样本公司。同时，连玉君等（Lian et al.，2011）、屈恩义和朱方明（2017）等研究还发现，股权激励直接效应还受企业产权性质调节，并且都发现非国有控股企业激励效果好于国有或国有控股企业。最近由万里霜（2021）提供的研究结果也表明：股权激励能显著提升企业绩效，同时能抑制两类代理成本的增长，并且两类代理成本在股权激励作用于企业绩效的过程起部分中介效应。此外，股权激励除了对企业财务绩效水平有直接的影响外，还对企业经营风险（财务业绩波动性）存在直接激励效应，德安吉利斯等（De Angelis et al.，2013）、阿米哈德和列夫（Amihud and Lev，1981）和梅（May，1995）等发现市场上行风险和下行风险对经理人股权激励效果有截然不同的影响，当暴露于股票市场下行风险时，经理人倾向于降低公司经营风险以减少自己损失的可能性，因此，保护经理人免受下行风险是激励契约设计的一个重要目标。此外，鲁桐和吴国鼎（2015）对中国A股1 056家深交所中小板和创业板公司治理水平进行评估，结果发现，在激励机制方面，高管与核心技术人员的股权激励是影响公司绩效的关键因素。

管理者权力论最早由贝布丘克等（Bebchuk et al.，2002）提出，遵循的是不完全契约理论逻辑，其核心观点是，现代企业由于所有权和经营权分离，股东与高管之间存在委托代理问题，一方面管理层基于信息不对称，完全可以利用手中的权力去影响自身薪酬契约的设计，并且管理层权力越大，操纵自身薪酬的能力越强。另一方面企业经理人有机会俘获董事会，形成内部人集团实施合谋行为，薪酬契约不但不能发挥预期的公司治理作用，反而成为委托代理的一部分进而加重委托代理问题。按管理者权力理论的观点，管理层在公司权力结构中占主导地位，管理层有能力、有动机影响甚至操纵股权激励契约安排并运用权力寻租，从而使股权激励不但不能提升企业绩效，反而为管理层提供了额外的机会主义空间，诱使经营者为谋取私利不惜损害企业的绩效和价值（Fama and Jensen，1983；Bebchuk et al.，2002；Bebchuk and Fried，2009）。显然，管理者权力理论观点的视角下，股权激励要么无效，要么有害，即不相关或负相关。自管理者权力理论提出后，关于股权激励与企业绩效不相关或负相关的推论得到了许多实证证据的印证。如德姆塞茨和莱恩（Demsetz and Lehn，1985）对美国 1980 年 511 家上市公司的样本数据进行实证检验发现，高级管理层持股与企业经营绩效之间不存在显著的相关关系。吉本斯和墨菲（Gibbons and Murphy，1990）、德姆塞茨和维拉隆加（Demsetz and Villalonga，2001）、雅尔玛克（Yermack，1995）等也以美国上市公司为检验样本，同样发现公司的经营业绩与高级管理层持股之间没有显著相关关系，甚至在控制了行业影响时结论也不变。此后，贝布别丘和弗里德（Bebchuk and Fried，2010）、克朗克维斯特和法伦布拉克（Cronqvist and Fahlenbrach，2013）、申大津（Shin，2016）等利用新时期的样本数据重新检验，仍然发现企业管理层高薪酬与高业绩并无必然联系，并且实际上很多时候高薪酬是管理层权力操纵带来的过度支付和运气薪酬。来自欧洲样本的研究结果也为此提供了类似的证据，如克里沃戈斯基（Krivogorsky，2006）以 87 家欧洲上市公司为检验样本，考察股权激励与公司业绩的关系，结果表明二者并不存在显著相关关系。同时，达夫休斯和卡比尔（Duffhues and Kabir，2008）以荷兰 1998 ~ 2001 年上市公司的数据为检验样本，结果发现高管运用权力自定薪酬的证据，证明股权薪酬与绩效并不总是相关。此外，还有一些文献认为，以股票为基础的最优薪酬合同可能会促使经理人以牺牲长期基本面价值为代价来强调短期股价表现的机会主义行为（Goldman and Slezak，2006；Crocker and Slemrod，2007；Peng and Röell，2014）。国内文献也为管理者权力理论观点下的股权激励无效甚至起负作用的推论提供了许多经验证据，如魏刚（2000）研究发现，企业经营者持股与经营业绩不存在显著的正相关关系，甚至持股比例越高，与经营业绩的相关性越低。李增泉（2000）、胡铭（2003）等研究发现经理人持股比例与企业净资产收益率无显著相关关系，股权激励甚至是一种福利制度，不能产生有效的激励作用。吕长江等（2009）、王烨等（2012）发现股权激励很多时候存在福利型契约条款设置，致使股权激励是无效的。苏冬蔚和林大庞（2010）发现，股权激励行权后会出现公司业绩大幅下滑的负激励现象，存在明显的代理成本。吴育辉和吴世农（2010）发现，虽然实施股权激励的公司盈利能力和成长性都较好，但股权激励方案的绩效考核指标也异常宽松，存在高管利用手中权力谋取私利的行为。杨慧辉等（2012）发现，中国上市公司股权激励会引发经理人自利的盈余操纵行为，在当前市场环境和公司治理框架下，其他公司治理机制难以发挥抑制股权激励引发盈余管理的效应。张曦和许琦（2013）也发现，中国上市公司高管持股与公司绩效均没有显著的相关关系，股权激励没有起到应有的激励作用。

最优契约与管理者权力共同作用论的观点认为股权激励与公司绩效之间并非简单的线性关系，而是存在区间效应，在不同环节、不同阶段分别存在股东主导与管理者主导的情形，最终的激励效应取决于不同情形下的综合作用，即在一定的区间内股东权力占主导地位，发挥最优契约的激励与约束作用，随着经营者持股比例的增加，在特定区间出现管理者权力占主导地位，引发经营者实施机会主义行为，从而使股权激励出现无效或负面激励效应。共同作用论最早由莫克等（Morck et al.，1988）的研究提供了证据，他们通过分段回归发现，高管持股水平与企业市场价值托宾 Q 之间存在非线性关系，当高管持股水平处于 0 到 5% 时，持有股权对企业绩效具有正向影响，当高管持股水平高于 5% 但小于 25% 时，持有股权与企业市场价值托宾 Q 负相关，而当高管持股比例超过 25% 时，高管持股对企业绩效又具有正向促进作用。之后，麦康奈尔和塞维斯（Mcconnell and Servaes，1990）的研究发现，管理层的持股水平与企业市场价值托宾 Q 之间存在明显的倒 U 形关系，最优区间在 40% ~50%。格里菲斯（Griffith，1999）也采用分段检验的方法检验了 CEO 持股量对公司价值具有支配性影响的假设，结果发现高管持股比例和公司业绩的关系变化存在拐点，表现为非单调线性关系，即股权激励水平与激励效果之间同样存在着区间效应。阿姆斯特朗等（Armstrong et al.，2007）发现股权激励力度存在最优水平：在最优水平之下会造成激励不足，当激励力度超过最优水平时，会削弱董事会对管理者的监督能力，从而影响公司的长期利益，也即存在倒 U 形效应。台湾学者郭启贤等（Kuo et al.，2013）使用标准普尔 500 指数公司的面板数据进行门限回归发现，股权激励效应会随着授予数量的变化而发生非线性的区间变化，即 CEO 股权激励对公司绩效的正向影响在股权激励较低水平和中等水平的公司更为明显，存在显著的单门槛效应。从国内文献来看，共同作用论也有不少文献提供了经验证据，如吴淑琨（2002）发现，高管持股与企业绩效之间有倒 U 形关系，即随着高管持股比例由低到高增大，企业绩效出现先增后减再增的情况。韩亮亮等（2006）以深交所78家民营上市公司为样本，从利益趋同效应和壕沟防守效应两方面研究了高管持股与企业价值的关系，结果发现，高管持股比例的变化引发的利益趋同效应和壕沟攫取效应导致高管持股与企业价值之间呈现显著的非线性关系，当高管持股比例在8%～25%之间时，高管持股的壕沟攫取效应占主导，股权激励产生负向激励作用，而小于8%或大于25%时，高管持股的利益趋同效应占主导，股权激励产生正向激励作用。刘莉和温丹丹（2014）利用中国A股制造业上市公司的数据研究显示：上市公司管理层股权激励强度与长期并购绩效之间呈倒U形关系，当管理层持股比例低于8.11%时对长期并购绩效发挥正向作用，当管理层持股比例超过8.11%时对长期并购绩效起反向作用。陈胜军等（2016）也发现高管股权激励力度与企业业绩之间呈倒U形关系，并且当授予激励对象的权益总份额占公司总股本的比例达到18.6%时，企业绩效最优。李艳妮（2019）利用中国互联网和软件行业2013～2015年的数据，检验创始人CEO持股对新创企业绩效的影响，结果表明，创始人CEO持股比例与新创企业绩效之间存在倒U形关系。此外，王传彬等（2013）、肖星和陈婵（2013）、王烨等（2012）研究还发现，国有企业的股权激励计划更符合“管理层权力论”，是管理层利用自身权力寻租的结果，而民营企业的股权激励计划则更符合“最优契约论”，能够对管理层施加有效激励。

（2）股权激励效应持续性

以上文献都是从短期和总体的角度对股权激励效应进行理论与实证研究，除此之外，还有少量文献特别地关注了股权激励效应的持续性问题。首先，股权激励实施的初衷本来在于将企业高管的个人短期利益与企业（股东）的长期利益进行深度绑定，避免工资、津贴和奖金等短期薪酬安排可能导致的经营者短期行为，从而激发企业经营者进行长期持续的价值创造（顾斌和周立烨，2007；Bebchuk and Fried，2010）。其次，股权激励效应的实现本身也是一个循序渐进的系统过程，中间存在复杂的作用路径和传导机制，如经营者受到激励后增加研发投入、创新战略实施和新项目新机会的开发等，其财务绩效一般需要一定的时间才能显现出来（Chen and Lee，2010；Chen and Ma，2011；陈文强，2017）。因此，判断股权激励的实际效果不能仅看短期绩效，长期绩效才是检验其是否真正发挥了长期激励作用的试金石（宫玉松，2012；陈文强，2016）。为此，近些年来少数学者开始对股权激励在较长时间内的激励效应持续性及其分布特征展开了实证研究。如汉隆等（Hanlon et al.，2003）研究发现，股票期权与企业盈余存在正相关关系，授予高管价值1美元的期权对应于随后5年时间里产生的3.71美元累计营业收入。台湾学者陈艳茹和李邦洙（Chen and Lee，2010）研究了高管股票期权激励的决定因素及其在动态环境中对风险投资和随后的公司业绩的影响，结果发现，股票期权对增长机会和风险的动态反应是积极的，并持续2~3年，另外，风险投资对期权补偿的动态响应为正，但三年后趋于零，同时，会计绩效对风险性的、期权诱导的投资也做出了积极反应，但动态效应仅持续一年。不过，就中国样本而言，顾斌和周立烨（2007）通过纵向比较法对中国上市公司数据进行实证发现，股权激励的长期激励效应并不明显。吕长江等（2009）发现，股权激励实际上沦为了高管的一种福利工具，尽管有短期激励效应，但长期激励效应不足。陈艳艳（2012）也发现，股权激励对上市公司财务业绩在短期具有提升作用，但不具有持续性，甚至会出现反转。陈艳艳（2016）还发现股权激励的短期累计超额收益为正，但是中期反转，投资者情绪指标呈现先涨后跌的现象，长期持有超额收益无显著增加，表明短期的正面反应只是由投资者乐观情绪所致，股权激励无法增加长期股东财富。与此相反，方红燕等（Fang et al.，2015）的研究则发现中国上市公司股权激励在实施当年和实施后的两年内都能显著提高企业绩效，最长可以在5年内产生激励作用。陈文强和贾生华（2015）、屈恩义和朱方明（2017）等发现，中国上市公司股权激励对企业财务绩效的提升作用至少可以持续三年时间。陈文强（2016）进一步采用PSM + DID研究方法再次对中国样本进行的实证检验发现，股权激励实施当年和实施第1年激励效应不显著，在实施后第2~4年发挥了显著的持续激励作用，并且在时间上呈倒U形分布。

2.3.4 股权激励不同方式激励效应

前文梳理的三种研究视角主要从总体上考察股权激励的直接激励效应，未涉及股权激励方式不同可能存在的调节作用。但事实上，股权激励计划的实施方案最终必须对具体的股权激励方式做出选择，不同的激励方式必然有不同的激励作用，否则，也就不会存在多种激励方式共存的必要，更不会在制度上特地规定多种可选的激励方式，如中国证监会颁布的《股权激励管理办法（试行)》明确规定可选择的两种主要激励方式分别为股票期权和限制性股票。因此，除了从总体上研究股权激励计划的直接激励效应外，进一步对不同股权激励方式选择带来的不同激励效应展开深入研究同样具有重要的理论价值与现实意义。早期对股权激励方式激励效应的研究文献主要来自美国，这与美国股权激励实践特有的发展历程有关，美国股权激励实践从一开始就偏好于股票期权，并长期保持对股票期权激励方式的选择偏好不变。尽管限制性股票也从1990年起获得了一定的发展，但很少有文献对其进行研究（谢德仁，2004)。因此，对美国股权激励效应的研究几乎等价于股票期权激励效应的研究。对于美国股票期权方式激励效应的研究结论已基本涵盖在上文梳理的关于最优契约论、管理者权力论和两者共同作用论研究视角下的研究文献中，下文将主要梳理股票期权与限制性股票两种不同激励方式激励效应存在差异的证据。

（1）股权激励不同方式激励效应比较

限制性股票激励效应的实证文献最早可以追溯到20世纪90年代（谢德仁，2004)，如克林奇（Clinch，1991)、詹妮弗·盖弗和肯尼斯·盖弗（Gaver and Gaver，1993）利用美国1985年限制性股票计划的截面样本进行实证研究发现，限制性股票激励未对企业成长机会产生显著的促进作用。此后，相当长时间少有文献再对限制性股票及其激励效应进行深入的经验研究。直到进入21世纪后，美国少数上市公司开始实施限制性股票激励计划的高管薪酬契约安排才再次引起学界关注。特别是在美国安然、世通公司丑闻后，股票期权激励带来过度的信息操纵和激进的风险追求等负面作用广受诟病的情形下，基于股票期权和限制性股票两种方式的高管薪酬契约具有不同支付结构可能导致不同的经营绩效、代理成本和经营风险等激励效应的观点开始受到关注，特别是限制性股票激励方式的作用机制重新被加以认识。两种方式在支付结构上的不同决定了通常不折价授予的股票期权收益完全基于股价的上涨，而限制性股票由于属于免费或低价赠予，其收益并非完全取决于股价上涨，因此，理论上与实务中都认为更多的信息操纵和更高的破产风险与更多的股票期权激励使用相关（Cassidy，2002；Madrick，2003）。为此，2003 年微软宣布以限制性股票代替基于股票期权的薪酬（Kadan and Swinkels，2008），以规避股票期权带来的过度风险追求。

股票期权和限制性股票两种方式可能导致不同的经营绩效、代理成本和经营风险等激励效应的理论逻辑在研究中不断得到印证。如布莱恩等（Bryan et al.，2000）发现，限制性股票授予的激励效应与员工股票期权相比较小，因为其薪酬具有线性特征。赫尔和墨菲（Hall and Murphy，2002）发现，采用限制性股票激励是实现公司员工利益与股东利益保持一致的一种低成本方式，因为限制性股票授予减轻了成本价值差异。通过分析非多元化、规避风险的高管持有的不可交易期权成本、价值和薪酬/绩效敏感性，赫尔和墨菲（Hall and Murphy，2002）认为，限制性股票的激励作用优于期权。随后，兰伯特（Lambert，2006）同样发现，限制性股票激励方式的激励成本低于股票期权。伯格曼和詹特（Bergman and Jenter，2007）则发现，在竞争更为激烈的劳动力市场中，限制性股票的激励效果更好。苏里胡等（Sualihu et al.，2021）也发现，股票期权加剧了、而限制性股票减轻了低效的劳动力投资。而李济等（Li et al.，2018）则发现，限制性股票计划中股票回报的高度弹性会激励双重股权公司的 CEO 瞄准并实现长期增长目标。同时，台湾学者戴怡蕙（Tai，2018）发现，相较于股票期权，由于限制性股票在授予之后满足行权条件之前允许进行分红（支付股息），激励对象每年都有权获得分红收入，因此，限制性股票的激励作用更强。然而，候万荣等（Hou et al.，2020）发现，虽然股票期权和限制性股票薪酬都增加了 CEO 的投资规模，但股票期权的影响要大得多，此外，股票期权支付增加了大收益和大损失的可能性，而限制性股票减少了大损失的可能性。朱春辉（Zhu et al.，2021）还发现，倾向于授予限制性股票计划而不是股票期权计划的公司具有更高的增长机会、更小的规模、更高的高管所有权、更稳定的股息支付和更低的寻租可能性。在中国情景下，杨慧辉等（2012）也发现，股票期权并非最优的股权激励方式，特别是在国有控股上市公司，采用股票期权激励方式与盈余管理发生的概率和程度正相关，即激励水平与盈余管理程度正相关。但汉默尔等（Hemmer et al.，1999）研究表明，如果不涉及生存危机或管理失控，股票期权激励总是更有效的激励方式。奥耶和谢弗（Oyer and Schaefer，2005）发现，股票期权对关键人员的保留效应优于限制性股票，因为关键人员通过付出更多努力提升公司业绩来增加期权价格与处置价格之间差额以大幅提高股票期权价值的激励总是大于限制性股票。然而，博尔顿等（Bolton et al.，2006）却发现，更大的股票期权激励授予形成的股票差价并非总是有利于股东，因为更大的CEO股票期权会激励管理者最大化其拥有的股票期权价值的同时，还可能损害股东的长期价值。尽管如此，阿博迪和卡兹尼克（Aboody and Kasznik，2008）还是认为，由于限制性股票授予允许员工在满足要求之前获得股息分配权，管理者会出于自私的动机提高股息率，因此，限制性股票会增大经营者代理成本。兰伯特和拉克尔（Lambert and Larcker，2004）、欧文等（Irving et al.，2011）的研究也表明，限制性股票并非最佳激励方式。

（2）股权激励不同方式激励效应的情景化

与以上非此即彼的倾向性结论不同的是，什么情形下股票期权更有效，什么情形下限制性股票更为有效，可能是一个更有研究价值的问题。对此，杨慧辉（2008）的研究显示，当限制性股票无偿赠予给高管时，股票期权的激励作用大于限制性股票，为激励高管采取股东希望的行动，股票期权对股东的经济成本要低于限制性股票对股东的经济成本。吴燕（Wu，2011）发现，虽然更高的股票期权份额确实会导致更高的信息操纵，但是，信息操纵与努力的权重并不完全取决于股权激励薪酬回报的大小，而更多地取决于经营者的能力、公司治理体系、信息操纵的私人成本，即公司治理效率越高则越采用股票期权才能获得更理想的激励效果，反之，在治理效率更低的公司则是限制性股票具有更好的激励效率。卡尼尔和罗瑟（Canil and Rosser，2011）指出，由于股票期权在有效期内不享有股息从而不受股息保护，而限制性股票由于具有股息权利，两者各有不同的激励功效，为取长补短，提出应同时采用两种激励方式。台湾学者郭启贤等（KuoLiYu，2013）认为，与成熟和传统（即利润更高）公司相比，增加CEO基于股票期权的薪酬可能对新兴（即利润较低）公司的公司绩效产生更显著的积极影响。邱强等（2018）发现，在控制管理层风险偏好变量情况下，股票期权激励仍然具有风险激励效应，而限制性股票则没有风险激励效应，且在考虑不同产权性质的影响后，公司实施不同股权激励方式的激励效应存在明显的差异，即在实施股票期权激励的公司中，国有企业风险激励效应弱于民营企业，而在实施限制性股票激励的公司中，二者没有显著差异。刘磊等（2019）以2006～2015年实施股权激励的沪深A股上市公司为研究样本，基于股东监督情境差异化视角，考察股票期权和限制性股票两种股权激励方式对公司现金股利政策的影响，结果表明，两种股权激励方式的实施对现金股利均有正向影响，但股东监督的差异带来了不同的调节作用，即股票期权激励方式对现金股利的正向影响主要在股东监督力度较强时，而限制性股票激励方式对现金股利的正向影响主要在股东监督力度较弱时。许娟娟和陈志阳（2019）的研究发现，相对于限制性股票，股票期权方式与盈余管理程度、剔除盈余管理影响的公司绩效均具有显著的正向影响，但公司处于高科技行业、公司的成长性及规模对激励方式与公司绩效之间的关系起调节作用，并且相对于限制性股票，股票期权更有助于提高公司绩效水平，但也会诱发更为严重的盈余管理问题。此外，陈文强（2016）还对不同股权激励方式的长期动态激励效应进行了实证检验，结果发现，股票期权存在一年滞后效应，从实施后第2年持续到实施后第5年，共计4年的持续动态效应，且时间分布呈倒U形，而限制性股票不存在滞后效应，存在实施后第1年至第3年的持续动态激励效应，同样有呈倒U形的趋势，且激励效应前两期大于股票期权，但随后大幅小于股票期权，从持续时间上来看，股票期权方式的长期动态激励效应好于限制性股票。

需要指出的是，无论是股票期权还是限制性股票，都是通过剩余索取权让激励对象获得风险收益，必然都会带来风险激励。风险激励不是越大越好，也不是越小越好，关键在于提供适当的风险激励。对此，费尔森和马丁·吴（Feltham and Wu，2001）发现，当经理的行为只影响结果的均值时，限制性股票激励作用更强。但是当结果的均值和方差都受到影响时，股票期权具有更好的激励效果，此时股票期权应占主导地位。这表明，如果经理的努力对公司的经营风险影响很小或没有影响，那么使用限制性股票而不是股票期权的激励风险成本较低，而如果经理的努力对公司的经营风险有显著影响，则该结果相反。同时，德安吉利斯（De Angelis et al.，2013）的证据也表明，下行风险对首席执行官激励的设计有因果影响，由于相对于限制性股票授予更多的股票期权会增加CEO薪酬的凸性并提供更多的下行保护，与限制性股票相比，以现金授予的股票期权受下行风险增加的影响较小，因此，遭遇外源性下行风险增加的公司在薪酬方案中使用股票期权会有更好的激励效果。但是，赫尔和墨菲（Hall and Murphy，2002）却发现，当风险规避的经理无法分散其薪酬方案的非系统性风险时，从基于期权的合同转换为基于股票的合同可以让股东在不影响合同成本的情况下将薪酬对绩效的敏感性提高50%。卡丹和斯温克尔（Kadan and Swinkels，2008）研究也发现，对于厌恶风险的经理来说，限制性股票具有更好的激励效应结构，特别是在难以生存、风险很大的情况下，比如在财务困难的公司或初创企业中，限制性股票激励作用将优于期权。凯莉和孙博（Carey and Sun，2010）发现，业界已经开始认识到限制性股票比股票期权更为可取的事实，因为股东事前更希望管理层规避尾部风险，但期权激励由于有更高的普通风险承担激励，因而有更低的规避尾部风险的倾向，而股票薪酬则相反，特别是当事前可预测尾部风险的概率较高时，限制性股票能为经营者提供足够的激励，反之，对于项目选择涉及低尾部风险的公司，期权却优于纯股票，从而抑制在尾部风险情形时过度冒险的冲动。辛克莱·德斯加涅和斯佩特（Sinclair－Desgagné and Spaeter，2011）发现，通过限制性股票的事前支付机制，可以把下行风险转移一部分给代理人，从而增加代理人规避下行风险的激励。罗斯等（Rose et al.，2017）发现，当风险承担的潜在个人回报较高时，限制性股票的长期持有要求可以提高管理者为公司接受风险的意愿。台湾学者戴怡蕙和王盈杰（Tai and Wang，2020）发现，相对于限制性股票，当公司面临的特定风险较高且股票期权数量较大时，公司的绩效会更好，反之，当面对的系统性风险较高时，限制性股票激励效果会更好。

2.3.5 文献述评

前文对股权激励实施及其方式选择的动因、直接激励效应下的总体激励效应及其持续性和不同方式激励效应进行了系统梳理，兼顾了不同方式下细分的静态与动态激励效应文献。综观上述文献可以发现，现有文献对股权激励实施及其方式选择动因在微观层面提供了多维度解释视角，对股权激励直接激励效应的总体效应与分类效应、静态效应与动态效应进行了卓有成效的理论与实证研究，为后续进一步深入研究积累了丰富的研究成果，但存在以下 4 个方面的局限并由此为本书提供了重要的研究机会：

第一，中国股权激励实施动因研究停留在传统研究范式，未能与时俱进，难以揭示股权激励方式选择的深层次动因。现有文献主要依从国外文献的研究思路，从企业微观层面寻找股权激励实施及其方式选择动因的证据，特别是从企业个体特征、治理特征和财务特征等维度进行实证检验，总体上得出了比较一致的结论，为特定时期完善中国上市公司治理结构、改进股权激励政策框架、指引实践操作提供了理论基础。但现有研究存在以下共同的不足之处：一是微观层面影响因素缺少对行业发展和公司治理结构最新发展变化的考量，比如中小板、创业板、科创板等新兴中小上市公司数量越来越多，而这些以科技和新奇特为主要竞争优势的新兴企业大部分从一开始就实施了股权激励，因此，企业类型本身可能也是股权激励实施与否的决定性因素。又比如股东结构中机构投资者占比不断增大，机构的治理力量产生了不可低估的影响，此外，已有研究中没有关注中国特色的监事会制度对股权激励实施决策的影响。二是忽视了中国特殊的宏观经济环境变化所形成的不同时代背景，始终以一本“老黄历”看“日子”，提出似乎放之四海而皆准的“真理”，实则很可能得出的是“刻舟求剑式”片面和固化的结论。本研究认为现有文献停留在静态层面的研究范式及由此得出的“正确”结论值得进一步探讨和求证，实施股权激励的影响因素及其影响程度一成不变的结论很可能是脱离现实的。本研究推断，时代背景的改变，将促使实施股权激励的企业微观层面影响因素及其影响程度发生改变。中国当代历史进程的不同发展阶段会面临不同的宏观环境，企业的盈利空间与市场风险也会由此出现重大变化，面对整个基本面出现深刻变化所带来的机遇和风险，股权激励实施与否的影响因素及其影响程度会出现与已有经验不符的适应性调整，这是其一。其二，进一步地，随着时代背景的转换，上市公司实施股权激励的影响因素及其影响程度发生改变的背后深层原因是什么？为应对时代发展要求，与股权激励实施对应的公司治理机制当如何适应性调整优化？这些问题的正确回答都是股权激励契约改进需要探究的重要内容。

第二，股权激励方式选择动因研究结论存在因果倒置、只见微观不见宏观，且缺少动态视角。从现有文献来看，国外文献对股权激励方式选择动因的分析主要从不同股权激励方式具有的不同功能入手，陷入“因为这样，所以这样”的因果倒置情形，以果为因，无限循环，无法对股权激励方式选择动因的识别提供有效的理论依据。国内文献主要从企业微观层面入手，分别从企业个体特征、治理特征和财务特征三个维度对股权激励方式选择动因进行理论分析与经验实证，而缺少对宏观背景的考量，特别是忽视了宏观经济环境因素的影响，且缺失从动态视角对不同方式选择动因的理论分析与实证检验。因此，现有文献仍然无法全面揭示股权激励方式选择动因及其动态变化特征。本研究推断，在公司治理结构中，企业股东与经营者权力主导地位的不同是影响股权激励方式选择的重要方面，而宏观经济环境变化会影响上市公司内部治理结构中股东与经营者的权力安排，即随着时代背景的转换，公司治理结构中的权力主导地位会在股东与管理者之间相机转移。就中国的情景而言，在经济上行期，经济增长强劲，市场需求旺盛，企业要做的就是快速抢占市场机遇，因此，股东会减少权力干预，以便让经营者敢打敢拼。因此，在两权分离的现代公司中，内部权力结构呈现出股东权力淡化，管理者权力凸显，从而使股权激励方式选择的主导权更多地掌握在管理层手中或掌握在“自愿”被管理层俘获的董事会手中。但是党的十八大以来，中国整体经济逐渐步入以供给侧改革为主轴的转型升级历史进程，面临宏观经济大势的重新调整定位，经济增长势头呈收缩之势，经济下行压力有增无减，市场风险陡然增大。因此，平均而言，上市公司实施股权激励的价值空间可能变小而风险压力增大，那么，是否实施股权激励以及选择何种激励方式就显得更为至关重要？同时，当整体经济进入下行周期时，社会总需求收缩，市场风险增大，此时，过度激进的经营战略很可能带来企业生死存亡的重大问题，避险求存成为大多数企业在经济下行期的首要战略选择。此时，股东的危机意识被迅速激发，股东权力开始彰显，股东将密切关注企业经营动向并采取必要的权力干预，从而使管理者权力受到压制，使股权激励实施与否以及采用何种激励方式的选择权转而掌握在股东主导的董事会手上。因此，就股权激励方式选择而言，在确定实施股权激励政策后，考虑到股票期权与限制性股票具有不同的收益与风险敞口，占主导地位的掌权方必然更多地从自身利益角度出发选择对自己最为有利的股权激励方式。可见，以上这两种情形分别对应于管理者权力论与最优契约论，虽然现有文献主要基于这两个立论分析与检验激励效应的异同，却很少有学者基于这两个立论研究股权激励方式选择动因的周期性变化。但是这种阶段性变化规律的捕捉实际是对股权激励契约实施情景从微观到宏观的全景化透视，具有重要的现实指导意义，将为股权激励契约条款的设置和实施时机的适应性匹配提供重要的理论与实践指引。

第三，股权激励总体激励效应评估的两大理论视角背后的渊源解释不足、风险激励效应缺失和长期动态激励效应结论分化，未能将实证结论的启示提升到经营者激励契约框架体系优化的深层次问题上。股权激励总体激励效应的已有研究主要基于最优契约论和管理者权力论两大理论视角，但被认为有利于维护股东利益的最优契约情形和很可能损害股东利益的管理者权力主导情形是如何发生的？现有文献只局限于管理者持股水平的变化，这难以解释为何有些管理者持股比例很低而外部股权集中度高的公司依然存在严重的内部人控制问题，反之，在一些管理层持股比例很高的公司，公司治理水平却并不低。因此，有必要重新认识上市公司何时属于最优契约抑或何时是管理者权力主导情形，此外，又是什么原因导致特定公司在特定阶段属于最优契约情形而不是管理者权力主导情形或者相反？这两个问题很可能改变现有研究结论，但现有文献未能对以上问题提供合理的解答，这是其一。其二，现有文献对股权激励直接激励效应中的总体激励效应，主要集中于财务绩效水平，包括代理成本和经营业绩，但忽视了财务绩效水平特别是经营业绩水平的波动性问题，相当于缺失了经营风险激励效应评价的这一重要组成部分。在仍然遵循利润最大化目标的现代企业中，企业的最终目的在于回报投资者——股东，而股东对回报最关心的问题既包含回报的水平，也包含回报的波动程度即风险。但现有文献中关于股权激励效应的评价模型中难觅经营业绩波动性变量的影子。其三，现有文献中少有关注股权激励效应持续时间问题的，即股权激励长期动态激励效应，虽然已有若干篇文献对此做了尝试，但是所得结论分歧很大，因此，很有必要重新从不同的样本区间特别在考虑不同时代背景的前提下对股权激励方式选择偏好反转前后的样本进行考察以了解是否存在差异，进而对意见不一的现有研究结论以更综合的视角提供合理解释。此外，在检验股权激励效应时，现有文献中多数未能采用相对科学有效的评估方法，缺少对研究样本的有效控制，大多数使用常规的OLS估计方法对实施股权激励与未实施股权激励的企业进行直接对比，可能存在样本自选择偏误导致的内生性问题，难以保证估计结果以及相应结论的可靠性和准确性。特别是对于我国实施股权激励的上市公司来说，由于《股权激励管理办法（试行）》规定了实施股权激励的申报条件，本身可能就是业绩比较优良、治理水平比较高的企业，从而使得样本选择性偏误成为无法回避的问题。这正是本文采用PSM+DID研究方法的原因，虽然现有文献中也有部分采用了这一方法，但存在误用的情况，本研究将对此予以说明和纠正。最后，股权激励方式激励效应的结论性启示仅停留于公司治理结构的改进思路上，未能提升到股权激励契约顶层设计改进路径的高度，缺少对股权激励理论基础的反思和重新审视，未能对现代企业经营者人力资本产权激励制度创新提供改良的理论基础和实践指引。

第四，股权激励契约的相关研究重实证轻理论。国外文献主要基于美国资本市场的早期样本进行实证研究，一是对股权激励方式的优劣做出评判，对此前文已有述及；二是对股权激励特别是股票期权激励契约涉及的时间节点展开实证研究，如授予日与行权价的操纵（Yermack，1997；Aboody and Kasznik，2000；Chauvin and Shenoy，2001；Bebchuk et al.，2002；Gao and Shrieves，2002；Baker et al.，2003；Coles et al.，2006）；三是对股票期权激励契约中预留的重定价安排带来的机会主义问题（Brenner et al.，2000；Chance et al.，2000；Carter and Lynch，2001），此外还有期权重定价与人才挽留的关系问题（Wiseman and Gomez－Mejia，1998；Hall and Murphy，2000；Carter and Lynch，2001；Ittner et al.，2003）。国内相关研究则主要关注已有的制度性安排对直接或间接激励效应的实证检验，如股权激励的契约条款与股权激励的动态效应（陈文强，2017），股权激励契约异质性与企业研发投资（陈文强，2018），股权激励契约条款对技术创新与创新效率的影响（黄新建和尤珊珊，2020）等。从已有研究文献来看，关于股权激励契约方面的研究基本停留于现实表象的实证，而缺少对股权激励契约理论逻辑的底层分析，更缺少对股权激励契约改进路径的探索。

第 3 章

股权激励方式选择动因与偏好变迁

3.1 引　　言

股权激励被认为是破解现代公司委托代理问题的关键性制度安排，其通过依托于股票价值的增值来奖励激励对象的努力，从而实现委托人与代理人利益捆绑，以缓解公司股东与管理者之间两权分离所产生的代理问题（Jensen and Meckling，1976；Holmström，1979；Holmström and Milgrom，1987）。这种制度构思自 20 世纪 50 年代开始在美国企业中首先以股票期权激励方式得以实践，并在 90 年代普及运用达到巅峰，一度被视为是当时美国经济高速增长的核心动力引擎（Weinberg，1999；周嘉南和陈效东，2014）。自此，股权激励在全世界得以推广应用，已经成为各国公司治理制度的重要组成部分。中国作为世界上后发的主要经济体，公司治理制度建设任重道远，企业经营者激励制度变革需要持续深化，其中引入股权激励制度正是这一进程中具有里程碑意义的关键节点事件，其后股权激励问题成为长期的研究热点。中国在制度层面上正式引入股权激励制度肇始于证监会 2006 年 1 月 1 日颁布实行的《上市公司股权激励管理办法（办法）》（以下简称《管理办法（试行）》）。但不同于美国等发达国家主要偏好于股票期权激励方式的制度实践，中国上市公司股权激励制度从一开始就明确指引了两种主要的股权激励方式分别是：股票期权与限制性股票。然而，有趣的是，自 2006 年正式实行股权激励制度《管理办法（试行）》15 年来，中国上市公司股权激励方式的选择偏好出现了令人印象深刻的反转变化，而且反转的时间节点正好与中国特定的宏观经济环境关联的时代背景高度吻合。对此，我们不禁要问，是什么因素决定了中国上市公司股权激励方式的选择偏好及其反转？这种离奇的“巧合”背后是否蕴藏深刻的经济学意义？是否具有特殊的制度含义？

从现有研究文献来看，针对中国情景下股权激励方式选择问题的研究基本沿用国外股权激励方式选择问题的研究范式，主要从微观层面的公司财务特征、公司治理特征、激励工具特征和被激励对象特征等研究视角对股权激励方式选择问题作出回答。比如基于公司财务特征，徐宁（2010）发现，企业成长性、企业规模都是影响股权激励方式选择的显著性因素；陈文强和王成方（2021）基于财务特征划分的企业生命周期进行研究发现，成长期和衰退期企业更倾向于采用股票期权，而成熟期企业更倾向于采用限制性股票；基于公司治理特征，Wu（2011）研究发现，公司治理效率越高则越采用股票期权方式，反之则选择限制性股票方式；季勇（2010）和肖淑芳等（2016）发现，高管持股比例越高越倾向于选择股票期权，反之则倾向于选择限制性股票，同时，总经理与董事长两职合一的上市公司更倾向于选择股票期权，反之则倾向于选择限制性股票。针对激励工具特征的研究主要从不同股权激励方式在激励强度、激励成本和激励效果等方面的差异入手回答股权激励方式选择动因，如杨慧辉（2008）发现，中国上市公司股票期权激励方式对股东的经济成本低于限制性股票，相对于大幅折价或无偿赠予经理人的限制性股票，股票期权的激励作用更大，因此从激励成本与激励作用角度来看，上市公司更（应该）倾向于选择股票期权；Wu（2011）也发现，尽管股票期权有可能诱发信息操纵，但激励代理人做出更大努力的正面作用使股票期权成为更受欢迎的选项。而基于被激励对象特征的研究视角则着力于讨论上市公司管理者权力和高管风险态度对激励方式选择的影响，如吴育辉和吴世农（2010）、王烨等（2012）、肖淑芳等（2016）和陈文哲等（2021）基于管理者权力理论发现，企业高管会利用手中权力干预股权激励契约的制定，股权激励方式的选择是高管利用其在管理层掌握的权力自定薪酬、谋取私利的结果；但徐经长等（2017）认为在中国背景下，上市公司普遍存在大股东强势地位，管理者权力作用有限，对股权激励方式选择动因的解释力不足，且与连玉君等（Lianet et al.，2011）和方艳红等（Fang et al.，2015）发现中国股激励机制显著促进了企业绩效的结论相矛盾。为此，徐经长等（2017）从高管风险态度入手对股权激励方式选择动因进行检验，结果发现高管风险态度逆向影响了股东对股权激励方式的选择，即高管风险偏好越大，股东越倾向于采用抑制风险敞口的限制性股票方式，反之则选择容易激发风险追求的股票期权方式。

以上从微观视角对中国上市公司股权激励方式选择动因的研究结论可以归结为三点：一是公司层面财务特征和治理特征是股权激励方式选择不可忽视的重要影响因素；二是股权激励方式选择可能是委托人（股东）与代理人（经营者）之间针对不同激励方式具有不同功效进行权力博弈的结果；三是高管风险偏好在股权激励方式选择决策中发挥了关键性作用。其中第二点和第三点，将传统上聚焦于公司财务特征和公司治理特征的研究思路引导到人本身这一决定性因素上来，对后续研究进一步拓展思路具有重要参考价值。但现有研究大都基于企业微观层面股东和激励对象特征的内生因素展开理论与实证研究，未能突破长期以来一以贯之的微观研究视角，基本忽视了中国特有的宏观环境因素及其时代特征动态变化对股权激励方式选择动机的影响，而且受限于中国上市公司股权激励实践历史较短的客观条件，缺少长期研究视角，进而忽视了对中国上市公司股权激励方式选择偏好反转现象的研究。尽管近年来已有个别文献关注到中国上市公司股权激励方式选择偏好反转现象（肖淑芳等，2016；徐经长等，2017；Zhu et al.，2021），但其解释视角和研究路径不尽合理。首先，强调政府介入企业内部行为选择的猜想不符合政企分离的时代背景，如朱春辉等（Zhu et al.，2021）认为，中国上市公司股权激励方式选择偏好是政府干预的结果（证监会主观偏好），这显然是对中国证监会在上市公司股权激励制度执行过程中发挥监督和引导职能的误读，也背离了中国市场化改革进程中政企分离的客观事实。其次，现有文献还将股权激励方式选择动因研究与股权激励实施动因研究割裂开来，忽视了现有研究中已发现的股权激励实施动因对股权激励方式选择偏好的同步影响（肖淑芳等，2016；徐经长等，2017）。事实上，股权激励政策实施决策与股权激励方式选择决策是同一问题的两个方面，且前者对后者具有顺位影响关系，只有前者确定了后者才有考虑的必要，因此，前者的影响因素必然也是后者影响因素的重要组成部分，两者的影响因素需要纳入同一个分析框架中予以研究。

因此，本研究在前人研究的基础上，将股权激励实施动因研究与股权激励方式选择动因研究纳入同一个分析框架，以中国A股上市公司2006~2020年数据进行实证检验。通过2006~2020年共计15年的长周期大样本和股权激励方式选择偏好反转前后的2006~2012年、2013~2020年两个分段子样本对股权激励实施及其方式选择动因假设、偏好反转的理论假说进行实证检验发现：(1) 总体上而言，企业微观层面的管理层风险偏好和宏观层面的经济增速与市场风险均显著影响了股权激励方式选择决策，但宏观因素起决定性作用。(2) 经济环境的时代变迁引致股权激励方式选择偏好出现反转，在反转之前，除经济增速对股权激励方式选择偏好产生显著影响外，管理层风险偏好和市场风险水平均未对此产生显著作用，而在偏好反转之后却恰恰与此相反。(3) 股权激励方式选择偏好反转之谜的解释符合公司治理权力主导地位相机转移的理论假说，即在经营形势有利时，公司治理由管理层权力占主导地位，股权激励方式选择结果更多地取决于管理层私人收益的取舍而偏好于股票期权方式，但在经营形势不利时，公司治理转由股东权力占主导地位，股东治理对管理层风险偏好的逆向规制作用显著，企业更偏好有利于保护股东利益的限制性股票方式。

本研究的主要贡献可能体现在以下4个方面：(1) 股权激励实施决策对股权激励方式选择决策具有顺位影响，是同一问题的不同环节，相对于现有研究将两者割裂开来的做法，本研究选择把两者纳入同一个研究框架，是对现有股权激励方式选择偏好研究范式的有益拓展。(2) 现有文献主要从企业微观层面的财务特征、治理特征、工具特征和激励对象自身特征等方面探讨和实证研究股权激励方式选择动因，本研究则在现有研究基础上，同时从微观和宏观层面入手展开实证研究，首次引入宏观经济环境因素对股权激励方式选择偏好进行分析，为后续多角度观察和打开股权激励方式选择决策的"黑箱"提供了新的视角。(3) 针对股权激励方式选择偏好反转现象，本研究从时间维度对偏好反转前后两个阶段分别进行实证检验，发现已有文献关于股权激励方式选择动因的研究结论存在样本选择性偏误，出现一般性结论无法解释局部性问题的"真理谬误"，为弥合现有文献相异或相反的结论提供了新思路。(4) 本研究同时基于最优契约论和管理者权力论两种理论视角，提出公司治理权力安排存在股东占主导地位和管理层占主导地位的两种情形，且两种情形分别对应经济下行期和上行期两类时间阶段，两种情形在两类时间阶段内存在相机转移的规律，这一发现对股权激励方式选择偏好的反转现象提供了更具合理性的解释，完整地揭示了股权激励方式选择偏好反转之谜。

本研究随后的结构安排如下：第二部分是股权激励方式特点与选择偏好变迁情形的基本概述，第三部分是理论分析与研究假设，第四部分是研究设计，第五部分是实证结果与分析，第六部分是本章小结。

3.2 股权激励方式特点与选择偏好

3.2.1 股权激励方式特点及适用性

股票期权和限制性股票成为两种主流的股权激励方式而同时存在，全因两种方式具有不同的功能特点，否则，将两者合二为一更能降低政策成本。已有研究发现，股票期权和限制性股票两种方式在激励标的物、行权价格、行权时间、分红权、会计核算、税收、风险承担机制、权利与义务的对称性、激励与惩罚的对称性等方面均有所不同（李曜，2009），其中权利与义务的对称性、风险承担机制、激励与惩罚的对称性是两种不同股权激励方式最本质的区别（Bryan et al.，2000）。归结起来包括以下 3 点：（1）在权利与义务的对称性上，股票期权属于“期权”性质，激励对象由于事前不需要投入货币资本，行权期满达到设定的行权条件时有行权的权利，但未达到行权条件时无行权的义务，即在股价低于行权价时为避免实质性损失有放弃行权的权利，因此股票期权的权利与义务是不对等的。而限制性股票则属于“期股”性质，激励对象需要在事前按约定价格投入货币资本购买相应股票（如《管理办法（试行）》规定，限制性股票授予价格不得低于公司股票在特定日期交易均价的 50%），持有股票的禁售期间无论股价上涨还是下跌都不能出售股票，禁售期满时无论股价上涨获利还是股价下跌损失都由激励对象自行承担，因此，限制性股票的权利与义务具有对称性。（2）在风险承担机制上，股票期权只有未来收益不确定性而没有持有损失风险，即上行风险收益潜力无限而下行风险损失为零，为激励对象提供的是凸性回报，因此在风险承担机制上存在收益与风险不对等问题（Bryan et al.，2000；Lambert and Larcker，2004；Chourou et al.，2008），而限制性股票由于事前需要激励对象投入物质资本，当股价上涨时获得收益而股价下跌时将承担实质性损失，为激励对象提供的是线性回报，因此在风险承担机制上可以满足激励对象收益与风险对等或基本对等的效率原则（Smith and Stulz，1985；Bryan et al.，2000；徐经长等，2017）。（3）就激励与惩罚对称性而言，由于股票期权授予激励对象放弃行权的权利，当股价下跌至无利可图时，允许激励对象放弃行权以规避损失，从而无须激励对象承担市场业绩下行的风险，使股票期权激励不具有惩罚性而具有凸性支付结构（陈文强，2018；Nguyen，2018），激励对象的收益曲线是股价的凸函数，当股价具有较强的上升趋势时，股票期权才有获利空间，由于没有折价收益，相对有折价收益的情形，同等的获利空间需要激励对象作出更大的努力，从而产生更大的激励强度；而限制性股票没有选择权，但有折价收益，激励对象事前出资以折价的方式购买股票后需要满足规定的持有年限，其间一旦股价跌破行权价就会遭受直接经济损失，因此限制性股票对激励对象具有惩罚性（Chourou et al.，2008；徐经长等，2017；陈文强和王成方，2021）。但也正是由于限制性股票通常为折价甚至免费授予，激励对象获得股票的同时即实现了折价收益，因此，即便是在股价成长性不足的时候，限制性股票收益也能得到保证，甚至股价在限售期内下跌，只要不跌至零，股票仍有价值，其“躺赢”性质很可能弱化限制性股票的激励效应（陈文强和王成方，2021）。综上可见，从诱发激励对象风险态度的角度来看，如果要激励管理层提高风险追求，则应选择股票期权，反之，若要减少管理层经营过程中的风险追求行为，则应该选择限制性股票。

3.2.2　股权激励方式选择偏好反转

在中国股权激励实践中，虽然《管理办法（试行）》从一开始就提出了股票期权和限制性股票两种主要方式，并在制度上允许其他方式如股票增值权等非主流契约形式并行采用。但自2006年实行《管理办法（试行）》以来，截至2020年12月，中国上市公司股权激励契约形式却先后经历了以股票期权方式为主导和以限制性股票方式为主导的两个阶段。在股票期权方式主导的2006～2012年，从最初绝大多数上市公司一边倒地选择股票期权方式到逐渐演变为两种方式占比基本持平，如2006年首次公告的42份股权激励计划中，有32家公司选择了股票期权，9家公司选择了限制性股票，1家公司选择了股票增值权，股票期权方式占比达76.19%，是限制性股票方式占比21.43%的3倍多；而在2012年公告的143份股权激励计划中，69家公司选择了股票期权，71家公司选择限制性股票，另有3家公司选择了股票增值权，此时，股票期权方式与限制性股票方式占比分别为48.25%、49.65%，两者基本持平。而在限制性股票方式主导的2013～2020年，股权激励方式偏好出现了明显的反转，逐渐由两种方式占比持平转向为以限制性股票方式占比大幅领先股票期权方式的趋势，如2013年公告的193份股权激励计划中，有89家公司选择了股票期权方式，103家公司选择了限制性股票方式，另有3家公司选择股票增值权，其中限制性股票方式占比53.37%，完全反超了股票期权方式的占比45.07%，而到了2020年，当年公告的515份股权激励计划中，193家公司选择股票期权方式的同时却有393家公司选择了限制性股票，而且不再有公司选择非主流的股票增值权方式。至此，限制性股票方式占比76.31%遥遥领先于股票期权方式的23.69%，与2006年时的情形完全相反。图3－1完整展示了中国上市公司股权激励方式选择偏好反转现象的全过程。令人印象深刻的是，股票期权与限制性股票激励方式选择偏好反转过程在两个阶段呈渐进性特征，并且与中国宏观经济形势发展阶段的历史进程高度吻合。

根据前述股权激励方式特点及适用性分析结论，股票期权与限制性股票两种主流的股权激励方式具有不同的风险激励强度，即需要激励管理层提高风险追求时，选择股票期权，反之，需要降低管理层经营过程中的风险追求行为时，则选择限制性股票。那么，这是否意味着中国上市公司股权激励方式选择偏好反转前后的两个时间阶段，由于不同的宏观经济环境导致了不同的风险激励需求？反过来讲，是否不同的股权激励方式选择偏好对应于不同的宏观经济形势和市场风险水平？这些核心问题的答案既是回答本研究开篇提出的三个研究问题的关键要点，其逻辑也是下文进行实证研究的主要内容框架指引。

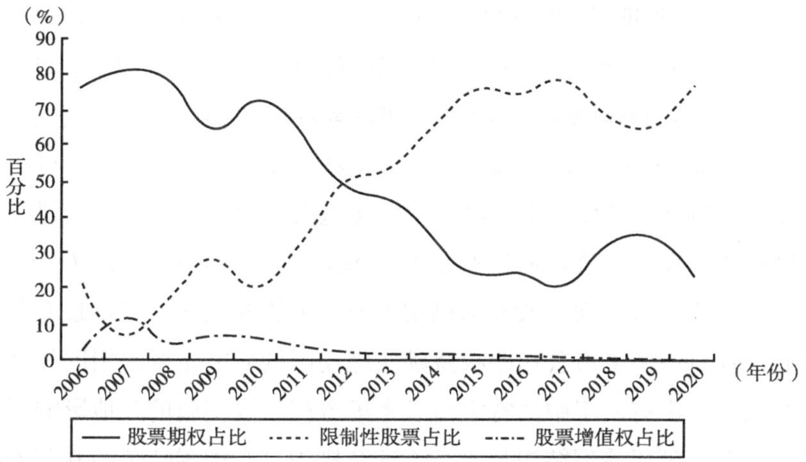

图3-1 股权激励方式选择及其偏好反转趋势

数据来源：国泰安。

3.3 股权激励方式选择动因与偏好反转研究假设

3.3.1 股权激励实施及方式选择动因研究假设

(1) 股权激励实施动因分析

对于股权激励实施决策动因，已有研究提供了丰富的实证证据，总体上可以归为以下三大类：一是公司财务特征因素，二是公司治理特征因素，三是公司个体特征因素。对于公司财务特征，主要发现公司规模（Clifford W. Smith and Watts, 1992; Core and Guay, 1999; Uchida, 2006）、债务结构（Bryan et al., 2000; Ittner et al., 2003; Uchida, 2006）、赢利能力（Lian et al., 2011）、业绩成长（Clifford W. Smith and Watts, 1992; Mehran, 1995; Ittner et al., 2003）、现金流约束（Yermack, 1995; Dechow et al., 1996; Bryan et al., 2000; Core and Guay, 2001）等方面是实施股权激励政策的重要影响因素。对于公司治理特征，包含两个方面，一是管理层治理，二是股东治理。在管理层治理方面，已有实证研究表明，管理层治理结构中的管理层薪酬（Hall and

Murphy，2000）、管理层持股（Chourou et al.，2008；Zhu et al.，2021）、两职合一（冯涛等，2010）、董事会规模与独立董事占比（冯涛等，2010；Lian et al.，2011）等变量是影响公司股权激励实施决策的重要影响因素。而在股东治理方面，大股东持股（Chourou et al.，2008；Zhu et al.，2021）、股权集中与股权制衡度（Uchida，2006）等变量也对股权激励实施决策存在影响。在公司个体特征层面，已有研究发现，公司所属行业和产权性质（Lian et al.，2011；屈恩义和朱方明，2017）等方面是股权激励实施与否的影响因素。但从现有国内研究文献来看，针对中国上市公司股权激励实施动因的研究主要采用国外文献的常见研究范式，并没有基于中国特定情景考虑股权激励实施的其他影响因素，特别是忽视了对管理层治理结构与股东治理结构中具有中国特色的制度安排和实践特点，比如在管理层治理结构中，不同于英美等发达国家的上市公司以董事会为主体的治理结构，中国上市公司还增加了监事会的治理机制，又比如在股东治理结构中机构持股力量的逐渐增大不容忽视等。此外，还忽视了公司个体特征中的资本市场板块影响。

对于管理层治理结构中的监事会制度安排，中国公司法借鉴了德国和日本等国的做法，但又很大程度上不同于德国和日本的制度规定（郭雳，2016）。从法律规定对应的功能上来看，德国监事会具有决策功能，日本监事会作为下级的监事难以监督上级的董事会（李明辉，2002），而中国上市公司监事会在形式上相对更为独立，且地位与董事会平行，可能更有利于发挥正面治理作用。但现有针对中国上市公司监事会的实证研究却发现，在中国情景下，监事会治理机制是失败的（郭雳，2016），监事会规模扩大将显著降低高管薪酬业绩敏感性（贺立龙等，2020），由于监事会专业知识不够、获取信息途径少、实质独立性低等方面原因，监事会实际有名无实（薛祖云和黄彤，2004；李维安等，2006），其中监事会的实质独立性不足，是难以有效降低代理成本的重要原因（周泽将和邹冰清，2020），因此，从已有实证证据来看，监事会未对中国上市公司产生治理作用，但作为股权激励计划决策的监督方，仍有必要作为检验变量之一。对于股东治理结构中的机构投资者治理作用，国外研究表明，机构投资者更愿意进行尽职调查，进而降低公司信息不对称程度（Ajinkya et al.，2005；Matsumoto et al.，2011），加强对大股东和管理层的监督约束（Dyck et al.，2008），从而促使上市公司提高治理水平。针对中国情景的实证研究发现，机构投资者持股比例与公司治理水平正相关（李梅和王春晖，2020），降低了公司管理当局的机会主义行为，还提升了上市公司的信息透明度（李志辉等，2021）。但刘新明等（2021）发现，机构投资者存在“抱团”现象，且“抱团”规模越大越可能与高管合谋，高管超额薪酬现象越严重。可见，机构投资者对上市公司发挥了治理作用，无论是正向还是负向作用，都发现了相应证据。最后，对于公司个体特征中的资本市场板块属性对股权激励实施决策的影响，是指上市公司在中国公开发行股票的证券市场中所属主板、中小板、创业板还是科创板的个体归属特征对股权激励实施动机的影响。由于在这四类市场板块上市的公司存在很大差异，可能对股权激励实施决策产生不可忽视的影响。其中，20 世纪 90 年代初设立的主板市场主要以国有企业和大型的、实力雄厚的民营企业为主，2004 年设立的中小板主要针对发展成熟，盈利稳定的中小企业，2009 年设立的创业板主要针对高科技、高成长的中小企业，而 2019 年设立的科创板则主要针对符合国家战略、突破关键核心技术、市场认可度高的科技创新企业。可见，新设立的中小板、创业板和科创板市场上的上市公司具有的高科技行业属性逐渐增强，越是科创板的上市公司，越具有鲜明的高科技行业属性。现有研究证明，越是中小型高科技企业，越是具有强烈的成长性和扩张性动机（李朝芳，2020），越是需要依靠核心人力资本（刘永胜，2009；周建等，2013），越需要激发管理层的风险承担意愿（史金艳等，2015），但其现金流约束也越大（曾之明等，2017），从而越需要采用现金支付压力更小的股权激励方式。因此，基于以上分析，本研究将对股权激励实施决策动因实证模型在传统实证模型基础上同时纳入监事会规模、机构投资者持股和上市公司所属资本市场板块属性这三个变量。

（2）股权激励方式选择动因研究假设

股权激励方式选择决策是伴随股权激励政策实施决策同步进行的，后者对前者具有顺位影响，是同一问题的不同方面，因此，股权激励实施动因很可能也对股权激励方式的选择决策产生影响，所以，在研究股权激励问题时需要将股权激励实施动因与股权激励方式选择动因纳入同一个分析框架，即股权激励实施动因也是股权激励方式选择动因。这一点在现有研究结论中已得到了印证，无论是影响股权激励实施的财务特征、治理特征还是公司个体特征，都对股权激励方式选择决策存在重要影响，如成长性更高、规模更大、业绩更好的企业更多采用股票期权（Bryan et al.，2000；Core et al.，2003；Hall and Murphy，2003；徐宁，2010）；公司治理效率越高则越采用期权，反之则采用限制性股票（Wu，2011），高管持股比例高的公司更倾向于选择股票期权，反之则倾向于选择限制性股票，同时，总经理与董事长两职合一的上市公司更倾向于选择股票期权，反之则倾向于选择限制性股票（季勇，2010；肖淑芳等，2016），徐宁（2010）还发现，控股股东性质也是影响其股权激励方式选择的显著性因素。再比如，波亦尔等（Boyle et al.，2011）发现，越是风险较高的行业，公司就越应该提供凸性更高的薪酬以激励高管承担风险，即高风险行业更多使用股票期权激励，低风险行业则更多采用限制性股票方式。而中国情景下属于不同资本市场板块的企业，平均而言，由高科技特征带来的行业风险水平存在很大差异，因此资本市场板块也是股权激励方式选择决策的影响因素。综上可知，只要是影响了股权激励政策实施决策的影响因素，都有可能同时影响股权激励方式选择决策。此外，现有研究还发现股市风险和股利分配也是股权激励方式选择的重要影响因素。如凯莉和孙博（Carey and Sun，2010）发现，市场平均风险是影响股权激励方式选择的重要影响因素，在市场平均风险（小于等于三个标准差）之外的极端风险（大于三个标准差）情形下（也称为尾部风险），期权反而抑制管理层承担风险，而基于限制性股票的薪酬却有利于激励管理层承担尾部风险，这表明上市公司股价收益波动性是影响股权激励方式选择的重要影响因素。卡尼尔和罗瑟（Canil and Rosser，2011）发现，由于股票期权在有效期内不享有股息从而不受股息保护，而限制性股票由于具有股息权利，股息受到保护，更受激励对象的欢迎，这一结论表明股利分配率也是股权激励方式选择的重要影响因素。基于以上已有研究结论，本研究将在股权激励方式选择动因实证模型中增加股价收益波动率和股利分配率两个变量。

但现有研究忽视了宏观因素对股权激励方式选择决策的重要影响。即使在新近研究中，作为激励对象的管理层具有的不同风险偏好被发现是股权激励方式选择决策的重要影响因素，研究视域开始回归到人本身，而人的行为必然受到宏观环境的影响，管理层风险偏好的关注已经将要触及外在环境影响的边界了，但却依然没有关注到人的行为不可避免地会受到宏观因素影响的不争事实，更没有关注宏观因素对股权激励方式选择偏好的直接影响。如徐经长等（2017）发现，高管风险态度是影响股权激励方式选择决策的重要因素，高管越厌恶风险则所在公司越倾向于选择风险较大的股票期权方式激励高管，高管风险承担水平越高即对风险越不敏感，所在公司越倾向于选择风险激励较小的限制性股票方式。对此，邱强等（2018）发现，风险偏好的管理层更倾向于选择股票期权激励、风险厌恶的管理层则倾向于限制性股票激励的结论还为徐经长等（2017）提供了反面证据支持，并提供了一个显而易见的证据：股权激励方式选择结果并未完全按照有利于管理层利益而是按照有利于股东利益决定的，股东治理力量很可能发挥了关键性作用。徐经长等（2017）和邱强等（2018）无疑有力地拓展了股权激励方式选择问题的微观研究视角，但都缺失宏观研究视角，无法对以下重要问题提供正面回答：公司高管或管理层何时变得风险偏好？何时又变得风险厌恶？又是谁主导了具有不同风险偏好的高管或管理层获得何种激励方式的决策？特别是宏观经济环境因素对管理层风险偏好、公司治理主导权的权力结构安排及其转移又有什么影响？对这些问题，现有文献均未予关注，但这却是根本上决定现有研究结论可靠性的重要基础。缺失对这些问题的完整回答，将无法全面揭示股权激励方式选择动因及其相互关系，更无法解释股权激励方式选择偏好出现反转的现象。

从股权激励方式本身具有的权力与义务对等程度、风险承担机制和激励与惩罚对等程度方面的基本特点出发，不难理解，股权激励方式选择决策必然要受到激励对象自身风险偏好的影响。股票期权与限制性股票两种方式存在不同的风险敞口，为不同风险偏好的激励对象提供了具有不同风险激励强度的选项。对于股票期权而言，其带给激励对象的实质性损失为零，期望收益却永远大于零，具有更大的风险敞口，更有利于激励风险追求的动机，同时也由于股票期权与限制性股票相比，股票期权不存在折价收益，若要使激励对象获得与等量限制性股票相同的激励收益，则需要激励对象以更大的经营业绩表现来支撑，因此也会促使激励对象采取更为激进的经营战略，冒更大的经营风险；而限制性股票由于激励对象事前投入货币资本而存在实质性损失的可能，正反两方面风险收益（损失）存在抵消，使得期望收益有可能等于零，具有更小的风险敞口，其存在的损失可能性将抑制激励对象自身的风险追求冲动。因此，两种激励方式在风险敞口上不对称的分布特征，对具有不同风险偏好的激励对象而言存在不同的价值，自然存在厚此薄彼的倾向性选择。对于更加风险偏好的管理层团队来说，由于相对于限制性股票（风险收益期望值有可能等于零），股票期权具有更大的风险敞口（风险收益期望值永远大于零），因此，更倾向于选择风险价值更大的股票期权；而对于具有风险厌恶特征的管理层团队来说，由于限制性股票具有更小的风险敞口，因此，越偏好于选择风险价值更小的限制性股票。基于以上分析，针对股权激励方式选择动因，提出本研究第一大假设：

H3－1：管理层风险偏好是影响股权激励方式选择的重要因素。出于股东利益最大化目的，在其他条件一定的情况下，与风险偏好更小的管理层相比，风险偏好更大的管理层更可能被授予限制性股票。

股票期权和限制性股票在权利与义务、风险承担机制和激励与惩罚性方面的不同特点决定了两种方式在不同市场情景中的适用性。假定其他条件不变，宏观经济增速处于上行阶段，市场形势变好、风险降低时，则从股东角度来看，在企业风险由小到大达到最优水平之前，总是希望经营者具有更多的风险承担意愿，采取更为进取的扩张性经营战略，紧追市场风口以抢抓市场机遇，因此股东倾向于采用风险激励作用更强的股票期权，但在企业风险超过最优水平后，股东反而倾向于不实施股权激励或采用具有过度冒险惩罚功能的限制性股票，但由于信息不对称，股东事实上难以判断企业当前的风险水平。而对于激励对象来说，虽然此时预见到股价具有更大的上涨趋势和上涨空间，获取收益的风险较小，尽管也知道限制性股票方式存在折价收益，但由于个人财富约束和损失厌恶性的心理特征，管理层总是更愿意“拿别人的钱”去参与市场经营这场“赌局”，为自己获得“免费”的风险回报，因此，无论企业风险处于何种水平，只要有选择的可能，经营者总是更愿意采用无须自己事前参与投资的股票期权方式，除非基于自身财富仍然是风险偏好的并且没有购买股票的财富约束，才会选择限制性股票方式。由此可见，这一情景下股东与激励对象双方对股权激励方式选择的偏好可能是一致的（企业风险水平由小到大达到最优水平之前），也可能是存在冲突的（超过最优风险水平之后）。当宏观经济增速处于下行阶段，市场增速放缓甚至下降、增长空间变小且经营风险增大，从股东角度来看，此时更希望经营者采取保守甚至收缩的经营战略以规避系统性经营风险，因此，股东更倾向于采用风险激励强度更低的限制性股票，从而在市场不利情形时通过限制性股票让激励对象事前出资购买股票，把激励对象的利益与股东利益之间实现更为深度的捆绑；而对于激励对象来说，面临更大的市场风险时，为了规避购买限制性股票带来自身财富损失的可能但又能博取市场机会，则无论个人财富是否存在购买限制性股票的资金约束，都更愿意接受"免费"的股票期权。即市场风险增大到一定程度时，股东与激励对象之间对股权激励方式选择的偏好很可能存在冲突。基于以上分析，针对股权激励方式选择动因，基于宏观经济增速、系统性市场风险的考量，提出本研究的第二大和第三大假设：

H3－2：宏观经济增长趋势对股权激励方式选择偏好存在重要影响，宏观经济增速越大，企业越倾向于采用风险激励强度更大的股票期权方式，反之，则采用风险激励强度更小的限制性股票方式。

H3－3：市场风险水平对股权激励方式选择偏好存在重要影响，市场风险水平越高，企业越倾向于采用风险激励强度更小的限制性股票方式，反之，则采用风险激励强度更大的股票期权方式。

3.3.2　股权激励方式选择偏好反转之谜的理论假说

根据股权激励方式的基本特点和适用性分析，既然两大股权激励方式在功能特点上具有如此多的不同，那么究竟选择何种股权激励方式就显得至关重要，而由谁来主导这一选择则是其关键中的关键，将从根本上决定股权激励目标最终能否实现，也即企业价值或确切地说是股东利益最大化目标能否实现。现实中，股东利益最大化目标的实现通常基于两种公司治理模式（陈文哲等，2021），一是股东占主导地位治理模式，二是管理层占主导地位治理模式。换言之，股权激励及其方式选择结果还从根本上受到公司治理主导权安排的影响。在中国情景下，由于大股东控制和以管理层为主体的内部人控制现象普遍存在，使得股权激励方式选择决策的主导权既可能掌握在股东手上，也可能掌握在管理层手上，在不考虑第二类代理问题的情况下，前者可称为股东占主导地位，后者可称为管理层占主导地位。对于股权激励方式选择结果而言，只要符合股东利益最大化目标，无论是处于股东占主导地位还是处于管理层占主导地位的情形做出的决策，股权激励方式的选择都是有效率的。但反过来，特定的主导权安排下选定的股权激励方式却并不一定是符合股东利益的，也就不一定是符合帕累托最优的。这是因为虽然股东占主导地位总会从股东利益最大化做出决策，一般而言总是符合最优契约论观点，但管理层占主导地位却未必从股东利益最大化角度出发，也就不一定符合最优契约论观点。那么，公司治理架构何时由股东占主导地位抑或何时又由管理层占主导地位更优？或者说哪种情形更符合股东利益最大化目标？这需要分两种情况来讨论（为便于分析，假定只有两种情况）：一是市场形势利好时，二是市场形势不利时。当这两种情况出现转换时，借鉴阿庚和博尔顿（Aghion and Bolton，1992）提出的权力配置相机转移理论，股东权力与管理层权力在公司治理结构体系中的主导地位也将会根据市场形势的好坏出现相机转移，相应地，股权激励方式选择决策权也会根据股东权力与管理层权力在公司治理结构体系中的主导地位出现改变而相机转移。

首先，在市场形势利好时，一般而言，从股东利益最大化角度看，公司经营的主要目标是致力于快速抢占市场机遇，而要快速抢占市场机遇就必须让经营管理层拥有充分的决策权，让处在市场最前沿、最了解市场形势和企业内部情况的管理层有充分的决策权力根据市场变化迅速作出抢占市场机遇的最优决策。尽管充分的决策权会让管理层更有能力实施机会主义行为，但此时由于良好的市场机会使得作为代理人的管理层在经营过程中实施机会主义行为带给股东的损害要远小于为企业创造的价值，因此，在市场形势利好时股东更愿意放权，倾向于“用人不疑”，从而实施管理层占主导地位的公司治理架构。就股权激励方式选择问题来说，虽然总体上而言，在企业风险由小到大达到最佳水平之前，为了激励管理层更多的风险承担意愿，股东倾向于选择股票期权，而在企业风险超过最佳水平后，为了降低企业经营风险，股东将倾向于选择风险激励强度更低的限制性股票甚至放弃实施股权激励，但当下企业经营风险究竟处于何种水平，由于信息不对称，股东是难以掌握的，因此，即便企业本身的经营风险超出了最佳水平，股东想要及时转为股东占主导地位的公司治理模式进而对股权激励实施及其方式选择做出最优决策，可能在技术上也不具有可行性，从而在客观上为市场形势利好时的股权激励方式选择决策置于管理层占主导地位的公司治理架构下提供了条件。尽管由管理层占主导地位的公司治理结构为管理层在股权激励实施及其方式选择决策中提供了更大的机会主义空间，但在市场形势利好时，无论管理层选择股票期权还是限制性股票，都能激发管理层的风险承担意愿，只是激励强度大和小的问题，如果管理层选择的是更符合股东利益的那种股权激励方式，当然锦上添花，但如果管理层出于机会主义行为选择了更有利于自己而不是更有利股东的股权激励方式，并由此带来过度冒险或冒险不足的经营行为，其负面作用也相对更容易被市场形势利好带来的众多盈利机会所抵消，例如过度冒险给企业带来的负面影响相对于市场不利时更小或更容易应对，一般也更不容易引发企业生死危机，或者说，在市场形势利好时，股东更能承受管理层机会主义行为带来的不利后果。因此，公司治理主导权此时由管理层掌控，总体上更能符合股东利益。

其次，在市场形势不利时，企业经营面临的市场形势恶化，从股东利益最大化角度来看，一般而言，企业的经营战略应当更为保守以实现避险求存，企业经营管理的第一目标转为求得生存、守住成果。此时，原本在市场形势利好时符合最优水平的管理层风险偏好开始变得不合时宜甚至过度，为了度过市场下行期带来的经营危机，企业不但不应该增加风险追求，反而应该降低风险追求。而要降低风险追求，首先取决于作为风险制造者的经营管理层拥有的风险偏好、经营能力和主导权力，可理性的管理层是否控制风险，通常又取决于其自身利益最大化而不是股东利益最大化。更为严重的是，在市场形势不利时，由于管理层掌握了有关经营危机最紧急和最重要的内部信息，从而使管理层更容易、更有能力实施机会主义行为，且机会主义行为的后果对股东利益的损害程度也相对于市场形势有利时更为严重，甚至在短期内直接决定了企业的生死存亡。特别是在管理层持股比例很低或者未持股时，一旦经营形势恶化，管理层因事前未投入物质资本或投入很少且由于人力资本可以全身而退，将使其更容易失去度过危机的信心和决心，当意识到正向努力不但不能给其带来私人收益（因为挽回的损失尽归股东），反而带来私人成本时，实施机会主义行为以增加其私人收益就成为必要选择。因此，在经营形势恶化时作为代理人的管理层更容易出现道德风险，相应的机会主义行为带给股东的损害也要远大于放权给管理层带来的企业价值创造，即所谓“有福可以同享，有难不能同当”。因此，在市场形势不利时公司内部治理结构若由管理层占主导地位，管理层在股权激励及其方式选择决策过程中必然会诱发更多的机会主义行为，而由股东占主导地位的公司治理结构则更有利于保护股东利益，因为无论在何种形势下，由股东占主导地位的决策初衷总是能符合股东利益最大化目标。虽然在市场形势不利时由股东占主导地位仍然存在信息不对称进而导致企业价值创造相关的决策效率下降，但比起企业生死存亡问题，此时价值创造已不再是企业最重要的经营目标，防患管理层机会主义行为带来的生存危机才是重中之重。对于股权激励方式而言，由于不同的股权激励方式具有不同的风险激励强度，意味着在市场形势不利时选择何种股权激励方式就变得至关重要。由于相对于限制性股票，股权期权具有更大的风险激励强度，因此，基于股东利益最大化目标，在市场形势恶化时，市场风险陡然增大，股东更倾向授予管理层风险激励强度更低的限制性股票方式或者不实施股权激励政策，而管理层则会出于保护自身财富的目的，倾向于选择不需要其事前投入物质资本的股票期权方式，这样既能避免自身财富损失，又能继续博取股权激励带来的个人风险收益。正如德安吉利斯（De Angelis et al. , 2013）的证据表明，市场下行风险对不同股权激励方式激励契约的影响不同，股票期权会增加经营者薪酬的凸性，并提供更多的下行保护（与限制性股票相比，激励对象事前未投入物质资本的股票期权受下行风险的影响较小），因此，遭遇外源性下行风险增加的公司管理层会在薪酬方案中更多地倾向于使用股票期权而非限制性股票。而一旦在管理层占主导地位的情势下选择了股票期权激励，则一方面原本在市场形势利好时满足最优风险追求的风险偏好水平此时将变得过度，另一方面股票期权方式本身还会诱发新的风险追求动机，由此将导致相对和绝对风险偏好都增大，进而由管理层冒险经营导致的企业特定风险也明显增大，甚至因此导致企业错失度过危机、谋得生存的机会，从而在更大程度上损害股东利益。因此，在市场形势恶化时，管理层占主导地位带来的机会主义行为对股东而言将更不能接受，此时由股东占主导地位更有利于保证最优契约目标的实现。

基于以上分析，本研究提出股权激励方式选择偏好反转之谜的两个理论假说：

假说3－1：在市场形势利好时，股权激励方式选择决策更符合管理层占主导地位的情形，表现为股权激励方式选择偏好受公司管理层治理结构变量的影响更大，而受股东治理结构变量的影响更小。

假说3－2：在市场形势不利时，股权激励方式选择决策更符合股东占主导地位的情形，表现为股权激励方式选择偏好受公司管理层治理结构变量的影响更小，而受股东治理结构变量的影响更大。

基于以上两个理论假说，对前文提出的股权激励方式选择动因三大研究假设，进一步提出以下两两对应的子假设：

H3－1a：当市场形势有利时，公司治理处于管理层占主导地位，管理层可能会利用手中权力实施机会主义行为，从而管理层风险偏好越大就越倾向于选择风险激励强度更大的股票期权方式，因此，原假设H3－1的显著性减弱；

H3－1b：当市场形势不利时，公司治理处于股东占主导地位，股东将会防止管理层利用手中权力实施机会主义行为，从而管理层风险偏好越大则越是被迫选择风险激励强度更小的限制性股票方式，因此，原假设H3－1的显著性增强；

H3－2a：当宏观经济形势上行时，公司治理处于管理层占主导地位，此时抢占市场机遇成为企业最重要目标，从而经济形势越有利时公司越是倾向于选择风险激励强度更大的股票期权方式，因此，原假设H3－2的显著性增强；

H3－2b：当宏观经济形势下行时，公司治理处于股东占主导地位，此时避险求存成为企业最重要目标，从而经济形势越不利时公司越是倾向于选择风险激励强度更小的限制性股票方式，因此，原假设H3－2的显著性减弱；

H3－3a：当市场风险水平较低时，公司治理处于管理层占主导地位，此时抢占市场机遇成为企业最重要目标，从而市场风险水平越低时公司越是倾向于选择风险激励强度更大的股票期权方式，因此，原假设H3－3的显著性减弱；

H3－3b：当市场风险水平较高时，公司治理处于股东占主导地位，此时避险求存成为企业最重要目标，从而市场风险水平越高时公司越是倾向于选择风险激励强度更小的限制性股票方式，因此，原假设H3－3的显著性增强。

3.4 研究设计

3.4.1 研究方法

本书的研究目的在于证实股权激励方式选择动因并对其偏好反转之谜提供经验解释，其中涉及的股权激励实施与否、两种主流股权激励方式非此即彼的结果变量属于二分变量，借鉴已有文献对二分变量采用逻辑回归模型进行实证检验的做法，本研究首先以逻辑回归模型实证检验股权激励实施与否的决策变量，通过多模型测试与比较确定估计效率最高的模型，然后以此为基础，对模型按照股权激励方式选择偏好反转前后两个时间阶段构建子样本再次进行逻辑回归，以了解股权激励方式选择偏好反转前后的时代背景是否对股权激励实施决策变量的作用机制产生了调节作用。在确认了时代背景的调节作用之后，再以优选的股权激励政策实施决策逻辑回归模型主要变量为基础，考虑现有文献对股权激励方式选择动因的研究发现，结合本文对股权激励方式选择动因提出的新的研究假设对应的变量，构建股权激励方式选择偏好逻辑回归模型。在总体上确认了股权激励方式选择动因主研究假设对应变量的影响作用后，再以股权激励方式选择偏好反转前后划分的两个时间阶段子样本进行逻辑回归，以子假设检验结果验证本文对股权激励方式选择偏好反转之谜提出的两个理论假说。

逻辑回归模型是二分变量作为被解释变量的估计模型，它是以概率大小来判断被解释变量出现两种结果中的其中一种有多大可能性，即解释变量 y 及其预测值 $\hat{y}$ 总是介于［0,1］之间。其表达式为：$P(y=1 \mid x) = F(x,\beta) = \Lambda(x'\beta) = \frac{\exp(x'\beta)}{1+\exp(x'\beta)}$。在应用逻辑回归模型时，需要注意两点：（1）其中的估计量 $\hat{\beta}$ 并非边际效应，通过对它的求解式 $\ln\left(\frac{p}{1-p}\right) = x'\beta$ 求导可知，$\hat{\beta}_j$ 表示解释变量 x_j 增加一个微小量引起“对数几率比［$p/(1-p)$］”的边际变化，指的是解释变量 x_j 每增加一个单位时几率比的变化倍数，这意味着 $\hat{\beta}_j$ 的值可能大于 1（陈强，2014）。(2) 如何评判逻辑回归模型的估计效率？第一个评判标准是"伪 R^2"（*Pseudo* R^2），由于模型不存在平方和分解公式，因此，无法计算像线性回归那样的 R^2，为此，麦可法登（Daniel L. McFadden）提出一个"伪 R^2"（*Pseudo* R^2）作为替代的评价工具，其定义为：*Pseudo* $R^2 \equiv \frac{\ln L_0 - \ln L_1}{\ln L_0}$，其中，$\ln L_1$ 为原模型的对数似然函数的最大值，$\ln L_0$ 是以常数项为唯一解释变量的对数似然函数的最大值。第二个评判标准是似然比检验统计量（*LR*），它可以用来检验除常数项以外的所有其他系数显著性来判断模型整体是否显著，其中，若在回归时采用稳健性标准误，则似然比检验统计量（*LR*）将被替换成怀特检验统计量（*Wald*）。第三个重要判别指标是 ROC 曲线下面积，简称 AUC，是判断二分类预测模型优劣的有效标准（Huang and Ling，2005）。其中 ROC 曲线是指受试者工作特征曲线（receiver operating characteristic curve），来自医学领域疾病诊断的专业术语。AUC 的取值在 1.0 和 0.5 之间，在 AUC >0.5 的情况下，AUC 越接近于 1，说明诊断效果越好；AUC 在 0.5 ~0.7 时有较低准确性，AUC 在 0.7 ~0.9 时有一定准确性，AUC 在 0.9 以上时有较高准确性；AUC =0.5 时，说明诊断方法完全不起作用，无诊断价值（Fawcett，2006）。根据 Fawcett（2006）、Iyer 等（2016）、Berg 等（2020）和迟国泰等（2016）等文献，在信息稀缺的环境中，0.6 以上的 AUC 通常被认为是理想的，而在信息丰富的环境中，0.7 或更高的 AUC 是分类决策有效的标准。对于上市公司股权激励事件来说，外部人很难了解其决策过程和选择机制，在研究中可以认为股权激励事件决策信息状态对外界而言是介于信息稀缺与信息丰富之间的一种情形，因此，0.7 及以上的 AUC 值可以认为是有效的。综上，本文将同时采用 *Pseudo* R^2、怀特检验统计量（*Wald*）和 ROC 曲线下面积 AUC 三类指标评估逻辑回归模型的估计效率。

3.4.2　模型设定与变量定义

根据前文关于股权激励实施及其方式选择动因研究假设、偏好反转之谜理论假说，本研究首先以实施股权激励与未实施股权激励的样本实证检验股权激励实施动因、再以实施了股权激励的样本实证检验股权激励方式选择动因，为此，基于股权激励实施动因分析构建关于股权激励实施动因的二元 Logit 回归模型（3－1），针对研究假设 H3－1、假设 H3－2、假设 H3－3 构建股权激励方式选择动因的二元 Logit 回归模型（3－2）、模型（3－3）、模型（3－4）：

$$\begin{aligned} INCENT_{it} = {} & \beta_0 + \beta_1 TA_{it-1} + \beta_2 LEV_{it-1} + \beta_3 ROE_{it-1} + \beta_4 ORGR_{it-1} + \beta_5 MPAY_{it-1} \\ & + \beta_6 MMSR_{it-1} + \beta_7 DUAL_{it-1} + \beta_8 BOARD_{it-1} + \beta_9 INBOARD_{it-1} \\ & + \beta_{10} TSS_{it-1} + \beta_{11} SHARE1_{it-1} + \beta_{12} POWER\_SH_{it-1} + \beta_{13} STATE_{it-1} \\ & + \beta_{14} MARKET_{it-1} + \beta_{15} INSTITUHP_{it-1} + \varepsilon_{it} \end{aligned} \tag{3-1}$$

$$\begin{aligned} OPTION_{it} = {} & \beta_0 + \beta_1 STR_{it} + \beta_2 TA_{it-1} + \beta_3 LEV_{it-1} + \beta_4 ROE_{it-1} + \beta_5 ORGR_{it-1} \\ & + \beta_6 MPAY_{it-1} + \beta_7 MMSR_{it-1} + \beta_8 DUAL_{it-1} + \beta_9 BOARD_{it-1} \\ & + \beta_{10} INBOARD_{it-1} + \beta_{11} TSS_{it-1} + \beta_{12} SHARE1_{it-1} \\ & + \beta_{13} POWER\_SH_{it-1} + \beta_{14} STATE_{it-1} + \beta_{15} MARKET_{it-1} \\ & + \beta_{16} INSTITUHP_{it-1} + SDYRETWD3 + DDR\_M3 + \varepsilon_{it} \end{aligned} \tag{3-2}$$

$$\begin{aligned} OPTION_{it} = {} & \beta_0 + \beta_1 GDP\_GR_{it} + \beta_2 TA_{it-1} + \beta_3 LEV_{it-1} + \beta_4 ROE_{it-1} + \beta_5 ORGR_{it-1} \\ & + \beta_6 MPAY_{it-1} + \beta_7 MMSR_{it-1} + \beta_8 DUAL_{it-1} + \beta_9 BOARD_{it-1} \\ & + \beta_{10} INBOARD_{it-1} + \beta_{11} TSS_{it-1} + \beta_{12} SHARE1_{it-1} \\ & + \beta_{13} POWER\_SH_{it-1} + \beta_{14} STATE_{it-1} + \beta_{15} MARKET_{it-1} \\ & + \beta_{16} INSTITUHP_{it-1} + SDYRETWD3 + DDR\_M3 + \varepsilon_{it} \end{aligned} \tag{3-3}$$

$$\begin{aligned} OPTION_{it} = {} & \beta_0 + \beta_1 RISK\_T_{it} + \beta_2 TA_{it-1} + \beta_3 LEV_{it-1} + \beta_4 ROE_{it-1} + \beta_5 ORGR_{it-1} \\ & + \beta_6 MPAY_{it-1} + \beta_7 MMSR_{it-1} + \beta_8 DUAL_{it-1} + \beta_9 BOARD_{it-1} \\ & + \beta_{10} INBOARD_{it-1} + \beta_{11} TSS_{it-1} + \beta_{12} SHARE1_{it-1} \\ & + \beta_{13} POWER\_SH_{it-1} + \beta_{14} STATE_{it-1} + \beta_{15} MARKET_{it-1} \\ & + \beta_{16} INSTITUHP_{it-1} + SDYRETWD3 + DDR\_M3 + \varepsilon_{it} \end{aligned} \tag{3-4}$$

其中，模型（3－2）、模型（3－3）、模型（3－4）右侧第一个解释变量为主解释变量，分别是管理层风险偏好 *STR*、GDP 增长率 *GDP_GR* 和市场风险水平 *RISK_T*，参照徐经长等（2017）的做法均取当年发生值，其中管理层风险偏好 *STR* 采用现有研究中较多使用的管理层风险资产配置状况来衡量（Milidonis and Stathopoulos，2014；徐经长、张璋、张东旭，2017），以董监高持股占其总薪酬的比率（按年末股价）来表征，GDP 增长率 *GDP_GR* 采用国家统计局公布的数据，市场风险水平 *RISK_T* 采用资本资产定价模型以当年股市总市值估算的 Beta 值来衡量。控制变量为股权激励实施动因实证模型筛选后的变量，即模型（3-1）的解释变量全部作为模型（3-2）、模型（3-3）、模型（3-4）的控制变量，并在此基础上加入了3年移动平均的股票收益波动率 *SDYRETWD*3 和股利分配率 *DDR_M*3 这两个变量，为了控制反向因果关系带来的内生性问题，参照现有研究做法对控制变量均取滞后一期值（徐经长等，2017；屈恩义和朱方明；陈文强，2017），被解释变量均为实施股票期权或限制性股票激励方式的二分变量。所有模型变量下标 it 意指第 i 家公司第 t 年观测值，$it-1$ 为第 i 家公司第 $t-1$ 年观测值，即第 t 年的滞后一年。此外，需要说明的是，尽管现有研究发现公司现金流约束也是股权激励实施及其方式选择动因之一，但本研究在加入现金流约束变量进行模型测试时，发现会降低模型估计效率，可能是因为本研究选择了足够多自变量，已经包含了现金流约束对应的信息，再将其加入模型反而因共线性而出现降低模型估计效率的问题，因此未纳入回归模型中。此外，考虑到可能的衡量偏误问题，本研究在稳健性检验时还对模型的主解释变量进行替换，分别以按年均股价计算的管理层风险偏好 *STR_YMS*、以国家统计局公布的经理信心指数 *CEOCONFIDX*、以股市流通市值计算的市场风险水平对模型（3-2）、模型（3-3）、模型（3-4）重新进行了检验。具体的相关变量名称、符号与定义见表3-1。

表3-1　　相关变量名称、符号与定义

变量类型	变量名称	变量符号	变量定义
结果变量	股权激励实施首期	*INCENT*	实施股权激励的首期为1，否则为0
	股权激励方式	*OPTION*	实施股权激励首期为股票期权则取1，否则取0
研究变量	管理层风险偏好	*STR*	董监高持股占其总薪酬的比率（按年末股价）
	GDP年度增长率	*GDP_GR*	国内生产总值年度同比增长率
	市场风险	*RISK_T*	CAPM模型以股市总市值估算的Beta值
稳健性检验研究变量	管理层风险偏好	*STR_YMS*	董监高持股占其总薪酬的比率（按年均股价）
	CEO信心指数	*CEOCONFIDX*	国家统计局调查所得
	市场风险	*RISK_F*	CAPM模型以当年股市流通市值估算的Beta值
匹配与控制变量	总资产规模	*TA*	企业总资产自然对数值
	资产负债率	*LEV*	年末负债总额与年末总资产之比
	净资产收益率	*ROE*	净利润与年末净资产之比

续表

变量类型	变量名称	变量符号	变量定义
匹配与控制变量	总资产净利率	*ROA*	净利润与年末总资产之比
	营业收入增长率	*ORGR*	当年营业收入相对于上年的增长率
	管理层薪酬	*MPAY*	董监高薪酬总额的自然对数值
	管理层持股比例	*MMSR*	管理层持股数量与总股数之比
	两职合一	*DUAL*	董事长兼任总经理为1，两者分设为0
	董事会规模	*BOARD*	董事会总人数
	独立董事占比	*INBOARD*	独立董事人数与董事会总人数之比
	监事会规模	*TSS*	监事会总人数
	第一大股东持股比例	*SHARE*1	第一大股东持股数量与总股数之比
	机构投资者持股比例	*INSTITUHP*	机构投资者持股数量与总股数之比
	股权制衡度	*POWER_SH*	第二大与第一大股东持股之比
	市场板块	*MARKET*	主板为1，中小板为2，创业板为3，科创板为4
	企业产权性质	*STATE*	国有控股为1，否则为0
	高管权力	*MPOWER*	以两职合一、大股东持股和董事会规模合成
	管理层平均年龄	*AGE_M*	董监高当年平均年龄
	管理层平均任期	*TENURE_M*	董监高当年平均任期
	管理层平均学历	*DEGREE_M*	董监高当年平均学历
	管理层性别比例	*SEXRATE*	董监高当年男性占管理层总人数的比重
	现金流波动率	*SDNCF*3	经营净现金流与总资产比率三年移动标准差
	股票收益波动率	*SDYRETWD*3	现金红利再投资年个股回报率3年移动标准差
	股利分配率均值	*DDR_M*3	以股利分配率求3年移动平均值
	行业	*INDUSTRY*	证监会2012《上市公司行业分类指引》分类

3.4.3 样本选择与数据来源

本研究通过深圳国泰安数据库收集了2006～2020年共计15年A股上市公司数据作为原始样本（其中为了获取一些变量连续三年的标准差以及滞后值，实际数据时间窗口还包括2003～2005年），在剔除了金融行业、ST标注、单独发行B股和数据缺漏严重的样本观测值后，获得初始样本共计33 757个观测值（因后文DID时T=0的技术性要求，33 757包含了2005年观测样本数据）。在此基础上，分别构造股权激励实施动因检验样本和股权激励方式选择动因检验样本。其中，股权激励实施动因检验样本由只保留实施股权激励的公司实施首年观测样本和全部未实施股权激励样本数据组成，以避免实施样本公司出现自己与自己逻辑回归的问题，这样得到检验股权激励实施动因检验样本在2006～2020年的样本观测数为22 303个，2006～2012年为7 758个，2013～2020年为14 545个（需要说明的是，本文数据集为非平衡面板数据，而对非平衡面板数据进行逻辑回归时，为提高估计效率，计量程序会根据数据缺漏情况自动取舍回归样本量，因此，实际回归的样本观测数会少于22 303个、7 758个和14 545个）。股权激励方式选择动因检验样本以正式发布了股权激励计划公告的公司为初始样本，观测数为3 184个，为避免两类股权激励方式分类识别不足，剔除了同一年同时实施两种股权激励方式的样本和中止实施的样本，最终得到检验股权激励方式选择动因的样本观测数为1 881个。对于缺漏值，均通过万得数据库、上市公司年度报告对样本数据进行了对照和补充，并采用平均值插值法等方法进行了填补，但仍然有一小部分观测值缺漏，因此，最终构建的两个检验样本均为非平衡面板数据集。数据处理主要采用2016版Excel和16.0版Stata完成，并对所有连续变量在1%和99%分位数上进行了Winsor缩尾处理。

3.5　实证结果与分析

3.5.1　描述性统计

从初始研究样本实施股权激励的总体情况来看，自2006年1月1日起正式实行《上市公司股权激励管理办法（试行）》以来，2006～2020年中国上市公司实施股权激励的初始样本共有3 184个观测数（不含股票增值权样本），其在各年度上的分布情况及变化趋势如图3－2所示：一是股权激励计划公告数总体上逐年增加（除2007年和2009年因监管部门出台调整政策而出现明显减少的情况），特别是2016年新修订的《上市公司股权激励管理办法》颁布实施后，从2017年开始，实施股权激励的公司迅速增长；二是两种股权激励方式占比在2012年出现拐点，在2013年开始出现反转，反转的时间节点分布与特定的宏观经济发展阶段和政府换届的历史进程高度吻合，说明中国上市公司股权激励方式选择偏好出现了反转现象，且反转现象与时代变迁存在离奇的重合，其背后有着怎样缘由和含义？无疑是令人困惑的待解谜团。

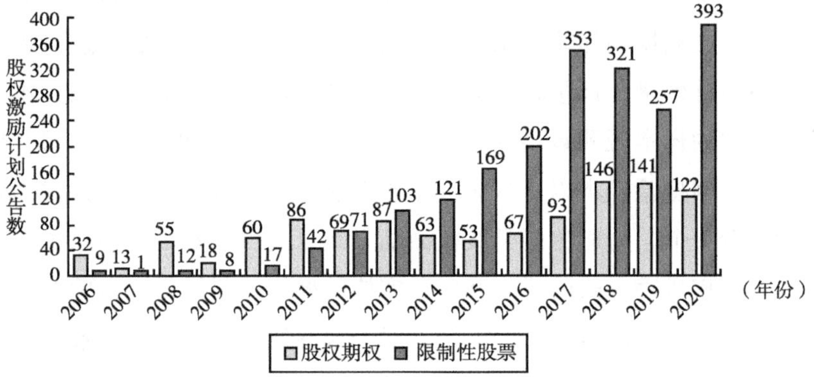

图3-2　2006~2020年股权激励两种主流方式的选择偏好分布

数据来源：国泰安。

表3-2汇报了实证模型相关变量的描述性统计。表中显示，代表股权激励实施首期的虚拟变量*INCNET*的均值为0.084，表明上市公司中实施股权激励首期的观测样本数占全样本的8.4%，说明可选的控制组样本远大于实施组样本，*OPTION*的均值为0.279，说明在2006~2020年有27.9%的公司选择了股票期权方式，另有72.1%的公司选择了限制性股票方式，在总体上选择限制性股票的公司占绝对多数，相对已有研究认为股票期权优于限制性股票的结论（陈文强，2017），这一结果出乎意料，本研究认为主要是受到激励方式偏好反转之后实施股权激励的公司迅速增加并且选择限制性股票激励方式的公司占绝对多数的影响所致，这表明上市公司实施股权激励政策时确实对不同的股权激励方式存在不同的偏好。为确认自变量之间的多重共线性问题，本研究还对实证模型的相关变量进行方式膨胀因子检验，结果如表3-3所示，各变量的方差膨胀因子值均小于4，且所有变量之间的方差膨胀因子平均值小于2，据此可以认为本研究实证模型的自变量之间不存在严重的多重共线性问题（孙林杰等，2019）。

表3-2　　　　相关变量描述性统计

变量	观测数	平均值	标准误	最小值	中位数	最大值
INCENT	22 303	0.084	0.278	0	0	1
OPTION	1 881	0.279	0.449	0	0	1
STR	22 259	0.408	0.443	0	0.14	1
GDP_GR	22 303	0.077	0.027	0.023	0.07	0.142
RISK_T	20 759	1.145	0.268	0.481	1.132	1.9
STR_YMS	22 259	0.411	0.444	0	0.148	1
CEOCONFIDX	22 303	122.0	8.153	110.2	123.5	141.9
RISK_F	20 759	1.133	0.281	0.458	1.131	1.922
TA	22 303	22.05	1.338	19.30	21.88	26.05
LEV	22 303	0.453	0.217	0.052	0.449	0.984
ROE	22 303	0.057	0.136	-0.766	0.067	0.340
ROA	22 303	0.036	0.063	-0.268	0.035	0.206
ORGR	22 301	0.172	0.468	-0.627	0.099	3.038
MPAY	22 236	15.07	0.814	12.80	15.10	17.15
MMSR	21 459	0.095	0.180	0	0	0.687
DUAL	22 303	0.218	0.413	0	0	1
BOARD	22 270	8.845	1.819	0	9	20
INBOARD	22 268	0.371	0.052	0.300	0.333	0.571
TSS	22 289	3.755	1.224	0	3	13
*SHARE*1	22 287	0.364	0.153	0.090	0.345	0.755
INSTITUHP	22 262	0.485	0.232	0.004	0.507	0.919
POWER_SH	22 285	0.329	0.287	0.007	0.232	0.994
MARKET	22 303	1.444	0.709	1	1	4
STATE	22 303	0.530	0.499	0	1	1
MPOWER	21 699	2.773	1.067	1	3	5
AGE_M	22 289	49.09	3.165	40.83	49.20	56.25
TENURE_M	22 289	41.35	15.30	9.938	39.75	88.06
DEGREE_M	22 289	3.558	0.412	2.421	3.618	4.500

续表

变量	观测数	平均值	标准误	最小值	中位数	最大值
SEXRATE	22 289	0.830	0.108	0.524	0.846	1
*SDNCF*3	19 697	-0.001	0.078	-0.356	0.011	0.173
*SDYRETWD*3	21 985	0.502	0.512	0	0.353	2.407
*DDR_M*3	21 344	0.239	0.284	0	0.176	1.644

注：①本数据集为非平衡面板数据。②股权激励方式变量 *OPTION* 观测数为1 881，是以上市公司股权激励实施首年的观测样本统计的，不含实施首年后持续各年的观测样本，因为在特定的股权激励计划中，股权激励方式选择是一次性的决策行为，选定之后的各年不再发生变化，因此，在逻辑回归时，只需保留实施组样本个体在股权激励实施首年的观测样本和全部未实施组观测样本，以避免实施组样本个体自我回归的估计偏误问题。

表3-3　股权激励实施及方式选择偏好逻辑回归变量方差膨胀因子汇报

VARIABLES	VIF	VIF	VIF	VIF
INSTITUHP	3.35	3.65	3.82	3.69
MMSR	3.3	3.26	3.3	3.25
*SHARE*1	2.98	3	3.05	3
TA	2.76	2.8	2.8	2.83
POWER_SH	2.14	2.13	2.13	2.13
BOARD	1.72	1.76	1.7	1.77
MPAY	1.65	1.77	1.66	1.8
LEV	1.63	1.65	1.64	1.66
STATE	1.6	1.48	1.49	1.49
INBOARD	1.51	1.5	1.47	1.5
MARKET	1.36	1.41	1.41	1.39
TSS	1.24	1.28	1.29	1.29
*SDYRETWD*3	1.16	1.16	1.12	1.2
ROE	1.14	1.13	1.13	1.14
DUAL	1.09	1.1	1.09	1.1
*DDR_M*3	1.05	1.05	1.04	1.05
STR	1.61			
GDP_GR		1.22		

续表

VARIABLES	VIF	VIF	VIF	VIF
RISK_T			1.11	
Mean VIF	1.84	1.84	1.84	1.86

3.5.2 检验结果分析

（1）股权激励实施动因实证结果分析

股权激励方式选择决策作为上市公司股权激励政策实施决策的重要组成部分，必然与股权激励实施动因紧密相连，因此本研究将股权激励实施动因作为股权激励方式选择动因决策的重要基础，首先确定股权激励实施决策影响因素，再将其纳入股权激励方式选择动因实证模型作为控制变量。表3-4汇报了2006～2020年的全样本股权激励实施决策影响因素的逻辑回归模型结果汇总，其中第一列M1模型为现有研究中常见的建模思路，第二列至第四列的M2-M4为依次加入前文理论分析中拟增加的三个变量即监事会规模、机构持股比例和资本市场板块属性，从可供选择的四个模型测试来看，监事会规模呈负向作用但不显著，而机构持股与资本市场板块属性均对股权激励实施与否发挥了显著的正向影响作用。在三个变量逐依次加入模型的过程中，模型整体解释力均有一定程度的提高，AUC由M1的0.8147提升到M4的0.8514，同时，增加的三个变量还对公司债务杠杆的负向作用存在替代效应，由基准模型M1中资产负债率显著负向影响股权激励实施与否的决策到模型M4中这种负向影响完全不显著且效应值也变得极其微弱，这意味着，机构持股程度不同以及资本市场板块属性不同决定了对应公司的债务水平也不同，由此发挥了调节效应或中介效应。同时，通过M1-M4的比较还发现，除了监事会在四个模型中未对股权激励实施决策发挥治理作用外，董事会和独立董事比例在四个模型中也未对股权激励实施决策产生明显的影响，说明以管理层为执行主体的公司内部治理机制未对股权激励实施决策发挥治理作用。但与此同时，股东治理变量如大股东持股比例 *SHARE*1、股权制衡度 *POWER_SH* 和机构投资者持股比例 *INSTITUHP* 均对股权激励实施决策发挥了显著作用，说明股东治理机制是企业经营者激励机制的决定性因素，因此，表3-4的结果表明，本研究上节设定的股权激励实施动因检验模型（1）具有合理性。

表3-4　全样本股权激励实施动因逻辑回归模型比较（2006~2020年）

INCENT	M1	M2	M3	M4
L_TA	0.069* (1.90)	0.073** (1.99)	0.045 (1.21)	0.094** (2.50)
L_LEV	-0.377** (-2.28)	-0.363** (-2.19)	-0.291* (-1.73)	-0.056 (-0.32)
L_ROE	1.890*** (5.04)	1.889*** (5.04)	1.462*** (4.13)	1.674*** (4.67)
L_ORGR	0.237*** (4.24)	0.233*** (4.18)	0.205*** (3.61)	0.172*** (2.89)
L_MPAY	0.643*** (11.33)	0.648*** (11.38)	0.620*** (10.92)	0.609*** (10.58)
L_MMSR	1.520*** (10.28)	1.505*** (10.18)	2.777*** (12.03)	2.453*** (10.56)
L_DUAL	0.228*** (3.72)	0.229*** (3.73)	0.212*** (3.43)	0.174*** (2.79)
L_BOARD	-0.017 (-0.72)	-0.010 (-0.43)	-0.016 (-0.68)	-0.017 (-0.70)
L_INBOARD	0.426 (0.64)	0.477 (0.71)	0.613 (0.91)	0.556 (0.82)
*L_SHARE*1	-0.222 (-0.89)	-0.229 (-0.91)	-1.891*** (-5.49)	-1.734*** (-5.00)
L_POWER_SH	-0.008 (-0.07)	-0.007 (-0.06)	-0.509*** (-3.54)	-0.512*** (-3.53)
L_STATE	-1.477*** (-16.90)	-1.450*** (-16.59)	-1.465*** (-16.74)	-1.357*** (-15.10)
L_TSS		-0.058 (-1.61)	-0.055 (-1.55)	-0.042 (-1.18)

续表

INCENT	M1	M2	M3	M4
L_INSTITUHP			1.574 *** (7.22)	1.471 *** (6.79)
L_MARKET				0.421 *** (9.74)
_CONS	-13.848 *** (-15.99)	-13.861 *** (-16.00)	-12.973 *** (-14.66)	-14.510 *** (-15.95)
YEAR/ INDUSTRY	Yes	Yes	Yes	Yes
N	19 817	19 817	19 791	19 791
Pseudo R^2	0.230	0.230	0.234	0.243
Wlad	1 968.836	1 969.130	2 000.083	2 108.389
AUC	0.8434	0.8435	0.8468	0.8514

注：①本数据集为非平衡面板数据，为提高估计效率，计量程序会根据数据缺漏情况自动取舍回归样本量，因此，实际回归的样本观测数会少于给定样本观测数 22 303。②“L_”指滞后一期。③括号内为双尾检验 t 值，*、**、*** 分别表示在 10%、5%、1% 水平上显著。

为了确认股权激励实施决策是否受到具有不同宏观经济环境的时代特点所影响，将全样本按照股权激励方式选择偏好反转前后的两个时间阶段分成两个子样本再次进行模型比对。表 3-5 汇报了股权激励方式选择偏好反转之前的 2006~2012 年子样本检验结果，表 3-6 汇报了股权激励方式选择偏好反转之后的 2013~2020 年子样本检验结果。通过表 3-5 与表 3-6 的比较可以发现，偏好反转之前的 2006~2012 年，自变量对股权激励实施决策的解释力明显增强，其在第四个模型 M4 的 AUC 增加到了 0.8906，而偏好反转之后的 2013~2020 年，自变量对股权激励实施决策的解释力明显减弱，在第四个模型 M4 的 AUC 下降到了 0.8178。这说明时代特征对股权激励实施决策存在重要的调节作用，即宏观因素在上市公司股权激励实施决策中扮演了重要角色。同时还发现，无论是股权激励偏好反转之前还是反转之后，以管理层为执行主体的公司内部治理机制均未对股权激励实施与否的决策产生显著影响，而股东治理机制在偏好反转前后两个阶段都存在显著的影响，说明股东作为委托人始终掌握着是否实施股权激励政策的决定权。通过进一步分析可知，大股东持股比例越高，越不倾向于实施股权激励，外部中小股东对大股的制衡力度越大，越不倾向于实施股权激励，而机构持股比例越高，公司越倾向于实施股权激励。其中的原因在于：首先，大股东通常高度涉入企业内部经营，甚至担任董事长或CEO，其持股比例越高，越能代表委托人的利益提高对整个经营管理层的监督力度，而监督与激励具有替代性，当代理人容易监督时就会尽量采用成本更低的监督机制，而当难以监督或监督成本高昂时就会尽量采用更有效的激励机制；其次，当对大股东制衡力度大时，大股东难以与管理层合谋形成内部人控制从而产生大股东与中小股东之间的第二类代理问题，此时，股东与经营者之间的第一类代理问题就成为最重要的治理对象，而当公司治理对象重新回归到第一类代理问题时，则大股东将更多地发挥监督作用，从而减少高能激励的必要；最后，机构投资者持股股东由于持股公司众多，一般以外部股东身份出现于股东治理结构和内部管理层治理结构中，由于作为外部股东难以掌握企业经营管理的内部信息，相对于内部大股东而言更难监督上市公司管理层，因此更倾向于采用激励机制而非监督机制治理委托代理问题。以上分析表明，本研究增加的监事会治理、机构投资者治理与上市公司所属的资本市场属性都是股权激励实施决策的重要影响因素，因而，将在下文对股权激励方式选择动因进行检验时纳入相应模型。

表 3－5　偏好反转前股权激励实施动因逻辑回归模型比较（2006～2012 年）

INCENT	M1	M2	M3	M4
L_TA	0.277 ** (2.53)	0.284 ** (2.57)	0.228 ** (2.02)	0.355 *** (3.11)
L_LEV	−2.259 *** (−5.57)	−2.256 *** (−5.54)	−2.173 *** (−5.24)	−1.592 *** (−3.75)
L_ROE	4.257 *** (4.65)	4.302 *** (4.70)	2.982 *** (3.24)	3.070 *** (3.22)
L_ORGR	0.267 ** (2.12)	0.266 ** (2.11)	0.251 * (1.95)	0.300 ** (2.28)
L_MPAY	0.355 ** (2.57)	0.357 *** (2.58)	0.355 ** (2.51)	0.345 ** (2.38)

续表

INCENT	M1	M2	M3	M4
L_MMSR	1. 104 *** (2. 76)	1. 076 *** (2. 70)	3. 189 *** (4. 94)	2. 223 *** (3. 43)
L_DUAL	0. 361 ** (2. 08)	0. 360 ** (2. 08)	0. 299 * (1. 65)	0. 207 (1. 12)
L_BOARD	0. 066 (1. 33)	0. 074 (1. 50)	0. 073 (1. 47)	0. 064 (1. 26)
L_INBOARD	2. 094 (1. 43)	2. 065 (1. 41)	2. 038 (1. 34)	2. 647 * (1. 73)
L_SHARE1	-0. 210 (-0. 33)	-0. 237 (-0. 37)	-2. 810 *** (-2. 98)	-3. 312 *** (-3. 45)
L_POWER_SH	0. 169 (0. 53)	0. 164 (0. 51)	-0. 665 * (-1. 70)	-0. 972 ** (-2. 33)
L_STATE	-1. 956 *** (-8. 92)	-1. 930 *** (-8. 78)	-1. 963 *** (-8. 89)	-1. 871 *** (-8. 14)
L_TSS		-0. 071 (-0. 78)	-0. 076 (-0. 85)	-0. 060 (-0. 69)
L_INSTITUHP			2. 593 *** (4. 12)	2. 260 *** (3. 72)
L_MARKET				0. 876 *** (5. 14)
_CONS	-14. 665 *** (-6. 86)	-14. 638 *** (-6. 87)	-13. 655 *** (-6. 26)	-17. 146 *** (-7. 48)
YEAR	Yes	Yes	Yes	Yes
INDUSTRY	Yes	Yes	Yes	Yes
N	5 881	5 881	5 861	5 861
Pseudo R^2	0. 282	0. 282	0. 290	0. 305
Wlad	474. 504	472. 013	497. 288	522. 305
AUC	0. 8821	0. 8821	0. 8859	0. 8906

注：①本数据集为非平衡面板数据，为提高估计效率，计量程序会根据数据缺漏情况自动取舍回归样本量，因此，实际回归的样本观测数会少于给定样本观测数7 758。②“L_”指滞后一期。③括号内为双尾检验t值，*、**、***分别表示在10%、5%、1%水平上显著。

表 3-6　偏好反转后股权激励实施动因逻辑回归模型比较（2013~2020 年）

INCENT	M1	M2	M3	M4
L_TA	0.029 (0.75)	0.033 (0.84)	0.010 (0.24)	0.054 (1.35)
L_LEV	-0.000 (-0.00)	0.015 (0.08)	0.091 (0.49)	0.294 (1.54)
L_ROE	1.694*** (4.36)	1.689*** (4.36)	1.384*** (3.73)	1.601*** (4.25)
L_ORGR	0.216*** (3.48)	0.212*** (3.41)	0.184*** (2.91)	0.146** (2.22)
L_MPAY	0.700*** (11.23)	0.704*** (11.28)	0.674*** (10.84)	0.665*** (10.55)
L_MMSR	1.622*** (10.16)	1.609*** (10.06)	2.713*** (10.87)	2.424*** (9.65)
L_DUAL	0.212*** (3.23)	0.213*** (3.24)	0.204*** (3.09)	0.170** (2.55)
L_BOARD	-0.040 (-1.48)	-0.033 (-1.20)	-0.041 (-1.46)	-0.040 (-1.42)
L_INBOARD	0.010 (0.01)	0.075 (0.10)	0.179 (0.23)	0.117 (0.15)
*L_SHARE*1	-0.297 (-1.09)	-0.303 (-1.11)	-1.760*** (-4.73)	-1.549*** (-4.13)
L_POWER_SH	-0.059 (-0.44)	-0.058 (-0.44)	-0.490*** (-3.15)	-0.471*** (-3.01)
L_STATE	-1.359*** (-14.22)	-1.330*** (-13.95)	-1.346*** (-14.08)	-1.230*** (-12.56)
L_TSS		-0.060 (-1.53)	-0.056 (-1.44)	-0.042 (-1.09)
L_INSTITUHP			1.372*** (5.86)	1.276*** (5.47)
L_MARKET				0.390*** (8.73)

续表

INCENT	M1	M2	M3	M4
_CONS	−13.821*** (−14.58)	−13.859*** (−14.59)	−12.968*** (−13.36)	−14.609*** (−14.53)
YEAR	Yes	Yes	Yes	Yes
INDUSTRY	Yes	Yes	Yes	Yes
N	13 022	13 022	13 016	13 016
Pseudo R^2	0.189	0.189	0.193	0.202
Wlad	1 365.301	1 364.262	1 383.183	1 456.516
AUC	0.8087	0.8088	0.8122	0.8178

注：①本数据集为非平衡面板数据，为提高估计效率，计量程序会根据数据缺漏情况自动取舍回归样本量，因此，实际回归的样本观测数会少于给定样本观测数14545。②“*L_*”指滞后一期。③括号内为双尾检验t值，*、**、***分别表示在10%、5%、1%水平上显著。

（2）股权激励方式选择动因实证结果分析

根据前文关于股权激励实施动因的模型筛选结果，结合研究假设H1、H2和H3构建的股权激励方式选择动因实证模型式（3－2）、式（3－3）和式（3－4），分别从总体的全样本和股权激励方式选择偏好反转前后两个阶段的子样本对股权激励方式选择动因进行Logit回归。表3－7汇报了2006～2020年的全样本股权激励方式选择决策影响因素，从表中列（1）－列（3）可知，无论是企业微观层面的管理层风险偏好，还是宏观层面的经济增长速度抑或市场风险水平，都是股权激励方式选择决策的显著性影响因素：①管理层风险偏好负向影响了股权激励方式选择偏好即管理层风险偏好越大，公司越倾向于授予其风险激励强度更低的限制性股票，反之，管理层风险偏好越小，公司越倾向于授予其风险激励强度更高的股票期权，这一结果与徐经长等（2017）的结果一致。②GDP增速正向影响了股权激励方式选择偏好，GDP增速越大，公司越倾向于授予管理层风险激励强度更大的股票期权，反之则倾向于授予管理层风险激励强度更低的限制性股票。③市场风险水平负向影响了股权激励方式选择偏好，市场风险水平越低，公司越倾向于授予管理层风险激励强度更高的股票期权，反之则授予管理层风险激励强度更低的限制性股票。其中，宏观因素的经济增速对股权激励方式选择偏好的影响占绝对优势，远大于微观层面的管理层风险偏好，而且从列（4）至列（5）的Logit回归结果来看，这种占优情形即使是在同时纳入微观和宏观影响因素，排除可能的替代效应后，宏观和微观因素的影响作用和相互关系仍然不变，从而证实了本研究假设 H3 -1、假设 H3 -2 和假设 H3 -3。

表 3 -7　　全样本股权激励方式选择动因检验结果（2006 ~ 2020 年）

OPTION	(1)	(2)	(3)	(4)	(5)
STR	-1.507 *** (-6.47)			-1.464 *** (-6.17)	-1.524 *** (-6.49)
GDP_GR		26.448 *** (6.09)		25.996 *** (5.91)	
RISK_T			-1.024 *** (-4.72)		-1.052 *** (-4.79)
L_TA	0.108 (1.30)	0.162 * (1.94)	0.052 (0.64)	0.190 ** (2.21)	0.082 (0.97)
L_LEV	0.266 (0.63)	0.474 (1.16)	0.406 (1.01)	0.301 (0.70)	0.215 (0.51)
L_ROE	0.468 (0.59)	0.006 (0.01)	0.190 (0.26)	0.072 (0.09)	0.220 (0.29)
L_ORGR	0.064 (0.43)	-0.002 (-0.02)	0.029 (0.20)	0.019 (0.13)	0.059 (0.40)
L_MPAY	-0.337 *** (-2.98)	-0.178 (-1.59)	-0.370 *** (-3.39)	-0.123 (-1.08)	-0.306 *** (-2.70)
L_MMSR	1.324 *** (2.74)	0.420 (0.90)	0.470 (1.01)	1.157 ** (2.35)	1.244 ** (2.53)
L_DUAL	0.352 *** (2.75)	0.383 *** (2.98)	0.360 *** (2.82)	0.400 *** (3.07)	0.372 *** (2.88)
L_BOARD	0.033 (0.71)	-0.026 (-0.55)	0.034 (0.71)	-0.034 (-0.70)	0.025 (0.53)
L_INBOARD	-0.600 (-0.47)	-1.126 (-0.90)	-0.606 (-0.48)	-1.210 (-0.95)	-0.673 (-0.52)
L_TSS	0.093 (1.22)	0.079 (1.09)	0.099 (1.35)	0.070 (0.92)	0.090 (1.16)
*L_SHARE*1	-1.044 (-1.42)	-0.583 (-0.79)	-0.327 (-0.45)	-1.197 (-1.59)	-0.956 (-1.30)

续表

OPTION	(1)	(2)	(3)	(4)	(5)
L_POWER_SH	-0.630 ** (-2.00)	-0.487 (-1.55)	-0.469 (-1.52)	-0.648 ** (-2.02)	-0.638 ** (-2.01)
L_INSTITUHP	0.809 * (1.87)	0.690 (1.60)	0.735 * (1.71)	0.611 (1.39)	0.651 (1.49)
L_MARKET	0.093 (1.14)	0.170 * (1.92)	0.113 (1.37)	0.206 ** (2.27)	0.150 * (1.76)
L_STATE	-0.020 (-0.09)	0.389 * (1.85)	0.421 ** (1.99)	-0.006 (-0.03)	0.006 (0.03)
L_SDYRETWD3	0.596 *** (3.97)	0.373 ** (2.50)	0.599 *** (4.02)	0.394 *** (2.58)	0.619 *** (4.04)
L_DDR_M3	-0.034 (-0.16)	-0.032 (-0.15)	-0.177 (-0.82)	0.025 (0.11)	-0.103 (-0.47)
_CONS	3.242 (1.61)	-3.164 (-1.46)	4.346 ** (2.13)	-2.884 (-1.32)	4.511 ** (2.19)
N	1 681	1 682	1 679	1 681	1 678
PseudoR^2	0.111	0.119	0.101	0.138	0.122
Wald	205.591	182.331	185.869	216.143	223.891
AUC	0.7153	0.7340	0.7152	0.7478	0.7305

注：①"L_"指滞后一期。②括号内为双尾检验t值，*、**、***分别表示在10%、5%、1%水平上显著。③本数据集为非平衡面板数据，为提高估计效率，实际回归样本观测数会少于给定数。

表3-8和表3-9分别报告了股权激励方式选择偏好反转前后两个阶段子样本的Logit回归结果。从股权激励方式选择偏好反转前后的检验结果来看，在股权激励方式选择偏好反转之前的2006~2012年，经营形势处于有利情形，股东治理结构变量如第一大股东持股比例 *SHARE*1 和股东制衡度 *POWER_SH* 对股权激励方式选择偏好的影响在所有宏观和微观的Logit回归模型中基本不显著，但以管理层为核心的公司内部治理结构变量如董事会 *BOARD* 和独立董事占比 *INBOARD* 对股权激励方式选择偏好的影响在所有宏观和微观的Logit回归模中均在1%的水平上显著，说明在形势利好的2006~2012年，股东选择让管理层在公司治理权力结构中占主导地位。但在股权激励方式选择偏好反转之后的2013~2020年，经营形势处于不利情形，股东治理结构变量如第一大股

东持股比例 *SHARE*1 和股东制衡度 *POWER_SH* 对股权激励方式选择偏好的影响在所有宏观和微观的 Logit 回归模型中均变得更为显著，而管理层治理结构变量如董事会 *BOARD* 和独立董事占比 *INBOARD* 对股权激励方式选择偏好的影响在所有宏观和微观的 Logit 回归模中均变得不再显著，与 2006～2012 年的结果完全相反，说明在形势不利的 2013～2020 年，股东选择让自己在公司治理权力结构中占主导地位。显然，以上实证结果及分析结论有力地证实了本文提出的股权激励方式选择偏好反转之谜的两大理论假说，表明公司治理主导权地位的安排会根据形势利好与否而出现相机转移，但无论属于何种主导权地位的安排，最终都是股东利益最大化原则下的股东意志体现。

表 3－8　偏好反转前股权激励方式选择动因检验结果（2006～2012 年）

OPTION	(1)	(2)	(3)	(4)	(5)
STR	−0.720 (−1.15)			−0.601 (−0.92)	−0.110 (−0.11)
GDP_GR		52.702*** (3.13)		51.963*** (3.02)	
RISK_T			1.628 (0.88)		1.637 (0.87)
L_TA	0.210 (0.79)	0.383 (1.28)	0.213 (0.64)	0.397 (1.32)	0.217 (0.64)
L_LEV	1.656 (1.08)	1.147 (0.69)	3.487* (1.82)	1.143 (0.70)	3.459* (1.81)
L_ROE	3.033 (0.81)	4.243 (1.06)	5.273 (1.03)	4.657 (1.14)	5.420 (1.02)
L_ORGR	1.243** (2.29)	1.492*** (2.78)	−0.037 (−0.06)	1.421** (2.55)	−0.047 (−0.07)
L_MPAY	0.030 (0.09)	0.218 (0.58)	0.252 (0.71)	0.234 (0.62)	0.254 (0.70)
L_MMSR	0.004 (0.00)	−1.496 (−0.75)	2.083 (0.52)	−0.933 (−0.45)	2.257 (0.46)

续表

OPTION	(1)	(2)	(3)	(4)	(5)
L_DUAL	-0.383 (-0.90)	-0.529 (-1.16)	-1.028 (-1.24)	-0.514 (-1.13)	-1.023 (-1.27)
L_BOARD	-0.318 ** (-2.55)	-0.384 *** (-2.74)	-0.487 *** (-2.73)	-0.402 *** (-2.82)	-0.492 ** (-2.47)
L_INBOARD	-11.081 *** (-2.99)	-9.448 ** (-2.45)	-13.347 ** (-2.13)	-10.419 *** (-2.65)	-13.664 * (-1.93)
L_TSS	0.149 (1.07)	0.169 (1.15)	0.413 * (1.78)	0.164 (1.11)	0.413 * (1.78)
L_SHARE1	2.142 (0.95)	3.048 (1.27)	4.498 (1.55)	2.751 (1.14)	4.416 (1.47)
L_POWER_SH	0.353 (0.35)	0.344 (0.33)	3.317 * (1.93)	0.304 (0.29)	3.319 * (1.92)
L_INSTITUHP	-2.299 (-1.41)	-3.095 * (-1.84)	-1.520 (-0.58)	-3.010 * (-1.79)	-1.491 (-0.55)
L_MARKET	0.623 (1.62)	1.135 ** (2.56)	1.052 (1.43)	1.157 *** (2.58)	1.038 (1.38)
L_STATE	0.321 (0.49)	0.031 (0.05)	0.036 (0.05)	-0.059 (-0.09)	0.023 (0.03)
L_SDYRETWD3	0.600 (1.25)	0.944 (1.60)	0.173 (0.28)	0.925 (1.59)	0.171 (0.28)
L_DDR_M3	0.717 (0.69)	1.035 (1.05)	0.719 (0.50)	1.080 (1.06)	0.726 (0.50)
_CONS	-1.745 (-0.29)	-14.678 ** (-2.03)	-6.280 (-0.70)	-14.141 ** (-1.97)	-6.163 (-0.70)
N	188	188	104	188	104
PseudoR^2	0.182	0.218	0.270	0.222	0.270
Wald	46.266	51.478	25.657	52.284	27.378
AUC	0.7732	0.7960	0.8340	0.8011	0.8344

注：①"L_"指滞后一期。②括号内为双尾检验t值，*、**、***分别表示在10%、5%、1%水平上显著。③本数据集为非平衡面板数据，为提高估计效率，实际回归样本观测数会少于给定数。

表 3-9　偏好反转后股权激励方式选择动因检验结果（2013~2020 年）

OPTION	(1)	(2)	(3)	(4)	(5)
STR	-1.658*** (-5.77)			-1.663*** (-5.82)	-1.752*** (-6.41)
GDP_GR		5.918 (1.34)		6.419 (1.44)	
RISK_T			-0.665*** (-2.87)		-0.728*** (-3.08)
L_TA	0.207** (2.18)	0.208** (2.21)	0.169* (1.85)	0.220** (2.28)	0.182* (1.94)
L_LEV	0.384 (0.77)	0.572 (1.20)	0.137 (0.30)	0.382 (0.76)	-0.092 (-0.19)
L_ROE	-0.486 (-0.62)	-0.479 (-0.62)	-0.431 (-0.57)	-0.527 (-0.66)	-0.461 (-0.60)
L_ORGR	0.012 (0.07)	-0.062 (-0.37)	0.006 (0.04)	-0.005 (-0.03)	0.030 (0.18)
L_MPAY	-0.014 (-0.11)	-0.052 (-0.41)	-0.149 (-1.24)	0.015 (0.12)	-0.075 (-0.61)
L_MMSR	1.281** (2.26)	0.476 (0.90)	0.411 (0.79)	1.249** (2.21)	1.249** (2.23)
L_DUAL	0.487*** (3.31)	0.481*** (3.32)	0.508*** (3.61)	0.500*** (3.40)	0.514*** (3.60)
L_BOARD	-0.006 (-0.11)	-0.025 (-0.45)	0.031 (0.57)	-0.016 (-0.29)	0.041 (0.76)
L_INBOARD	1.337 (0.92)	0.698 (0.47)	1.291 (0.92)	1.166 (0.80)	1.697 (1.23)
L_TSS	0.033 (0.36)	0.034 (0.38)	0.074 (0.86)	0.029 (0.32)	0.068 (0.76)
L_SHARE1	-1.756** (-2.05)	-1.089 (-1.30)	-0.998 (-1.24)	-1.785** (-2.08)	-1.745** (-2.09)
L_POWER_SH	-0.873** (-2.39)	-0.674* (-1.90)	-0.700** (-2.02)	-0.862** (-2.36)	-0.910** (-2.53)

续表

OPTION	(1)	(2)	(3)	(4)	(5)
L_INSTITUHP	0.758 (1.47)	0.791 (1.57)	0.690 (1.41)	0.731 (1.42)	0.622 (1.24)
L_MARKET	0.144 (1.52)	0.135 (1.41)	0.156* (1.72)	0.168* (1.69)	0.192** (2.03)
L_STATE	-0.203 (-0.78)	0.308 (1.28)	0.456* (1.93)	-0.189 (-0.72)	-0.066 (-0.26)
L_SDYRETWD3	0.472** (2.42)	0.362* (1.83)	0.509*** (2.78)	0.429** (2.18)	0.587*** (3.18)
L_DDR_M3	0.262 (1.13)	0.205 (0.91)	0.082 (0.36)	0.254 (1.08)	0.128 (0.55)
_CONS	-4.498* (-1.87)	-5.663** (-2.24)	-2.599 (-1.12)	-5.502** (-2.21)	-2.290 (-0.99)
N	1 451	1 452	1 518	1 451	1 517
PseudoR^2	0.124	0.104	0.103	0.125	0.127
Wald	174.431	150.616	159.752	175.462	196.621
AUC	0.7341	0.7184	0.7178	0.7353	0.7350

注：①“L_”指滞后一期。②括号内为双尾检验 t 值，*、**、*** 分别表示在 10%、5%、1% 水平上显著。③本数据集为非平衡面板数据，为提高估计效率，实际回归样本观测数会少于给定数。

从表 3-8 和表 3-9 模型回归结果中相应主解释变量显著性和反应强度的变化来看，股权激励方式选择偏好反转前后的时代特征发挥了调节作用。表 3-8 显示，在偏好反转之前的 2006~2012 年，只有 GDP 增速仍对股权激励方式选择决策发挥了显著的正向影响，而管理层风险偏好和市场风险水平对股权激励方式选择偏好的影响作用均变得不显著，其中管理层风险偏好的检验结果与徐经长等（2017）的实证结果不同，管理层风险偏好对股权激励方式选择偏好的影响并未受到股东逆向规制的影响，此时只有宏观经济增速成为决定股权激励方式选择决策的最重要影响因素，表明公司更多地基于经济形势的利好倾向于选择风险激励强度更大的股票期权方式，作为委托人的股东似乎也有意“放任”作为代理人的管理层自由选择股权激励方式。而在表 3-10 汇报的 2013~2020 年 Logit 回归结果则恰恰与表 3-9 的结果相反，除了 GDP 增速的影响作用不显著，其他两个解释变量均显著影响了股权激励方式选择决策，其中管理层风险偏好的检验结果与徐经长等（2017）的实证结果一致，股权激励方式选择偏好与管理层风险偏好存在显著的逆向匹配关系，即管理层越是风险偏好，公司越倾向于授予管理层风险激励强度更低的限制性股票，显然，管理层不能“得偿所愿”不可能是作为理性代理人的管理者自己主动选择的结果，而是作为委托人的股东施加影响所致。以上结果表明全样本的检验结果中宏观因素的经济增速影响主要作用于股权激励方式选择偏好反转之前的2006～2012年，而微观层面的管理层风险偏好和宏观层面的市场风险影响则主要作用于股权激励方式选择偏好反转之后的2013～2020年。从股权激励方式选择偏好反转前后两个阶段的时代特征来看，偏好反转之前的2006～2012年属于宏观经济形势上行期、低市场风险期，而偏好反转之后的2013～2020年则属于宏观经济形势下行期、高市场风险期。两个阶段回归结果归结起来就是：经营形势有利时，上市公司倾向于选择股票期权方式，原假设H3－2的显著性增强的同时原假设H3－1和假设H3－3的显著性将会明显减弱；而在经营形势不利时，上市公司倾向于选择限制性股票方式，原假设H3－2的显著性减弱的同时原假设H3－1和假设H3－3的显著性将会明显增强。基于以上结论，本研究假设H3－1、假设H3－2和假设H3－3的全部子假设：H3－1a、H3－1b、H3－2a、H3－2b、H3－3a、H3－3b均得以证实。

表3－10　　管理层风险偏好与股权激励方式选择动因的两阶段（OLS＋Logit）回归结果

变量	(1)	(2)	(3)
	STR_HAT	*OPTION*	*OPTION*
AGE_M	−0.017*** (−18.20)		
TENURE_M	0.002*** (11.99)		
DEGREE_M	−0.121*** (−17.91)		
SEXRATE	−0.213*** (−8.61)		

续表

变量	(1)	(2)	(3)
	STR_HAT	OPTION	OPTION
TA	0.026*** (11.12)		
LEV	0.216*** (5.09)		
ROA	0.017*** (3.32)		
ORGR	-0.217*** (-15.48)		
SDNCF	0.026 (0.84)		
LISTAGE	-0.026*** (-61.33)		
STR_HAT		-1.292*** (-3.78)	-1.889*** (-3.55)
L_TA			0.157* (1.66)
L_LEV			0.126 (0.26)
L_ROE			0.049 (0.07)
L_ORGR			-0.071 (-0.47)
L_MPAY			0.009 (0.07)
L_MMSR			0.758 (1.35)
L_DUAL			0.460*** (3.14)

续表

变量	(1)	(2)	(3)
	STR_HAT	*OPTION*	*OPTION*
L_BOARD			-0.083 (-1.51)
L_INBOARD			-1.328 (-0.89)
L_TSS			-0.006 (-0.07)
*L_SHARE*1			-0.601 (-0.70)
L_POWER_SH			-0.641 * (-1.81)
L_INSTITUHP			0.799 (1.57)
L_MARKET			0.376 *** (3.24)
L_STATE			0.059 (0.24)
*L_SDYRETWD*3			0.244 (1.36)
*L_DDR_M*3			-0.052 (-0.22)
_CONS	1.272 *** (21.76)	2.256 ** (2.27)	-0.442 (-0.19)
行业/年度	控制	控制	控制
N	19 661	1 408	1 387
R^2 or pseR^2	0.432	0.149	0.169
F or Wald	161.92	205.529	229.504

注：①列（1）为第一阶段 OLS 回归结果，列（2）为第二阶段以列（1）所得拟合值直接进行 Logit 回归结果，列（3）为第二阶段以列（1）所得拟合值加入控制变量后的 Logit 回归结果。②“*L_*”指滞后一期。③括号内为双尾检验 t 值，*、**、*** 分别表示在 10%、5%、1% 水平上显著。④本数据集为非平衡面板数据，为提高估计效率，实际回归样本观测数会少于给定数。

3.5.3 稳健性检验

前文对股权激励方式选择偏好反转现象进行实证检验的结果在很大程度上改变了已有文献的研究结论，但这种改变是否稳健？还是属于一种特殊情形？仍需要进一步予以证实。因此，本研究首先对微观变量可能存在的衡量偏误带来的内生性问题，以可行的工具变量重新进行实证检验以确认是否存在具有重要影响的衡量偏误；其次，对微观层面可能遗漏的变量本身可能存在的替代效应和交互效应，以现有文献常常关注的管理层权力对此进行重新检验以排除可能存在重要的遗漏变量带来的这种影响；最后，针对宏观因素变量可能的衡量偏误问题，采用新的替代变量重新检验以排除宏观因素可能存在的衡量偏误影响。通过以上多层次多维度的稳健性检验，将为本研究结论的准确性与可靠性提供置信基础。

（1）微观层面反向因果关系可能带来的管理层风险偏好衡量偏误内生性问题

股权激励方式选择偏好与作为激励对象的管理层所持有的风险偏好之间可能存在反向因果关系，如果不加以控制，可能无法判断到底是因为管理层风险偏好而被股东意志导正为选择风险激励强度更低的限制性股票，还是因为基于股东意志选择了限制性股票而使管理层的股权薪酬变大反而诱导管理层变得更加风险偏好，由此可能造成管理层风险偏好的衡量偏误。为此，我们借鉴卡力克（Abdel - Khalik，1985）和徐经长等（2017）文献的做法，以管理层性别、平均年龄、平均任期和平均学历作为工具变量并控制公司微观特征，通过两阶段的 OLS + Logit 方法消除管理层风险偏好可能的衡量偏误带来的内生性问题。表3-11汇报了两阶段的 OLS + Logit 回归结果，其中列（1）为第一阶段 OLS 回归，其模型设定如下：

$$
\begin{aligned}
STR_{it} = {} & \beta_0 + \beta_1 AGE\_M_{it} + \beta_2 TENUER\_M_{it} + \beta_3 DEGREE\_M_{it} \\
& + \beta_4 SEXRATE_{it} + \beta_5 TA_{it} + \beta_6 ROA_{it} + \beta_7 ORGR_{it} + \beta_8 LEV_{it} \\
& + \beta_9 SDNCF3_{it} + \beta_{10} LISTAGE_{it} + \varepsilon_{it} \qquad (3-5)
\end{aligned}
$$

在式（3-5）中，AGE_M 为管理层平均年龄，$TENURE\_M$ 为管理层平均任期，*DEGREE_M* 为管理层平均学历，*SEXRATE* 为管理层男性人数占管理层总人数的比重，*TA* 为公司总资产对数，*LEV* 为公司资产负债率，*ROA* 为总资产净利率，*ORGR* 为营业收入增长率，*SDNCF3* 为公司经营活动净现金流与总资产比率的三年移动标准差，*LISTAGE* 为公司上市年龄。通过第一阶段的 OLS 得到各变量的系数估计量后，再将各个样本观测值代入式（3－5）得到管理层风险偏好 *STR* 的估计量 *STR_HAT*，然后将 *STR_HAT* 作为 *STR* 的工具变量代入式（3－5）的股权激励方式选择偏好 Logit 回归模型。从表 3－10 可知，以工具变量 *STR_HAT* 进行 Logit 回归，无论是否加入控制变量，均未改变前文关于管理层风险偏好与股权激励方式选择偏好负相关的关系，说明上文结论是稳健的。

表 3－11　　全样本高管权力、管理层风险偏好与股权激励方式选择动因（2006～2020 年）

OPTION	（1）	（2）	（3）	（4）
STR	－1.191*** （－4.60）		－1.187*** （－4.53）	－2.039*** （－3.47）
MPOWER		－0.042 （－0.64）	－0.027 （－0.41）	－0.291 （－1.58）
*STR * MPOWER*				0.304 （1.57）
控制变量	控制	控制	控制	控制
N	1 677	1 656	1 655	1 655
PseudoR^2	0.179	0.172	0.184	0.185
Wald	257.345	257.652	263.898	269.311

注：①“*L_*”指滞后一期。②为节约篇幅，控制变量回归结果未予列示。③括号内为双尾检验 t 值，*、**、*** 分别表示在 10%、5%、1% 水平上显著。④本数据集为非平衡面板数据，为提高估计效率，实际回归样本观测数会少于给定数。

（2）微观层面遗漏变量可能导致的替代效应和调节效应偏误问题

前文关于股权激励方式选择动因的 Logit 回归模型并未考虑上市公司管理层内部高管权力的影响，但现有大量文献的研究结论都表明高管权力对薪酬制度存在重要影响，甚至存在高管俘获管理层从而存在自定薪酬的机会主义行为（Bebchuk et al.，2002；肖淑芳等，2016）。而股权激励方式的不同选择又会影响高管薪酬中股权薪酬部分的风险价值，因此，高管权力很可能对股权激励方式选择决策存在影响，例如在管理层风险偏好对股权激励方式选择偏好影响关系中有可能存在替代效应或交互效应。对此，本研究借鉴徐径长等（2017）和消淑芳等（2016）刻画管理层权力的做法并考虑增加股权制衡度和高管持股比例，即同时利用董事长与总经理两职合一、第一大股东持股比例、董事会人数规模、股权制衡度和高管持股比例五个变量构建高管权力 *MPOWER*。若董事长与总经理两职合一则计 1 分，否则记 0 分；若第一大股东持股比例小于样本均值计 1 分，否则计 0 分；若董事会人数高于样本均值计 1 分，否则计 0 分；若股权制衡度小于样本均值计 1 分，否则计 0 分；若高管持股比例高于样本均值计 1 分，否则计 0 分。五项得分之和即代表高管权力的大小。由于此处高管权力同时考虑到了两职合一、大股东持股、董事会规模、股权制衡度，为避免共线性问题，在考虑了高管权力的检验中不再将这四个变量放入股权激励方式选择动因 Logit 回归模型中。

表 3－11 汇报了全样本的股权激励方式选择动因 Logit 检验结果，其中列（1）是未加入高管权力时管理层风险偏好对股权激励方式选择动因影响的基准 Logit 回归模型，列（2）是单独加入高管权力变量和控制变量的 Logit 回归模型，列（3）是同时加入管理层风险偏好和高管权力的 Logit 回归模型，列（4）是同时加入管理层风险偏好、高管权力和两者的交互项对股权激励方式选择决策影响的 Logit 回归模型。从中可以发现，在 2006～2020 年的全样本中，高管权力本身未对股权激励方式选择偏好产生明显的影响，与管理层风险偏好的结合也未改变管理层风险偏好对股权激励方式选择决策的显著负向影响关系。此外，本文还对股权激励方式选择偏好反转前后的 2006～2012 年和 2013～2020 年两个阶段的子样本进行 Logit 回归，回归结果统一汇报在表 3－12 中。从表中可以发现，加入交互项后在形势利好的 2006～2012 年管理层风险偏好对股权激励方式选择的负向影响关系变得显著了，并且管理层权力本身也显著负向影响了股权激励方式的选择，但交互项却对股权激励方式选择结果产生了显著的正向影响。这一结果一方面说明管理层权力只在经济形势上行阶段对股权激励方式选择决策存在影响，但其自身却是以更加显著地加强管理层风险偏好对股权激励方式选择逆向匹配关系的结果出现，这实际上仍然是股东意志的体现，即面对管理层权力的增大，股东对管理层在股权激励方式选择决策中的机会主义

行为将发挥逆向规制作用；另一方面也表明，当风险偏好的管理层掌握越大的公司治理主导权力时，越有可能在股权激励方式选择决策中实施机会主义行为，而选择“免费”的股票期权激励方式。然而，在股权激励方式偏好反转之后的2013~2020年，高管权力无论是单独纳入模型还是以交互项的形式纳入模型，均未改变前文关于经济下行期管理层风险偏好对股权激励方式选择偏好存在显著负向影响关系的结论，且高管权力本身也未对股权激励方式选择结果产生显著性影响，说明在经济下行期公司内部治理权力结构处于股东占主导地位，高管权力的机会主义行为受到抑制，这在侧面也强化了前文关于股东与管理层权力主导地位存在相机转移的理论假说。以上检验结果表明，无论是替代效应还是交互变量的调节效应，在总体上均未改变前文结论。

表3-12　偏好反转前后高管权力、管理层风险偏好与股权激励方式选择动因

OPTION	2006~2012年				2013~2020年			
	(1)	(2)	(3)	(4)	(5)	(6)	(7)	(8)
STR	-0.295 (-0.49)		-0.332 (-0.53)	-3.426** (-2.01)	-1.459*** (-5.02)		-1.447*** (-4.94)	-1.862*** (-2.83)
MPOWER		-0.475** (-2.22)	-0.483** (-2.20)	-1.344*** (-2.73)		0.001 (0.01)	0.024 (0.33)	-0.106 (-0.52)
STR * *MPOWER*				1.012** (2.05)				0.149 (0.69)
控制变量	控制	控制	控制	控制	控制	控制	控制	控制
N	185	181	181	181	1 451	1 433	1 432	1 432
PseudoR^2	0.166	0.190	0.191	0.209	0.139	0.126	0.142	0.142
Wald	50.077	54.758	54.826	52.099	191.682	174.046	187.156	187.326

注：①“*L_*”指滞后一期。②为节约篇幅，控制变量回归结果未予列示。③括号内为双尾检验t值，*、**、***分别表示在10%、5%、1%水平上显著。④本数据集为非平衡面板数据，为提高估计效率，实际回归样本观测数会少于给定数。

（3）宏观变量的测度偏误问题

前文就宏观层面的经济增速和市场风险对股权激励方式选择决策影响的实证结果有可能受到相应变量衡量偏误的影响，为此，本研究采用替代的变量重新对股权激励方式选择动因及其偏好反转前后的变化进行Logit回归检验。其中宏观经济增速的GDP增长率替换为企业家信心指数*CEOCONFIDX*，因为企业家信心指数也是度量经济形势乐观与否的重要指标，这一指标来源于统计部门对相关企业家的调查获得，不容易受到GDP统计时可能存在的数据操纵和统计错误问题，是具有可靠来源的直接数据；市场风险 *RISK_F* 仍然采用个股票收益率的风险回报率 Beta 值来度量，但不同于原来使用总市值计算方法，为了避免非流通股可能的影响，现在采用流通市值来计算这一指标变量。重新检验的结果汇报于表3-13、表3-14和表3-15，三个表格分别对应于2006~2020年的全样本、2006~2012年和2013~2020年的子样本检验结果。其中列（1）、列（2）和列（3）是未控制管理层风险偏好变量 *STR_YMS* 的回归结果（*STR_YMS* 是以股票年平均价格计算的管理层风险偏好，未采用 *STR_HAT* 的原因是为了避免该变量的估计结果与股权激励方式选择动因模型自变量之间的共线性影响带来的估计偏误），列（5）、列（6）和列（7）是加入了管理层风险偏好变量 *STR_YMS* 后的回归结果。结果表明，无论是以企业家信心指数表征宏观经济形势、还是以股市流通市值计算的个股票收益率的风险回报率 Beta 值表征的市场风险进行 Logit 回归，前文所得结论均未发生改变，说明前文实证结果是稳健的。

表3-13　全样本股权激励方式选择动因稳健性检验结果（2006~2020年）

OPTION	(1)	(2)	(3)	(4)	(5)
STR_YMS	-1.518*** (-6.53)			-1.461*** (-6.16)	-1.530*** (-6.50)
CEOCONFIDX		0.057*** (5.88)		0.055*** (5.52)	
RISK_F			-1.146*** (-5.20)		-1.166*** (-5.23)
控制变量	控制	控制	控制	控制	控制
N	1 681	1 682	1 679	1 681	1 678
PseudoR^2	0.111	0.109	0.104	0.128	0.124
Wald	204.659	188.121	189.539	218.250	226.061
AUC	0.7160	0.7192	0.7178	0.7358	0.7331

注：①“*L_*”指滞后一期。②为节约篇幅，控制变量回归结果未予列示。③括号内为双尾检验t值，*、**、***分别表示在10%、5%、1%水平上显著。④本数据集为非平衡面板数据，为提高估计效率，实际回归样本观测数会少于给定数。

表 3-14　偏好反转之前股权激励方式选择动因稳健性检验结果（2006~2012 年）

OPTION	(1)	(2)	(3)	(4)	(5)
STR_YMS	-0.637 (-1.03)			-0.582 (-0.90)	0.042 (0.04)
CEOCONFIDX		0.076 *** (2.62)		0.075 ** (2.56)	
RISK_F			0.774 (0.47)		0.769 (0.46)
控制变量	控制	控制	控制	控制	控制
N	188	188	104	188	104
PseudoR^2	0.181	0.204	0.264	0.207	0.264
Wald	45.579	44.837	25.049	47.854	27.458
AUC	0.7738	0.7941	0.8344	0.7927	0.8340

注：①“*L_*”指滞后一期。②为节约篇幅，控制变量回归结果未予列示。③括号内为双尾检验 t 值，*、**、*** 分别表示在 10%、5%、1% 水平上显著。④本数据集为非平衡面板数据，为提高估计效率，实际回归样本观测数会少于给定数。

表 3-15　偏好反转之后股权激励方式选择动因稳健性检验结果（2013~2020 年）

OPTION	(1)	(2)	(3)	(4)	(5)
STR_YMS	-1.691 *** (-5.89)			-1.685 *** (-5.88)	-1.780 *** (-6.49)
CEOCONFIDX		0.015 (1.31)		0.015 (1.29)	
RISK_F			-0.684 *** (-2.87)		-0.748 *** (-3.07)
控制变量	控制	控制	控制	控制	控制
N	1 451	1 452	1 518	1 451	1 517
PseudoR^2	0.125	0.104	0.103	0.126	0.128
Wald	174.960	151.230	159.343	175.636	196.919
AUC	0.7347	0.7181	0.7178	0.7361	0.7358

注：①“*L_*”指滞后一期。②为节约篇幅，控制变量回归结果未予列示。③括号内为双尾检验 t 值，*、**、*** 分别表示在 10%、5%、1% 水平上显著。④本数据集为非平衡面板数据，为提高估计效率，实际回归样本观测数会少于给定数。

3.6 本章小结

股权激励方式选择决策是决定股权激励目标能否实现的关键环节，但现有研究主要局限于微观层面的分析与实证，忽视了宏观经济环境因素及其对应时代特征的重要影响，未能全面揭示股权激励方式选择动因，也未关注股权激励方式选择偏好反转的独特现象背后所掩盖的政策含义。本章针对中国正式引入股权激励制度以来上市公司股权激励方式的选择动因、偏好反转之谜展开了深入研究，不同于现有研究只注重从企业微观层面展开理论分析与实证检验的研究范式，本章同时从微观与宏观角度展开理论分析与实证研究。首先，从理论上分析了股权激励方式的基本特点及其适用性、股权激励实施及其方式选择动因以及股权激励方式选择偏好反转之谜背后的深层原因。一是基于股权激励方式在权利与义务、风险承担机制和激励与惩罚方面特征的不同，引出股权激励方式适用性命题即股票期权方式风险激励强度更大，适用于诱发激励对象更大的风险追求，而限制性股票方式的风险激励强度更低，适用于诱发激励对象更低的风险激励强度。二是基于股权激励实施及其方式选择决策的同步性和顺位影响，将股权激励实施决策与股权激励方式选择决策纳入同一个分析框架，在对股权激励实施动因进行补充分析的基础上，对股权激励方式选择动因进行了深入分析，同时从企业微观层面的管理层风险偏好和宏观层面的经济增速和市场风险3个方面提出了股权激励方式选择动因的研究假设。三是针对股权激励方式选择偏好反转现象，基于股东利益最大化目标，借鉴阿庚和博尔顿（Aghion and Bolton，1992）的权力相机转移理论，提出了公司治理结构中股东与管理层主导权在不同经营形势下相机转移理论假说，试图在理论上为股权激励方式选择偏好反转之谜提供合理解释。其次，以中国2006～2020年的上市公司年度数据构建全样本、以2006～2012年和2013～2020年构建股权激励方式选择偏好反转前后的两个时间阶段子样本，对股权激励实施及股权激励方式选择动因假设及偏好反转理论假说进行了实证检验，结果表明，本章提出的研究假设和理论假说均得以证实。

本章从宏观角度对股权激励方式选择动因展开深入分析与实证检验，拓展了局限于微观层面的现有研究范式，同时将微观层面的企业内部因素与宏观层面的外部经济环境因素纳入同一个研究框架，丰富了股权激励问题的研究思路和研究内容。实证结果较全面地揭示了股权激励方式选择动因，从公司治理结构的权力主导地位及其相机转移的理论层面揭开了股权激励方式选择偏好反转的谜底。从改进现有研究框架的角度而言，本章的研究范式与研究结论为股权激励实施及其方式选择问题的后续理论与实证研究提供了有益的参考，特别是在理论上对股权激励制度进行深层次探究具有一定的启发，如鉴于股东占主导地位和管理层占主导地位的不同情形下，股权激励方式的选择决策存在机会主义行为当如何在理论层面予以考量，股权激励最重要的理论依据委托代理激励契约理论模型当如何改进，本章结论或有抛砖引玉的作用。其中，如何在机制设计时通过股东与经营者之间更深度的利益捆绑实现对代理人机会主义行为的约束，破解现行股权激励特别是股票期权激励存在权利与义务不对等、收益与风险不对等和激励与惩罚不对称的长期困扰理论与实践的问题，本章提供了从微观到宏观、从静态到动态、从管理层到股东等多维度多视角地研究思路。同时，本章对实证结论的讨论部分也对股权激励制度实践提供了可供参考的改进思路和政策启示。

第 4 章

股权激励方式选择偏好与激励效应

4.1 引　言

股权激励作为一种破解企业委托代理问题备受推崇的解决方案，自 2006 年在中国上市公司中正式推行以来，伴随着股权分置改革、国有企业体制机制变革、资本市场和公司治理结构体系的完善，其实践发展和制度建设历程截至 2020 年已有 15 个年头。在过去的这 15 年里，中国上市公司股权激励制度究竟是否有效，一直是学者们长期关注和研究的热点问题，相关研究文献早已汗牛充栋。但从已有文献来看，中国上市公司股权激励效应研究结论不仅远未达成共识而且分歧还很大，可谓众说纷纭、莫衷一是，同时存在三种结论：一是认为股权激励正向促进了上市公司业绩的提升，表现为委托代理双方利益趋同，符合有效契约观（顾斌和周立烨，2007；范圣然和陈志斌，2016；陈文强，2017）；二是认为股权激励与公司业绩无关或呈负相关，表现为委托代理双方利益冲突，符合管理者权力寻租观（吕长江等，2009；王烨等，2012；杨慧辉，2012；肖淑芳等，2013）；三是股权激励与公司业绩之间无关或存在非线性关系，表现为委托代理双方利益有时趋同、有时又冲突或者无关，其中的非线性关系实质是交替符合有效契约观和管理者权力寻租观（徐宁，2011；陈艳艳，2016）。从现有研究的样本取舍角度来看，对中国上市公司股权激励效应实证研究在结论上出现的这种分化甚至矛盾，一是可能与现有研究绝大部分基于较短的不同时期样本进行实证检验有关，缺少在同一时间框架下进行长期样本和短期样本的检验与比较，忽视了股权激励方式选择偏好反转前后的不同时期阶段性特征对股权激励效应及其不同方式激励效应的异质性影响；二是注重对股权激励整体样本的激励效应进行实证检验而缺少对股权激励不同方式选择偏好在股权激励总体效应上存在异质性影响的关注，尽管也有若干学者在检验股权激励总体激励效应的同时顺带对股权激励不同方式激励效应进行了实证检验，但所得结论同样出现分化甚至相互矛盾（李曜，2008；Lian et al.，2011；陈文强，2016）。这两方面的欠缺可能是现有研究结论无法逻辑一致地对中国上市公司股权激励效应作出合理解释的重要原因。

回望过去十几年中国上市公司股权激励实践发展历程可以发现，实施股权激励的上市公司数量不断增加，激励计划公告数成倍增长。其中令人印象深刻的是，上市公司对中国证监会在股权激励政策上指引的两种主流激励方式的选择偏好在2013年出现反转，表现为2006～2012年以股票期权方式为主，而在2013～2020年以限制性股票方式为主（见第3章图3－1）。在反转前后的两个阶段，中国上市公司股权激励方式选择偏好总体上具有对称性和渐进性特征，一头一尾呈喇叭状。这一现象是否意味着，在两个不同的时间阶段，其中的一种股权激励方式比另一种更为有效？若果真如此，则现有文献对股权激励不同方式激励效应相互矛盾的研究结论是否可以得到合理的弥合？此外，在长期视域下，股权激励对企业经营业绩的激励效应将会符合现有研究结论中的哪一种？现有研究鲜有关注以业绩波动性表征的经营风险是否也受到股权激励的影响？作为解决委托代理问题的重要手段，股权激励是否真的能降低代理成本？并且在不同时期分阶段子样本中，股权激励对提升经营业绩、降低经营风险和降低代理成本的激励作用是否在股权激励方式选择偏好反转的前后有所不同？股权激励方式选择偏好在这种激励效应中的差异又扮演了何种角色？不同股权激励方式的激励效应持续性又如何？相应结论对进一步完善现代企业经营者激励制度有何启示？显然，对这些问题展开深入研究，不仅对股权激励实践具有重要的现实参考意义，也能对股权激励理论完善和激励契约改进思路提供重要启示。但要科学完整地回答以上问题，势必要在长期视域下对中国上市公司股权激励方式选择、偏好反转与激励效应的关系展开深入研究，特别是通过对长期大样本、偏好反转前后子样本以及不同激励方式子样本进行实证检验与比较，才能真正打开上市公司股权激励的"黑箱"，从而更加全面地揭示股权激励效应的真实面目。

为此，本研究以2006~2020年中国沪深A股上市公司为研究对象，分别构建2006~2020年的全样本与偏好反转前后的2006~2012年和2013~2020年的分阶段子样本，并采用倾向得分匹配与双重差分法相结合的研究方法（简称PSM+DID）对股权激励效应进行多维度多层次实证检验。其中，采用PSM+DID研究方法的主要目的在于尽可能消除股权激励效应可能存在的内生性影响，以得到尽可能“提纯”的股权激励净效应。最终的研究结果表明：（1）在长期视域下的2006~2020年，股权激励总体上对经营业绩具有提升作用，对降低经营风险和隐性代理成本均有显著激励作用，但对降低显性代理成本未见显著性影响，此外，对提升经营业绩和降低经营风险分别具有至少6年和3年的持续激励效应。（2）在长期视域下的2006~2020年，股权激励不同方式带来的激励作用有所不同，股票期权仅对经营业绩有提升作用，而限制性股票则在多方面都具有激励作用且作用方向和显著性水平与全样本检验结果基本一致，并且，股票期权和限制性股票对提升经营业绩分别具有至少5年和6年的持续激励效应，但股票期权对降低经营风险不存在持续激励效应，而限制性股票则具有至少4年的持续激励效应。（3）在股权激励方式选择偏好反转之前的2006~2012年，股票期权方式对降低经营风险没有激励作用，限制性股票则在提升经营业绩、降低经营风险和降低代理成本各方面均发挥了显著激励作用。（4）在股权激励方式选择偏好反转之后的2013~2020年，股票期权方式在降低经营风险和降低显性代理成本方面均未发现显著激励作用，而限制性股票仅在降低显性代理成本上未见显著激励作用，其他各绩效维度均发挥了显著激励作用。（5）在长期视域下进一步对不同产权性质子样本、不同要素密集程度子样本、不同行业竞争程度子样本和不同业绩考核基准子样本以倾向得分匹配法（PSM）进行检验的平均处理效应（ATT）均表明，限制性股票的激励效果总体上均好于股票期权。

本研究的主要贡献可能在于：一是首次基于2006~2020年的长期大样本采用PSM+DID研究方法对中国上市公司股权激励效应进行实证检验，得到的检验结果可能更具代表性，从而在长期视域下验证了现有文献关于股权激励有利于委托代理双方利益趋同、符合有效契约观的研究结论。二是针对上市公司股权激励方式选择偏好及其反转现象对股权激励效应及其持续性的影响展开多维度实证检验，通过长期大样本与股权激励方式选择偏好反转前后分阶段子样本的多重检验，发现限制性股票的激励效应及其持续性总体上总是好于股票期权的充分证据，提供了不同以往大部分文献都认为股票期权激励效果好于限制性股票的结论，可能在理论与实践中触发对股权激励方式选择问题的重新审视，为股权激励契约改进路径的探索提供重要启示。三是本研究发现限制性股票在总体上总是优于股票期权的结论可能对上市公司股权激励实施及其方式选择决策具有重要的现实指导意义，其隐含的政策含义提供了以下实践指引：在条件允许的前提下，应尽可能选择限制性股票这种需要激励对象事前投入物质资本的激励方式，以满足激励与约束相容、收益与风险对等的激励原则，同时采用相对业绩评价机制对激励对象进行考核，才能切实有效地提升股权激励效应。四是本研究实证检验的样本选择、研究结论、政策含义与实践指引丰富了现有研究内容，将对后续研究视角的拓展提供有益参考，比如本文基于长期时间窗口划分阶段性子样本的做法，可能启发后续研究从时代特征等宏观角度对股权激励方式选择问题与偏好反转现象作出科学解释，为股权激励效应的应景性结论和制度完善提供新的经验证据支持。

本章随后的结构安排如下：第二部分为股权激励方式选择偏好与激励效应研究假设；第三部分为研究设计；第四部分为实证结果与分析；第五部分为进一步研究；第六部分为本章小结。

4.2　股权激励方式选择偏好与激励效应研究假设

股权激励的实施最终要落实到采用何种股权激励方式的选择结果上，单从某一特定企业的股权激励计划来看，总是以特定的股权激励方式出现，因此股权激励效应最终体现为具体的股权激励方式的激励效应。这说明，股权激励效应的评价必须分而论之，一是股权激励总体激励效应，二是股权激励不同方式激励效应。只有同时掌握了股权激励总体激励效应和不同方式激励效应，才能在回答股权激励总体上是否有效的前提下，准确把握股权激励不同方式激励效应的贡献大小和强弱之分，进而为股权激励方式选择决策、契约改进路径提供理论启示与实践指引。因此，本研究是在对股权激励总体激励效应及其持续性进行实证检验的基础上，再对股权激励不同方式激励效应进行实证检验与分析比较。下面就此进行理论分析并提出研究假设。

4.2.1 股权激励总体激励效应及其持续性

(1) 股权激励总体激励效应

基于委托代理理论，解决现代企业股东与经营者委托代理问题的最佳办法不是监督而是激励，激励的最佳手段则是让作为代理人的经营管理者参与企业剩余收益分享，即授予经营管理者剩余索取权（Jensen and Meckling，1976），这种剩余索取权激励契约在现代企业经营者激励实践中最有代表性的就是多年来广为流行的股权激励。在经典的委托代理激励契约模型中，当信息不对称，代理人在满足参与约束的前提下享有剩余分享权，剩余分享将促使代理人基于自身利益最大化目标而采取激励相容的经营行为，其结果就是代理人通过做出更大努力来降低代理成本，进而在增加自身收益的同时提高委托人净收益（Holmström，1979；Holmström，1982；Holmström and Milgrom，1987），这种在数学推理上得出的最优解被认为是满足代理人参与约束和激励相容约束条件的纳什均衡解（可行解条件下的帕累托最优解）。股权激励契约正是充分考虑代理人参与约束和激励相容约束条件的激励方案，实际是以经典委托代理激励契约模型为理论依据，追求委托代理双方利益最大化目标下的纳什均衡解（Murphy，1985；Jensen and Murphy，1990）。由此可见，股权激励实际是通过分享剩余索取权激发经营者提升企业经营业绩、降低代理成本的努力水平。但委托代理激励契约模型只对委托人收益进行了刻画，忽视了作为委托人的股东对收益波动性即经营风险价值的考量，事实上，股东不但关心收益水平即经营业绩水平的高低，而且还关心经营业绩水平的波动性即经营风险的大小（谢德仁，2004）。因此，降低经营风险也是企业股东对经营者实施股权激励的重要目的。考虑到实施股权激励后，经营管理层私人利益与股东利益进行了深度捆绑，经营管理层本身也将成为小股东的一部分，其对经营业绩波动性的价值判断将会变得与外部股东一致，即经营风险尽可能小。综上所述，实施股权激励后，经营者将追求与外部股东一致的利益目标，即致力于实现尽可能高的经营收益、尽可能小的经营风险和尽可能低的代理成本。基于以上分析，提出以下研究假设：

H4－1：上市公司股权激励在总体上对提升公司经营业绩、降低经营风险和降低代理成本均具有激励作用。

（2）股权激励总体激励效应持续性

首先，股权激励将使股东对经营者的外部激励与约束转化为经营者的自我激励与自我约束，使激励对象在具体的经营活动中，不仅考虑企业的短期绩效，同时也谋求企业的长期持续绩效，进而主动减少基于盈余管理等信息操纵谋取短期私人收益的机会主义行为（Armstrong et al.，2010；朱德胜和周晓珮，2016；陈文强，2017）。其次，相对于固定薪酬的工资来说，股权激励收益随着企业业绩及其波动性的变化而变化，过度追求短期激励收益将损害经营者长期激励收益，为了在总体上、在长期获得最大化的激励收益，要求作为激励对象的企业管理层必须增强风险承担意愿和风险承担能力，敢于冒一定的经营风险进而增加具有长期回报的战略性投资，如增加短期难以获利的研发投资和创新能力培育项目，从而促进企业长期价值最大化，实现持久的业绩回报（Cadman and Sunder，2014；Chang et al.，2015）。再次，股权激励存在分期授予或行权的时点、规定有禁售期或锁定期和设定有行权业绩条件等在时间维度上超过一年的时期安排，只有在满足相应的时间和业绩条件并保持股价上涨的基础上，激励对象才能获得激励收益，因此，股权激励能够诱使激励对象的经营行为更多地倾向于长期价值创造中来（Bebchuk and Fried，2010；Gopalan et al.，2014）。此外，股权激励还发挥着“金手铐”作用，其激励收益的延期支付特征对激励对象具有较长时期的锁定功能，从而在更长的时间里留住人才、稳定团队以保证企业的长期持续发展（宗文龙等，2013）。以上分析表明，从股东利益最大化角度，受到股权激励、具有股东角色的经营者在经营活动中，除了追求短期目标，还会兼顾长期目标，除了追求高收益，还要追求低风险。因此，受到股权激励的企业管理层会基于股东角色统筹短期业绩目标和长期业绩目标，并在高收益与低风险的权衡中做出最佳选择。基于以上理论分析，提出本研究假设：

H4－2：股权激励对提升企业经营业绩和降低经营风险的激励效应均具有持续性，具体的持续时间和分布特征有待于实证检验。

4.2.2　股权激励不同方式激励效应及其持续性

（1）股权激励不同方式激励效应

中国证监会在政策层面指引的两种主流股权激励方式分别是股票期权与限制性股票，其中的股票期权是指上市公司授予激励对象在未来一定期限内以预先确定的条件购买本公司一定数量股份的权利，业绩未达标时可以放弃行权，若行权则行权价格按《管理办法（试行）》规定不得低于股票票面金额，且原则上不得低于指定期间的交易均价。限制性股票则是指激励对象按照股权激励计划规定的条件，事前支付一定的资金获得部分权利受到限制的本公司股票，业绩未达标时不能弃权，购股价格按《管理办法（试行）》规定不得低于股票票面金额，且原则上不得低于指定期间交易价格的一半。从两种激励方式授予价、支付义务和行权权的规定可知，两种股权激励方式的最大差异在于股票期权事前不需要激励对象投入物质资本（事前免费），事后享有行权选择权（行权权和弃权权），而限制性股票则需要激励对象事前投入一定的物质资本（事前半价），事后不能弃权。这表明，两种激励方式在收益与风险的对等程度上有所不同，结合第3章关于股权激励方式特点及适用性分析结论，本研究预期股票期权与限制性股票在激励后果上，将对企业的经营收益与经营风险产生不同的终极影响，而在激励过程中，将对企业的代理成本产生不同的直接影响。因此，不同的股权激励方式选择偏好将对企业提升经营业绩、降低经营风险与降低代理成本方面产生不同的激励效应。

具体而言，股票期权由于事前无须激励对象投入物质资本，且行权价大于等于授予价，激励对象要获得激励收益就必须保证业绩达标并且股价上涨至超过行权价，反之，如果业绩不达标、股价未上涨，激励对象就只能放弃行权，并且不存在风险损失责任。而限制性股票一方面由于要求激励对象事前至少以半价购买股票投入物质资本，事后不能弃权，使激励对象一方面在同等业绩的情况下获得比股票期权更大的收益，另一方面又以事前投入的自有资本承担风险损失责任（Hall and Murphy，2002；Lambert，2006）。这意味着，对于具有风险厌恶的激励对象来说，除非限制性股票的折价收益可以充分抵消事前投入物质资本带来的风险成本且不存在购买限制性股票的个人财富约束的前提下，激励对象才有意愿接受限制性股票，否则大部分情况下，激励对象更愿意选择事前免费获得的股票期权，因为股票期权相当于完全以别人的钱参与市场机会这场“赌局”为自己谋取私人收益，并且参与的“赌局”越大，“赌赢”时获得的收益越大。由于股票期权对激励对象而言不存在实质性损失，因此，股票期权激励收益期望值永远大于零，表面上不存在小于零的收益损失，以致其风险承担机制的必要性不足，同时，从收益与风险成正比的现实考量，股票期权还具有增大激励对象冒险动机的自我强化机制。此外，从收益角度来看，相对于限制性股票存在折价收益，采用股票期权激励方式时，若要获得与限制性股票同等水平的激励收益，则需要激励对象取得更大的经营业绩才能实现这种等量激励收益，这也促使获得股票期权的激励对象采取更为激进的经营战略。综上，股票期权带给激励对象的激励收益具有凸性函数特征，具有更大的风险激励强度（Hou et al.，2020）。而限制性股票由于通常在事前以半价购买限制性股票，激励对象获得股票的同时就立即在账面上获得了折价收益（尽管此时还不能变现），使激励对象在同等条件下更容易获得而且获得更多的激励收益，从而可以小于股票期权激励方式时的经营业绩实现同等激励收益。同时，由于激励对象事前投入物质资本承担风险损失，激励收益期望值既可能小于零、等于零也可能大于零，因此，限制性股票带给激励对象的激励收益具有线性函数特征（Bryan et al.，2000；Bergman and Jenter，2007），从而诱发更低的风险激励强度。两相比较可知，股权激励的两种不同方式具有相对的优缺点：股票期权具有更大的业绩激励强度和风险激励强度但缺少风险承担机制，而限制性股票具有风险承担机制但却有较低的业绩激励强度和风险激励强度（Hall and Murphy，2002）。基于以上分析，提出以下研究假设：

H4－3：采用股票期权激励方式将带来更大的经营业绩激励效应但有更低的风险降低激励效应，而限制性股票具有更低的经营业绩激励效应但有更高的风险降低激励效应，对于降低代理成本的激励效应相对结果则有待于实证检验确认。

(2) 股权激励不同方式激励效应持续性

从股权激励不同方式的特点来看，股票期权在事前无须激励对象投入物质资本，且行权价大于等于授予价，激励对象要获得激励收益就必须保证业绩达标并且股价上涨至超过行权价，反之，如果业绩不达标、股价未上涨，激励对象就只能放弃行权，并且也不存在风险损失责任。而限制性股票要求激励对象事前投入物质资本（通常以半价购买股票），且事后不能弃权（即便实行股票回收，至少也要损失资金时间价值乃至机会收益），使激励对象在同等业绩的情况下获得比股票期权更大收益的同时，以事前投入的自有资本承担风险损失责任（Hall and Murphy，2002；Lambert，2006）。这意味着，对于具有风险厌恶的激励对象来说，除非限制性股票的折价收益可以充分抵消事前投入物质资本带来的风险成本且不存在购买限制性股票的个人财富约束的前提下，激励对象才有意愿选择限制性股票，否则大部分情况下，激励对象更愿意选择事前免费获得的股票期权，因为股票期权相当于完全以别人的钱参与市场机会这场“赌局”为自己谋取私人收益，而且参与的“赌局”越大，“赌赢”时获得的收益也越大。由于股票期权对激励对象而言不会产生自有资金的实质性损失，使其缺少风险承担机制，从股票期权激励收益期望值永远大于零的事实来看，收益与风险失衡，股票期权具有增大激励对象冒险动机的自我强化机制。因此，股票期权激励很可能促使经营者倾向于大项目大投资，从而在拉长投资回收期、延迟投资回报的同时，也有可能增大经营业绩的波动性。此外，从另一个角度来看，相对于限制性股票存在折价收益，采用股票期权方式时，若要获得与限制性股票同等水平的激励收益，则需要激励对象取得更大的经营业绩才能实现，这种等量激励收益对应不等量努力投入的关系，也促使获得股票期权的激励对象采取更为激进的经营战略。可见，股票期权带给激励对象的激励收益具有凸性函数特征，具有更大的风险激励强度（Hou et al.，2020）。而限制性股票由于通常在事前以半价购买限制性股票，激励对象获得股票的同时就立即获得了折价收益（尽管此时还不能变现），使激励对象在同等条件下更容易获得而且获得更多的激励收益，从而可以小于股票期权方式下的经营业绩实现同等激励收益。因此，与现有研究认为股票期权激励效应及其持续性优于限制性股票的结论不同（陈文强，2017），本研究有理由相信，限制性股票对经营业绩的激励效应及其持续性不会弱于股票期权。同时，由于激励对象事前投入物质资本承担风险损失，激励收益期望值既可能小于零、等于零也可能大于零，因此，限制性股票带给激励对象的激励收益具有线性函数特征（Bryan et al.，2000；Bergman and Jenter，2007），从而诱发更低的风险激励强度。这意味着，限制性股票方式下，更可能诱导激励对象以股东角色作出经营决策，在谋求适当高收益的同时又谋求适当的低风险，既追求短期目标，又兼顾长期目标。两相比较可知，股权激励的两种不同方式激励效应持续性可能有以下特点：股票期权激励效应持续性主要体现在经营业绩上，但降低经营风险激励效应的持续性偏弱，而限制性股票对提升经营业绩和降低经营风险的激励效应均具有持续性。基于以上分析，提出本研究假设：

H4-4：股票期权和限制性股票对提升经营业绩激励效应均有持续性，但股票期权对降低经营风险激励效应的持续性弱于限制性股票，具体的持续时间和分布特征还有待实证检验。

4.2.3 偏好反转前后股权激励不同方式激励效应

上一章的实证研究发现，股权激励方式选择偏好本身会受到宏观经济环境因素的影响，在具有不同经济形势的时代背景下，股权激励方式选择偏好会出现反转现象。这一变迁历程的时代特征鲜明，与我国宏观经济环境演变和政府换届的历史进程一一对应。一是以股票期权激励方式选择偏好占主导的2006～2012年，我国GDP增速总体上处于上行期。这一时期国际国内市场形势相对更为有利，为经济快速增长提供了重要的战略机遇期；二是以限制性股票激励方式为主导的2013～2020年，我国宏观经济进入新常态。这一时期经济发展面临换挡升级、供给侧结构性改革的历史重任，正处于从高速增长转向高质量发展的过渡期间，且国际上贸易保护主义势力抬头，国际国内市场形势相对不利，在多重因素影响下，我国GDP增速总体上呈下行之势。从以上时代变迁历程的种种历史形态来看，在这两个不同的历史阶段，两种股权激励方式与不同的时代背景存在完全吻合的对应关系即：在市场形势相对利好时，上市公司更倾向于选择股票期权方式；而在市场形势相对不利时，上市公司更倾向于选择限制性股票方式。这意味着，股权激励不同方式对提升经营业绩、降低经营风险与降低代理成本的激励效应分布特征很可能受到不同时代背景下经营形势的异质性影响。

首先，如果经营形势有利，从股东利益最大化角度来看，提高激励对象的风险承担意愿以抢占市场机遇就是这一时期首要目标，因此具有风险激励强度更大的股票期权方式是其最优选择（Hemmer et al.，1999）。但正如上一章研究表明，在经营形势有利时，为了让最了解市场情况和内部经营状况的经营管理层自主决策进而灵活把握市场机会，上市公司通常会采用管理层权力占主导地位的公司治理结构，而在管理层权力占主导地位的公司治理结构下，作为代理人的管理层很可能实施机会主义行为（Bolton et al.，2006），因为此时企业参与市场机会这场“赌局”赌赢概率更高，管理层很可能基于自身私人利益选择可以“免费”获得股票期权的激励方式，从而激励经营者作出更为激进的经营决策（Aboody and Kasznik，2008）。因此可以预见，选择了股票期权激励方式对提升经营业绩和降低代理成本的激励效应可能要好于限制性股票，但由于股票期权更大的风险激励强度可能不利于降低经营风险。

其次，如果经营形势不利，从股东利益最大化角度来看，降低经营风险以实现避险求存是这一时期首要经营目标，此时增加经营收益不再是最重要的经营目标，反而降低激励对象的风险承担意愿以减少过度冒险经营行为成为当务之急，如果此时仍然实施股权激励，则具有风险激励强度更低的限制性股票方式当是最优选择。但正如上一章研究表明，在市场形势不利时，如果继续实行由管理层权力占主导地位的公司治理结构，由于系统性市场风险很大，企业参与市场机会这场“赌局”赌赢概率更低，管理层为避免自身投资损失，将更加倾向于选择不需要管理层事前投入物质资本的股票期权方式（肖淑芳等，2016）。根据上一章研究结论，为了减少作为激励对象的管理层实施机会主义行为导致企业生死存亡的重大危机，上市公司通常会采用股东权力占主导地位的公司治理结构，而在股东权力占主导地位的公司治理结构下，股东会从股东利益最大化角度主导股权激励方式选择，从而倾向于采用风险激励强度更低的限制性股票，因此，在经济形势不利时，限制性股票的激励效应可能会好于股票期权。同时，无论在何种形势下，股票期权的风险激励强度总是大于限制性股票，决定了股票期权始终不利于降低经营风险，不受股权激励方式选择偏好反转前后不同时期阶段性特征所影响。基于以上分析，提出以下研究假设：

H4-5：在经营形势有利时期（偏好反转之前），股票期权对提升企业经营业绩和降低代理成本的激励作用在总体上优于限制性股票，但降低经营风险的激励作用劣于限制性股票。

H4-6：在经营形势不利时期（偏好反转之后），限制性股票对提升企业经营业绩、降低经营风险和降低代理成本的激励作用在总体上均好于股票期权。

4.3 研究设计

4.3.1 研究方法

上市公司实施股权激励可能是一个自我选择过程，公司绩效和其他特征变量可能共同决定了股权激励的实施决策，从而使基于 OLS 方法的股权激励效应实证模型存在内生性问题。近年来，越来越多研究者开始采用宏观政策效果评估领域广泛应用的倾向得分匹配法（Propensity Score Matching，PSM）以弱化内生性问题。这一方法克服了传统的变量匹配方法中高维变量匹配难度大、效果差的缺陷，降低了样本自选择偏误（Sample-Selection Bias）（屈恩义和朱方明，2017）。然而通过 PSM 方法得到的匹配组样本仅仅基于有限个可观测变量的配对，匹配不可能 100% 吻合，无法完全剔除股权激励实施前实施组与控制组样本待检验的结果变量本来就存在的特定差异，也无法排除其他不可观测变量在实施股权激励后的时期内对结果变量的影响，而通过双重差分法（Difference in Difference，DID）则能够有效消除股权激励实施前后存在的这两种差异。双重差分法是源自自然实验中对外生事件冲击效应研究的成熟方法，通过对实施组与控制组在事件前后结果变量纵向差分的同时再横向差分以获得事件处理的净效应，能够同时消除前定差异和不可观测因素的时间趋势效应影响。DID 方法要求样本满足两个前提假设：一是同质性，二是随机性，而 PSM 方法确定的实施组与控制组样本正好保证了这两个假设基本得到满足。因此，基于 PSM + DID 的实证方法不但能够基本消除内生性问题、剔除样本之间的事前个体异质性，同时还能够剔除随时间变化的不可观测因素带来的时间趋势效应影响，因而能得到对政策效果或事件冲击效应的无偏估计。

其中，关于激励效应持续性的 DID 检验方法，本研究采用 PSM 确定的匹配样本进行分期独立的 OLS 检验。现有文献通常以统一的 OLS 模型检验实施股权激励后各期的激励效应，这种检验方法将实施后各期的虚拟变量纳入同一个 OLS 模型中，一是各期之间存在共线性问题，二是无法得到具有相同比较基准下的净激励效应。而采用分期独立的 OLS 检验，相当于对每一期都进行一次 DID 检验，在纵向差分时使实施后各期样本绩效值都与首期实施前的观测样本绩效值进行差分，能保证各期激励净效应的可比性。其背后的原理如图 4-1 所示，图 4-1 表明，实施当年（第 T 年）直至实施后第 7 年（第 $T+7$ 年）的绩效始终与首次实施之前一年（第 $T-1$ 年）进行差分，使比较基准始终保持相同。因此，除非样本量过小，否则，股权激励实施后多期激励效应持续性的 DID 检验应采用本文提出的同基准双重差分法。

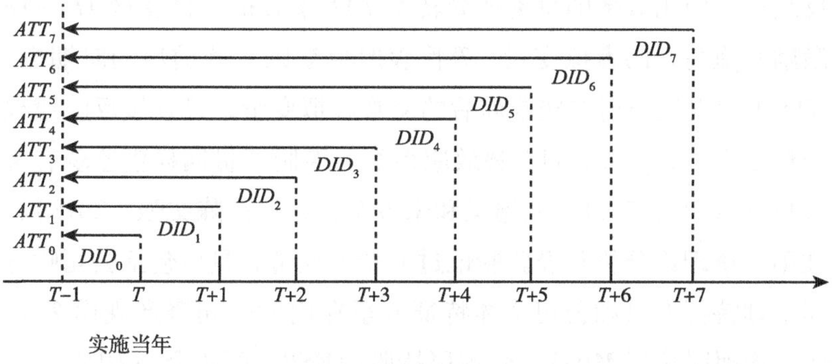

图 4-1 股权激励持续激励效应 PSM + DID 分期检验流程示意

4.3.2 模型设定与变量定义

根据前文研究假设和研究方法的选择，本研究实证模型分别涉及倾向得分匹配法（PSM）使用的 Logit 回归模型和双重差分法（DID）使用的 OLS 回归模型，其中 Logit 回归模型采用第 3 章第 3 节设定并经合理性验证的股权激励实施动因检验 Logit 回归模型，在此略去不赘，双重差分法（DID）使用的 OLS 回归模型具体表达式如下：

$$\begin{aligned} PERF_{it} = {} & \beta_0 + \beta_1 TREATED_{it} \times T_{it} + \beta_2 TREATED_{it} + \gamma T_{it} + \beta_3 TA_{it} + \beta_4 LEV_{it} \\ & + \beta_5 CASHFLOW_{it} + \beta_6 MPAY_{it} + \beta_7 MMSR_{it} + \beta_8 DUAL_{it} \\ & + \beta_9 BOARD_{it} + \beta_{10} INBOARD_{it} + \beta_{11} TSS_{it} + \beta_{12} SHARE1_{it} \\ & + \beta_{13} POWER\_SH_{it} + \beta_{14} STATE_{it} + \beta_{15} MARKET_{it} \\ & + \beta_{16} INSTITUHP_{it} + \varepsilon_{it} \end{aligned} \tag{4-1}$$

式（4－1）的 DID 检验模型中，变量下标 it 代表第 i 个公司的第 t 期，β 为变量反应系数，ε 为随机扰动项。模型中的变量 *PERF* 代表公司经营业绩、经营风险和代理成本等因变量，参照现有研究（Lian et al，2011；屈恩义和朱方明，2017；陈文强，2018），其中的经营业绩以总资产收益率 *ROA* 表征，经营风险以总资产收益率三年移动标准差 *SDROA* 表征，而代理成本参照李世辉和雷新途（2008）的做法划分为显性代理成本和隐性代理成本，其中显性代理成本采用能有效刻画管理层在职消费的管理费用率 *MER* 来表征，隐性代理成本采用反映资产使用效率的总资产周转率 *TAT* 来表征。自变量 *TREATED* 是代表股权激励实施与否的虚拟变量，*T* 代表股权激励实施前后的时期虚拟变量，*TREATED* × *T* 代表实施组在实施前后的交乘虚拟变量，是直接反映股权激励是否有效的核心变量，γ 为时间趋势效应系数。控制变量同样借鉴现有文献的常见做法（Lian et al.，2011；屈恩义和朱方明，2017；陈文强，2018），并补充经过本文第三章理论分析与经验验证过的新增变量，具体包括公司财务特征变量、公司治理特征变量和公司个体特征变量在内的公司资产规模 *TA*、资产负债率 *LEV*、管理层薪酬 *MPAY*、管理层持股 *MMSR*、两职合一 *DUAL*、董事会规模 *BOARD*、独立董事占比 *INBOARD*、监事会规模 *TSS*、第一大股东持股比例 *SHARE*1、大股东权力制衡 *POWER_SH*、公司产权性质 *STATE*、资本市场所属板块 *MARKET* 和机构投资者持股 *INSTITUHP*。同时，参考最新文献（陈文强和王成方，2021），还加入了公司现金流约束变量 *CASHFLOW*。此外，在稳健性检验中还分别采用净资产收益率 *ROE*、净资产收益率三年移动标准差 *SDROE*、销售与管理费用率 *OER* 和营业周期 *OPP* 作为因变量经营业绩、经营风险和代理成本的替换变量，具体的变量名称、符号和定义见表 4－1。

表4-1 相关变量名称、符号与定义

变量类型	变量名称	变量符号	变量定义
结果变量	总资产净利率	*ROA*	净利润与年末总资产之比
	总资产净利率波动率	*SDROA*	总资产净利率3年移动标准差
	管理费用率	*MER*	管理费用与当年营业收入的比率
	总资产周转率	*TAT*	营业收入与总资产当年平均值比率
稳健性检验结果变量	净资产收益率	*ROE*	净利润与年末净资产之比
	净资产收益率波动率	*SDROE*	净资产收益率3年移动标准差
	销售与管理费用率	*OER*	销管费用与当年营业收入的比率
	营业周期	*OPP*	存货周转天数+应收账款周转天数
研究变量	股权激励实施首期	*INCENT*	实施股权激励首期为1，否则为0
	股权激励方式	*OPTION*	股票期权激励首期为1，限制性股票首期为0
匹配与控制变量	总资产	*TA*	企业总资产自然对数值
	资产负债率	*LEV*	年末负债总额与年末总资产之比
	营业收入增长率	*ORGR*	当年营业收入相对于上年的增长率
	管理层薪酬	*MPAY*	董监高薪酬总额的自然对数值
	管理层持股比例	*MMSR*	管理层持股数量与总股数之比
	两职合一	*DUAL*	董事长兼任总经理为1，两者分设为0
	董事会规模	*BOARD*	董事会总人数
	独立董事占比	*INBOARD*	独立董事人数与董事会总人数之比
	监事会规模	*TSS*	监事会总人数
	第一大股东持股比例	*SHARE*1	第一大股东持股数量与总股数之比
	机构投资者持股比例	*INSTITUHP*	机构投资者持股数量与总股数之比
	股权制衡度	*POWER_SH*	第二与第一大股东持股之比
	市场板块	*MARKET*	沪深A股四大市场板块分别为1、2、3、4
	企业产权性质	*STATE*	国有控股为1，否则为0
	现金流约束	*CASHFLOW*	营业净现金流与总资产比率
	行业	*INDUSTRY*	证监会2012《上市公司行业分类指引》分类

注：研究变量股权激励实施首期 *INCENT* 对应于倾向得分匹配法的 Logit 回归模型（参见第3章第3.4节）；研究变量股权激励方式 *OPTION* 是对不同方式激励效应进行分组检验的分组变量，也为了解股权激励不同方式选择偏好相应结构的需要。

4.3.3 样本选择与数据来源

首先，通过深圳国泰安数据库收集了2006～2020年A股上市公司数据作为原始样本（其中为了获取一些变量连续三年的标准差以及滞后值，实际数据时间窗口还包括 2003～2005 年），在剔除了金融行业、ST 标注、单独发行 B 股和数据缺漏严重的样本观测值后，获得初始样本共计 33 757 个（因 DID 时 T=0 的技术性要求，33 757 包含 2005 年观测样本数据）。其次，剔除本章研究无须用到的数据，全样本中实施股权激励计划的公告数为 3 184 个，在确定股权激励实施组样本时，为检验不同股权激励方式的激励效应，剔除了同一年同时实施股票期权和限制性股票两种激励方式以及未进入实施环节的样本和实施股票增值权的样本，得到股权激励实施首期的观测样本为 1 881 个，将股权激励实施组 T=0 和 T=1 期观测样本与未实施股权激励的观测样本合并形成本章倾向得分匹配的研究样本观测数共计 24 838 个，其中，2006～2012 年样本观测数为 8 961 个，2013～2020 年样本观测为 15 877 个（需要说明的是，本文数据集为非平衡面板数据，而对非平衡面板数据进行模型估计时，计量程序会根据数据缺漏情况自动取舍回归样本量，因此，实际纳入模型估计的样本观测数会少于 24 838 个、8 961 个和 15 877 个）。双重差分（DID）检验的样本依托于倾向得分匹配法（PSM）构建的配对组样本并增加 T=0 期的观测样本，得到股权激励实施前后即 T=0 和 T=1 两期的差分样本。在数据处理中，对所有数据缺漏值问题，均通过万得数据库、上市公司年度报告对样本数据进行对照和补充，并采用平均值插值法等方法进行了填补，但仍然有一小部分观测值缺漏，因此，最终构建的各个样本均为非平衡面板数据集。数据主要采用 2016 版 Excel 和 16.0 版 Stata 进行处理，所有连续变量均在 1% 和 99% 分位数上进行了 Winsor 缩尾处理。

4.4 实证结果与分析

4.4.1 描述性统计

本章关注的是股权激励效应，在使用双重差分法（DID）进行实证检验时需要基于 T=0 期的观测样本，由于 2006 年的实施组观测样本是以 2005

年观测样本作为T=0期的，因此，本章的描述性统计包含2005年的观测样本。表4-2给出了相关变量全样本的描述统计，从表4-2中可知，实施股权激励变量*INCENT*的样本观测数占比较低，平均值为0.076，这是由于未纳入实施组实施股权激励事件之后观测值的影响所致（包含实施各期时的平均值为0.21，因股权激励实施当期之后各期的虚拟变量本章无须采用，故未列示），从股权激励方式*OPTION*的统计观测数来看，有1 881个公司年度观测样本属于股权激励实施首期，占所有实施股权激励事件3 184次的约60%，可以认为样本选择具有代表性。从*OPTION*的平均值0.279来看，在这1 881家次股权激励事件中，平均而言有27.9%的股权激励计划采用了股票期权激励方式，72.1%的股权激励计划采用了限制性股票激励方式，说明上市公司实施股权激励时确实对股权激励方式有特定的选择偏好。表4-3列示了相关变量在股权激励实施组与未实施组样本的描述性统计结果及其均值T检验结果，从表4-3可知，未实施组样本的经营业绩显著低于实施组样本，而经营风险却显著高于实施组样本，但代理成本之间的差异与预期不完全一致，只有隐性代理成本总资产周转率*TAT*和营业周期*OPP*与预期相符，而显性代理成本管理费用率*MER*和销管费率*OER*的均值差异与预期相反，反而是未实施组具有更低的显性代理成本，这说明，股权激励可能对隐性代理成本存在显著激励效应，而对显性代理成本的激励效应不容乐观，但这种不乐观究竟来源于哪一种股权激励方式抑或是两种股权激励方式都不乐观，仍有待于进一步实证检验。同时，股权激励实施组样本中表征经营业绩的总资产收益率*ROA*和净资产收益率*ROE*、表征经营风险的总资产收益率波动率*SDROA*和净资产收益率波动率*SDROE*在总体上均好于未实施组样本，这很可能是股权激励带来的激励效应所致，但也可能由于实施股权激励事件之前，实施组样本的绩效表现原本就好于未实施组，从而可能是样本自选择偏误导致的结果，需要进一步验证。换言之，控制反向因果关系相关的内生性问题十分重要，只有在控制了此类内生性问题后，实证结果才具有可信度。此外，表4-3还显示，实施组与未实施组样本的全部匹配变量、控制变量之间也存在显著差异，意味着两组样本绩效表现差异很可能来源于匹配变量、控制变量之间的异质性影响，因此，在对两组样本绩效表现进行比较分析之前，需要首先尽可能消除或缓解匹配变量、控制变量之间的异质性影响，如同有效的匹配方法为实施组找到实施股权激励之前各变量没有差异或差异尽可能小、尽可能同质的控制组样本，同时通过一定的分离技术，消除结果变量的前定差异和不可观测变量的时间趋势效应。这进一步表明本文采用倾向得分匹配法和双重差分法相结合的实证研究方法（PSM + DID）具有合理性和必要性，倾向得分匹配法（PSM）能较好地消除或缓解内生性问题，双重差分法则能有效消除前定差异和时间趋势效应。

表 4－2　　相关变量全样本描述性统计

变量	观测数	平均值	标准误	最小值	中位数	最大值
ROA	24 838	0.0360	0.0630	－0.268	0.0350	0.206
SDROA	21 622	0.0320	0.0560	0.00100	0.0150	0.382
MER	24 815	0.0930	0.0840	0.00900	0.0720	0.563
TAT	24 819	0.668	0.469	0.0680	0.562	2.681
ROE	24 838	0.0580	0.135	－0.766	0.0680	0.340
SDROE	21 622	0.0880	0.227	0.00100	0.0270	1.680
OER	24 815	0.156	0.124	0.0150	0.121	0.619
OPP	24 506	275.2	380.1	12.28	166.3	2 425
INCENT	24 838	0.0760	0.265	0	0	1
OPTION	1 881	0.279	0.449	0	0	1
TA	24 838	22.00	1.329	19.30	21.83	26.05
LEV	24 838	0.450	0.217	0.0520	0.445	0.984
ORGR	24 836	0.177	0.465	－0.627	0.105	3.038
MPAY	24 759	15.05	0.834	12.80	15.09	17.15
MMSR	23 951	0.102	0.185	0	0	0.687
DUAL	24 838	0.224	0.417	0	0	1
BOARD	24 802	8.842	1.826	0	9	20
INBOARD	24 800	0.371	0.0520	0.300	0.333	0.571
TSS	24 822	3.742	1.221	0	3	13
*SHARE*1	24 821	0.364	0.154	0.0900	0.345	0.755
INSTITUHP	24 789	0.483	0.234	0.00400	0.508	0.919

续表

变量	观测数	平均值	标准误	最小值	中位数	最大值
POWER_SH	24 819	0.333	0.288	0.00700	0.238	0.994
MARKET	24 838	1.467	0.728	1	1	4
STATE	24 838	0.513	0.500	0	1	1
CASHFLOW	24 838	0.0480	0.0720	-0.163	0.0480	0.256

注：①本数据集为非平衡面板数据。②股权激励方式变量 *OPTION* 观测数为 1 881，是以上市公司股权激励实施首期的观测样本统计的，不含实施首期后持续各年的观测样本，因为在特定的股权激励计划中，股权激励方式选择是一次性的决策行为，选定之后的各年不再发生变化，因此，在 PSM 匹配时只需保留实施组样本个体在股权激励实施首年的观测样本和全部未实施组观测样本，以避免实施组样本自我匹配和重复匹配问题。

表 4-3　相关变量在股权激励未实施组与实施组的样本描述性统计比较

变量	未实施股权激励组				实施股权激励组				均值T检验
	观测数	均值	中位数	标准差	观测数	均值	中位数	标准差	
ROA	21 279	0.0320	0.0320	0.0640	3 559	0.0600	0.0570	0.0520	-0.0275***
SDROA	19 050	0.0340	0.0150	0.0570	2 572	0.0240	0.0140	0.0390	0.0094***
MER	21 256	0.0920	0.0700	0.0860	3 559	0.0980	0.0800	0.0710	-0.0059***
TAT	21 260	0.662	0.553	0.476	3 559	0.703	0.611	0.422	-0.0404***
ROE	21 279	0.0520	0.0630	0.140	3 559	0.0930	0.0910	0.0940	-0.0409***
SDROE	19 050	0.0930	0.0270	0.237	2 572	0.0490	0.0230	0.124	0.0435***
OER	21 256	0.151	0.117	0.123	3 559	0.184	0.148	0.128	-0.0330***
OPP	21 002	279.5	160.9	397.2	3 504	249.2	190.2	253.0	30.3412***
TA	21 279	22.03	21.86	1.344	3 559	21.88	21.69	1.223	0.1512***
LEV	21 279	0.463	0.462	0.218	3 559	0.371	0.361	0.192	0.0916***
ORGR	21 277	0.163	0.0890	0.473	3 559	0.266	0.195	0.401	-0.1037***
MPAY	21 205	14.99	15.03	0.836	3 554	15.42	15.40	0.718	-0.4289***
MMSR	20 423	0.0790	0	0.167	3 528	0.237	0.186	0.225	-0.1583***
DUAL	21 279	0.198	0	0.398	3 559	0.384	0	0.486	-0.1858***
BOARD	21 244	8.926	9	1.846	3 558	8.345	9	1.618	0.5804***
INBOARD	21 242	0.369	0.333	0.0520	3 558	0.378	0.364	0.0550	-0.0088***
TSS	21 264	3.814	3	1.258	3 558	3.311	3	0.853	0.5032***

续表

变量	未实施股权激励组				实施股权激励组				均值T检验
	观测数	均值	中位数	标准差	观测数	均值	中位数	标准差	
*SHARE*1	21 262	0.369	0.351	0.155	3 559	0.335	0.315	0.144	0.0343 ***
INSTITUHP	21 237	0.499	0.521	0.226	3 552	0.393	0.379	0.261	0.1060 ***
POWER SH	21 260	0.321	0.219	0.288	3 559	0.403	0.332	0.282	-0.0825 ***
MARKET	21 279	1.375	1	0.656	3 559	2.017	2	0.878	-0.6423 ***
STATE	21 279	0.576	1	0.494	3559	0.133	0	0.340	0.4433 ***
CASHFLOW	21 279	0.0480	0.0470	0.0720	3 559	0.0520	0.0520	0.0690	-0.0041 ***

注：①本数据集为非平衡面板数据。②本表实施组观测样本包含了股权激励实施组实施前后两期（T=0 和 T=1 期）以及未实施组观测样本，两组样本观测数之和为24 838。③括号内为双尾检验t值，*、**、*** 分别表示在10%、5%、1%水平上显著。

4.4.2 倾向得分匹配效果分析

为了确认倾向得分匹配法（PSM）匹配的效果，在实证分析之前需要对倾向得分模型的共同支撑假设和独立性平行假设进行检验（陈文强，2017）。共同支撑假设是指股权激励实施组样本企业绝大部分都能通过倾向得分找到与之最相近的对照组样本，即实施组与匹配后的控制组样本倾向得分值的概率分布特征相同或相近。为此，本研究绘制了倾向得分匹配前后的实施组与控制组样本的倾向得分概率分布图进行比较（见图4－2），图4－2报告了最近邻匹配方式下实施组与控制组匹配前后的倾向得分值即PS的核密度分布情况，其中的左侧图4－2a是匹配前的概率分布图，实施组与控制组倾向得分值（PS）分布明显存在差异，控制组的得分值聚集于PS值更小的区域内，而实施组取值分布区间相对更分散，如果直接比较两组样本之间的绩效差异，所得统计推断结果很可能存在较大偏差。右侧图4－2b是匹配之后的两组样本PS值分布图，此时实施组与控制组几乎重叠，说明两者的PS值分布特征基本相同，分布差异基本得以消除，意味着匹配后的两组样本在实施股权激励政策之前是基本相同的，从而能够满足样本分组的随机性，可以保证共同支撑假设的成立。

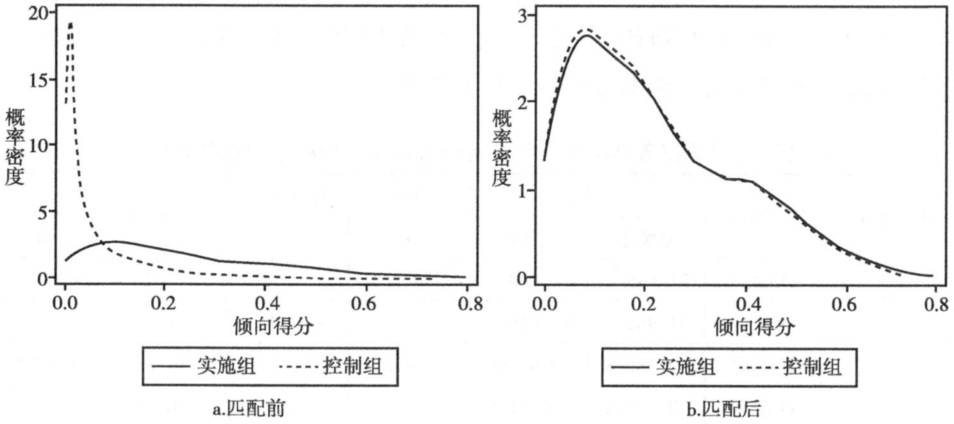

图4-2　匹配前后股权激励实施组与控制组的倾向得分概率密度分布

在确认了匹配组样本倾向得分值分布特征基本相同后，还要对决定倾向得分的两组样本匹配变量之间的差异进行确认，即通过对匹配变量偏差的平行检验以确认对独立性假设条件的满足与否，从而在理论上保证股权激励效应检验变量的经营绩效之间存在的差异完全来自股权激励实施事件的影响。为此，本研究对计算倾向得分的所有匹配变量进行标准化偏差的平行检验，结果如表4-4所示。从表4-4可知，所有匹配变量在实施组与控制组之间的标准化偏差均处在5%附近（个别变量大于5%但仍小于6%，可视为接近5%），按照斯密斯和托德（Smith and Todd，2005）、陈文强（2017）等研究，一般认为匹配后配对组匹配变量的标准化偏差绝对值小于5%时可认为满足独立性假设，而按照陈强（2014）提出的标准，小于10%即可。同时，结合表4-4对应的T检验结果可知，匹配之后两组样本的匹配变量之间不存在显著差异。进一步地，通过绘制倾向得分匹配协变量标准化偏差分布图同样可以看出（见图4-3），匹配后实施组与控制组的匹配变量之间标准化偏差大幅缩小，除了总资产，均从匹配前存在显著差异变成匹配后不存在显著差异，而总资产即便有所增大，但仍然由原来的显著差异变得差异不再显著。最后，再通过绘制匹配前后Logit回归模型解释力判断指标AUC的变化也可以确认，本研究采用的倾向得分匹配效果良好，如图4-4所示，在满足共同支撑假设但匹配成功前，AUC值达到0.8317，而在满足共同支撑假设且匹配成功后的样本中，AUC 值降至 0.5005，已经非常接近完全没有任何解释力的标准值 0.5。综上，可以认为本研究设定的 Logit 回归模型是合适的，匹配方法有效，能够保证本研究实施组样本与控制组样本的可比性。

表 4-4　匹配前后股权激励实施组与控制组协变量均值标准化偏差变化

匹配变量	匹配前后	平均值		标准偏差	偏差缩小	T 检验	
		激励组	控制组	(%)	(%)	T 值	P 值
TA	匹配前	21.985	22.048	-5.0		-1.77	0.077*
	匹配后	21.982	22.056	-5.9	-16.7	-1.54	0.124
LEV	匹配前	0.38648	0.47496	-43.0		-14.85	0.000***
	匹配后	0.38736	0.39108	-1.8	95.8	-0.48	0.631
ROE	匹配前	0.08263	0.05005	27.4		8.71	0.000***
	匹配后	0.08135	0.0784	2.5	91.0	0.83	0.406
ORGR	匹配前	0.25588	0.17273	18.0		6.36	0.000***
	匹配后	0.25565	0.27985	-5.2	70.9	-1.24	0.217
MPAY	匹配前	15.392	14.956	55.9		19.15	0.000***
	匹配后	15.379	15.389	-1.3	97.7	-0.37	0.713
MMSR	匹配前	0.21373	0.06615	78.0		33.41	0.000***
	匹配后	0.21038	0.20524	2.7	96.5	0.61	0.542
DUAL	匹配前	0.35466	0.18419	39.1		15.53	0.000***
	匹配后	0.35055	0.34036	2.3	94.0	0.56	0.575
BOARD	匹配前	8.4165	8.9729	-31.4		-10.9	0.000***
	匹配后	8.4138	8.4007	0.7	97.6	0.21	0.834
INBOARD	匹配前	0.37841	0.36854	18.2		6.88	0.000***
	匹配后	0.37828	0.37683	2.7	85.3	0.69	0.490
*SHARE*1	匹配前	0.32934	0.36591	-24.6		-8.66	0.000***
	匹配后	0.32971	0.33247	-1.9	92.5	-0.51	0.611
POWER_SH	匹配前	0.39929	0.31055	31.0		11.16	0.000***
	匹配后	0.3987	0.40831	-3.4	89.2	-0.87	0.384
STATE	匹配前	0.15778	0.59701	-101.6		-32.84	0.000***
	匹配后	0.16145	0.16582	-1.0	99.0	-0.31	0.757
TSS	匹配前	3.3561	3.8492	-45.0		-14.41	0.000***
	匹配后	3.3615	3.3855	-2.2	95.1	-0.66	0.508

续表

匹配变量	匹配前后	平均值		标准偏差	偏差缩小	T 检验	
		激励组	控制组	（%）	（%）	T 值	P 值
INSTITUHP	匹配前	0. 39837	0. 49642	-40. 8		-15. 91	0. 000***
	匹配后	0. 39774	0. 4105	-5. 3	87. 0	-1. 28	0. 200
MARKET	匹配前	1. 951	1. 3357	84. 9		35. 35	0. 000***
	匹配后	1. 936	1. 9418	-0. 8	99. 1	-0. 19	0. 852

注：①以上所有变量均为滞后一期。②T 值为双尾检验，*、**、*** 分别表示在 10%、5%、1% 水平上显著。

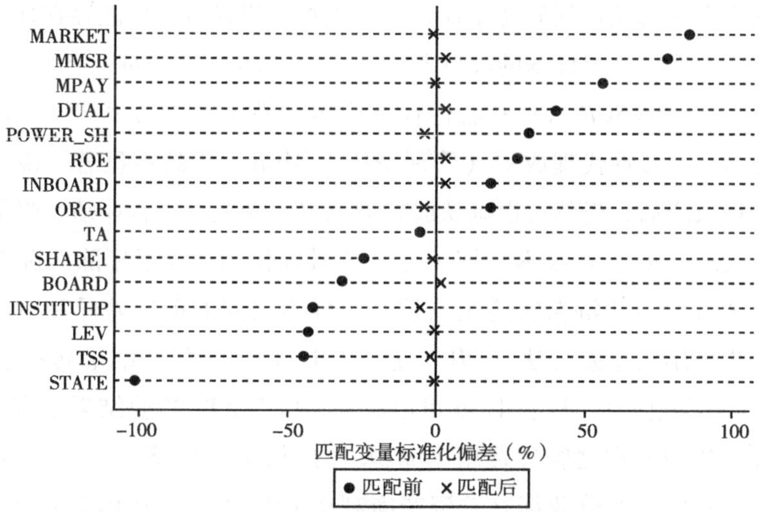

图 4-3 倾向得分匹配协变量标准化偏差分布

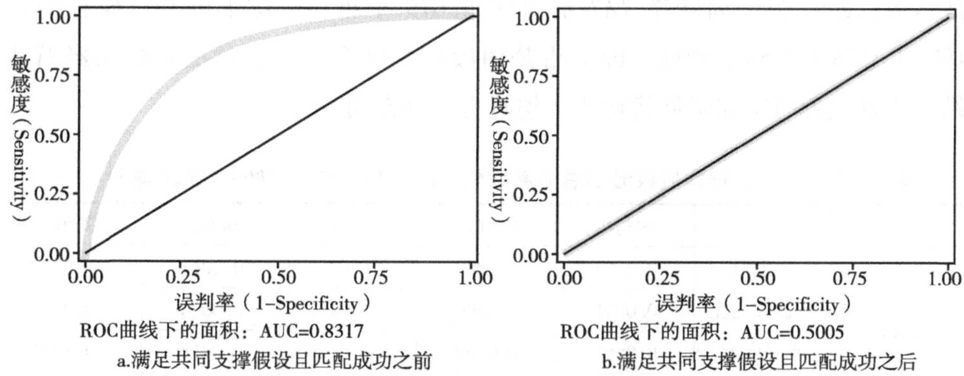

图 4-4 匹配前后逻辑回归模型解释力（AUC）

4.4.3 检验结果分析

（1）股权激励总体激励效应及其持续性

①股权激励总体激励效应

表4-5列示了全样本倾向得分匹配后的股权激励效应ATT检验结果，从表中可以看出，除了显性代理成本（管理费用率*MER*），匹配前实施组样本的经营业绩（总资产净利率*ROA*）、经营风险（总资产净利率波动率*SDROA*）和隐性代理成本（总资产周转率*TAT*）均好于控制组样本，可能存在样本自选择效应。但匹配后实施组样本的经营业绩（总资产净利率*ROA*）、经营风险（总资产净利率波动率*SDROA*）和隐性代理成本（总资产周转率*TAT*）依然好于控制组样本，且显性代理成本（管理费用率*MER*）仍然不显著。说明剔除了样本自选择效应后，仍然可以确认股权激励确实对提升经营业绩、降低经营风险和降低代理（隐性）成本发挥了显著的激励作用。为了剔除匹配效率可能不足而使ATT结果中混杂实施组与控制组样本之间的前定差异和时间趋势效应，进一步采用双重差分法（DID）进行OLS回归分析，结果列示于表4-6（采用固定效应模型），从表4-6可以看到，以上ATT检验结果没有改变，除了降低显性代理成本之管理费用率*MER*作用依然不显著外，从总体上而言，实施股权激励促使经营业绩之总资产净利率*ROA*提升了0.012个单位，促使经营风险之总资产净利率波动率*SDROA*降低了0.002个单位，促使隐性代理成本降低即总资产周转率*TAT*提升了0.019个单位。综上可知，研究假设H4-1总体上得到了验证，即上市公司股权激励在总体上对提升公司经营业绩、降低经营风险和降低代理成本均具有激励作用。

表4-5　全样本股权激励总体激励效应的ATT检验（2006~2020年）

变量	匹配方式	激励组	控制组	ATT	标准误	T值
ROA	匹配前	0.0552	0.0289	0.0263	0.0017	15.27***
	最近邻匹配	0.0551	0.0390	0.0160	0.0020	8.21***
	半径匹配	0.0551	0.0400	0.0150	0.0018	8.53***
	核匹配	0.0551	0.0400	0.0150	0.0018	8.52***

续表

变量	匹配方式	激励组	控制组	ATT	标准误	T 值
SDROA	匹配前	0.0238	0.0322	-0.0084	0.0015	-5.71 ***
	最近邻匹配	0.0238	0.0291	-0.0053	0.0014	-3.73 ***
	半径匹配	0.0238	0.0284	-0.0046	0.0014	-3.33 ***
	核匹配	0.0238	0.0284	-0.0045	0.0014	-3.29 ***
MER	匹配前	0.0922	0.0890	0.0032	0.0023	1.42
	最近邻匹配	0.0921	0.0931	-0.0010	0.0023	-0.43
	半径匹配	0.0921	0.0923	-0.0002	0.0023	-0.07
	核匹配	0.0921	0.0924	-0.0003	0.0023	-0.12
TAT	匹配前	0.6863	0.6605	0.0258	0.0132	1.96 **
	最近邻匹配	0.6864	0.6142	0.0722	0.0141	5.11 ***
	半径匹配	0.6864	0.6227	0.0637	0.0135	4.73 ***
	核匹配	0.6864	0.6209	0.0655	0.0135	4.85 ***

注：①为减少匹配样本损失，尽可能保留有效匹配样本，最近邻采用 1∶5、卡尺 0.01 的设定条件进行匹配，半径匹配采用 0.01 卡尺设定条件进行匹配，核匹配采用 0.01 带宽设定条件进行匹配。②*、**、*** 分别表示在 10%、5%、1% 水平上显著。

表 4-6　全样本股权激励总体激励效应的 DID 检验（2006～2020 年）

模型	(1)	(2)	(3)	(4)
变量	*ROA*	*SDROA*	*MER*	*TAT*
TREATED × T	0.012 *** (7.47)	-0.002 * (-1.88)	-0.002 (-1.63)	0.019 *** (3.50)
T	-0.016 *** (-9.56)	0.002 ** (2.04)	0.003 * (1.81)	-0.026 *** (-3.17)
TA	0.028 *** (4.55)	-0.014 *** (-2.63)	-0.030 *** (-4.10)	-0.062 ** (-2.19)
LEV	-0.141 *** (-8.16)	0.069 *** (3.98)	0.016 (1.10)	0.170 *** (3.27)
CASHFLOW	0.134 *** (9.33)	0.010 (0.70)	-0.044 *** (-3.10)	0.337 *** (5.49)
MPAY	0.006 * (1.69)	0.005 ** (2.01)	0.004 (1.47)	0.053 *** (4.21)
MMSR	-0.008 (-0.75)	0.006 (1.06)	0.012 (1.36)	-0.027 (-0.76)

续表

模型	(1)	(2)	(3)	(4)
变量	*ROA*	*SDROA*	*MER*	*TAT*
DUAL	0.003 (0.99)	0.001 (0.32)	-0.002 (-0.95)	0.008 (0.61)
BOARD	0.002 (0.85)	-0.001 (-1.12)	-0.000 (-0.24)	0.005 (1.26)
INBOARD	-0.010 (-0.37)	0.001 (0.06)	-0.011 (-0.47)	0.079 (0.87)
TSS	-0.002 (-0.66)	0.000 (0.17)	0.000 (0.23)	0.006 (0.85)
*SHARE*1	0.120*** (3.74)	-0.021 (-1.04)	-0.069** (-2.12)	0.194 (1.48)
POWER_SH	0.011 (0.86)	-0.002 (-0.22)	-0.019* (-1.79)	0.022 (0.64)
INSTITUHP	0.011 (0.84)	0.016* (1.83)	-0.022** (-2.09)	0.138*** (3.04)
STATE	-0.008 (-0.87)	0.002 (0.45)	-0.001 (-0.17)	0.002 (0.05)
_CONS	-0.647*** (-4.58)	0.243** (1.97)	0.706*** (4.41)	0.905 (1.41)
N	6 808	6 235	6 808	6 808
adj. R^2	0.167	0.060	0.223	0.106
F	12.718	2.895	18.077	9.885

注：①采用固定效应模型并同时控制年度和行业效应。②*TREATED* 因共线性被计量程序自动删除。③括号内为双尾检验 t 值，*、**、*** 分别表示在 10%、5%、1% 水平上显著。

②股权激励总体激励效应持续性

首先，针对股权激励总体激励效应持续性，本研究分别以提升经营业绩和降低经营风险的激励效应持续性为例。首先对股权激励提升经营业绩的总体激励效应持续性进行实证检验。表 4-7 报告了 2006~2020 年股权激励实施前一年直至实施后第 7 年提升经营业绩的激励效应 ATT 值，从表 4-7 可以看出，经过倾向得分匹配后，股权激励实施前一期实施组与控制组的经营业绩在匹配前存在显著差异，而匹配之后不存在显著差异，说明倾向得分匹配效果良好。在随后的实施当年以及实施后第 1 年至第 6 年，股权激励对企业经营业绩均有显著的提升作用，说明股权激励在总体上对提升企业经营业绩具有持续的激励作用，持续时间能保持到实施后第6年。为了直观地描绘这一持续性的动态特征，分别对最近邻匹配方式下ATT值的变化趋势和最近邻匹配、半径匹配和核匹配方式下ATT值的变化趋势绘图展示，见图4-5和图4-6，在图中可以看到，具有持续激励效应的这6年中，股权激励持续效应在时间上的分布特征表现为实施当年效果最好，之后逐渐降低，在实施后第4年达到波谷，在实施后第5年存在低幅反弹，但在实施后第6年激励效应逐渐消失，且三种匹配方式下的结果几乎一致，说明匹配效果良好，ATT检验结果表明的股权激励效应持续性分布特征是稳健的。为了消除前定差异和时间趋势效应对ATT值的影响，进一步采用双重差分方法（DID）对提升经营业绩的激励效应进行OLS回归检验（通过对模型的回归方法进行识别检验发现，采用固定效应回归的估计效率最高，为保持可比性，本研究DID检验的所有模型均采用固定效应回归方法）。表4-8报告了2006~2020年股权激励总体激励效应持续性DID检验结果，从表中结果可知，经过进一步提纯后，股权激励对提升经营业绩的激励效应持续时间可以保持到实施后第5年。

表4-7　全样本股权激励对经营业绩持续激励效应的ATT检验（2006~2020年）

匹配方式/变量	研究期间	匹配前后	激励组	控制组	ATT	标准误	T值
ROA_{-1}	T-1	匹配前	0.0684	0.0369	0.0315	0.0016	19.79***
		匹配后	0.0681	0.0678	0.0003	0.0018	0.18
ROA_0	T	匹配前	0.0669	0.0341	0.0328	0.0016	20.88***
		匹配后	0.0667	0.0531	0.0136	0.0018	7.48***
ROA_1	T+1	匹配前	0.0602	0.0321	0.0281	0.0017	16.26***
		匹配后	0.0598	0.0438	0.0160	0.0021	7.54***
ROA_2	T+2	匹配前	0.0526	0.0302	0.0224	0.0019	11.86***
		匹配后	0.0521	0.0401	0.0120	0.0024	4.96***
ROA_3	T+3	匹配前	0.0462	0.0293	0.0169	0.0021	7.87***
		匹配后	0.0461	0.0355	0.0107	0.0029	3.67***
ROA_4	T+4	匹配前	0.0404	0.0288	0.0116	0.0025	4.66***
		匹配后	0.0399	0.0328	0.0071	0.0034	2.11**
ROA_5	T+5	匹配前	0.0383	0.0273	0.0110	0.0029	3.86***
		匹配后	0.0385	0.0275	0.0110	0.0037	2.96***

续表

匹配方式/变量	研究期间	匹配前后	激励组	控制组	ATT	标准误	T值
ROA_6	T+6	匹配前	0.0339	0.0268	0.0070	0.0032	2.21**
		匹配后	0.0338	0.0261	0.0078	0.0045	1.71*
ROA_7	T+7	匹配前	0.0339	0.0267	0.0072	0.0037	1.95*
		匹配后	0.0335	0.0303	0.0032	0.0053	0.59

注：①左侧变量下标 -1 表示实施前 1 年，0 表示实施当年，1 表示实施后第 1 年，以此类推。②最近邻采用 1∶5 匹配方法并 0.01 卡尺，半径匹配采用 0.01 卡尺，核匹配采用二次核 0.01 带宽。③T 值为双尾检验，*、**、*** 分别表示在 10%、5%、1% 水平上显著。

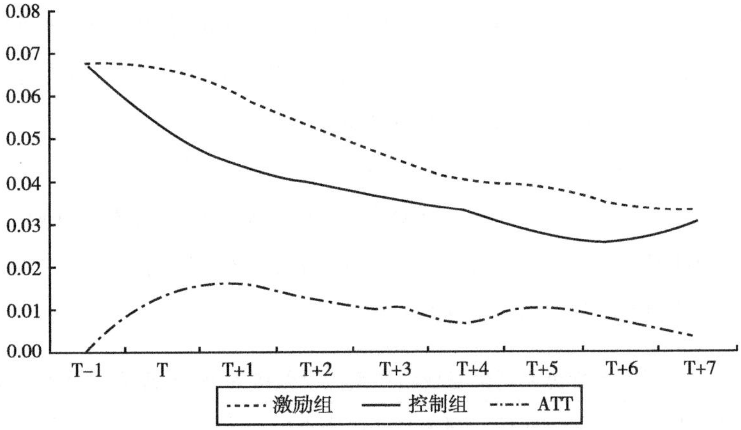

图 4-5　股权激励对业绩激励效应的持续性（以最近邻匹配的 *ROA* 为例）

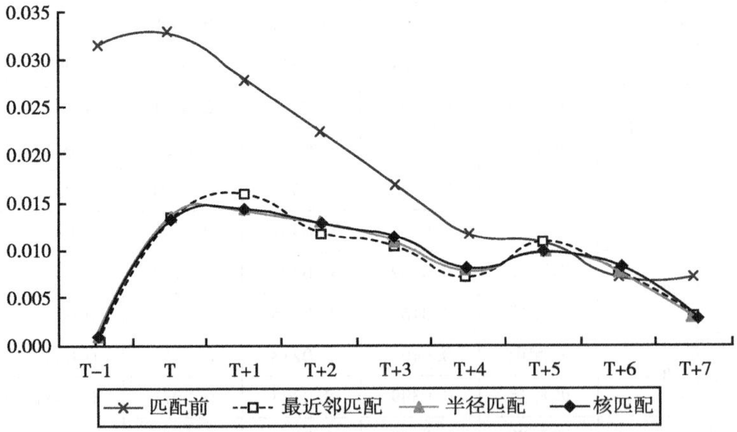

图 4-6　不同匹配方式下股权激励效应 ATT 变化趋势（以 *ROA* 为例）

表4-8 全样本股权激励对经营业绩持续激励效应的DID检验（2006~2020年）

模型序号	(1)	(2)	(3)	(4)	(5)	(6)	(7)	(8)
研究期间	T	T+1	T+2	T+3	T+4	T+5	T+6	T+7
回归变量	ROA_0	ROA_1	ROA_2	ROA_3	ROA_4	ROA_5	ROA_6	ROA_7
TREATED * *T*	0.013*** (8.91)	0.014*** (6.74)	0.012*** (4.83)	0.013*** (4.05)	0.007* (1.93)	0.012*** (2.97)	0.009 (1.64)	0.003 (0.52)
T	-0.015*** (-11.10)	-0.012*** (-6.21)	-0.013*** (-5.84)	-0.013*** (-4.39)	-0.012*** (-4.17)	-0.018*** (-5.31)	-0.023*** (-4.92)	-0.022*** (-4.81)
TA	0.023*** (4.22)	-0.016*** (-2.88)	-0.032*** (-5.36)	-0.058*** (-5.94)	-0.059*** (-6.32)	-0.062*** (-5.25)	-0.088*** (-4.18)	-0.073*** (-5.40)
LEV	-0.125*** (-8.65)	-0.015 (-0.89)	-0.016 (-0.91)	0.007 (0.29)	-0.006 (-0.26)	0.028 (1.07)	0.012 (0.39)	0.043 (1.18)
CASHFLOW	0.100*** (6.18)	0.045 (1.31)	0.024 (1.09)	0.029 (1.15)	-0.004 (-0.38)	0.052** (2.15)	0.083** (2.00)	0.073*** (3.20)
MPAY	0.007** (2.25)	0.004 (1.15)	0.004 (1.04)	0.004 (0.77)	0.008 (1.41)	0.001 (0.08)	0.002 (0.31)	0.007 (0.93)
MMSR	0.005 (0.46)	0.025 (1.15)	0.031 (1.35)	0.090*** (3.76)	0.109*** (3.62)	0.045 (1.22)	0.053 (1.10)	0.038 (0.76)
DUAL	0.002 (0.62)	0.004 (0.90)	0.010** (2.36)	0.008 (1.23)	0.007 (1.10)	-0.005 (-0.69)	-0.010 (-0.53)	-0.009 (-0.66)
BOARD	0.001 (0.36)	0.001 (0.85)	-0.004* (-1.91)	-0.000 (-0.04)	-0.001 (-0.37)	0.004 (1.57)	0.000 (0.08)	-0.003 (-0.83)
INBOARD	-0.024 (-0.90)	0.017 (0.49)	-0.114*** (-2.98)	0.006 (0.13)	-0.022 (-0.43)	-0.140** (-2.32)	-0.027 (-0.38)	0.042 (0.49)
TSS	-0.001 (-0.38)	-0.003 (-1.09)	-0.004 (-0.76)	-0.009* (-1.70)	0.001 (0.15)	-0.006 (-0.99)	-0.003 (-0.23)	0.008 (1.19)
SHARE1	0.106*** (4.16)	0.086*** (2.63)	0.091** (2.30)	0.050 (0.88)	0.149*** (2.73)	0.136** (2.12)	0.188** (2.15)	0.088 (1.21)
POWER_SH	0.005 (0.53)	0.030*** (2.61)	0.042*** (2.74)	0.043** (2.25)	0.064** (2.57)	-0.007 (-0.32)	0.005 (0.19)	0.026 (0.77)
INSTITUHP	0.014 (1.28)	0.075*** (4.92)	0.081*** (4.12)	0.103*** (4.49)	0.089*** (3.81)	0.069*** (2.71)	0.046 (1.17)	0.067 (1.63)

续表

模型序号	(1)	(2)	(3)	(4)	(5)	(6)	(7)	(8)
研究期间	T	T+1	T+2	T+3	T+4	T+5	T+6	T+7
回归变量	ROA_0	ROA_1	ROA_2	ROA_3	ROA_4	ROA_5	ROA_6	ROA_7
STATE	0.003 (0.34)	-0.002 (-0.23)	0.003 (0.29)	0.016 (1.13)	-0.014 (-0.95)	0.011 (0.76)	0.004 (0.18)	0.013 (0.55)
_CONS	-0.533*** (-4.53)	0.245* (1.88)	0.675*** (4.63)	1.163*** (5.02)	1.070*** (5.06)	1.315*** (4.69)	1.819*** (3.79)	1.384*** (4.91)
N	12 885	10 973	9 369	7 210	5 671	4 437	3 476	2 609
adj. R^2	0.135	0.110	0.149	0.199	0.232	0.259	0.281	0.272
F	16.113	17.786	20.714	18.802	19.584	22.636	17.371	17.678

注：①因变量下标 0 表示实施当年，1 表示实施后第 1 年，以此类推。②采用固定效应模型并同时控制年度和行业效应。③*TREATED* 因不具时变性被计量程序自动删除。④括号内为双尾检验 t 值，*、**、*** 分别表示在 10%、5%、1% 水平上显著。

其次，针对降低经营风险的持续激励作用，表 4-9 报告了 2006~2020 年股权激励在实施前一年直至实施后第 7 年在降低经营风险方面的激励效应 ATT 检验结果，从表 4-9 可知，股权激励在实施当年以及实施后第 1 年和实施后第 2 年存在降低经营风险的激励作用，说明股权激励总体上有持续 3 年的降低经营风险激励作用，并呈现逐渐增加的趋势，且在实施后第 2 年达到峰值。为了消除前定差异和时间趋势效应对 ATT 值的影响，进一步采用双重差分方法（DID）对降低经营风险的激励效应进行 OLS 回归检验，表 4-10 报告了 DID 检验结果。从表 4-10 可以看出，股权激励在总体上对降低经营风险确实具有至少持续三年的激励作用。综合以上 PSM + DID 检验结果表明，提出的研究假设 H4-2 得到了验证，即股权激励对提升企业经营业绩和降低经营风险的激励效应均具有持续性。

表 4-9　全样本股权激励对经营风险持续激励效应的 ATT 检验（2006~2020 年）

匹配方式/变量	研究期间	匹配前后	激励组	控制组	ATT	标准误	T 值
$SDROA_{-1}$	T-1	匹配前	0.0239	0.0312	-0.0073	0.0012	-5.84***
		匹配后	0.0239	0.0238	0.0001	0.0011	0.09
$SDROA_0$	T	匹配前	0.0252	0.0323	-0.0071	0.0013	-5.54***
		匹配后	0.0252	0.0281	-0.0029	0.0012	-2.37**

续表

匹配方式/变量	研究期间	匹配前后	激励组	控制组	ATT	标准误	T值
$SDROA_1$	T+1	匹配前	0.0254	0.0328	-0.0074	0.0014	-5.24***
		匹配后	0.0254	0.0305	-0.0050	0.0014	-3.60***
$SDROA_2$	T+2	匹配前	0.0280	0.0336	-0.0056	0.0016	-3.57***
		匹配后	0.0279	0.0334	-0.0055	0.0017	-3.27***
$SDROA_3$	T+3	匹配前	0.0320	0.0338	-0.0018	0.0018	-1.02
		匹配后	0.0320	0.0342	-0.0022	0.0021	-1.03
$SDROA_4$	T+4	匹配前	0.0329	0.0337	-0.0008	0.0021	-0.39
		匹配后	0.0332	0.0327	0.0005	0.0025	0.22
$SDROA_5$	T+5	匹配前	0.0333	0.0336	-0.0003	0.0023	-0.13
		匹配后	0.0325	0.0353	-0.0028	0.0028	-0.99
$SDROA_6$	T+6	匹配前	0.0345	0.0334	0.0010	0.0026	0.39
		匹配后	0.0331	0.0377	-0.0046	0.0033	-1.38
$SDROA_7$	T+7	匹配前	0.0375	0.0332	0.0043	0.0031	1.39
		匹配后	0.0363	0.0364	-0.0001	0.0043	-0.02

注：①左侧变量下标-1表示实施前1年，0表示实施当年，1表示实施后第1年，以此类推。②最近邻采用1:5匹配方法并0.01卡尺，半径匹配采用0.01卡尺，核匹配采用二次核0.01带宽。③T值为双尾检验，*、**、***分别表示在10%、5%、1%水平上显著。

表4-10　全样本股权激励对经营风险持续激励效应的DID检验（2006~2020年）

模型序号	(1)	(2)	(3)	(4)	(5)	(6)	(7)	(8)
研究期间	T	T+1	T+2	T+3	T+4	T+5	T+6	T+7
回归变量	$SDROA_0$	$SDROA_1$	$SDROA_2$	$SDROA_3$	$SDROA_4$	$SDROA_5$	$SDROA_6$	$SDROA_7$
*TREATED*T*	-0.003*** (-3.29)	-0.005*** (-3.23)	-0.006*** (-2.89)	-0.002 (-0.92)	-0.001 (-0.28)	-0.003 (-0.86)	-0.005 (-1.36)	-0.001 (-0.16)
T	0.004*** (4.41)	0.009*** (5.44)	0.012*** (5.68)	0.006*** (2.91)	0.003 (1.07)	0.002 (0.84)	0.009*** (3.12)	0.008** (2.10)
TA	-0.010** (-1.99)	-0.015** (-2.55)	-0.018*** (-2.82)	0.003 (0.43)	0.010 (1.21)	0.025** (2.53)	0.014* (1.67)	-0.009 (-0.84)
LEV	0.039*** (2.79)	0.039** (2.17)	0.052*** (2.74)	0.014 (0.77)	0.016 (0.72)	0.037 (1.50)	0.040 (1.62)	0.086*** (3.10)
CASHFLOW	0.003 (0.43)	-0.008 (-1.28)	-0.007 (-0.50)	-0.009 (-0.58)	-0.026 (-1.24)	-0.036* (-1.71)	-0.001 (-0.06)	0.025*** (4.50)

续表

模型序号	(1)	(2)	(3)	(4)	(5)	(6)	(7)	(8)
研究期间	T	T+1	T+2	T+3	T+4	T+5	T+6	T+7
回归变量	$SDROA_0$	$SDROA_1$	$SDROA_2$	$SDROA_3$	$SDROA_4$	$SDROA_5$	$SDROA_6$	$SDROA_7$
MPAY	0.004* (1.90)	0.004 (1.32)	0.000 (0.06)	0.002 (0.38)	0.000 (0.05)	-0.002 (-0.38)	-0.005 (-0.89)	0.001 (0.14)
MMSR	-0.004 (-0.80)	-0.002 (-0.20)	0.007 (0.40)	-0.009 (-0.53)	-0.040* (-1.93)	-0.076** (-2.08)	-0.068** (-2.06)	-0.040 (-1.14)
DUAL	0.001 (0.43)	0.002 (0.48)	-0.001 (-0.21)	-0.006 (-1.29)	-0.003 (-0.66)	0.007 (1.47)	0.003 (0.47)	-0.008 (-0.72)
BOARD	-0.000 (-0.00)	-0.001 (-0.59)	0.000 (0.08)	-0.000 (-0.13)	-0.000 (-0.27)	-0.001 (-0.59)	-0.002 (-1.29)	-0.001 (-0.60)
INBOARD	0.004 (0.26)	-0.014 (-0.54)	0.027 (0.85)	-0.024 (-0.71)	-0.023 (-0.70)	0.023 (0.54)	0.065 (1.13)	0.117 (1.46)
TSS	-0.001 (-0.52)	-0.000 (-0.18)	-0.003 (-0.77)	-0.001 (-0.20)	0.002 (0.35)	0.004 (0.66)	0.004 (0.59)	-0.003 (-0.39)
*SHARE*1	-0.002 (-0.13)	-0.038 (-1.38)	-0.061** (-2.11)	-0.054* (-1.78)	-0.102*** (-3.02)	-0.109** (-2.33)	-0.145*** (-3.08)	-0.166*** (-2.80)
POWER_SH	0.002 (0.30)	-0.007 (-0.77)	-0.027*** (-2.87)	-0.017 (-1.36)	-0.039*** (-2.77)	-0.027 (-1.57)	-0.024 (-1.60)	-0.050** (-2.17)
INSTITUHP	0.007 (0.86)	-0.000 (-0.04)	-0.001 (-0.08)	-0.031* (-1.95)	-0.013 (-0.71)	-0.018 (-0.83)	0.010 (0.39)	0.026 (0.88)
STATE	0.008 (1.56)	-0.008 (-1.11)	-0.003 (-0.43)	-0.005 (-0.58)	0.002 (0.26)	0.010 (1.16)	0.002 (0.32)	-0.000 (-0.05)
_CONS	0.166 (1.43)	0.305** (2.24)	0.423*** (2.94)	0.006 (0.04)	-0.109 (-0.62)	-0.427** (-2.07)	-0.160 (-0.79)	0.234 (1.07)
N	10 756	9 328	7 622	5 954	4 671	3 598	2 830	1 978
adj. R^2	0.048	0.061	0.080	0.076	0.096	0.126	0.129	0.106
F	4.584	6.274	5.985	5.364	6.276	5.561	5.590	5.848

注：①因变量下标0表示实施当年，1表示实施后第1年，以此类推。②采用固定效应模型并同时控制年度和行业效应。③*TREATED* 因不具时变性被计量程序自动删除。④括号内为双尾检验t值，*、**、***分别表示在10%、5%、1%水平上显著。

（2）股权激励不同方式激励效应及其持续性

①股权激励不同方式激励效应

表4－11列示了股权激励不同方式子样本倾向得分匹配后的股权激励效应ATT检验结果，从表中可以看出：①股票期权与限制性股票方式均能促进行经营业绩的提升，但与研究假设H4－3相反的是，限制性股票方式对提升经营业绩的激励作用明显好于股票期权方式；②限制性股票对降低经营风险的激励作用明显大于股票期权方式，与研究假设H4－3一致；③无论股票期权方式还是限制性股票方式，对降低显性代理成本（管理费用率*MER*）的激励作用仍然不显著，但股票期权在降低隐性代理成本的激励作用好于限制性股票。为了剔除匹配效率可能不足而使ATT结果中混杂实施组与控制组样本之间的前定差异和时间趋势效应，进一步采用双重差分法进行OLS回归分析，分别对股票期权和限制性股票方式进行双重差分（DID）检验，结果列示于表4－12和表4－13（采用固定效应模型），从表4－12和表4－13的比较中可以看到，股票期权方式除了对提升经营业绩仍有显著的激励作用外，对降低经营风险和代理成本的激励作用均已不再显著，与此同时，限制性股票方式除了对降低显性代理成本依旧没有显著激励作用外，对提升经营业绩、降低经营风险和降低隐性代理成本均有显著的激励作用，其结果对应的结论与上述关于全样本DID检验结果所得结论一致，说明从总体上而言，股权激励效应主要来自限制性股票方式。从而研究假设H4－3未能完全得证，最终所得结论是，在总体上而言，限制性股票无论是对提升经营业绩、降低经营风险还是降低（隐性）代理成本的激励效应均明显好于股票期权。

表4－11　　股权激励不同方式激励效应的ATT检验（2006～2020年）

变量	匹配方式	股票期权激励方式			限制性股票激励方式		
		ATT	标准误	T值	ATT	标准误	T值
ROA	匹配前	0.023	0.0029	8.06***	0.0321	0.0018	17.79***
	最近邻匹配	0.0080	0.0029	2.74***	0.0148	0.0020	7.45***
	半径匹配	0.0116	0.0027	4.35***	0.0150	0.0018	8.39***
	核匹配	0.0115	0.0027	4.28***	0.0151	0.0018	8.45***

续表

变量	匹配方式	股票期权激励方式			限制性股票激励方式		
		ATT	标准误	T 值	ATT	标准误	T 值
SDROA	匹配前	-0.0064	0.0027	-2.37 **	-0.0099	0.0018	-5.53 ***
	最近邻匹配	-0.0044	0.0025	-1.74 *	-0.0054	0.0016	-3.45 ***
	半径匹配	-0.0042	0.0024	-1.71 *	-0.0052	0.0015	-3.41 ***
	核匹配	-0.0040	0.0025	-1.61	-0.0054	0.0015	-3.56 ***
MER	匹配前	0.0044	0.0037	1.21	0.005	0.0024	2.08 **
	最近邻匹配	0.0052	0.0037	1.40	0.0004	0.0024	0.18
	半径匹配	0.0031	0.0036	0.86	0.0002	0.0023	0.07
	核匹配	0.0033	0.0036	0.94	0.0002	0.0023	0.08
TAT	匹配前	0.0311	0.0217	1.43	0.0355	0.0137	2.59 ***
	最近邻匹配	0.0619	0.0235	2.63 ***	0.0561	0.0145	3.88 ***
	半径匹配	0.0743	0.0219	3.39 ***	0.0610	0.0139	4.4 ***
	核匹配	0.0736	0.0220	3.35 ***	0.0593	0.0139	4.28 ***

注：①为减少匹配样本损失，尽可能保留有效匹配样本，最近邻采用 1∶5、卡尺 0.01 的设定条件进行匹配，半径匹配采用 0.01 卡尺设定条件进行匹配，核匹配采用 0.01 带宽设定条件进行匹配。②*、**、*** 分别表示在 10%、5%、1% 水平上显著。

表 4-12　　股票期权激励效应的 DID 检验（2006~2020 年）

模型	(1)	(2)	(3)	(4)
变量	*ROA*	*SDROA*	*MER*	*TAT*
TREATED × *T*	0.009 ** (2.56)	-0.001 (-0.29)	-0.003 (-1.00)	0.007 (0.56)
T	-0.014 *** (-4.72)	0.003 * (1.70)	0.003 (1.40)	-0.007 (-0.63)
TA	0.027 *** (2.64)	-0.014 (-1.54)	-0.029 ** (-2.04)	-0.134 ** (-2.24)
LEV	-0.111 *** (-3.76)	0.055 ** (2.02)	-0.007 (-0.26)	0.350 *** (3.39)

续表

模型	(1)	(2)	(3)	(4)
变量	*ROA*	*SDROA*	*MER*	*TAT*
CASHFLOW	0.123 *** (4.69)	0.004 (0.22)	-0.022 (-1.11)	0.181 * (1.80)
MPAY	0.007 (1.11)	0.003 (0.55)	-0.003 (-0.59)	0.100 *** (4.03)
MMSR	-0.056 ** (-2.05)	0.004 (0.26)	-0.001 (-0.04)	0.004 (0.05)
DUAL	0.013 * (1.76)	-0.004 (-0.80)	-0.005 (-0.87)	0.023 (0.99)
BOARD	0.001 (0.78)	0.001 (0.58)	0.001 (0.81)	-0.010 (-1.41)
INBOARD	0.007 (0.18)	0.026 (1.05)	-0.032 (-0.87)	0.029 (0.19)
TSS	0.002 (0.53)	-0.001 (-0.23)	-0.006 *** (-2.65)	0.016 * (1.72)
*SHARE*1	0.145 *** (2.64)	0.016 (0.38)	-0.076 (-0.90)	0.192 (0.69)
POWER_SH	0.018 (0.80)	0.003 (0.28)	-0.014 (-0.81)	0.034 (0.54)
INSTITUHP	0.025 (0.95)	0.015 (1.08)	-0.041 * (-1.82)	0.245 *** (2.85)
STATE	-0.017 (-1.09)	0.005 (0.74)	-0.001 (-0.11)	-0.001 (-0.02)
_CONS	-0.691 *** (-3.00)	0.242 (1.07)	0.827 ** (2.23)	1.739 (1.31)
N	1 934	1 802	1 934	1 934
adj. R^2	0.149	0.055	0.209	0.154
F	4.755	1.612	4.816	4.249

注：①采用固定效应模型并同时控制年度和行业效应。②*TREATED* 因共线性被计量程序自动删除。③括号内为双尾检验 t 值，*、**、*** 分别表示在 10%、5%、1% 水平上显著。

表 4 – 13　　限制性股票激励效应的 DID 检验（2006 ~ 2020 年）

模型	(1)	(2)	(3)	(4)
变量	*ROA*	*SDROA*	*MER*	*TAT*
TREATED × *T*	0.014 *** (7.14)	−0.002 ** (−1.97)	−0.002 (−1.34)	0.022 *** (3.62)
T	−0.017 *** (−7.04)	0.003 ** (2.42)	0.002 (1.23)	−0.046 *** (−5.13)
TA	0.029 *** (3.76)	−0.016 ** (−2.45)	−0.030 *** (−3.81)	−0.032 (−1.05)
LEV	−0.157 *** (−7.35)	0.078 *** (3.58)	0.024 * (1.66)	0.077 (1.40)
CASHFLOW	0.136 *** (8.03)	0.016 (0.86)	−0.050 *** (−2.83)	0.377 *** (5.21)
MPAY	0.006 (1.47)	0.005 ** (2.16)	0.007 ** (2.45)	0.034 *** (2.67)
MMSR	0.004 (0.32)	0.005 (0.76)	0.015 (1.55)	−0.031 (−0.77)
DUAL	−0.000 (−0.07)	0.002 (1.03)	−0.001 (−0.53)	0.004 (0.28)
BOARD	0.002 (0.62)	−0.001 (−1.16)	−0.001 (−0.94)	0.012 ** (2.37)
INBOARD	−0.010 (−0.28)	−0.005 (−0.22)	−0.007 (−0.23)	0.125 (1.10)
TSS	−0.005 (−1.06)	0.001 (0.64)	0.005 ** (2.20)	0.001 (0.09)
*SHARE*1	0.119 *** (3.11)	−0.032 (−1.35)	−0.073 ** (−2.16)	0.235 (1.63)
POWER_SH	0.010 (0.67)	−0.002 (−0.26)	−0.022 (−1.63)	0.022 (0.57)
INSTITUHP	0.007 (0.46)	0.019 * (1.80)	−0.015 (−1.28)	0.097 * (1.90)

续表

模型	(1)	(2)	(3)	(4)
变量	*ROA*	*SDROA*	*MER*	*TAT*
STATE	-0.000 (-0.02)	0.001 (0.14)	0.002 (0.46)	-0.029 (-1.09)
_CONS	-0.630 *** (-3.64)	0.267 * (1.85)	0.653 *** (4.29)	0.575 (0.80)
N	4 874	4 433	4 874	4 874
adj. R^2	0.181	0.057	0.236	0.104
F	9.535	2.139	15.156	7.703

注：①采用固定效应模型并同时控制年度和行业效应。②*TREATED* 因共线性被计量程序自动删除。③括号内为双尾检验 t 值，*、**、*** 分别表示在 10%、5%、1% 水平上显著。

②股权激励不同方式激励效应持续性

针对股权激励不同方式激励效应持续性，本研究分别以提升经营业绩和降低经营风险的激励效应持续性为例。首先，对提升经营业绩激励效应持续性进行检验。表 4-14 报告了股票期权与限制性股票对经营业绩的持续激励效应 ATT 检验结果，从表 4-14 可以看出，股票期权对提升经营业绩的激励作用可以持续到实施后第 5 年，而限制性股票对提升经营业绩的激励作用可以持续到实施后第 4 年。因此，在未进一步消除前定差异和时间趋势效应之前，股票期权对提升经营业绩的激励效应持续性好于限制性股票。从具体的分布特征上来看，股票期权提升经营业绩的激励效应在前三年基本持平，在实施后的第 3 年达到峰值，随后趋于下降；而限制性股票对提升经营业绩的激励效应在实施后第 1 年达到峰值，随后逐渐降低，但在前三年的激励效应高于股票期权，而在后三年低于股票期权。以上关于股权激励不同方式对提升经营业绩的激励效应持续性分布特征呈现在图 4-7，图中可以清晰地看到，股票期权在实施后第 3 年对提升经营业绩的激励效应在有效期间内达到波峰，而限制性股票在实施后第 3 年激励效应在有效期间内达到波谷，但在实施后的第 3 年之后，两者的差距迅速收窄。为消除前定差异和时间趋势效应对 ATT 值的影响，进一步采用双重差分方法（DID）对股权激励不同方式提升经营业绩的激励效应进行 OLS 的固定效应回归检验，表 4-15 和表 4-16 分别报告了股票期权和限制性股票提升经营业绩的持续激励效应 DID 检验结果。从表 4－15 和表 4－16 可以看出，在消除了前定差异和时间趋势效应之后，股票期权对提升经营业绩的激励效应能持续到实施后第 4 年，而限制性股票对提升经营业绩的激励效应可以持续到实施后第 5 年，这表明，在进一步对激励效应“提纯”后，限制性股票对提升经营业绩的激励效应持续性好于股票期权，但两者持续效应在时间轴上的分布特征未发生改变，依然在实施后第 3 年股票期权激励效应出现波峰，而限制性股票出现波谷。

表 4－14　股权激励不同方式对经营业绩持续激励效应的 ATT 检验（2006～2020 年）

匹配方式/变量	研究期间	B. 股票期权		C. 限制性股票	
		ATT	T 值	ATT	T 值
最近邻匹配					
ROA_{-1}	T－1	0.0005	0.17	0.0008	0.37
ROA_0	T	0.0115	4.08***	0.0127	6.05***
ROA_1	T＋1	0.0109	3.13***	0.0165	6.86***
ROA_2	T＋2	0.0108	2.66***	0.0125	4.39***
ROA_3	T＋3	0.0176	4.54***	0.0072	2.01**
ROA_4	T＋4	0.0109	2.39**	0.0086	1.97**
ROA_5	T＋5	0.0094	1.79*	0.0069	1.43
ROA_6	T＋6	0.0024	0.41	0.0021	0.34
ROA_7	T＋7	0.0064	0.96	0.0004	0.06
半径匹配					
ROA_{-1}	T－1	0.0006	0.20	0.0010	0.50
ROA_0	T	0.0115	4.17***	0.0144	7.53***
ROA_1	T＋1	0.0121	3.54***	0.0160	7.31***
ROA_2	T＋2	0.0115	2.88***	0.0132	5.05***
ROA_3	T＋3	0.0181	4.75***	0.0055	1.65*
ROA_4	T＋4	0.0109	2.43**	0.0073	1.8*
ROA_5	T＋5	0.0092	1.8*	0.0056	1.30

续表

匹配方式/变量	研究期间	B. 股票期权		C. 限制性股票	
		ATT	T值	ATT	T值
ROA_6	T+6	0.0019	0.33	0.0024	0.42
ROA_7	T+7	0.0063	0.97	0.0033	0.48
核匹配					
ROA_{-1}	T-1	0.0002	0.08	0.0010	0.53
ROA_0	T	0.0114	4.13***	0.0144	7.54***
ROA_1	T+1	0.0125	3.65***	0.0156	7.12***
ROA_2	T+2	0.0120	3.00***	0.0131	5.02***
ROA_3	T+3	0.0176	4.58***	0.0055	1.66*
ROA_4	T+4	0.0103	2.28**	0.0078	1.92*
ROA_5	T+5	0.0097	1.88*	0.0055	1.28
ROA_6	T+6	0.0022	0.39	0.0036	0.64
ROA_7	T+7	0.0062	0.95	0.0020	0.30

注：①左侧变量下标-1表示实施前1年，0表示实施当年，1表示实施后第1年，以此类推。②最近邻采用1:5匹配方法并0.01卡尺，半径匹配采用0.01卡尺，核匹配采用二次核0.01带宽。③T值为双尾检验，*、**、***分别表示在10%、5%、1%水平上显著。

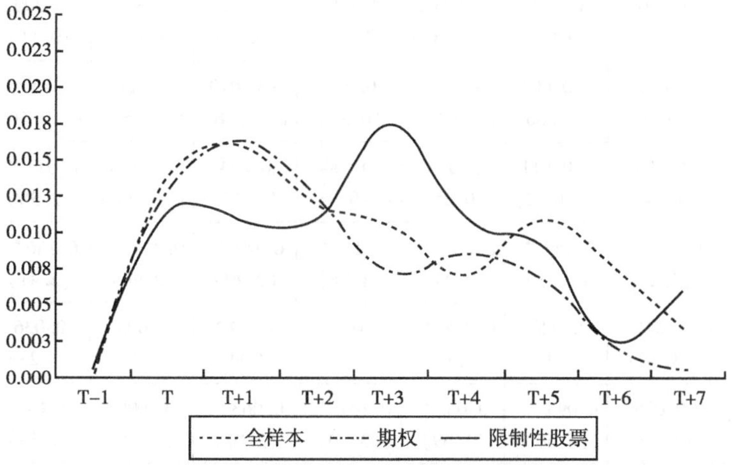

图4-7 全样本与不同方式股权激励效应ATT变化趋势（以最近邻匹配的*ROA*为例）

表4-15 股票期权对经营业绩持续激励效应的DID检验（2006~2020年）

模型序号	(1)	(2)	(3)	(4)	(5)	(6)	(7)	(8)
研究期间	T	T+1	T+2	T+3	T+4	T+5	T+6	T+7
回归变量	ROA_0	ROA_1	ROA_2	ROA_3	ROA_4	ROA_5	ROA_6	ROA_7
TREATED * *T*	0.010*** (3.63)	0.010*** (2.73)	0.010** (2.45)	0.016*** (3.80)	0.013*** (2.98)	0.008 (1.26)	0.002 (0.25)	0.005 (0.76)
T	-0.012*** (-7.19)	-0.013*** (-5.11)	-0.015*** (-6.44)	-0.014*** (-5.10)	-0.019*** (-5.84)	-0.018*** (-4.56)	-0.017*** (-4.53)	-0.021*** (-4.63)
TA	0.024*** (2.77)	-0.012 (-1.30)	-0.018** (-2.05)	-0.048*** (-5.04)	-0.053*** (-4.49)	-0.084*** (-6.44)	-0.091*** (-7.02)	-0.075*** (-4.66)
LEV	-0.113*** (-4.14)	-0.027 (-1.17)	-0.016 (-0.55)	0.024 (0.78)	-0.017 (-0.54)	-0.012 (-0.33)	-0.016 (-0.47)	0.015 (0.37)
CASHFLOW	-0.001 (-0.38)	0.001 (0.11)	0.004 (0.16)	0.047** (2.35)	0.055* (1.87)	0.023 (0.73)	0.035 (1.23)	0.065** (2.21)
MPAY	0.006 (1.33)	0.008 (1.42)	0.007 (1.08)	0.012* (1.71)	0.009 (1.32)	0.004 (0.50)	0.014 (1.43)	0.009 (0.89)
MMSR	-0.027 (-1.59)	0.003 (0.10)	0.030 (0.84)	0.073* (1.96)	0.147*** (2.63)	0.016 (0.25)	0.081 (1.19)	0.010 (0.25)
DUAL	0.010* (1.69)	0.010 (1.19)	0.012** (2.03)	0.015* (1.87)	0.011 (1.18)	-0.004 (-0.52)	-0.002 (-0.18)	-0.022 (-1.15)
BOARD	0.001 (0.80)	0.002 (0.95)	-0.001 (-0.51)	0.000 (0.02)	0.002 (0.78)	0.002 (0.68)	0.000 (0.11)	-0.002 (-0.52)
INBOARD	-0.024 (-0.84)	-0.003 (-0.06)	-0.042 (-0.85)	0.024 (0.33)	-0.010 (-0.16)	-0.112 (-1.55)	-0.049 (-0.56)	0.058 (0.65)
TSS	0.003 (0.80)	-0.011 (-1.32)	0.002 (0.25)	-0.006 (-0.93)	0.004 (0.43)	-0.011 (-1.60)	0.017** (2.38)	0.012 (1.32)
*SHARE*1	0.197*** (4.85)	0.157** (2.53)	0.201*** (3.41)	0.114* (1.78)	0.141** (2.29)	0.211*** (2.66)	0.186** (2.41)	0.157 (1.48)
POWER_SH	0.025 (1.40)	0.029 (1.32)	0.075*** (2.81)	0.042* (1.77)	0.047* (1.88)	0.005 (0.21)	0.036 (1.23)	-0.007 (-0.14)
INSTITUHP	0.025 (1.25)	0.095*** (4.50)	0.055* (1.69)	0.101*** (3.70)	0.063** (2.07)	0.009 (0.22)	0.044 (1.18)	0.077* (1.84)
STATE	0.002 (0.29)	0.010 (0.89)	-0.002 (-0.15)	0.013 (0.59)	0.035 (1.57)	0.008 (0.53)	0.018 (0.98)	0.011 (0.42)

续表

模型序号	(1)	(2)	(3)	(4)	(5)	(6)	(7)	(8)
研究期间	T	T+1	T+2	T+3	T+4	T+5	T+6	T+7
回归变量	ROA_0	ROA_1	ROA_2	ROA_3	ROA_4	ROA_5	ROA_6	ROA_7
_CONS	-0.627*** (-3.16)	0.079 (0.38)	0.182 (0.87)	0.765*** (3.13)	0.868*** (3.02)	1.735*** (5.32)	1.634*** (5.03)	1.372*** (3.91)
N	10 373	9 242	7 991	6 385	5 766	4 684	4 141	3 595
adj. R^2	0.123	0.146	0.158	0.214	0.286	0.290	0.309	0.275
F	7.996	10.534	13.666	16.564	19.851	16.093	19.950	18.831

注：①因变量下标 0 表示实施当年，1 表示实施后第 1 年，以此类推。②采用固定效应模型并同时控制年度和行业效应。③*TREATED* 因不具时变性被计量程序自动删除。④括号内为双尾检验 t 值，*、**、*** 分别表示在 10%、5%、1% 水平上显著。

表 4-16　限制性股票对经营业绩持续激励效应的 DID 检验（2006~2020 年）

模型序号	(1)	(2)	(3)	(4)	(5)	(6)	(7)	(8)
研究期间	T	T+1	T+2	T+3	T+4	T+5	T+6	T+7
回归变量	ROA_0	ROA_1	ROA_2	ROA_3	ROA_4	ROA_5	ROA_6	ROA_7
TREATED * T	0.012*** (7.61)	0.017*** (7.32)	0.015*** (5.11)	0.008** (2.19)	0.009** (2.04)	0.010** (2.03)	0.006 (0.98)	0.004 (0.42)
T	-0.014*** (-5.37)	-0.021*** (-6.10)	-0.029*** (-8.66)	-0.024*** (-5.30)	-0.017*** (-3.23)	-0.020*** (-3.76)	-0.025*** (-4.10)	-0.024*** (-2.80)
TA	0.022*** (3.71)	-0.016** (-2.52)	-0.032*** (-4.40)	-0.051*** (-4.18)	-0.064*** (-4.91)	-0.058*** (-4.29)	-0.066*** (-4.41)	-0.066*** (-3.41)
LEV	-0.140*** (-8.07)	-0.005 (-0.24)	-0.024 (-1.17)	-0.031 (-1.10)	0.015 (0.51)	0.039 (1.23)	0.044 (1.16)	0.034 (0.56)
CASHFLOW	0.125*** (9.18)	0.118*** (6.43)	0.125*** (5.63)	0.020 (0.89)	0.048 (1.48)	-0.013 (-1.54)	0.001 (0.10)	0.099 (1.55)
MPAY	0.010*** (2.67)	0.004 (0.79)	0.002 (0.34)	-0.002 (-0.32)	0.004 (0.49)	-0.002 (-0.30)	0.002 (0.25)	-0.008 (-1.05)
MMSR	0.014 (1.35)	0.038* (1.81)	0.072*** (2.71)	0.092*** (4.21)	0.130*** (4.03)	0.075** (2.02)	-0.036 (-0.81)	0.213** (2.30)
DUAL	0.000 (0.18)	0.004 (1.11)	0.009* (1.96)	0.004 (0.49)	0.010 (1.18)	-0.001 (-0.10)	-0.002 (-0.09)	0.016 (0.89)

续表

模型序号	(1)	(2)	(3)	(4)	(5)	(6)	(7)	(8)
研究期间	T	T+1	T+2	T+3	T+4	T+5	T+6	T+7
回归变量	ROA_0	ROA_1	ROA_2	ROA_3	ROA_4	ROA_5	ROA_6	ROA_7
BOARD	0.003* (1.77)	0.002 (1.07)	-0.002 (-0.99)	-0.001 (-0.34)	-0.002 (-0.59)	-0.003 (-0.86)	-0.002 (-0.36)	0.005 (0.92)
INBOARD	0.015 (0.43)	0.023 (0.53)	-0.088** (-2.22)	0.004 (0.07)	-0.033 (-0.48)	-0.249*** (-3.15)	-0.137 (-1.31)	0.133 (1.10)
TSS	-0.004 (-1.25)	-0.001 (-0.23)	-0.006 (-1.31)	-0.012* (-1.87)	-0.006 (-0.91)	-0.009 (-1.29)	-0.012 (-1.38)	-0.005 (-0.43)
*SHARE*1	0.111*** (3.60)	0.048 (1.35)	0.058 (1.21)	0.090 (1.33)	0.078 (1.12)	0.071 (0.97)	0.216** (2.05)	0.094 (0.95)
POWER_SH	0.010 (1.00)	0.006 (0.50)	0.015 (0.94)	0.045** (2.04)	0.039* (1.68)	-0.035 (-1.36)	0.007 (0.19)	0.007 (0.13)
INSTITUHP	0.028** (2.12)	0.091*** (4.93)	0.109*** (5.13)	0.080*** (3.05)	0.106*** (3.71)	0.110*** (3.31)	0.003 (0.05)	0.099* (1.76)
STATE	0.003 (0.34)	0.005 (0.48)	-0.019 (-1.23)	0.020 (1.25)	-0.045** (-2.16)	-0.026 (-1.62)	-0.005 (-0.18)	0.012 (0.42)
_CONS	-0.601*** (-4.50)	0.265* (1.83)	0.758*** (4.41)	1.173*** (4.16)	1.315*** (4.29)	1.414*** (4.30)	1.460*** (4.36)	1.360*** (3.09)
N	9 774	8 178	7 003	5 160	3 611	2 623	1 885	1 208
adj. R^2	0.150	0.133	0.168	0.188	0.226	0.240	0.241	0.311
F	15.428	16.339	18.159	16.008	15.028	14.548	12.602	12.813

注：①因变量下标0表示实施当年，1表示实施后第1年，以此类推。②采用固定效应模型并同时控制年度和行业效应。③*TREATED*因不具时变性被计量程序自动删除。④括号内为双尾检验t值，*、**、***分别表示在10%、5%、1%水平上显著。

其次，对于股权激励不同方式降低经营风险的持续激励效应，从表4-17报告的ATT值可以看到，股票期权除了在实施后第1年有微弱的证据外，从始至终都没有显著的激励效应，而限制性股票则在实施当年以及实施后第1年和第2年均发挥了显著的激励作用，并在实施后第2年达到峰值，说明限制性股票对降低经营风险具有持续三年的激励效应。为消除前定差异和时间趋势效应对ATT值的影响，进一步采用双重差分方法（DID）对股权激励不同方式降低经营风险的激励效应进行 OLS 固定效应回归检验，表4－18 和表4－19 分别报告了股票期权和限制性股票对降低经营风险持续激励效应的 DID 检验结果。从表4－18 和表4－19 可以看出，在消除了前定差异和时间趋势效应之后，股票期权对降低经营风险依然没有持续激励效应，而限制性股票对降低经营风险的激励效应可以持续到实施后第3年，这表明，在进一步对激励效应“提纯”后，限制性股票对降低经营风险的激励效应持续性至少保持4年，且持续效应在时间轴上的分布特征与 ATT 检验结果相同，依然在实施后第2年达到峰值。综合以上 PSM + DID 检验结果表明，提出的研究假设 H4－4 得到证实，即股票期权和限制性股票对提升经营业绩激励效应均具有持续性，但股票期权对降低经营风险激励效应的持续性弱于限制性股票。

表4－17 股权激励不同方式对经营风险持续激励效应的 ATT 检验（2006～2020年）

匹配方式/变量	研究期间	B. 股票期权		C. 限制性股票	
		ATT	T值	ATT	T值
最近邻匹配					
$SDROA_{-1}$	T－1	－0.0010	－0.47	0.0000	－0.15
$SDROA_0$	T	－0.0030	－1.10	－0.0040	－2.67***
$SDROA_1$	T＋1	－0.0030	－1.24	－0.0050	－3.35***
$SDROA_2$	T＋2	0.0010	0.24	－0.0080	－3.85***
$SDROA_3$	T＋3	－0.0020	－0.56	－0.0040	－1.62
$SDROA_4$	T＋4	－0.0010	－0.30	－0.0020	－0.58
$SDROA_5$	T＋5	－0.0010	－0.19	－0.0020	－0.53
$SDROA_6$	T＋6	0.0000	0.03	－0.0050	－0.99
$SDROA_7$	T＋7	－0.0050	－0.86	－0.0010	－0.20
半径匹配					
$SDROA_{-1}$	T－1	0.0000	－0.19	0.0000	0.17
$SDROA_0$	T	－0.0020	－1.11	－0.0030	－2.36**
$SDROA_1$	T＋1	－0.0040	－1.78*	－0.0060	－4.11***
$SDROA_2$	T＋2	－0.0010	－0.53	－0.0080	－4.20***
$SDROA_3$	T＋3	－0.0020	－0.54	－0.0030	－1.29
$SDROA_4$	T＋4	－0.0030	－0.81	－0.0010	－0.23

续表

匹配方式/变量	研究期间	B. 股票期权		C. 限制性股票	
		ATT	T值	ATT	T值
$SDROA_5$	T+5	-0.0020	-0.65	-0.0020	-0.65
$SDROA_6$	T+6	0.0010	0.31	-0.0050	-1.22
$SDROA_7$	T+7	-0.0030	-0.63	0.0010	0.17
核匹配					
$SDROA_{-1}$	T-1	0.0000	-0.09	0.0000	0.25
$SDROA_0$	T	-0.0020	-1.06	-0.0030	-2.34**
$SDROA_1$	T+1	-0.0040	-1.82*	-0.0060	-4.02***
$SDROA_2$	T+2	-0.0020	-0.61	-0.0080	-4.16***
$SDROA_3$	T+3	-0.0010	-0.49	-0.0030	-1.32
$SDROA_4$	T+4	-0.0030	-0.75	-0.0010	-0.17
$SDROA_5$	T+5	-0.0020	-0.64	-0.0030	-0.75
$SDROA_6$	T+6	0.0020	0.42	-0.0050	-1.29
$SDROA_7$	T+7	-0.0030	-0.68	0.0020	0.27

注：①左侧变量下标-1表示实施前1年，0表示实施当年，1表示实施后第1年，以此类推。②近邻采用1∶5匹配方法并0.01卡尺，半径匹配采用0.01卡尺，核匹配采用二次核0.01带宽。③T值为双尾检验，*、**、***分别表示在10%、5%、1%水平上显著。

表4-18　股票期权对经营风险持续激励效应的DID检验（2006~2020年）

模型序号	(1)	(2)	(3)	(4)	(5)	(6)	(7)	(8)
研究期间	T	T+1	T+2	T+3	T+4	T+5	T+6	T+7
回归变量	$SDROA_0$	$SDROA_1$	$SDROA_2$	$SDROA_3$	$SDROA_4$	$SDROA_5$	$SDROA_6$	$SDROA_7$
$TREATED*T$	-0.001 (-0.67)	-0.003 (-1.00)	0.000 (0.11)	0.001 (0.29)	-0.002 (-0.40)	-0.003 (-0.70)	0.004 (0.75)	-0.003 (-0.49)
T	0.005*** (3.87)	0.007*** (2.81)	0.006*** (2.66)	0.004* (1.76)	-0.000 (-0.06)	-0.003 (-0.83)	-0.002 (-0.56)	0.008* (1.90)
TA	-0.022** (-2.14)	-0.019 (-1.52)	-0.021** (-2.01)	0.000 (0.02)	0.019 (1.61)	0.049*** (3.32)	0.017 (0.90)	-0.019 (-1.46)
LEV	0.062** (2.41)	0.055* (1.69)	0.084** (2.32)	0.025 (0.97)	0.036 (1.07)	0.024 (0.85)	0.052 (1.44)	0.083* (1.92)

续表

模型序号	(1)	(2)	(3)	(4)	(5)	(6)	(7)	(8)
研究期间	T	T+1	T+2	T+3	T+4	T+5	T+6	T+7
回归变量	$SDROA_0$	$SDROA_1$	$SDROA_2$	$SDROA_3$	$SDROA_4$	$SDROA_5$	$SDROA_6$	$SDROA_7$
CASHFLOW	-0.010 (-0.63)	-0.022 (-1.26)	-0.031 (-1.34)	0.004 (0.19)	-0.037 (-1.36)	-0.063* (-1.83)	-0.045 (-1.40)	0.025 (0.61)
MPAY	0.007* (1.68)	0.004 (0.66)	0.008 (1.25)	-0.002 (-0.30)	0.005 (0.70)	0.003 (0.47)	-0.002 (-0.28)	-0.005 (-0.54)
MMSR	0.004 (0.40)	-0.005 (-0.23)	0.022 (0.64)	-0.031 (-1.27)	-0.087** (-2.40)	-0.035 (-0.82)	-0.121*** (-3.19)	-0.104 (-1.17)
DUAL	-0.000 (-0.08)	-0.002 (-0.27)	-0.002 (-0.29)	0.006 (1.04)	0.000 (0.02)	0.017** (2.56)	0.004 (0.54)	0.018 (0.90)
BOARD	-0.001 (-0.96)	-0.002 (-1.30)	-0.002 (-1.36)	-0.003* (-1.92)	-0.001 (-0.40)	-0.003* (-1.73)	-0.002 (-0.78)	0.001 (0.34)
INBOARD	0.008 (0.39)	0.010 (0.27)	0.049 (1.22)	-0.020 (-0.45)	-0.016 (-0.37)	-0.029 (-0.70)	-0.022 (-0.38)	0.108 (1.38)
TSS	-0.002 (-0.80)	-0.001 (-0.23)	-0.005 (-0.98)	-0.001 (-0.21)	0.002 (0.24)	0.001 (0.10)	0.000 (0.02)	-0.010 (-1.11)
SHARE1	0.018 (0.43)	-0.008 (-0.12)	-0.065 (-1.27)	-0.057 (-1.25)	-0.113** (-2.10)	-0.229*** (-3.37)	-0.221*** (-3.30)	-0.159* (-1.65)
POWER_SH	0.008 (0.79)	0.030 (1.50)	0.004 (0.23)	0.001 (0.08)	-0.025 (-0.98)	-0.027 (-1.15)	-0.033 (-1.48)	-0.069* (-1.73)
INSTITUHP	0.027** (2.10)	-0.016 (-0.86)	-0.003 (-0.15)	-0.045** (-1.98)	-0.068** (-1.99)	-0.030 (-1.06)	-0.003 (-0.10)	-0.001 (-0.02)
STATE	0.008 (1.04)	-0.027*** (-2.58)	-0.019** (-2.22)	-0.008 (-1.56)	-0.014* (-1.67)	-0.017** (-2.06)	-0.005 (-0.70)	0.007 (0.72)
_CONS	0.361 (1.43)	0.390 (1.21)	0.390 (1.54)	0.142 (0.89)	-0.371 (-1.38)	-0.940*** (-2.87)	-0.173 (-0.42)	0.579* (1.92)
N	4 178	3 710	2 992	2 452	2 076	1 774	1 522	1 306
adj. R^2	0.084	0.091	0.091	0.084	0.098	0.148	0.124	0.129
F	2.390	2.202	2.812	2.664	2.252	3.231	3.210	2.757

注：①因变量下标 0 表示实施当年，1 表示实施后第 1 年，以此类推。②采用固定效应模型并同时控制年度和行业效应。③*TREATED* 因不具时变性被计量程序自动删除。④括号内为双尾检验 t 值，*、**、*** 分别表示在 10%、5%、1% 水平上显著。

表 4-19　限制性股票对经营风险持续激励效应的 DID 检验（2006~2020 年）

模型序号	(1)	(2)	(3)	(4)	(5)	(6)	(7)	(8)
研究期间	T	T+1	T+2	T+3	T+4	T+5	T+6	T+7
回归变量	$SDROA_0$	$SDROA_1$	$SDROA_2$	$SDROA_3$	$SDROA_4$	$SDROA_5$	$SDROA_6$	$SDROA_7$
*TREATED * T*	-0.003*** (-3.26)	-0.006*** (-3.81)	-0.007*** (-3.27)	-0.005* (-1.72)	-0.002 (-0.61)	-0.003 (-0.86)	-0.004 (-0.89)	-0.002 (-0.32)
T	0.009*** (6.30)	0.016*** (7.21)	0.025*** (8.56)	0.023*** (6.23)	0.022*** (4.73)	0.023*** (5.04)	0.027*** (6.55)	0.031*** (4.59)
TA	-0.013** (-2.34)	-0.012** (-2.17)	-0.021*** (-3.09)	0.004 (0.43)	0.004 (0.36)	0.014 (1.42)	0.008 (0.50)	-0.024 (-1.48)
LEV	0.050*** (3.38)	0.034* (1.95)	0.042** (2.23)	0.012 (0.59)	-0.040 (-1.52)	0.046 (1.59)	0.023 (0.61)	0.084 (1.62)
CASHFLOW	0.023 (1.25)	0.006 (0.44)	-0.012 (-0.72)	0.008 (0.42)	0.003 (0.12)	0.001 (0.03)	-0.012 (-0.37)	-0.044 (-1.01)
MPAY	0.005* (1.77)	0.004 (1.17)	-0.003 (-0.81)	0.001 (0.23)	0.005 (0.82)	-0.010 (-1.49)	-0.004 (-0.50)	-0.009 (-0.89)
MMSR	-0.012* (-1.75)	-0.011 (-0.82)	0.022 (1.22)	0.001 (0.03)	-0.019 (-0.99)	-0.010 (-0.40)	0.011 (0.33)	0.001 (0.03)
DUAL	0.001 (0.47)	0.002 (0.54)	-0.002 (-0.37)	-0.008 (-1.35)	-0.006 (-0.85)	0.005 (1.08)	-0.001 (-0.11)	-0.012 (-0.81)
BOARD	0.001 (1.33)	0.001 (0.33)	0.001 (0.61)	0.001 (0.74)	0.003 (1.19)	0.000 (0.11)	0.000 (0.09)	-0.003 (-0.84)
INBOARD	0.016 (0.64)	-0.002 (-0.06)	-0.008 (-0.19)	-0.013 (-0.31)	0.030 (0.67)	0.075 (1.32)	0.158* (1.74)	0.144 (0.99)
TSS	0.001 (0.67)	0.002 (1.02)	0.001 (0.30)	0.001 (0.26)	0.001 (0.30)	0.012** (2.26)	0.009 (1.25)	0.021* (1.95)
SHARE1	0.003 (0.17)	-0.050* (-1.85)	-0.051 (-1.36)	-0.053 (-1.63)	-0.027 (-0.65)	-0.044 (-0.87)	-0.072 (-1.22)	-0.174* (-1.77)
POWER_SH	0.005 (0.78)	-0.009 (-1.24)	-0.025** (-2.26)	-0.028** (-2.10)	-0.021 (-1.24)	-0.013 (-0.64)	-0.013 (-0.64)	-0.050 (-1.54)
INSTITUHP	0.002 (0.24)	0.001 (0.08)	0.013 (0.85)	-0.011 (-0.60)	-0.004 (-0.19)	-0.005 (-0.21)	0.008 (0.22)	0.058 (1.17)
STATE	0.001 (0.08)	-0.007 (-0.80)	0.011 (0.94)	-0.011 (-1.28)	-0.014 (-0.83)	0.016 (1.05)	0.013 (1.17)	-0.024 (-1.39)

续表

模型序号	(1)	(2)	(3)	(4)	(5)	(6)	(7)	(8)
研究期间	T	T+1	T+2	T+3	T+4	T+5	T+6	T+7
回归变量	$SDROA_0$	$SDROA_1$	$SDROA_2$	$SDROA_3$	$SDROA_4$	$SDROA_5$	$SDROA_6$	$SDROA_7$
_CONS	0.194 (1.47)	0.210* (1.67)	0.502*** (3.19)	-0.081 (-0.45)	-0.142 (-0.68)	-0.228 (-1.02)	-0.187 (-0.51)	0.599 (1.57)
N	7 933	6 774	5 442	4 226	3 062	2 128	1 530	828
adj. R^2	0.061	0.053	0.081	0.085	0.101	0.136	0.145	0.184
F	4.027	4.807	5.432	5.686	4.956	5.859	5.016	3.381

注：①因变量下标 0 表示实施当年，1 表示实施后第 1 年，以此类推。②采用固定效应模型并同时控制年度和行业效应。③*TREATED* 因不具时变性被计量程序自动删除。④括号内为双尾检验 t 值，*、**、*** 分别表示在 10%、5%、1% 水平上显著。

（3）偏好反转前后股权激励不同方式激励效应

前文已验证，无论是短期还是长期激励效应，限制性股票都在总体上好于股票期权，那么，股票期权方式和限制性股票方式的激励效应在不同的经济形势下是否会有所不同呢？下文将把 2006～2020 年的全样本时间窗口按照股权激励方式选择偏好反转前后的 2006～2012 年和 2013～2020 年的两个时期阶段划分成两个子样本，继续使用 PSM + DID 检验方法对研究假设 H4-5 和假设 H4-6 进行 ATT 和 DID 检验。表 4-20 报告了股权激励方式选择偏好反转之前的 2006～2012 年两种不同激励方式激励效应的 ATT 检验结果，从表 4-20 可以看到，股票期权方式除了对提升经营业绩和降低隐性代理成本存在显著的激励作用外，对降低经营风险和显性代理成本均不具有显著的激励作用，而与之相对的限制性股票方式仅在降低显性代理成本上不存在显著的激励作用外，在提升经营业绩、降低经营风险和降低隐性代理成本方面均发挥了显著的激励作用，但在提升经营业绩上的激励作用低于股票期权方式，由此可知，倾向得分匹配的 ATT 检验结果仅对研究假设 H4-5 提供了部分初步证据。为了剔除匹配效率可能不足而使 ATT 结果中混杂实施组与控制组样本之间的前定差异和时间趋势效应，进一步采用双重差分法进行 OLS 回归分析，分别对股票期权和限制性股票方式进行双重差分（DID）检验，结果列示于表 4-21 和表 4-22（采用固定效应模型），从表 4-21

和表4－22的比较中可以看到，在剔除了实施组与控制组样本的前定差异和时间趋势效应后，股权激励方式选择偏好反转之前的2006～2012年，股票期权方式除了在降低经营风险方面不具有显著的激励作用外，在提升经营业绩、降低显性与隐性代理成本方面均发挥了显著的激励作用；与此同时，限制性股票方式在提升经营业绩、降低经营风险和显性与隐性代理成本方面都发挥了显著的激励作用，但在提升经营业绩方面的激励作用上，无论是激励效应水平值还是显著性水平都略低股票期权方式。可见，本研究假设H4－5只在部分得以证实，即在经济形势上行期，股票期权方式对提升企业经营业绩的激励作用总体上略好于限制性股票方式，但降低经营风险、降低显性和隐性代理成本的作用弱于限制性股票方式。

表4－20　偏好反转前股权激励不同方式激励效应的ATT检验（2006～2012年）

变量	匹配方式	股票期权激励方式			限制性股票激励方式		
		ATT	标准误	T值	ATT	标准误	T值
ROA	匹配前	0.0401	0.0048	8.27***	0.0452	0.0063	7.13***
	最近邻匹配	0.0162	0.0051	3.15***	0.0136	0.0060	2.26**
	半径匹配	0.0147	0.0050	2.95***	0.0137	0.0056	2.47**
	核匹配	0.0145	0.0050	2.9***	0.0137	0.0056	2.45**
SDROA	匹配前	－0.0054	0.0032	－1.66*	－0.0083	0.0040	－2.08**
	最近邻匹配	－0.0043	0.0032	－1.34	－0.0114	0.0027	－4.14***
	半径匹配	－0.0048	0.0033	－1.48	－0.0120	0.0026	－4.62***
	核匹配	－0.0050	0.0033	－1.53	－0.0123	0.0026	－4.67***
MER	匹配前	0.0124	0.0061	2.02**	0.0168	0.0076	2.19**
	最近邻匹配	－0.0089	0.0080	－1.11	－0.0192	0.0081	－2.37**
	半径匹配	－0.0033	0.0073	－0.45	－0.0103	0.0073	－1.41
	核匹配	－0.0036	0.0074	－0.49	－0.0101	0.0073	－1.38
TAT	匹配前	0.0100	0.0447	0.22	－0.0117	0.0597	－0.20
	最近邻匹配	0.1382	0.0523	2.64***	0.1513	0.0565	2.68***
	半径匹配	0.1239	0.0491	2.52**	0.1326	0.0531	2.5**
	核匹配	0.1215	0.0493	2.46**	0.1336	0.0535	2.5**

注：①为减少匹配样本损失，尽可能保留有效匹配样本，最近邻采用1∶5、卡尺0.01的设定条件进行匹配，半径匹配采用0.01卡尺设定条件进行匹配，核匹配采用0.01带宽设定条件进行匹配。②*、**、***分别表示在10%、5%、1%水平上显著。

表4-21　偏好反转前股票期权激励效应的DID检验（2006~2012年）

模型	(1)	(2)	(3)	(4)
变量	*ROA*	*SDROA*	*MER*	*TAT*
TREATED×*T*	0.014*** (3.72)	0.005 (1.41)	-0.007** (-2.13)	0.036** (2.03)
T	-0.015*** (-4.86)	0.000 (0.21)	0.011*** (3.21)	-0.022 (-1.06)
TA	-0.003 (-0.20)	-0.022 (-1.29)	-0.020** (-2.36)	-0.185*** (-3.59)
LEV	-0.072 (-1.44)	0.087 (1.44)	0.021 (0.94)	0.132 (1.17)
CASHFLOW	0.094*** (2.97)	-0.024 (-0.94)	-0.047* (-1.86)	0.153 (1.40)
MPAY	0.010** (2.02)	-0.000 (-0.09)	-0.005 (-0.98)	0.056 (1.62)
MMSR	-0.010 (-0.38)	0.043* (1.76)	0.006 (0.26)	-0.165 (-0.91)
DUAL	0.005 (1.04)	0.005 (1.36)	0.012** (2.02)	0.023 (0.67)
BOARD	0.001 (0.32)	0.000 (0.21)	0.001 (0.47)	0.005 (0.54)
INBOARD	0.013 (0.23)	0.016 (0.50)	0.020 (0.58)	-0.066 (-0.28)
TSS	0.005 (0.81)	-0.012* (-1.76)	0.007 (1.32)	-0.008 (-0.69)
*SHARE*1	0.194* (1.80)	-0.100 (-1.34)	-0.123 (-1.46)	0.870** (2.55)
POWER_SH	0.007 (0.32)	0.016 (0.78)	-0.041 (-1.35)	-0.023 (-0.12)
INSTITUHP	0.053** (2.57)	-0.007 (-0.44)	-0.035 (-1.33)	0.107 (0.91)
STATE	0.013 (0.62)	0.002 (0.56)	0.003 (0.44)	-0.081 (-1.51)

续表

模型	(1)	(2)	(3)	(4)
变量	*ROA*	*SDROA*	*MER*	*TAT*
_CONS	-0.145 (-0.47)	0.531 (1.40)	0.620*** (2.90)	3.464*** (2.98)
N	1 257	1 114	1 257	1 257
adj. R^2	0.286	0.153	0.095	0.275
F	7.189	1.360	2.800	12.201

注：①采用固定效应模型并同时控制年度和行业效应。②*TREATED* 因共线性被计量程序自动删除。③括号内为双尾检验 t 值，*、**、*** 分别表示在 10%、5%、1% 水平上显著。

表 4-22　　偏好反转前限制性股票激励效应的 DID 检验（2006~2012 年）

模型	(1)	(2)	(3)	(4)
变量	*ROA*	*SDROA*	*MER*	*TAT*
TREATED × T	0.013*** (3.49)	-0.004* (-1.66)	-0.008** (-1.98)	0.041* (1.90)
T	-0.021*** (-4.70)	-0.002 (-0.71)	0.014*** (4.05)	-0.043*** (-2.78)
TA	-0.018 (-1.16)	-0.008 (-0.64)	-0.036*** (-4.10)	-0.236*** (-4.91)
LEV	0.044 (1.16)	0.046* (1.92)	-0.001 (-0.02)	0.532*** (2.75)
CASHFLOW	0.110*** (3.06)	-0.009 (-0.54)	-0.046* (-1.76)	0.270 (1.62)
MPAY	0.000 (0.08)	0.001 (0.20)	0.009** (2.16)	-0.015 (-0.72)
MMSR	0.014 (0.45)	-0.028** (-2.25)	-0.008 (-0.26)	-0.240 (-1.02)
DUAL	-0.003 (-0.33)	-0.002 (-0.47)	-0.005 (-0.61)	0.055 (1.06)
BOARD	-0.001 (-0.30)	0.001 (1.12)	0.005* (1.84)	0.009 (0.50)
INBOARD	0.009 (0.13)	-0.001 (-0.04)	0.077 (1.48)	0.330 (1.03)

续表

模型	(1)	(2)	(3)	(4)
变量	*ROA*	*SDROA*	*MER*	*TAT*
TSS	0.007 (0.73)	-0.008** (-2.47)	0.004 (0.50)	0.016 (0.58)
SHARE1	0.047 (0.99)	0.012 (0.41)	-0.192*** (-3.43)	0.021 (0.08)
POWER_SH	-0.041 (-1.58)	-0.008 (-0.45)	0.062 (1.19)	-0.447** (-2.20)
INSTITUHP	0.079*** (2.66)	0.016 (0.85)	-0.040 (-1.46)	0.354** (2.25)
STATE	-0.005 (-0.93)	0.001 (0.32)	0.021 (1.22)	0.034 (0.86)
_CONS	0.403 (1.29)	0.198 (0.79)	0.696*** (3.97)	5.593*** (5.58)
N	712	634	712	712
adj. R^2	0.239	0.059	0.185	0.260
F	7.259	2.084	5.896	6.230

注：①采用固定效应模型并同时控制年度和行业效应。②*TREATED* 因共线性被计量程序自动删除。③括号内为双尾检验t值，*、**、***分别表示在10%、5%、1%水平上显著。

而在股权激励方式选择偏好反转之后的2013~2020年，列示于表4-23的ATT检验结果表明，股票期权方式仅对提升经营业绩具有显著的激励作用，其他绩效维度未见激励效应，但限制性股票方式除了在降低显性代理成本未能发挥显著激励作用外，在提升经营业绩、降低经营风险和降低隐性代理成本方面均发挥了显著的激励作用，对假设H4-6提供了很强的初步证据。为了剔除匹配效率可能不足而使ATT结果中混杂实施组与控制组样本之间的前定差异和时间趋势效应，进一步采用双重差分法进行OLS回归分析，分别对股票期权和限制性股票方式进行双重差分（DID）检验，结果列示于表4-24和表4-25（采用固定效应模型），从表4-24和表4-25的比较中可以看到，在剔除了实施组与控制组样本的前定差异和时间趋势效应后，限制性股票方式在提升经营业绩、降低经营风险和降低代理成本方面均具有显著的激励作用，而且均明显好于股票期权方式。可见，本研究假设 H4－6 得以证实，即在经济形势下行期，限制性股票对提升企业经营业绩、降低经营风险和降低代理成本在总体上好于股票期权。同时，结合前文表 4－21 和表 4－22 显示的限制性股票对降低经营风险的激励作用好于股票期权方式和表 4－24 和表 4－25 也显示限制性股票对降低经营风险的激励作用好于股票期权方式的结论可知，无论经济形势是否有利，限制性股票对降低经营风险的激励作用始终好于股票期权。

表 4－23　偏好反转后股权激励不同方式激励效应的 ATT 检验（2013～2020 年）

变量	匹配方式	股票期权激励方式			限制性股票激励方式		
		ATT	标准误	T 值	ATT	标准误	T 值
ROA	匹配前	0.0197	0.0034	5.86***	0.0347	0.0019	18.39***
	最近邻匹配	0.0107	0.0037	2.88***	0.0149	0.0022	6.9***
	半径匹配	0.0103	0.0033	3.1***	0.0153	0.0020	7.77***
	核匹配	0.0099	0.0033	2.98***	0.0153	0.0020	7.77***
SDROA	匹配前	－0.0013	0.0023	－0.58	－0.0047	0.0012	－3.81***
	最近邻匹配	－0.0005	0.0025	－0.22	－0.0042	0.0012	－3.4***
	半径匹配	－0.0015	0.0023	－0.65	－0.0049	0.0012	－4.27***
	核匹配	－0.0014	0.0023	－0.58	－0.0049	0.0012	－4.2***
MER	匹配前	0.0042	0.0040	1.05	0.0075	0.0023	3.24***
	最近邻匹配	0.0044	0.0041	1.06	0.0000	0.0025	0.02
	半径匹配	0.0029	0.0039	0.75	0.0007	0.0024	0.29
	核匹配	0.0033	0.0039	0.84	0.0005	0.0024	0.22
TAT	匹配前	0.0264	0.0244	1.08	0.0568	0.0136	4.17***
	最近邻匹配	0.0336	0.0262	1.28	0.0558	0.0148	3.77***
	半径匹配	0.0470	0.0242	1.95*	0.0526	0.0141	3.73***
	核匹配	0.0468	0.0242	1.93*	0.0535	0.0142	3.77***

注：①因反转前后股权激励方式实施样本数量大幅增减，为减少匹配样本损失，尽可能保留有效匹配样本，最近邻采用 1∶5、卡尺 0.01 的设定条件进行匹配，半径匹配采用 0.01 卡尺设定条件进行匹配，核匹配采用 0.01 的带宽设定条件进行匹配。②*、**、*** 分别表示在 10%、5%、1% 水平上显著。

表 4－24　　偏好反转后股票期权激励效应的 DID 检验（2013～2020 年）

模型	(1)	(2)	(3)	(4)
变量	*ROA*	*SDROA*	*MER*	*TAT*
TREATED×*T*	0.011*** (2.98)	－0.001 (－0.57)	－0.002 (－0.92)	0.027** (2.56)
T	－0.015*** (－6.04)	0.004** (2.41)	0.002 (1.16)	－0.039*** (－4.95)
TA	0.043*** (3.63)	－0.017* (－1.83)	－0.040*** (－2.97)	－0.008 (－0.16)
LEV	－0.146*** (－4.11)	0.025 (1.19)	0.025 (0.75)	0.234** (2.13)
CASHFLOW	0.073*** (3.16)	0.036** (2.39)	－0.049** (－2.35)	0.275*** (3.17)
MPAY	0.000 (0.01)	0.004 (1.06)	－0.007 (－0.95)	0.060*** (2.75)
MMSR	－0.027 (－0.89)	－0.002 (－0.25)	0.012 (1.01)	－0.045 (－0.72)
DUAL	0.006 (0.74)	－0.007 (－1.16)	－0.003 (－0.62)	－0.019 (－1.17)
BOARD	－0.001 (－0.30)	0.000 (0.03)	0.003** (1.98)	－0.008 (－1.27)
INBOARD	－0.037 (－0.92)	0.041* (1.68)	0.007 (0.19)	－0.093 (－0.62)
TSS	0.000 (0.08)	0.002 (1.24)	－0.007** (－2.58)	0.011 (1.08)
*SHARE*1	0.219*** (3.96)	0.028 (0.60)	－0.115 (－1.39)	0.570* (1.93)
POWER_SH	0.028 (1.18)	0.008 (0.67)	－0.017 (－0.90)	0.061 (0.81)
INSTITUHP	－0.033 (－1.07)	0.015 (0.99)	－0.016 (－0.74)	0.103 (1.27)

续表

模型	(1)	(2)	(3)	(4)
变量	*ROA*	*SDROA*	*MER*	*TAT*
STATE	-0.002 (-0.17)	-0.001 (-0.27)	0.023** (2.24)	-0.041 (-1.20)
_CONS	-0.902*** (-3.44)	0.297 (1.29)	1.108*** (2.88)	-0.370 (-0.32)
N	3 287	3 135	3 287	3 287
adj. R^2	0.136	0.061	0.264	0.100
F	5.413	1.812	8.009	5.561

注：①采用固定效应模型并同时控制年度和行业效应。②*TREATED* 因共线性被计量程序自动删除。③括号内为双尾检验 t 值，*、**、*** 分别表示在 10%、5%、1% 水平上显著。

表 4-25　偏好反转后限制性股票激励效应的 DID 检验（2013～2020 年）

模型	(1)	(2)	(3)	(4)
变量	*ROA*	*SDROA*	*MER*	*TAT*
TREATED×T	0.013*** (7.81)	-0.007*** (-3.30)	-0.002 (-1.19)	0.022*** (4.22)
T	-0.014*** (-10.60)	0.000 (0.19)	0.001 (0.58)	-0.029*** (-6.27)
TA	0.025*** (4.01)	0.004 (0.58)	-0.024*** (-3.62)	-0.066** (-2.42)
LEV	-0.136*** (-8.17)	0.023 (1.24)	0.014 (1.16)	0.085* (1.75)
CASHFLOW	0.139*** (9.47)	0.017 (0.81)	-0.039*** (-4.09)	0.389*** (5.20)
MPAY	0.009** (2.36)	0.004 (0.99)	0.005 (1.59)	0.059*** (4.08)
MMSR	0.009 (0.88)	-0.000 (-0.01)	0.020* (1.66)	-0.033 (-0.91)
DUAL	0.001 (0.37)	-0.003 (-0.75)	-0.000 (-0.06)	0.001 (0.09)

续表

模型	(1)	(2)	(3)	(4)
变量	*ROA*	*SDROA*	*MER*	*TAT*
BOARD	0.003 (1.50)	0.001 (0.69)	-0.001 (-1.03)	0.007 (1.44)
INBOARD	-0.007 (-0.20)	0.020 (0.46)	0.001 (0.03)	0.001 (0.01)
TSS	-0.004 (-1.15)	-0.002 (-0.71)	0.002 (1.35)	-0.000 (-0.00)
*SHARE*1	0.081*** (2.64)	-0.015 (-0.50)	-0.054* (-1.78)	0.128 (0.99)
POWER_SH	0.012 (1.14)	0.007 (0.57)	-0.014* (-1.69)	0.013 (0.38)
INSTITUHP	0.019 (1.48)	-0.025 (-1.58)	-0.011 (-0.92)	0.085* (1.76)
STATE	-0.005 (-0.49)	0.001 (0.14)	0.005 (1.10)	-0.038 (-1.48)
_CONS	-0.622*** (-4.49)	-0.127 (-0.78)	0.561*** (4.23)	1.016 (1.54)
N	8 850	8 247	8 850	8 850
adj. R^2	0.158	0.012	0.225	0.112
F	16.690	1.467	20.401	11.251

注：①采用固定效应模型并同时控制年度和行业效应。②*TREATED* 因共线性被计量程序自动删除。③括号内为双尾检验 t 值，*、**、*** 分别表示在 10%、5%、1% 水平上显著。

4.4.4 稳健性检验

为了确认前文研究结论的稳健性，在此将前文检验的经营业绩、经营风险、显性代理成本和隐性代理成本表征变量分别由总资产净利率 *ROA* 替换为净资产收益率 *ROE*、总资产净利率波动率 *SDROA* 替换为净资产收益率波动率 *SDROE*、管理费用率 *MER* 替换为销售管理费用率 *OER*，依次进行上文中的倾向得分匹配法（PSM）的 ATT 检验和双重差分（DID）检验，结果表明，前文所得结论基本不变。首先，本研究还通过更换倾向得分匹配的卡尺为 0.02、0.03、0.04 和 0.05 等数量级、采用 1∶1 抽样和 1∶1 无放回抽样的匹配方法，重复上文模型的实证检验，所得结果均与上文结论基本一致。其次，为了避免匹配维度过多可能带来的偏差以及为了与现有文献中常见实证模型检验结果进行比较，本研究还通过删除销售收入增长率 *ORGR*、现金流约束 *CASHFLOW*、上市公司所属资本市场板块 *MARKET*、监事会规模 *TSS* 等几个匹配变量后再进行倾向得分匹配，其所得结果对应结论也基本不变。最后，本研究还对股权激励不同方式在偏好反转前后期间的激励效应持续性进行了检验，结果同样表明，限制性股票明显优于股票期权方式。可见，前文所得结论总体上是稳健的。限于篇幅，以上多种方式的稳健性检验结果未予列示。

4.5　进一步研究

前文关于股权激励方式激励效应的实证检验是在总体上对全样本和分阶段的子样本进行的，未能对上市公司个体特征多个维度的异质性影响予以关注，所得结论可能还不足以完整揭示股权激励及其方式选择偏好对激励效应的影响。因此，本研究进一步参照现有文献的多维度检验视角（陈文强，2016；陈文强，2017；屈恩义和朱方明，2017；华玉昆，2020），分别从上市公司产权性质、行业不同生产要素密集程度和竞争强度异质性、股权激励业绩考核基准的不同等方面进一步展开倾向得分法的 ATT 检验，以在微观层面更全面地把握股权激励不同方式的激励效应。结果表明：（1）产权性质的影响。无论是股票期权还是限制性股票方式，在非国有控股企业中的激励效应均好于国有控股企业，且限制性股票方式的激励效应好于股票期权方式。（2）行业不同生产要素密集程度和竞争强度异质性的影响。首先，股票期权方式仅对技术密集型行业有较好的业绩提升作用，在资本密集型行业和劳动密集型行业未发现明显的激励作用；限制性股票方式对劳动密集型和技术密集型行业均有显著的激励作用，但对资本密集型行业激励效应偏弱，仅在提升经营业绩方面存在显著激励作用。其次，股票期权方式无论对低竞争行业还是高竞争行业，激励作用都不太明显，而限制性股票除了在高竞争行业降低显性代理成本不存在显著激励作用外，对提升经营业绩、降低经营风险和降低隐性代理成本均具有显著的激励作用，可见，限制性股票方式的激励作用仍然强于股票期权方式，且在高竞争性行业采用限制性股票的激励作用最好。（3）股权激励业绩考核基准不同的影响。首先，无论是股票期权方式还是限制性股票方式，都在采用相对业绩考核基准时具有更好的激励效应，甚至在非相对业绩考核时不具有明显的激励作用。其次，在相对业绩考核的前提下，股票期权与限制性股票方式在提升经营业绩和降低经营风险的激励作用强度上难分伯仲，说明相对业绩考核在很大程度上消除了股权激励方式激励效应的差异。当然，需要指出的是，在非相对业绩考核时，限制性股票方式也能产生降低经营风险的激励作用，但股票期权方式则在所有检验变量上不显著。可见，如果不考虑业绩考核基准的设定基础，则总体上而言，限制性股票方式的激励作用总是好于股票期权方式，但在采用行业相对业绩考核基准时，两种股权激励方式激励效应相差无几，这意味着，如果采用行业相对业绩考核基准，不考虑收益与风险对称性和其他条件一定的情况下，则上市公司采用何种股权激励方式将变得不再那么重要。限于篇幅，以上结论中仅报告股权激励业绩考核基准不同的检验结果如表4-26所示。

表4-26　相对业绩考核基准对股权激励不同方式激励效应的影响（2006~2020年）

变量	期权激励方式				限制性股票激励方式			
	A. 非相对业绩		B. 相对业绩		C. 非相对业绩		D. 相对业绩	
	ATT	T值	ATT	T值	ATT	T值	ATT	T值
最近邻匹配								
ROA	0.000	-0.08	0.019	5.07***	-0.001	-0.45	0.017	7.21***
ROE	0.001	0.15	0.035	5.43***	0.001	0.10	0.037	9.58***
SDROA	-0.001	-0.17	-0.014	-6.06***	-0.007	-3.49***	-0.011	-7.21***
SDROE	-0.005	-0.65	-0.016	-2.93***	-0.015	-3.16***	-0.017	-6.04***
MER	0.005	0.80	0.005	1.06	-0.001	-0.30	0.002	0.54
OER	0.012	1.27	0.014	1.61	-0.002	-0.27	0.006	0.99
TAT	0.039	1.28	0.106	3.16***	0.030	1.56	0.073	3.91***
OPP	-20.676	-0.77	-37.578	-1.56	-29.584	-1.92*	-26.687	-3.07***

续表

变量	期权激励方式				限制性股票激励方式			
	A. 非相对业绩		B. 相对业绩		C. 非相对业绩		D. 相对业绩	
	ATT	T值	ATT	T值	ATT	T值	ATT	T值
半径匹配								
ROA	-0.001	-0.40	0.019	5.7***	0.000	-0.06	0.019	8.95***
ROE	-0.005	-0.62	0.037	6.56***	0.002	0.42	0.034	9.47***
SDROA	-0.001	-0.37	-0.016	-7.66***	-0.008	-4.6***	-0.011	-7.4***
SDROE	-0.004	-0.55	-0.020	-3.62***	-0.017	-3.85***	-0.018	-5.51***
MER	0.003	0.63	0.000	0.04	0.000	0.12	0.000	0.09
OER	0.012	1.35	0.006	0.67	0.000	0.06	0.002	0.32
TAT	0.039	1.37	0.085	2.64***	0.011	0.60	0.079	4.34***
OPP	-30.611	-1.23	-52.608	-2.41**	-27.861	-1.96**	-38.966	-3.56***
核匹配								
ROA	-0.001	-0.38	0.018	5.57***	0.000	-0.09	0.019	8.71***
ROE	-0.005	-0.64	0.036	6.3***	0.002	0.44	0.035	9.48***
SDROA	-0.001	-0.36	-0.015	-7.47***	-0.008	-4.5***	-0.010	-7.25***
SDROE	-0.004	-0.55	-0.019	-3.38***	-0.016	-3.73***	-0.018	-5.46***
MER	0.003	0.62	0.001	0.10	0.000	0.06	0.001	0.16
OER	0.012	1.33	0.005	0.62	0.000	-0.04	0.002	0.31
TAT	0.040	1.41	0.085	2.63***	0.012	0.63	0.079	4.33***
OPP	-32.535	-1.30	-53.798	-2.45**	-28.316	-1.99**	-38.308	-3.48***

注：①为减少匹配样本损失，尽可能保留有效匹配样本，最近邻采用1：5、卡尺0.01的设定条件进行匹配，半径匹配采用0.01卡尺设定条件进行匹配，核匹配采用0.01带宽设定条件进行匹配。②*、**、***分别表示在10%、5%、1%水平上显著。

4.6 本章小结

股权激励效应一直是企业理论与实证研究的热点问题，大量的文献对此进行了实证检验，对股权激励的整体激励效应提供了丰富的经验证据，但研究结论存在很大分歧，这种分歧可能与研究样本的取样时间窗口及与此有关的激励方式选择偏好反转现象的忽视有关。一方面现有研究过于重视从总体上进行股权激励效应检验而不太重视具体的激励方式激励效应研究，另一方面则是针对中国上市公司股权激励效应的现有实证研究往往专注于较短时间窗口的样本，忽视了长期时间窗口下股权激励实践模式的动态变化，比如忽视了股权激励方式选择偏好在长期视域下出现反转的现象对股权激励及其不同方式激励效应的影响。本章在承继前人研究的基础上，选择2006~2020年长期时间窗口下的中国上市公司数据，采用能有效消除样本自选择内生性问题的倾向得分匹配法和双重差分法相结合的研究方法（PSM+DID），对股权激励和不同方式及其偏好反转前后不同情景下的子样本进行实证检验，试图为不同研究结论找出其与特定情景的对应关系，进而从情景变迁角度弥合分歧。通过对股权激励及其不同方式激励效应进行多维度实证检验的结果表明，在长期视域下，股权激励总体上有效，与主流文献研究结论一致，但股权激励方式的激励效应与现有大部分研究认为股票期权方式优于限制性股票方式的结论不同，本章发现，除了在采用行业相对业绩考核的情况下，限制性股票方式无论在总体上还是在股权激励方式选择偏好反转前后的不同阶段，其激励作用始终好于股票期权方式，特别是在降低企业经营风险方面的激励作用更为明显，在各种情景下始终具有稳健性。总的来看，本章的理论假设基本得以证实，相关结论为全面理解股权激励方式选择动因及其偏好反转背后的理论逻辑、股权激励及其不同方式激励效应的异质性提供了较为充分的实证证据。基于这些证据的启示，本章还对股权激励方式选择和股权激励契约的改进路径提供了可资借鉴的建议。

最后，本章还进一步对企业产权性质、行业异质性和业绩考核基准的不同对股权激励方式激励效应的影响继续采用倾向得分匹配法的ATT检验方法进行了检验，结果发现：①非国有控股上市公司的股权激励效果好于国有控股上市公司，且限制性股票激励作用好于股票期权。②股票期权方式对技术密集型行业上市公司的激励作用最好，其次是资本密集型行业，而对劳动密集型行业基本不具有明显激励作用，限制性股票方式则对技术密集型、资本密集型和劳动密集型行业激均有显著的激励作用，且在劳动密集型行业的激励作用最好，其次是技术密集型行业，最后是资本密集型行业，这是其一。其二，股票期权方式在市场高竞争行业和低竞争行业的上市公司激励作用都偏弱，但在量级上，股票期权对低竞争行业的激励作用更好，限制性股票对高竞争行业上市公司发挥了显著的激励作用，但对低竞争行业上市公司激励作用不明显，从总体上而言，限制性股票方式激励作用优于股票期权方式。③无论何种激励方式，在采用行业相对业绩考基准时其激励作用都要好于未采用行业相对业绩考核基准的样本，且两种激励方式在提升经营业绩和降低经营风险方面的激励作用相近，说明若要使股票期权方式发挥降低经营风险的激励作用，则应采用行业相对业绩考核方式。同时，值得注意的是，在未采用行业相对业绩考核基准时，限制性股票方式仍然发挥了降低经营风险的激励作用，说明若要降低经营风险，更应采用限制性股票方式。

本章从长期视角检验股权激励及其方式的激励效应拓展了现有研究视角，尤其是从股权激励方式选择偏好反转现象入手对股权激励方式激励效应重新检验，不但丰富了现有研究思路，而且获得的新发现充实了股权激励方式激励效应的研究结论，在一定程度上弥合了现有研究结论的分歧，对现代企业经营者激励理论与实践创新具有重要启示。一是对股权激励理论基础的重新审视具有理论启示意义，根据限制性股票方式在大部分情景中都具有更好的激励作用特别是在降低经营风险方面始终具有稳健的激励作用这一新发现，有必要在理论上重新审视股权激励的理论基础——委托代理理论，经典委托代理理论强调让代理人参与剩余分享是破解委托代理问题的关键所在的确具有深远的理论与现实指导意义，但却忽视了剩余索取权的定价问题，这可能是现实中股票期权在事前以免费形式授予激励对象的理论渊源之一，从而造成股票期权具有凸性薪酬特征、存在收益与风险不对等问题，使股票期权方式在非相对业绩评价的情景下对降低企业经营风险始终不具有明显的激励作用，这表明，以剩余分享为核心的经营者激励制度创新有必要采用激励对象事前出资购买剩余索取权的形式，实施以经营者人力资本与物质资本双重投入的复合激励契约安排。二是对现代企业股权激励方式的适用性决策具有现实指导意义，从总体上而言，上市公司更应该选择收益与风险具有对等特征的限制性股票方式，特别是在经济形势下行期和公司治理水平较低的上市公司而言，更应该选择限制性股票方式以实现经营者与股东利益的深度捆绑，进而同时发挥激励与约束作用，避免过度冒险经营行为。当然，需要指出的是，如果企业因处于中小板、创业板和科创板或资金约束等原因必须采用股票期权方式，则应该尽可能选择在经济形势利好时期实施并辅以行业相对业绩评价机制对激励对象在行权期满时进行业绩考核。

第 5 章

股权激励方式效率异质性启示与剩余索取权配置

5.1 引　言

从前文实证结果来看，上市公司股权激励方式的选择显然不是随机的，而是由公司股东与经营者利益博弈态势内生决定的，其在总体上表现出来的选择偏好变迁，实质上反映了委托代理双方在公司内部治理主导权地位的相机转移。而从股权激励制度的初衷来看，其根本目的在于激活经营者积极性、提升经营者努力水平、降低经营者代理成本，最终实现委托代理双方利益最大化（或曰股东利益最大化）。由此可见，当把股权激励手段与目的摆在一起的时候，问题的核心便是：既然股权激励方式的选择结果不是随机决定的，而是上市公司股权激励决策主体进行主观选择的结果，其选择偏好的背后夹杂着复杂的利益算计，那么，股权激励方式及其选择偏好是否影响了股权激励效率（手段的不同是否影响目的的实现）？毫无疑问，对这一问题的准确回答至关重要，因为，选择合适的手段才能保证目的的实现，而只有明确了不同手段的优劣和适用性，才能对实现目的的手段作出正确的选择。对此，本书第四章与第五章的实证研究秉持让数据说话的原则，进行了多层次与多维度的实证检验，相应的实证结果不但提供了肯定的答案，而且引申出了深层次的制度含义。即作为实现激励目的的手段，股权激励不同方式本身不但具有不同的激励效率，而且在股权激励不同方式选择偏好反转前后，股权激励不同方式激励效应的分布特征也明显不同。其隐含的制度含义在于：股权激励作为一种企业剩余分享的制度安排，股权激励权益的配置实质上对应于剩余索取权的配置，不同的股权激励方式实际上对应于不同的企业剩余索取权配置方式。与此相对应，股权激励不同方式激励效率的异质性事实上对应于企业剩余索取权配置方式激励效率的异质性，因此，改进股权激励契约效率的关键在于企业剩余索取权配置方式的选择。而企业剩余索取权配置方式究竟应当如何进行制度安排，股权激励不同方式激励效率的异质性无疑提供了重要启示。为此，后文将首先总结这一启示的核心要义，然后再以这一启示为指引，从企业剩余索取权配置效率的帕累托改进视角，引入剩余索取权由经营者出资购买的配置方式，对经典委托代理激励契约模型进行拓展，并基于此探讨股权激励契约的改进路径。

5.2 股权激励方式效率异质性对剩余索取权配置的启示

通过基于长期时间窗口的大样本数据，本研究对中国股权激励方式选择、偏好反转与激励效应进行了系统的实证研究，较全面地把握了股权激励方式选择动因及其偏好反转背后的经济含义，基本探知了股权激励及其不同方式激励效应的全貌，得出了一些重要结论，结论的主线逻辑是：（1）上市公司究竟采用何种股权激励方式，是股东与管理层在不同的宏微观因素影响形势下基于不同博弈态势进行选择的结果，其中的宏观因素起决定性作用，宏观经济形势和市场风险水平通过影响公司治理的权力主导地位而影响股权激励方式选择偏好；（2）选择不同的股权激励方式会产生不同的激励后果，其中以经营者事前出资购买激励权益的限制性股票要比事前“免费”赠送激励权益的股票期权更具激励效率，尤其在降低经营风险方面更为明显；（3）股权激励方式选择偏好的反转改变了股权激励及其方式对经营业绩激励效应的分布特征，但不会改变经营风险激励效应的分布特征，其中股票期权在偏好反转前（经营形势有利时）对经营业绩的激励作用更显优势，但偏好反转后（经营形势不利时）则明显不佳，且始终不具有显著降低经营风险的激励作用，而限制性股票无论在偏好反转前还是反转后，对经营业绩的激励强度和显著性总体上都接近于或明显好于股票期权的同时还基本保持稳定，并且始终具有显著降低经营风险的激励作用。此外，进一步研究还表明，相对业绩考核机制在很大程度上消除了股权激励不同方式激励效应的差异。从以上实证研究主体结论隐含的制度含义来看，股权激励方式选择偏好对应于不同激励效率的事实无疑对现代企业经营者股权激励理论研究与实践发展具有重要启示：（1）股权激励是现代企业经营者激励机制的关键性制度安排，是不同于传统支薪制注重短期激励效应的长效激励制度，其长效激励作用的核心机制在于企业经营者参与企业剩余分享；（2）企业经营者参与剩余分享即获得剩余索取权（激励权益）的方式是决定现代企业经营者股权激励目标能否实现的根本性契约条款，免费的剩余索取权能让股东和经营者之间建立“有福同享”的利益分配机制，但无法解决“有难不能同当”的激励困局；（3）限制性股票激励契约要求激励对象事前出资购买股票，实质上是让经营者事前投入物质资本购买剩余索取权，实证证明，除非采用行业相对业绩考核，要求经营者事前出资购买股票的激励方式始终比事前“免费”赠送经营者股票激励权益的方式更为有效。因此，若要提升现代企业经营者股权激励契约效率，关键在于引入剩余索取权购买式配置的契约安排，并且，进一步采用相对业绩评价的考核机制。

基于上述股权激励方式效率异质性对剩余索取权配置的启示，股权激励的理论基础——委托代理激励契约模型无疑存在不能忽视的漏洞：“免费”配置剩余索取权将为激励对象提供充分的机会主义空间。不能否认，经典的委托代理理论模型以剩余分享思路完美地刻画了两权分离特征下的现代企业股东与经营者之间富有效率的利益分配关系，为经营者人力资本产权与剩余索取权的对应关系提供了极具前瞻性的分析视角。但遗憾的是，委托代理理论模型从一开始就忽视了剩余索取权的配置方式对应的经济成本问题，或者从一开始就赋予了剩余索取权的“免费”性质。或许正是因为这一理论真空的存在，后世理论界谈到剩余索取权时，通常并不关注剩余索取权的配置成本问题。可事实是，股东在为经营者配置剩余索取权时，采用股东“免费”赠予方式还是经营者事前出资购买方式，对经营者来说，私人收益与私人成本完全不同。对此，前文多重经验证据均表明，相对于事前“免费”赠送经营者剩余索取权的股票期权方式，由经营者事前出资购买剩余索取权的限制性股票方式总体上总是更为有效，特别是在降低经营风险方面更为突出和持久。这对于作为投资者的股东来说，不但满足了其对提升投资收益水平的需要，也满足了其对降低投资收益不确定性程度——风险的需要。因此，基于剩余索取权的股权激励契约采用何种方式配置剩余索取权就变得至关重要，换言之，对股权激励理论基础——委托代理激励契约模型基于剩余索取权配置方式的改进和业绩评价机制的改进，当具有重要的理论价值和现实意义。

5.3 基于剩余索取权配置的激励契约研究进展与机会

当下，知识经济迅猛发展，核心人力资本与物质资本之间的相对重要性和稀缺性正在悄然发生改变（高闯和李俊华，2017；Shen Qiang et al.，2022），握有核心人力资本的现代企业经营者①势必要求分享更多的企业剩余②，由此承担更多的经营风险。但正如产权经济学派所指出的那样，人力资本与其所有者在生理上不可分离的产权特点，决定了人力资本不具有抵押功能，其风险承担能力不可置信（Barzel，1977；张维迎，2016）。而物质资本因其所有者“跑得了和尚跑不了庙”，决定了物质资本始终是承担经营风险的可置信保证（Knight，1921；Grossman and Hart，1986；Hart，1995）。鉴于此，近年来以经营者事前出资获得剩余索取权③的激励契约形式不断在新兴产业乃至传统行业

---

① 本研究所述经营者是指以“两权分离”为基本特征的现代企业中负责或监督经营决策的管理层，包含董、监、高在内的所有管理层成员［参见王华和黄之骏（2006）、沈丽萍和黄勤（2016）以及2012年修正本《中央企业负责人经营业绩考核暂行办法》］。在委托代理理论框架下，经营者对应于高度抽象的代理人，而外部股东则高度抽象为委托人［参见Jensen和Meckling（1976）］。为表意顺畅和行文方便，本研究会交替使用经营者和代理人、股东和委托人两对术语，不作严格区分。

② 企业剩余简单地说就是企业利润［参见Klein（1983）、程继荣和徐文龙（2013）］，但广义内涵包含两个部分：一是企业存量资本剩余（如破产清算时的剩余资产）；二是经营性收益剩余。而经营性收益剩余又包含利润和企业价值增值等一切增加企业所有者净收益的方面［参见Jensen和Meckling（1976）、张东明（2011）］。因此，本研究如不作特别说明，所述企业剩余仅指以利润为主要组成部分的经营性收益剩余。

③ 剩余索取权是指对企业总收入扣除所有的固定合约支付后的剩余额的要求权（谢德仁，2001）。标准的企业剩余索取权概念最初在阿德经典论文《生产信息成本和经济组织》中提及，他们首次把剩余索取权作为治理团队生产中搭便车问题的关键手段（Alchian and Demsetz，1972）。此后，剩余索取权在哈特等人发展的不完全契约理论中与剩余控制权相对应（Grossman and Hart，1986；Hart and Moore，1990；Hart，1995），并且戏剧性地因哈特等把剩余控制权直接定义为企业所有权引发诸多争议而与剩余控制权一同为学界所熟知和引用。

企业中频频出现，诸如项目跟投、事业合伙人等旨在进一步缓解委托代理问题的新型股权激励制度，均要求经营者事前投入一定的物质资本。这种以经营者出资购买部分剩余索取权的激励契约安排在某种程度上表明，现代企业治理机制正在由所有者“两权分离”转向经营者“两权合一”的新型治理范式。在这个意义上，对现代企业以剩余索取权为核心要件的委托代理激励契约改进路径、作用机理、模型建构及效率比较等方面展开深入研究具有重要的理论价值和现实意义。

但长期以来，针对企业经营者剩余索取权激励契约的理论研究与现实发展存在脱节、理论预期与实际结果出现背离。在现实中，剩余分享的激励思路通常基于经营者人力资本、以“免费”赠予经营者剩余索取权的方式得以实践（如利润分享和期权激励）。这种纯粹以人力资本为依托的剩余索取权激励契约安排原本通过不确定的剩余收益分享让经营者这一“风险制造者”承担风险后果以实现激励与约束（Blair，1996；张维迎，2016），但却由于人力资本与其所有者不可分离的产权特性而使经营者承担风险损失的责任保证不可置信（Barzel，1977；周其仁，1996；张维迎，2016），实质上为经营者提供了上行风险收益无限而下行风险损失为零的凸性回报机制（Murphy，1999；Murphy，2003；Low，2009），造成经营者收益与风险不对等，反过来又进一步激发经营者追求更高的风险回报（Coles et al.，2006；周嘉南和雷霆，2014），在现实中主要表现为经营者与股东“有福可以同享，有难不能同当”。同时，决定经营者分享多少剩余的经营业绩不但取决于经营者自身努力，还取决于不受其努力所影响的外部“随机冲击”（Holmström and Milgrom，1987；Bertrand and Mullainathan，2001；肖继辉和孟婷，2015），以至于剩余索取权为核心契约要件的传统委托代理激励契约还存在经营者努力与业绩不对等的先天性契约缺陷。而在理论上，尽管经典委托代理理论学派完整地提出了剩余分享的激励思路（Mirrlees，1976；Holmström，1979；Holmström and Milgrom，1987），但却忽略了剩余索取权配置方式的重要性。无论是首次正式引入剩余索取权激励契约安排的团队生产理论（Low，2009），还是从代理成本角度严密论证剩余索取权激励作用的代理成本理论（Jensen and Meckling，1976），抑或是以数学推理方法严格证明剩余分享激励相容的经典委托代理激励契约模型理论（Mirrlees，1976；Holmström，1979；Holmström and Milgrom，1987），都未直接涉及这一问题。在新近研究中，梅垂克和亚苏达（Metrick and Yasuda，2010）、李云飞等（2011）在研究风险投资基金经理（代理人）的激励契约结构时倒是触及了剩余索取权配置方式以及如何解决两类不对等问题的问题，但他们的结论却与直接追加“免费”赠予剩余索取权的结果无异，且以特定企业作为参照的相对业绩评价思路并未有效分离风险业绩噪音而使结论存疑。段文斌和袁帅（2004）、丹尼尔等（Barron et al.，2020）在检讨委托代理理论隐含风险分担失衡的契约缺陷时虽然比较深入地探讨了两类不对等问题，指出了免费或廉价配置剩余索取权无法实现“责”（责任承担）、“权”（剩余控制权）①、“利”（剩余索取权）三者统一以及风险业绩导致激励不足的契约缺陷，但他们的研究同样忽视了剩余索取权定价问题，而且在解决两类不对等问题时直接沿用经典委托代理激励契约模型而不见经营者担责保证和风险业绩噪音分离的契约安排。

可见，既有研究未能对传统上“免费”赠予剩余索取权的经营者激励契约缺陷予以足够重视和深入探究，也未能对现代企业经营者激励制度创新形式作出合理解释并提供理论指引。但现实中由企业经营者出资购买部分剩余索取权的激励契约结构正在成为现代企业核心人力资本产权激励制度创新的重要趋势，现实的超前发展迫切需要不断改进和创新的理论支撑。鉴于此，本研究针

---

① 剩余控制权是指由于未来的不确定性和人的有限理性，委托代理激励契约存在事前无法规定或不可证实的权力（Grossman and Hart，1986）。对于经营者拥有的剩余控制权而言，就是契约中未能对代理人日常经营管理控制权事先作出规定的那部分权力，它们相对于条款列明或已作规定的特定控制权来说，就成为“剩余”的控制权，强调的是契约的不完全性。但以哈特为代表提出的不完全契约理论把剩余控制权定义为企业出现或偶然事件时委托人拥有的对企业资产实体作出终极决策的权力，并且将剩余控制权直接等同于企业所有权，引发了很大的争议（Rajan and Zingales，1998；Kaplan and Strömberg，2003）。根据哈特等的观点，剩余控制权来源于物质资本，而剩余索取权来源于剩余控制权，因此，剩余索取权要与剩余控制权相匹配、不宜分离（Grossman and Hart，1986；Hart and Moore，1990；Hart，1995）。由此不难推出，经营者享有剩余索取权必然是因为其拥有了剩余控制权，但此时经营者拥有的剩余控制权（特指经营管理）却不是委托人的那种“终极”剩余控制权（企业所有权）。因此，当把剩余索取权作为一种激励手段对应于经营者在经营管理过程中拥有的剩余控制权时，哈特等人的不完全契约理论直接将剩余控制权等价于企业所有权的做法无疑引发了概念上的混乱，他们的关键问题在于未能区分经营者经营管理中的剩余控制权和股东对企业资产实体的“终极”剩余控制权。以上理解参见周其仁（1997）、张维迎（1998）、傅绍文和邓秋云（2004）、杨瑞龙和聂辉华（2006）等文献。

对现实中剩余索取权激励制度创新形式由纯粹的人力资本为依托转向以人力资本与物质资本双重投入为前提的契约结构发展趋势，首先在理论上阐明剩余索取权由所有者“免费”赠予和经营者出资购买的两种不同配置方式下经营者激励契约发挥作用的机理，机理的剖析基于组织行为学理论关于组织承诺和行为经济学前景理论关于损失厌恶性的分析视角，对经营者投入物质资本前后其行为与动机的变化进行详细分析，分析的前置条件将突破经典委托代理激励契约模型关于代理人边际努力成本与风险厌恶系数不变的静态假设。在此基础上，立足于经典委托代理激励契约模型分析框架分别建立“免费”赠予经营者剩余索取权的激励契约模型、引入经营者出资购买剩余索取的激励契约模型以及进一步引入相对业绩评价的经营者激励契约模型，并对三者逐次进行效率比较以证明重构的激励契约模型是否获得帕累托效率改进。本研究试图在理论上对现实中出现经营者出资购买部分剩余索取权的激励制度创新形式提供合理解释，并通过模型优化使委托代理激励契约模型成为更具实践价值的参考依据。

5.4　剩余索取权不同配置方式的激励机理

经典的委托代理激励契约模型没有考虑剩余索取权的定价问题，缺失了剩余索取权支付变量的激励契约模型等同于委托人“免费”赠予经营者剩余索取权。由于经营者仅以人力资本承担经营风险不可置信，“免费”赠予的剩余索取权为理性的经营者面对风险收益时提供了足够的机会主义空间。反之，当经营者事前出资购买部分剩余索取权时，经营者的任何机会主义行为都将以自己投入的物质资本承担相应的风险成本，从而影响经营者机会主义行为的收益函数，即经营者出资后承担损失责任的威胁是可置信的，从而使经营者的决策行为及其动机将由此发生改变。为便于比较，下文分别对所有者“免费”赠予和经营者出资购买剩余索取权的激励作用机理展开分析。

5.4.1　剩余索取权赠予式配置方式

根据委托代理激励契约模型（Mirrlees，1976；Holmström，1979；

Holmström and Milgrom，1987），作为代理人的经营者其收益是：$s(\pi)=\mu+\beta\pi$，且 $\pi\in R$，即企业剩余 π 可以大于零、等于零和小于零，μ 为代理人固定薪酬且 $\mu>0$，β 为代理人分享剩余收益的比例且 $0<\beta<1$。因此，委托人的收益可以表示为 $\pi-s(\pi)$ 且 $\pi>s(\pi)$。但是，经典委托代理激励契约模型决策的理论基础建立在期望值和期望效用理论之上，委托代理双方的决策依据是同时取决经营者努力（$a\geqslant0$）与外生不确定性随机冲击［$\varepsilon\sim N(0,\sigma_\varepsilon)$］影响的企业剩余 π 的期望值 $E(\pi)$，而 $E(\pi)=E(a+\varepsilon)=a\geqslant0$，企业剩余 π 的期望值 $E(\pi)$ 永远非负，这就意味着经营决策的（期望）收益永远大于零。因此，代理人承担风险损失的问题也就不存在，自然无须考虑代理人以人力资本承担风险损失责任的保证是否可信。其实质在于期望值决策理论视角下，代理人实际面临的是正收益大和小、有和无的风险问题，而不存在负收益（损失）的风险问题。代理人在这样的决策情景下，由于剩余分享比例 β 是基于“免费”赠予的剩余索取权获得的，代理人没有提供相应物质资本作为承担风险损失的抵押物，在企业真正面临损失时，代理人可以全身而退，企业损失只能以委托人事前投入的物质资本承担，这就是代理人收益与风险不对等问题的实质。这种收益与风险不对等的契约结构在现实中近乎于完整地体现于以股票期权方式实施的股权激励实践中，股票期权激励事先为经营者规定了一定数量的剩余分享比例（含企业存量资本剩余和经营收益剩余），经营者付出努力达成业绩目标则参与剩余分享，而经营失败时则可以放弃行权，无须承担损失责任，这种相当于在行权之前“免费”获得的剩余索取权，实质上为经营者提供了一种上行风险收益的权利而无须承担下行风险损失的责任。

为深入揭示“免费”赠予剩余索取权的经营者激励契约作用机理，这里绘制代理人收益与风险分担示意图予以进一步说明，如图 5－1 所示，横坐标表示归委托人所有的企业产出，例如利润，纵坐标为包含固定薪酬的代理人分担的风险收益或损失额，在“免费”赠予经营者剩余索取权的现代企业委托代理激励契约框架下，代理人以 β 的比例（夹角的斜率）参与剩余收益分享，承担了 μB 的收益风险，但当企业预期收益 π 小于零时（位于坐标的左侧区域），委托人以事前投入的物质资本承担损失，而代理人的收益 $s(\pi)$ 却不再发生变化，代理人风险分担线斜率变为零而与固定薪酬截距线重合，其风险损

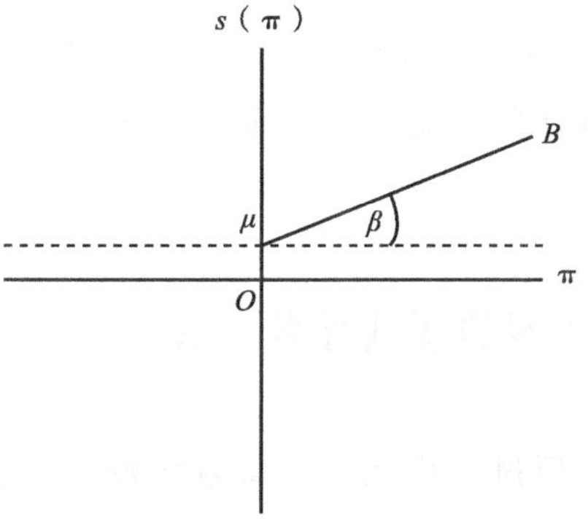

图5-1 经营者收益与风险不完全对等示意

失（负收益）为零，即代理人风险承担只限于坐标轴的第一象限（正收益）。基于图5-1的分析可知，“免费”赠予剩余索取权的经营者激励契约为代理人留下了明显的机会主义空间，代理人的行为极有可能出现以下异化：一是当企业处于有利情形时，经营者完全可以选择收益最大但风险也最大的方案而不用顾虑风险损失，因为是用别人的钱下的“赌注”，“赌”赢了参与收益分享，“赌”输了却不用担责，而且“赌局”越大，收益分享还越多。结果，在机会收益足够大时，经营者过度冒险和规模扩张的机会主义行为将不可避免；二是当企业处于不利情形时，理性的经营者完全可能放弃努力，因为他/她再怎么努力，挽回损失的收益始终尽归企业所有者，而努力的私人成本却全部是他/她自己的。结果，经营者事后逆向选择和道德风险行为将难以避免，陷入“有福可以同享，有难不能同当”激励困局之中。尽管从长远来看，理性的代理人会在长期声誉收益与当下机会收益之间进行权衡（Fama，1980），但考虑到现实中经营者的任期约束和经理人市场效率的不足，且“免费”剩余索取权无须承担实质性损失责任，代理人仅以其人力资本承担风险损失的剩余索取权激励契约安排显然不足以有效阻止经营者在机会收益大于长期声誉收益时的机会主义行为，况且存在经营者完全可以企业历史问题、市场行情和外部环境恶化等理由为机会主义行为带来的损失进行掩盖和辩护，而委托人和第三方却因信息不对称，难以观察和证实其中的损失究竟有多少是真正来自代理人机会主义行为的可能。因此，问题的关键不在于“免费”剩余索取权激励契约是否能缓解委托代理问题（理论与实证研究早已提供了肯定的答案），而在于解决一部分代理问题的同时尽可能避免由此产生新的代理问题（制度漏洞），即消除契约本身所带来的机会主义空间，至少是对现有激励契约效率的帕累托改进。

5.4.2 剩余索取权购买式配置方式

基于前文分析可以反过来推知，经营者出资后，经营者不但以物质资本投入占比获得与委托人一样的投资风险回报，而且投入的物质资本转化为企业资产的形式存在，以相应比例承担与委托人同样的投资风险损失。在这样的情形下，代理人在获得风险收益的同时也将实质性地承担相应风险损失责任。如图5-2所示，β 仍为夹角的斜率，但代表的是包含经营者事前投入物质资本后的风险分担系数。此时，代理人的风险分担额 $\beta\pi$ 在总收益 π 为负的区间上不再恒定为零。虽然当 π 在正的区间变动时，经营者的薪酬始终大于 μ，但是当 π 在负的区间变动时，经营者将以 $-\mu O$ 之间变动的损失分担额使其固定薪酬受到冲击，而当 π 在 OA 左侧变动时，经营者不但没有任何收益，而且超出 $-\mu$ 的损失分担还使其投入的物质资本受到冲减，此时，经营者收益与风险完全对等。即在代理人投入一定的物质资本后，除了可以相应的比例分享正的收益，而且还以投入的物质资本作为收益为负时承担损失的保证。因此，当企业总收益为负时，经营者获得的风险收益必定也为负，甚至亏损到一定程度时，经营者承担的损失将覆盖其固定收益乃至减损其事前投入企业的物质资本[①]，从而与委托人一样只在 $\pi>0$ 时才能获得正的风险收益。如此，代理人的行为将同时受到风险激励与责任约束的双重作用，即正收益的风险回报激励与负收益的风险责任约束。可见，经营者出资购买剩余索取权的激励契约纠正了收益与风险不对等问题进而压缩了经营者机会主义空间，但这一过程又是如何作用于经营者行为的呢？或者说，对经营者产生激励与约束作用的内在机理是什么？对此，组织行为学理论关于组织承诺与行为经济学前景理论关于

① 固定收益实际是人力资本维持再输出和再生产所需的价值回收，就此而言，当发生亏损时，经营者首先以货币化的人力资本承担责任。

经济个体损失厌恶性的相关研究结论提供了有力的合理解释。归结起来就是，经营者投入物质资本将改变其行为动机的决定性因素：努力的边际成本与经营的风险偏好，进而改变代理人的收益函数。

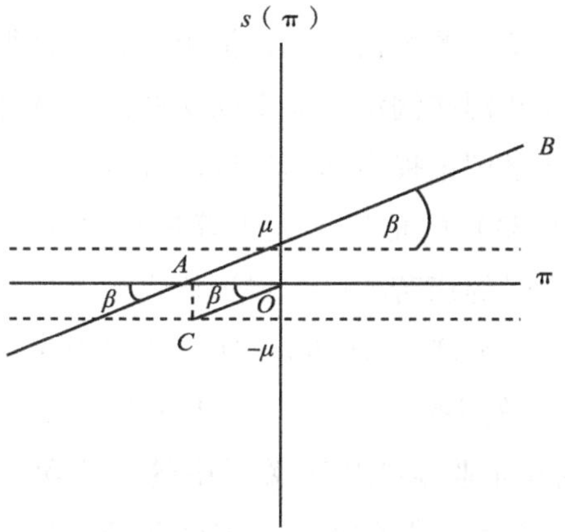

图5-2 经营者出资后收益与风险完全对等示意

根据组织承诺理论，企业组织成员具有三个维度的组织承诺，分别是情感承诺、持续承诺与规范承诺。情感承诺表现为对组织目标和价值观的认同与接受，持续承诺表现为个体随着对组织的投入增加而意识到沉没成本，从而愿意留在组织中奋斗到底的信念，规范承诺表现为员工认同对待工作的一般道德标准，感到有责任留在组织中（Allen and Meyer，1990）。研究证明，具有高组织承诺的组织成员对股东的总体回报远大于低组织承诺的组织成员（Whitener，2001）。这一点从组织承诺理论内涵和经验观察来看也不难理解，一个缺乏组成承诺的人，无论他/她为组织做什么，都会感到极不情愿，他/她不但可能“出工不出力”，而且还可能“机会主义自肥”，即便在监督或压力下使他/她不得不努力，也只能使其“不情不愿”的“勉力为之”，他/她的边际努力成本（努力的负效用系数）自然居高不下。反之，当他/她为自己的“一亩三分地”而努力时，他/她却“心甘情愿”“乐此不疲”（周其仁，2002），即是说，提高经营者的组织承诺有利于降低他/她的边际努力成本。而让经营者出资购买剩余索取权获得企业部分所有权除了能增加经营者归属感进而增加情感承诺和规范承诺外，投入物质资本也将使经营者的沉没成本增大，进而持续承诺也变大，总体的组织承诺水平也就越高（Kuvaas，2003；Kaarsemaker，2008），由此经营者努力的边际成本越低（努力的负效用系数，对应于委托代理激励契约模型中的成本系数 b 降低）。再者，在经营者财富约束范围内，经营者出资意愿还将为所有者甄别可靠经营者传递信号，因为对企业经营越没有信心，越具有机会主义动机的经营者越害怕出资，并且很可能就此退出激励契约，进而有利于委托人甄别并淘汰可能事前实施逆向选择的“经营者”。

根据行为经济学前景理论提出的损失厌恶性观点，人们普遍的心理特征表现为对等量损失（负收益）的估值远大于等量收益（正收益）的估值，或者说，人们失去一件东西时的痛苦程度，要远比得到这件东西时所经历的快乐程度更大（Kahneman and Tversky，1979）。实验研究表明，同量损失带来的负效用绝对值为同量收益正效用的 2～2.5 倍（Tversky and Kahneman，1992；Gintis，2014）。这一结论在企业委托代理关系中的经济含义是，当经营者出资购买剩余索取权，他/她将以自己的财产参与企业经营这场“赌局”，而自有财产的损失厌恶性将改变经营者的风险偏好。不同于“免费”剩余索取权激励契约提供上行风险收益无限、下行风险损失为零（即“赌局”越大，“赌赢”时收益越高而“赌输”时损失为零）的凸性回报机制容易诱发经营者过度冒险的机会主义行为，经营者出资购买剩余索取权的激励契约提供的将是线性回报机制（Murphy，1999；Lefebvre et al.，2010），收益能够共享但损失也必须共担。因此，在面对同样的未来期望收益时，出资购买剩余索取权的经营者将更倾向于重视经营成功的概率而不是风险回报的极值，特别是在可选项目经营成功的概率因外部冲击都降低时（如市场形势恶化或不确定性增大时），经营者对小概率事件将变得更为敏感，从而赋予失败（损失）概率以更高的心理权重（假定可选项目都是成功概率大于失败概率的），从而降低风险偏好，避免过度冒险（Barberis and Huang，2001）。这相当于在最终经营结果确定之前，委托代理激励契约模型中的代理人风险厌恶系数 ρ 变大[①]（于鸿君，2000）。

综上所述，以经营者出资购买剩余索取权为前提的激励契约，在提高剩余分享比例产生激励作用的同时，还将通过所有权和风险责任保证提高经营者组

① 但发生损失后，代理人却偏好风险，风险厌恶系数 ρ 变小。由于本研究讨论的是最终经营结果出现之前的激励问题，因此，对于损失发生时的情形不予分析。

织承诺和降低经营者过度冒险经营的风险偏好，进而降低经营者努力的边际成本和提高经营者的风险厌恶系数，最终在激励和约束两个方面都发挥作用。当然，需要指出的是，风险偏好与风险厌恶本身并没有好坏之分，需视具体情景而定。在市场繁荣时期，风险偏好有利于促使经营者采取更为进取的经营策略以抢占市场机遇，而在市场下行期，风险偏好带来的过度冒险行为却可能断送企业度过危机、谋得生存与发展的机会（Hall and Murphy，2003；徐经长等，2017）。理论上，从委托人角度，理性的委托人（股东）会在市场上行期提高风险偏好，实施扩张性经营战略，而在市场下行期降低风险偏好，采取收缩型经营战略（Mehran，1995；Ittner et al.，2003；Zhu et al.，2021）。经营者剩余索取权激励契约的目的就是要打破经营者与股东之间“有福可以同享，有难不能同当”的魔咒，让经营者的决策行为与股东一致。因此，本研究以上讨论的关键点在于通过经营者出资购买剩余索取权产生的损失厌恶性来抑制“免费”剩余索取权激励契约凸性回报机制带来的过度冒险机会主义行为，特别是在企业面临危机时，通过经营者出资购买剩余索取权的激励契约可以降低经营者风险偏好以规避与委托人利益不一致的冒险行为。至于在市场繁荣形势下提高经营者风险偏好、激励经营者敢于风险追求的契约目标，“免费”赠予剩余索取权的激励契约本身已经提供了这一激励作用。因此，经营者出资购买剩余索取权的激励契约存在的主要目的在于解决经营者偏离最佳风险承担水平的代理问题，特别是约束经营者在市场形势不利情形时因“免费”剩余索取权激励带来过度冒险的机会主义行为。

5.5　剩余索取权赠予式配置的激励契约模型及效率损失

参考Hölmstrom和Milgrom标准的委托代理模型分析框架和解析过程（Holmström and Milgrom，1987；张维迎，2012），以v代表委托人效用，u为代理人效用，都具有冯诺依曼——摩根斯坦（*Von - Neumann - Morgenstern*，*VNM*）效用函数关系，即$v'>0$，$v''\leq 0$，$u'>0$，$u''\leq 0$，表明委托代理双方都不是风险偏好型，但有可能是风险中性的。根据阿罗—普拉特绝对风险规避度量指标$\rho=\frac{v''}{v'}$或$\rho=\frac{u''}{u'}$，个人风险厌恶性与其财富成反比。据此，本研究假定委托人的风险厌恶程度小于代理人，但为简化处理且不失一般性，本研究进一步假定委托人风险中性，代理人风险厌恶。因此，若企业总的剩余收益为π，则$\pi=a+\varepsilon$，式中a为经营者（代理人）努力水平（参照经典文献的一般做法，本研究假定代理人影响产出的变量是一维的努力水平），ε为外生的不确定性随机变量，且$\varepsilon \sim N(0,\sigma_{\varepsilon}^{2})$，则企业所有者（委托人）不可能根据总的剩余收益$\pi$直接推断出经营者的努力水平，只能观测到最终经营业绩。为此，委托人选择基于经营业绩考察代理人努力水平，因而提供线性激励契约：$s(\pi)=\mu+\beta\pi$。其中μ是与利润π无关的代理人固定薪酬，β是代理人分享利润的比例且$0<\beta<1$，由此，代理人承担一定的经营风险（未投入物质资本之前只承担正的收益风险）。同时，经营者付出努力将带给其自身私人成本，若经营者努力的成本可以货币化表示，则努力的成本函数可以设定为：$c(a)=\frac{1}{2}ba^{2}$，其中b为经营者努力的成本系数，b越大，同等的努力水平带给经营者的负效用越大。考虑在给定的契约框架下，代理人的效用函数具有不变的绝对风险厌恶程度，即$u=-e^{-\rho\omega}$，则经营者承担β的经营风险存在风险成本$c(\beta)=\frac{1}{2}\rho\beta^{2}\sigma_{\varepsilon}^{2}$，其中$\rho$为代理人绝对风险厌恶度量且$\rho>0$，$\omega$为实际货币收入；为简单起见，假定委托人的期望效用等于其期望收益，代理人的期望效用等于其确定性等价收入，且代理人接受契约的保留收益为$\bar{\omega}$。则委托人面对的问题就是确定合适的μ、β以激励代理人作出最大的努力水平a进而最大化委托人期望收益，这一问题可以表述如下：

$$\max_{\mu,\beta,a} Ev=-\mu+(1-\beta)a \tag{5-1}$$

$$s.t.\ (IR)Eu=\mu+\beta a-\frac{1}{2}ba^{2}-\frac{1}{2}\rho\beta^{2}\sigma_{\varepsilon}^{2}\geqslant\bar{\omega} \tag{5-2}$$

$$(IC)Eu'=c'(a) \tag{5-3}$$

式（5-2）中，IR表示代理人的参与约束（下同），式（5-3）中IC为代理人的激励相容约束（下同）。

5.5.1 信息对称时的激励契约模型

根据经典委托代理激励契约模型建构范式，为求解信息不对称情形下的代理成本，首先需要讨论信息对称情形下委托代理激励契约模型。在信息对称的理想情形下，由于委托人可以无成本地观测到代理人的努力水平，激励约束将不再起作用，在代理人的能力范围内，任何水平的努力 a 都可以在满足参与约束 IR 的前提下强制实现。因此，委托人面临的问题是选择合适的 μ_1，β_1 和 a_1 解下列最优化问题（下标1意指信息对称情形，下同）：

$$\max_{\mu_1,\beta_1,a_1} Ev_1 = -\mu_1 + (1-\beta_1)a_1 \quad (5-4)$$

$$s.t.\ (IR)Eu_1 = \mu_1 + \beta_1 a_1 - \frac{1}{2}b_1 a_1^2 - \frac{1}{2}\rho_1\beta_1^2\sigma_\varepsilon^2 \geqslant \bar{\omega}_1 \quad (5-5)$$

其次，由于在参与约束等式成立时委托人无须对代理人支付更多，因此有：

$$\mu_1 + \beta_1 a_1 - \frac{1}{2}\rho_1\beta_1^2\sigma_\varepsilon^2 = \bar{\omega}_1 \quad (5-6)$$

将式（5-6）代入委托人目标函数并使用一阶条件可得：

$$a_1^* = \frac{1}{b_1} \quad (5-7)$$

$$\beta_1^* = 0 \quad (5-8)$$

$$\mu_1^* = \bar{\omega}_1 + \frac{1}{2b_1} \quad (5-9)$$

从式（5-8）可知，此时代理人不承担任何风险，委托人只须支付代理人固定薪酬。由于委托人可以无成本地观察到代理人的努力水平。因此，只要代理人的努力水平 $a_1 < \frac{1}{b_1}$，就支付 $\underline{\mu}_1 < \bar{\omega}_1 < \mu_1^*$，代理人就一定会选择 $a_1 = a_1^* = \frac{1}{b_1}$，在这样的情形下，相当于代理成本为零，等同于委托人把同等条件下自己经营可获得的工资性薪酬让渡给了代理人并从参与其他活动中获得更大的其他收益，比如休闲。

5.5.2 信息不对称时的激励契约模型

在信息不对称情形下，给定与信息对称情形下相同的代理人风险厌恶程度、成本系数和保留收益，即 $\rho_2=\rho_1$、$b_2=b_1$、$\bar{\omega}_2=\bar{\omega}_1$（下标 2 意指信息不对称情形，下同），经营环境的不确定性仍为 σ_ε。此时，代理人的努力水平 a_2 不可观测，则委托人为了实现期望效用最大化面临的问题是选择 μ_2，β_2 以求得下列等式的解：

$$\max_{\mu_2,\beta_2} Ev_2 = -\mu_2 + (1-\beta_2)a_2 \tag{5-10}$$

$$s.t.\ (IR)\ Eu_2 = \mu_2 + \beta_2 a_2 - \frac{1}{2}b_2 a_2^2 - \frac{1}{2}\rho_2\beta_2^2\sigma_\varepsilon^2 \geqslant \bar{\omega}_2 \tag{5-11}$$

$$(IC)\ a_2 \in \arg\max_{a_2} Eu_2[s(\pi_2) - c(a_2)] \tag{5-12}$$

对式（5－12）中的激励相容约束 IC 使用一阶条件求解出 a_2^* 并将其与参与约束 IR 一起代入目标函数，且满足 $\rho_2=\rho_1$、$b_2=b_1$、$\bar{\omega}_2=\bar{\omega}_1$，可解得：

$$a_2^* = \frac{\beta_2}{b_2} = \frac{\beta_2}{b_1} \tag{5-13}$$

$$\beta_2^* = \frac{1}{1+b_2\rho_2\sigma_\varepsilon^2} \tag{5-14}$$

$$\mu_2^* = \bar{\omega}_2 - \frac{1-b_2\rho_2\sigma_\varepsilon^2}{2b_2(1+b_2\rho_2\sigma_\varepsilon^2)^2} \tag{5-15}$$

再将式（5－13）、式（5－14）和式（5－15）代入委托人目标函数，则委托人的最大化期望收益为：

$$\begin{aligned}\max Ev_2 &= \max_{a_2} E[\pi_2 - s(\pi_2)] = -\mu_2 + (1-\beta_2)a_2 \\ &= -\bar{\omega}_2 + \frac{1-b_2\rho_2\sigma_\varepsilon^2}{2b_2(1+b_2\rho_2\sigma_\varepsilon^2)^2} + \frac{\rho_2\sigma_\varepsilon^2}{(1+b_2\rho_2\sigma_\varepsilon^2)^2} \\ &= -\bar{\omega}_2 + \frac{1-b_2\rho_2\sigma_\varepsilon^2}{2b_2(1+b_2\rho_2\sigma_\varepsilon^2)^2} + \beta_2^2\rho_2\sigma_\varepsilon^2\end{aligned} \tag{5-16}$$

5.5.3 信息不对称时的激励契约效率损失

由前文式（5－13）可知，由于信息不对称，如果委托人不给予代理人以风险收益，即 $\beta_2=0$，则极端情况下，代理人的努力水平将出现 $a_2^*=0$。显然，给予剩余分享是委托人最优选择，但即便给予代理人风险收益激励，代理人的努力水平也达不到信息对称情形下的理想结果。比较式（5-13）和式（5-7）、式（5-14）和式（5-8）以及式（5-15）和式（5-9）可知：

$$a_2^* - a_1^* = \frac{\beta_2}{b_1} - \frac{1}{b_1} < 0 \tag{5-17}$$

$$\beta_2^* - \beta_1^* = \frac{1}{1 + b_2\rho_2\sigma_\varepsilon^2} > 0 \tag{5-18}$$

$$\begin{aligned}\mu_2^* - \mu_1^* &= \bar{\omega}_2 - \frac{1 - b_2\rho_2\sigma_\varepsilon^2}{2b_2(1 + b_2\rho_2\sigma_\varepsilon^2)^2} - \bar{\omega}_1 - \frac{1}{2b_1}\\ &= \frac{(b_2\rho_2\sigma_\varepsilon^2 - 1) - (b_2\rho_2\sigma_\varepsilon^2 + 1)^2}{2b_2(1 + b_2\rho_2\sigma_\varepsilon^2)^2} < 0\end{aligned}$$

$$s.t.\ \bar{\omega}_2 = \bar{\omega}_1,\ b_2 = b_1 \tag{5-19}$$

式（5-17）的结果说明，信息不对称时代理人的努力水平小于信息对称情形时，后者可视为没有效率损失，不存在代理成本。式（5-18）和式（5-19）的结果说明，在信息不对称情形下，委托人会将代理人的一部分固定薪酬（$\mu_1-\mu_2$）转变为风险收益 $\beta_2\pi_2$。为此，经营者借助信息优势实施机会主义行为，会选择低于信息对称情形下的努力水平以最大化自身收益，进而产生两部分代理成本：一是经营者承担具有不确定性的正收益（不确性收益，可能为零但不会小于零）对应的风险成本，二是经营者选择较低的努力水平导致期望收益的净损失减去经营者努力成本的节约，称为激励成本。这两部分代理成本都将在代理人的报酬中得到体现并由委托人予以支付。当然，这一情形发生的前提条件是满足委托人的参与约束，即把企业委托给代理人经营更有效率，相对于委托人自己经营时企业增加的收益不少于对代理人的总支付（含这两部分代理成本之和）。

因此，相对于信息对称情形，由式（5-7）、式（5-8）和式（5-13）、式（5-14）分别代入代理人风险成本、努力成本和总收益目标函数，则在信息不对称情形下，可以解得经营者因承担风险收益增加的风险成本为：

$$\Delta RC_1 = RC_2 - RC_1 = \frac{1}{2}\rho_2\beta_2^2\sigma_\varepsilon^2 - 0$$

$$= \frac{\rho_2\sigma_\varepsilon^2}{2(1+b_2\rho_2\sigma_\varepsilon^2)^2} \tag{5-20}$$

其中，RC_1 和 RC_2 分别为信息对称情形和不对称情形下代理人的风险成本。当信息不对称时，经营者由于部分收益的不确定性而承担了正收益的风险成本（由于未投入物质资本，无须承担负收益的风险成本）。同时，由于企业总的期望收益为 $E(\pi)=a$，因此，相对于信息对称情形，信息不对称情形下的企业期望收益净损失为：

$$\Delta E(\pi)_1 = E(\pi_1) - E(\pi_2) = a_1^* - a_2^*$$

$$= \frac{1}{b_1} - \frac{\beta_2}{b_2} = \frac{1}{b_2} - \frac{\beta_2}{b_2} = \frac{1-\beta_2}{b_2}$$

$$s.t.\ b_2 = b_1,\ \rho_2 = \rho_1 \tag{5-21}$$

代理人努力成本的节约为：

$$\Delta C_1 = c(a_1) - c(a_2) = \frac{1}{2}b_1(a_1^*)^2 - \frac{1}{2}b_2(a_2^*)^2$$

$$= \frac{1}{2b_1} - \frac{1}{2b_2(1+b_2\rho_2\sigma_\varepsilon^2)^2}$$

$$= \frac{(2+b_2)\rho_2\sigma_\varepsilon^2}{2(1+b_2\rho_2\sigma_\varepsilon^2)^2}$$

$$s.t.\ b_2 = b_1,\ \rho_2 = \rho_1 \tag{5-22}$$

所以激励成本为：

$$\Delta E(\pi)_1 - \Delta C_1 = \frac{b_2(\rho_2\sigma_\varepsilon^2)}{2(1+b_2\rho_2\sigma_\varepsilon^2)^2} \tag{5-23}$$

总的代理成本为：

$$AC_1 = \Delta RC_1 + [\Delta E(\pi)_1 - \Delta C_1] = \frac{\rho_2\sigma_\varepsilon^2}{2(1+b_2\rho_2\sigma_\varepsilon^2)} = \frac{1}{2}\beta_2\rho_2\sigma_\varepsilon^2 \tag{5-24}$$

从以上经典委托代理激励契约模型关于代理人努力水平和代理成本的解析解可以看出，努力水平 a 与代理人的成本系数 b 成反比，与风险收益比例 β 成正比，即努力工作给代理人带来的边际成本越大（边际负效用越大），代理人努力水平越低；获得越多的风险收益，代理人努力水平越高；同时，代理成本与代理人的风险厌恶程度 ρ 正相关，与业绩的不确定性 σ_ε 正相关，即代理人越是风险厌恶，业绩受外在不确定性影响越大，代理成本越高。因此，同样地，从委托人的角度而言，如果增大代理人的风险收益比例β，在增大代理人努力的同时，也会相应增大代理成本，但只要由此带来的委托人总收益增加超过对代理人总支付的增加（含代理成本的增加），增大代理人风险分担比例β就是值得的。

5.6 剩余索取权购买式配置的激励契约模型及效率改进

根据前文关于经营者出资购买剩余索取权激励契约的机理分析，经营者事前出资后，其行为动机将发生改变，因诱导经营者行为动机的边际努力成本和风险厌恶水平将同时发生改变，边际努力成本会有所下降，而风险厌恶性却有所上升。边际努力成本对应于委托代理模型中的努力成本系数b，风险厌恶性对应委托代理模型中的风险厌恶系数ρ，那么，这种一降一升的是过程将如何体现委托代理模型中？由此带的来经营者努力水平、风险分担系数、代理成本和委托人收益将会如何变化？对此，下文将在经典委托代理激励契约模型的基础上，重构关于经营者出资购买剩余索取权的激励契约模型并与“免费”赠予经营者剩余索取权激励契约模型进行效率比较。

5.6.1 信息对称时的激励契约模型

经营者出资购买剩余索取权后，在信息对称的理想情形下，由于委托人依然可以无成本地观测到代理人的努力水平，激励约束依旧不起作用，在代理人的能力范围内，任何水平的努力a同“免费”赠予剩余索取权的信息对称情形时一样，依然可以在满足参与约束IR的前提下强制实现。此时，假如经营者投入了物质资本$K(K>0)$，获得物质资本投入对应的产权比例为$k(0<k<1)$（假定不足以取得企业完全控制权，外部股东仍然是行使委托代理激励契约设计权的委托人），经营者的剩余分享比例为$\beta_3=\beta_1+(1-\beta_1)k$。因此，委托人面临的问题是选择合适的$\mu_3$，$\beta_3$和$a_3$解下列最优化问题（下标3意指经营者出资购买剩余索取权的信息对称情形，下同）：

$$\max_{\mu_3,\beta_3,a_3} Ev_3 = -\mu_3 + (1-\beta_3)a_3 \quad (5-25)$$

$$s.t.\ (IR)Eu_3 = \mu_3 + \beta_3 a_3 - \frac{1}{2}b_3 a_3^2 - \frac{1}{2}\rho_3\beta_3^2\sigma_\varepsilon^2 \geqslant \bar{\omega}_3 \quad (5-26)$$

由于在参与约束等式成立时委托人无须对代理人支付更多，因此有：

$$\mu_3 + \beta_3 a_3 - \frac{1}{2}\rho_3\beta_3^2\sigma_\varepsilon^2 = \bar{\omega}_3 \quad (5-27)$$

将式（5-6）代入委托人目标函数并使用一阶条件可得：

$$a_3^* = \frac{1}{b_3} \quad (5-28)$$

$$\beta_3^* = k \quad (5-29)$$

$$\mu_3^* = \bar{\omega}_3 + \frac{1-2k}{2b_3} + \frac{1}{2}k^2\rho_3\sigma_\varepsilon^2 \quad (5-30)$$

从式（5-8）可知，此时代理人只承担投入物质资本相应比例 k 的收益损失风险，委托人需要支付代理人固定薪酬 μ_3 和 k 比例的企业剩余。由于委托人可以无成本地观察到代理人的努力水平，因此，只要代理人的努力水平 $a_3 < \frac{1}{b_3}$，就支付 $\underline{\mu}_3 < \bar{\omega}_3 < \mu_3^*$，代理人就一定会选择 $a_3 = a_3^* = \frac{1}{b_3}$。在此种情形下，增加了代理人的风险成本，即：

$$RC_3 = \frac{1}{2}\rho_3 k^2\sigma_\varepsilon^2 = \frac{1}{2}\rho_3 k^2\sigma_\varepsilon^2 \quad (5-31)$$

同时，由于有 $b_3 < b_1$，因此，相对于“免费”赠予剩余索取权时的努力水平有 $a_3^* = \frac{1}{b_3} > a_1^* = \frac{1}{b_1}$，经营者出资购买剩余索取权的信息对称情形下代理人有更大的努力水平，那么，只要还处于满足 $Ev_3 > Ev_1$ 的效率变化范围内，让经营者出资购买剩余索取权就能够带来激励效率的帕累托改进。

5.6.2 信息不对称时的激励契约模型

基于前文的分析，经营者“免费”获得的剩余索取权对应于他/她的人力资本投入。因此，本研究提出的经营者出资购买剩余索取权是在经营者已经基于其人力资本投入“免费”获得部分剩余索取权的基础上追加的剩余索取权。这种处理思路符合现实观察到的一般情形，比如为了有利于新的薪酬激励契约得到经营者的支持和履行，通常在上市公司实施的股权激励都是在原有薪酬基础上增加股权薪酬，采用的是增量激励。因此，在经营者出资的委托代理激励契约模型框架中，固定薪酬不变，即$\mu_4=\mu_2$（下标4意指经营者出资购买剩余索取权的信息不对称情形，下同），人力资本产权激励水平与经营者未投入物质资本时相同仍为β_2，经营环境的不确定性程度仍为σ_ε。但现在经营者向企业投入物质资本$K(K>0)$，获得物质资本投入对应的产权比例为$k(0<k<1)$（假定不足以取得企业完全控制权，外部股东仍然是行使委托代理激励契约设计权的委托人），由此，同时包含人力资本股权与物质资本股权的代理人风险收益分享比例为$\beta_4=\beta_2+(1-\beta_2)k$。再者，如前文所述，经营者由于投入自有物质资本后拥有的股权存在更高的组织承诺和更大的损失厌恶性，将导致代理人的努力成本系数b变小和风险厌恶系数ρ变大。因此经营者投入物质资本后有：$b_4<b_2$，$\rho_4>\rho_2$，同时，考虑到必须满足$\beta=\dfrac{1}{1+b\rho\sigma_\varepsilon^2}$，为了保证$\beta_4-\beta_2>0$，$\forall\dfrac{b_2-b_4}{b_2}>\dfrac{\rho_4-\rho_2}{\rho_2}$。这样，代理人收益可以表示为$s(\pi_4)=\mu_4+\beta_4\pi_4$，代理人的风险成本为$c(\beta_4)=\dfrac{1}{2}\rho_4\beta_4^2\sigma_\varepsilon^2$，努力成本为$c(a_4)=\dfrac{1}{2}b_4a_4^2$。参考Hölmstrom和Milgrom标准的委托代理模型分析框架和解析过程（Holmström and Milgrom, 1987；张维迎，2012），则代理人的确定性等价收入为：

$$\begin{aligned}Es(\pi_4)-c(\beta_4)&=\mu_4+\beta_4a_4-\frac{1}{2}b_4a_4-\frac{1}{2}\rho_4\beta_4^2\sigma_\varepsilon^2\\&=\mu_4+\beta_2a_4+(1-\beta_2)ka_4-\frac{1}{2}b_4a_4-\frac{1}{2}\rho_4\beta_4^2\sigma_\varepsilon^2\end{aligned}$$

$$s.t.\ \beta_4=\beta_2+(1-\beta_2)k,\ \mu_4=\mu_2,\ b_4<b_2,\ \rho_4>\rho_2 \tag{5-32}$$

式（5-25）表明，经营者除了能够得到固定收益μ_2和人力资本股权收益β_2a_4之外，还可以获得投入的物质资本股权收益$(1-\beta_2)ka_4$。假定经营者投入物质资本之后的保留收益为$\bar{\omega}_4$，且$\bar{\omega}_4>\bar{\omega}_2$，则基于前述模型和物质资本相关变量设定，同时考虑人力资本与物质资本的产权激励模型可刻画如下：

$$\max_{\mu_4,\beta_4,k}Ev_4(\pi_4-s(\pi_4))=-\mu_4+(1-\beta_4)a_4 \tag{5-33}$$

$$s.t.\ (IR)\mu_4+\beta_4a_4-\frac{1}{2}b_4a_4^2-\frac{1}{2}\rho_4\beta_4^2\sigma_\varepsilon^2\geqslant\bar{\omega}_4 \tag{5-34}$$

$$(IC)\, a_4 \arg\max_{a_4} Eu_4 = \max_{a_4}\left\{\mu_4 + \beta_4^2 a_4 - \frac{1}{2}b_4 a_4^2 - \frac{1}{2}\rho_4\beta_4^2\sigma_\varepsilon^2\right\} \tag{5-35}$$

根据以上模型设定和最大化条件，且 $\beta_4 = \beta_2 + (1-\beta_2)k$，可解得：

$$a_4^* = \frac{\beta_4}{b_4} = \frac{\beta_2 + (1-\beta_2)k}{b_4} \tag{5-36}$$

$$\beta_4^* = \frac{1}{1 + b_4\rho_4\sigma_\varepsilon^2} = \beta_2^* + (1-\beta_2^*)k \tag{5-37}$$

由等式（5－30）和式（5－14）可得：

$$\beta_2^* = \frac{1 - k(1 + b_4\rho_4\sigma_\varepsilon^2)}{(1-k)(1 + b_4\rho_4\sigma_\varepsilon^2)} = \frac{1}{1 + b_2\rho_2\sigma_\varepsilon^2} \tag{5-38}$$

$$k^* = \frac{b_2\rho_2\sigma_\varepsilon^2 - b_4\rho_4\sigma_\varepsilon^2}{b_2\rho_2\sigma_\varepsilon^2(1 + b_4\rho_4\sigma_\varepsilon^2)} \tag{5-39}$$

$$\mu_4^* = \bar{\omega}_4 - \frac{1 - b_4\rho_4\sigma_\varepsilon^2}{2b_4(1 + b_4\rho_4\sigma_\varepsilon^2)^2} = \mu_2^* = \bar{\omega}_2 - \frac{1 - b_2\rho_2\sigma_\varepsilon^2}{2b_2(1 + b_2\rho_2\sigma_\varepsilon^2)^2} \tag{5-40}$$

5.6.3 信息不对称时的激励契约效率改进

那么，在信息不对称时经营者出资购买剩余索取权的激励契约相对于信息对称时存在何种效率损失，相对于信息不对称时“免费”赠予经营者剩余索取权的激励契约又有何种效率改进？首先，就信息对称与否的情形进行对比以确认效率损失程度，将式（5－36）、式（5－37）、式（5－38）、式（5－39）代入式（5－33）可得：

$$\begin{aligned}
\max Ev_4 &= \max_{a_4} E[\pi_4 - s(\pi_4)] = -\mu_4 + (1-\beta_4)a_4 \\
&= -\bar{\omega}_4 + \frac{1 - b_4\rho_4\sigma_\varepsilon^2}{2b_4(1 + b_4\rho_4\sigma_\varepsilon^2)^2} + \frac{\rho_4\sigma_\varepsilon^2}{(1 + b_4\rho_4\sigma_\varepsilon^2)^2} \\
&= -\bar{\omega}_2 + \frac{1 - b_2\rho_2\sigma_\varepsilon^2}{2b_2(1 + b_2\rho_2\sigma_\varepsilon^2)^2} + \frac{\rho_4\sigma_\varepsilon^2}{(1 + b_4\rho_4\sigma_\varepsilon^2)^2} \\
&= -\bar{\omega}_2 + \frac{1 - b_2\rho_2\sigma_\varepsilon^2}{2b_2(1 + b_2\rho_2\sigma_\varepsilon^2)^2} + \beta_4^2\rho_4\sigma_\varepsilon^2
\end{aligned}$$

$$s.t.\ \mu_4 = \mu_2,\ \bar{\omega}_4 > \bar{\omega}_2,\ b_4 < b_2,\ \rho_4 > \rho_2 \tag{5-41}$$

比较式（5 - 36）和式（5 - 13），可知：$a_4^* > a_2^*$，比较式（5 - 41）和式（5 - 16），由于$\beta_4 > \beta_2$，$\rho_4 > \rho_2$，可知：$\max Ev_4 - \max Ev_2 > 0$。即代理人（经营者）以物质资本参与共同投资获得企业产权，此时，由于经营者收益与风险对等或基本对等，将激励经营者作出比没有投入物质资本时更大的努力水平，且委托人（股东）将获得更大的收益。由此证明，经营者出资购买部分剩余索取权改进了委托代理激励契约效率。这在现实中已经得以印证，比如，2014 年以来，以中国万科集团、碧桂园集团为代表的房地产行业领军企业率先在项目开发运营过程中引入经理人及其团队与企业（股东）"共同投资"的项目跟投制度，这种新型激励机制的典型特征即是经营者出资购买部分剩余索取权，让经营者成为项目的特殊股东，使经营者由单纯劳动要素投入者转变为人力资本和物质资本的共同投入者，实现职业经理人及其团队以特殊的产权配置方式参与项目的利润分享与风险共担，经过多年的实践检验证明，其激励与约束的双重作用极为明显（虞晓芬和华玉昆，2021）。再比如，以阿里巴巴为代表的部分来自新兴行业的现代企业中兴起的事业合伙人制度，其激励契约安排同样以经营者出资购买部分剩余索取权为典型特征，它通过经营者事前投入规定数额的物质资本来锁定其退出成本，使经营者真正成为与委托人（外部股东）共享收益、共担风险的事业合伙人，多年来，这一制度的激励效果也在理论上与实践中得到了验证（郑志刚等，2016）。

但需要指出的是，由于经营者出资追加部分剩索取权后增大了其剩余分享比例，代理人承担了更大的风险，转而增大其风险成本，同时，由于其更努力了，代理人的激励成本将有所下降，最终总的代理成本将取决于两类代理成本的相对变化。现对经营者出资 K 时的两部分代理成本和总的代理成本进行求解。在给定经营者出资 K 的情形下，无论信息对称与否，经营者的成本系数和风险厌恶程度不变，即 $b_4 = b_3$，$\rho_4 = \rho_3$（下标 4 意指经营者出资购买剩余索取权的信息不对称情形，下同）。那么，在信息不对称情形下，经营者出资 K 时承担 $\beta_4 = \beta_2 + (1 - \beta_2)k$ 收益的不确定对应的风险成本为：

$$RC_4 = \frac{1}{2}\rho_4\beta_4^2\sigma_\varepsilon^2 = \frac{1}{2}\rho_4[\beta_2 + (1 - \beta_2)k]^2\sigma_\varepsilon^2 \quad (5 - 42)$$

因此，相对于信息对称情形下的经营者的风险成本 RC_3，不对称情形时增加的代理人风险成本为：

$$\Delta RC_2 = RC_4 - RC_3 = \frac{1}{2}\rho_4[\beta_2 + (1-\beta_2)k]^2\sigma_\varepsilon^2 - \frac{1}{2}\rho_4 k^2\sigma_\varepsilon^2 \tag{5-43}$$

将 $a_3^* = \frac{1}{b_3} = \frac{1}{b_4}$ 结合式（5－36）可解得企业期望收益的损失额和努力成本的节约额分别为：

$$\Delta E(\pi)_2 = a_3^* - a_4^* = \frac{1}{b_3} - \frac{\beta_2 + (1-\beta_2)k}{b_4} = \frac{(1-\beta_2)(1-k)}{b_4}$$

$$s.t.\ b_4 = b_3 \tag{5-44}$$

$$\Delta C_2 = c(a_3^*) - c(a_4^*) = \frac{1}{2}b_3(a_3^*)^2 - \frac{1}{2}b_4(a_4^*)^2$$

$$= \frac{(1+\beta_2+k-\beta_2 k)(1-\beta_2)(1-k)}{2b_4}$$

$$s.t.\ b_4 = b_3 \tag{5-45}$$

因此，激励成本为：

$$\Delta E(\pi)_2 - \Delta C_2 = \frac{(1-\beta_2)(1-k)}{b_4} - \frac{(1+\beta_2+k-\beta_2 k)(1-\beta_2)(1-k)}{2b_4}$$

$$= \frac{(1-\beta_2)^2(1-k)^2}{2b_4}$$

$$s.t.\ b_4 = b_3 \tag{5-46}$$

所以，在信息不对称且经营者出资 K 的情形下，总的代理成本为：

$$AC_2 = \Delta RC_2 + [\Delta E(\pi)_2 - \Delta C_2]$$

$$= \frac{1}{2}\rho_4[\beta_2 + (1-\beta_2)k]^2\sigma_\varepsilon^2 - \frac{1}{2}\rho_4 k^2\sigma_\varepsilon^2 + \frac{(1-\beta_2)^2(1-k)^2}{2b_4}$$

$$= \frac{1}{2}[\beta_2 + (1-\beta_2)k]\rho_4\sigma_\varepsilon^2 - \frac{1}{2}\rho_4 k^2\sigma_\varepsilon^2$$

$$= \frac{1}{2}[\beta_2 + (1-\beta_2)k - k^2]\rho_4\sigma_\varepsilon^2 \tag{5-47}$$

在式（5－47）中，由于 $1-\beta_2 > k$，所以 $(1-\beta_2)k > k^2$，$(1-\beta_2)k - k^2 > 0$，进而有 $\beta_2 + (1-\beta_2)k - k^2 > \beta_2$，因此，将式（5－47）与式（5－24）比较有 $AC_2 > AC_1$。由此可知，经营者投入企业物质资本 K 增加了剩余分享比例导致经营者代理成本增大。即相对于经营者未出资时的信息不对称情形，经营者出资后的委托代理激励契约将在一定程度上增加代理成本，但由式（5－41）和式（5－16）的比较可知，委托人实现了更大的收益：$\max Ev_4 - \max Ev_2 > 0$，因此，经营者出资购买剩余索取权后，在其努力水平增加带来的总收益增加足以覆盖代理成本的增量支付即 $E(\pi_4) - E(\pi_2) > AC_2 - AC_1$ 时，在不突破委托人参与约束的前提下，让经营者出资并增加其风险收益分享比例总是合算的。当然，经营者获得的剩余索取权比例不是没有约束的，这取决于代理成本增加到委托人让渡剩余索取权带来的边际收益等于零为限。从式（5－39）来看，经营者最佳的出资比例 $k^* = \dfrac{b_2\rho_2\sigma_\varepsilon^2 - b_4\rho_4\sigma_\varepsilon^2}{b_2\rho_2\sigma_\varepsilon^2(1 + b_4\rho_4\sigma_\varepsilon^2)}$，决定于经营者努力的边际成本和风险偏好的相对变化，由于 $b_4 < b_2$，$\rho_4 > \rho_2$，当 $b_4\rho_4 < b_2\rho_2$ 时，总有 $k^* > 0$，直至 $d(Ev_4 - Ev_2)/dk = 0$ 为止。而根据式（5－41）和式（5－16），由 $Ev_4 > Ev_2$ 可以推知 $\beta_4^2\rho_4\sigma_\varepsilon^2 > \beta_2^2\rho_2\sigma_\varepsilon^2$，尽管 $\beta_2^* = \dfrac{1}{1 + b_2\rho_2\sigma_\varepsilon^2}$，$\beta_4^* = \dfrac{1}{1 + b_4\rho_4\sigma_\varepsilon^2}$，表明经营者努力边际成本系数 b 对风险分担比例 β 有负向影响，但因为 $\beta_4 = \beta_2 + (1 - \beta_2)k$，始终有 $\beta_4 > \beta_2$，因而要保证 $Ev_4 > Ev_2$ 即 $d(Ev_4 - Ev_2)/dk > 0$，只要保证 $\beta_4^2\rho_4 > \beta_2^2\rho_2$ 即可，这意味着经营者风险厌恶系数 ρ 发挥了根本性作用。而经营者风险厌恶系数 ρ 不但取决于企业内生因素如经营者（出资）持股、公司特征、经营者特征和公司治理水平等诸多变量，还取决于外生因素如宏观经济形势、市场风险、经营者家庭财富水平等等方面，并且随着这些因素动态变化带来的复合作用下，经营者的风险厌恶系数还可能随着经营者事前投入物质资本的增加而由增大反转为减小，根据个人财富与风险厌恶成反比的研究结论（Riley Jr and Chow，1992；Guiso and Paiella，2008），随着经营者财富的快速增加和个人持股比例大幅增长至趋近大股东地位时，经营者将由风险厌恶反转为风险中性。其次，在这个过程中，进一步追加经营者出资购买剩余索取权，很可能面临内部人控制问题和内部大股东与外部中小股东之间的第二类代理问题（严若森，2005），反而违背了剩余索取权激励的初衷，这在现有大量关于上市公司股权激励与经营绩效之间存在倒U形关系或区间效应的经验实证研究结论中可以得到印证（Morck et al.，1988；Armstrong et al.，2007；于震和张行，2020）。可见，从动态的角度而言，经营者出资引发的风险厌恶系数变大的情形必然限于一定的范围。因此，本研究是在假定影响经营者风险偏好的其他因素不变的前提下，利用静态的经典委托代理激励理论分析框架，单独考察经营者出资对其风险偏好的影响进而对激励契约效率的影响，而对于特定剩余索取权最佳比例的选择，尚有赖于后续经验实证。

5.7 引入相对业绩评价的剩余索取权激励契约模型及效率改进

从前述委托代理分析框架中不难看出，由于经营业绩受到外生不确定性因素的影响，当经营成功时，可能未必是经营者努力的结果，而当经营失败时，也可能未必是经营者不努力的结果。特别地，作为经营者业绩的考核方委托人来说，还存在一种自我肯定的片面心理，即认为如果经营成功，主要是自己投入物质资本的贡献，而如果经营失败，则认为是经营者不努力的结果。这使得对努力的经营者来说，可能不公平，而对不努力的经营者来说，又可能得到意外收获。换言之，外生不确定性因素弱化了经营者努力水平与经营业绩的之间的联系，降低了经营业绩对经营者努力水平的敏感性，进而背离了经营者努力与业绩对等的激励原则。但是，外生的不确定性因素无法消除也无法人为控制，而只能在业绩考核时尽量鉴别并剔除不确定性因素影响的业绩成分。因此，本研究在以经营者投入物质资本解决了收益与风险不对等的风险分担机制扭曲问题的基础上，进一步引入相对业绩评价，以尽可能排除共同的不确定性因素对经营业绩的冲击，进而增进委托人对经营者努力信号的鉴别。

5.7.1 相对业绩评价基准的选择

一般而言，企业经营过程中外生的不确定性因素是企业经营者不可控制的随机因素，是经营业绩的噪声，模糊了经营者努力与业绩的联系。而如果能把这部分业绩噪声剔除掉，则剩下的业绩部分能更直接地反映经营者的努力水平。但这种随机业绩无法在目标企业业绩中直接观测到，即单独地观察一个企业的业绩，难以分离出努力业绩与随机业绩。不过，这种不确定性因素也同时影响了行业中所有的其他企业，将反映在行业的整体业绩水平上，比如行业的平均业绩，它的整体趋势反映了各个业绩期间风险因素的平均影响程度。如果当期行业平均业绩高于历年行业平均业绩的平均值，则说明当期市场形势利好，反之则反。因此，行业当期平均业绩与行业历史平均业绩平均值的偏差可以视为整体上平均的随机业绩，若这一偏差大于零，则相对历史平均水平而言，当期市场“繁荣”，行业所有企业经营者实际的努力业绩都被“繁荣业绩”虚增；反之，若这一偏差值小于零，则当期市场“萧条”，行业所有企业经营者实际的努力业绩都被“萧条业绩”折减。因此，需要在市场利好时对企业业绩“打折”以剔除“繁荣业绩”虚增的那部分“努力业绩”，而在市场不利时需要对企业业绩“加成”以填补“萧条业绩”抵消的那部分“努力业绩”。

5.7.2　相对业绩评价的激励契约模型建构

基于上文分析，现假设当期行业平均业绩为 $\bar{\pi}$，行业平均业绩历年加权平均值为 $\bar{\bar{\pi}}$，令 $\theta=\bar{\pi}-\bar{\bar{\pi}}$，$\theta$ 具有正态分布即 $\theta \sim N(0,\sigma_\theta)$。显然，$\theta$ 与外生不确定性因素变量 ε 相关从而与 π 有关，但与经营者努力水平 a 无关。引入风险业绩影响因子 $\lambda(\lambda<0)$ 以刻画企业业绩与行业平均业绩均值偏差 θ 的关系，从而有 $\lambda\theta$ 表示为本企业相应的随机业绩含量，则当 $\theta>0$ 时，$\lambda\theta<0$，表示市场形势利好，需要扣减经营业绩中的“繁荣业绩”；当 $\theta<0$ 时，$\lambda\theta>0$，表示市场形势不利，需要弥补被“萧条业绩”抵消的那部分“努力业绩”；当 $\theta=0$ 时，$\lambda\theta=0$ 表示市场形势处于“正常状况”，不存在系统性随机业绩。现在考虑以行业平均业绩进行相对业绩评价的激励契约是在前述经营者出资且信息不对称的委托代理激励契约框架基础上进行的，因此有 $b_5=b_3$、$\rho_5=\rho_3$、$\bar{\omega}_5=\bar{\omega}_3$、$\beta_5=\beta_3=\beta_2+(1-\beta_2)k$（下标 5 意指经营者出资且采用行业相对业绩评价时的信息不对称情形，下同）。因此有 $b_5=b_4$、$\rho_5=\rho_4$、$\bar{\omega}_5=\bar{\omega}_4$、$\beta_5=\beta_4=\beta_2+(1-\beta_2)k$。参考 Hölmstrom 和 Milgrom 标准的委托代理模型分析框架和解析过程（Holmström and Milgrom，1987；张维迎，2012），则剔除风险业绩的委托代理激励契约为：

$$s(\pi_5,\theta) = \mu_5 + \beta_5(\pi_5 + \lambda\theta) \tag{5-48}$$

式（5-48）中，若 $\lambda=0$，则企业经营者收益 $s(\pi_5,\theta)$ 与行业平均业绩 $\bar{\pi}$ 无关，π_5 是充足统计量。否则，委托人需要选择 μ_5、β_5、k、λ 求解下列优化问题：

$$\max_{\mu_5,\beta_5,k,\lambda} E\nu_5[\pi_5 - s(\pi_5)] = \max_{\mu_5,\beta_5,k,\lambda} E\nu_5\{\pi_5 - \mu_5 - \beta_5(\pi_5 + \lambda\theta)\} \tag{5-49}$$

$$s.t.\ (IR)\mu_5 + \beta_5 a_5 - \frac{1}{2}b_5 a_5^2 - \frac{1}{2}\rho_5\beta_5^2[\sigma_\varepsilon^2 + \lambda^2\sigma_\theta^2 + 2\lambda\mathrm{cov}(\pi_5,\theta)] \geqslant \bar{\omega}_5 \tag{5-50}$$

$$(IC)\, a_5 \arg\max_{a_5} Eu_5 = \max_{a_5}\{\mu_5 + \beta_5 a_5 - \frac{1}{2}b_5 a_5^2 - \frac{1}{2}\rho_5\beta_5^2[\sigma_\varepsilon^2 + \lambda^2\sigma_\theta^2 + 2\lambda\mathrm{cov}(\pi_5,\theta)]\} \tag{5-51}$$

由式（5-51）的一阶条件可得：

$$a_5^* = \frac{\beta_5}{b_5} \tag{5-52}$$

将式（5-52）和参与约束式（5-50）代入委托人目标函数式（5-49）可得：

$$\beta_5^* = \frac{1}{1 + b_5\rho_5[\sigma_\varepsilon^2 - \mathrm{cov}^2(\pi_5,\theta)/\sigma_\theta^2]} \tag{5-53}$$

$$\lambda^* = -\frac{\mathrm{cov}(\pi_5,\theta)}{\sigma_\theta^2} \tag{5-54}$$

$$k^* = \frac{b_2\rho_2\sigma_\varepsilon^2 - b_5\rho_5\sigma_\varepsilon^2}{b_2\rho_2\sigma_\varepsilon^2(1 + b_5\rho_5\sigma_\varepsilon^2)} = \frac{b_2\rho_2\sigma_\varepsilon^2 - b_3\rho_3\sigma_\varepsilon^2}{b_2\rho_2\sigma_\varepsilon^2(1 + b_3\rho_3\sigma_\varepsilon^2)}$$

$$s.t.\ \beta_5 = \beta_3 = \beta_2 + (1-\beta_2)k,\ b_5 = b_3 < b_2,\ \rho_5 = \rho_3 > \rho_2 \tag{5-55}$$

由式（5-55）可知，经营者投入物质资本的产权份额 k 与风险业绩变量 θ 无关，只取决于代理人的风险偏好和边际努力成本的相对变化。再将式（5-52）、式（5-53）和式（5-54）代入参与约束式（5-50）可得：

$$\mu_5^* = \bar{\omega}_5 - \frac{1 - b_5\rho_5[\sigma_\varepsilon^2 - \mathrm{cov}^2(\pi_5,\theta)/\sigma_\theta^2]}{2b_5\{1 + b_5\rho_5[\sigma_\varepsilon^2 - \mathrm{cov}^2(\pi_5,\theta)/\sigma_\theta^2]\}^2} \tag{5-56}$$

5.7.3 引入相对业绩评价后的激励契约效率改进

由前文式（5-53）可知，如果企业经营业绩 π_5 与行业平均业绩 $\bar{\pi}$ 不相

关进而与 θ 不相关，即 $\mathrm{cov}(\pi,\theta)=0$ 时，π 是充足统计量，此时的 β_5^* 与式（5-37）的结果完全相同即 $\beta_5^*=\beta_4^*$。在此情形下，由于行业平均业绩 $\bar{\pi}$ 决定的 θ 不提供有关经营者努力水平 a_5 的任何信息，因此 $\lambda=0$，风险业绩 θ 没有必要写入合同。但是，一旦 $\mathrm{cov}(\pi,\theta)\neq 0$，则 β_5^* 将突破不变的假设条件，即 $\beta_5^*\neq\beta_4^*=\beta_2^*+(1-\beta_2^*)k$。由于经营者投入物质资本的比例 k 不变且与 θ 无关，同时 β_5 依然满足 $\beta_5=\beta_2+(1-\beta_2)k$ 这一关系，因此，经营者最佳的人力资本产权比例 β_2^* 必然发生改变，从而改变与此情形对应的经营者努力水平和代理成本。为示区别，此时的委托代理激励契约中努力水平与“免费”剩余索取权比例分别表示为：

$$a_5^{**}=\frac{\beta_5}{b_5}=\frac{\beta_2+(1-\beta_2)k}{b_3} \tag{5-57}$$

$$\beta_2^{**}=\frac{1-k\{1+b_5\rho_5[\sigma_\varepsilon^2-\mathrm{cov}^2(\pi,\theta)/\sigma_\theta^2]\}}{(1-k)\{1+b_5\rho_5[\sigma_\varepsilon^2-\mathrm{cov}^2(\pi,\theta)/\sigma_\theta^2]\}} \tag{5-58}$$

比较式（5-58）（$\mathrm{cov}(\pi,\theta)\neq 0$）和式（5-38）（$\mathrm{cov}(\pi,\theta)=0$），由于 $\sigma_\varepsilon^2\sigma_\theta^2\geqslant\mathrm{cov}^2(\pi,\theta)$，所以 $\sigma_\varepsilon^2>\sigma_\varepsilon^2-\mathrm{cov}^2(\pi,\theta)/\sigma_\theta^2$，因而有：

$$\beta_2^{**}=\frac{1-k\{1+b_5\rho_5[\sigma_\varepsilon^2-\mathrm{cov}^2(\pi,\theta)/\sigma_\theta^2]\}}{(1-k)\{1+b_5\rho_5[\sigma_\varepsilon^2-\mathrm{cov}^2(\pi,\theta)/\sigma_\theta^2]\}}>\beta_2^*=\frac{1-k(1+b_4\rho_4\sigma_\varepsilon^2)}{(1-k)(1+b_4\rho_4\sigma_\varepsilon^2)}$$
$$s.t.\ b_5=b_4,\ \rho_5=\rho_4 \tag{5-59}$$

式（5-59）的结果表明，剔除企业业绩中的风险噪声业绩后，经营者愿意承担更多的风险，即有 $\beta_5^{**}=\beta_2^{**}+(1-\beta_2^{**})k>\beta_4^*=\beta_2^*+(1-\beta_2^*)k$，进而使得 $a_5^{**}=\dfrac{\beta_5^{**}}{b_5}>a_4^*=\dfrac{\beta_4^*}{b_4}$，说明引入风险业绩变量 θ 之后，经营者的努力水平也提高了。与此同时，由于剔除了大部分不确定性因素影响的随机业绩，经营者努力业绩相关的收益波动性降低，即：

$$\begin{aligned}\mathrm{var}[s(\pi_5,\theta)]&=(\beta_5)^2[\sigma_\varepsilon^2+\lambda^2\sigma_\theta^2+2\lambda\mathrm{cov}(\pi_5,\theta)]\\&=\frac{\sigma_\varepsilon^2-\mathrm{cov}^2(\pi_5,\theta)/\sigma_z^2}{[1+b_5\rho_5(\sigma_\varepsilon^2-\mathrm{cov}^2(\pi_5,\theta)/\sigma_z^2)]^2}<\frac{\sigma_\varepsilon^2}{(1+b_4\rho_4\sigma_\varepsilon^2)^2}\\&=(\beta_4)^2\sigma_\varepsilon^2=\mathrm{var}[s(\pi_4)]\end{aligned}$$
$$s.t.\ b_5=b_4,\ \rho_5=\rho_4 \tag{5-60}$$

相应地，与信息对称情形相比，此时增加的经营者风险成本为：

$$\Delta RC_3 = RC_5 - RC_3 = \frac{\rho_5}{2}(\beta_5)^2[\sigma_\varepsilon^2 + \lambda^2\sigma_\theta^2 + 2\lambda\mathrm{cov}(\pi_5,\theta)] - \frac{\rho_3}{2}k^2\sigma_\varepsilon^2$$

$$= \frac{\rho_5}{2}[\beta_2 + (1-\beta_2)k]^2[\sigma_\varepsilon^2 + \lambda^2\sigma_\theta^2 + 2\lambda\mathrm{cov}(\pi_5,\theta)] - \frac{\rho_3}{2}k^2\sigma_\varepsilon^2$$

$$= \frac{\rho_5[\sigma_\varepsilon^2 - \mathrm{cov}^2(\pi_5,\theta)/\sigma_\theta^2]}{2\{1 + b_5\rho_5[\sigma_\varepsilon^2 - \mathrm{cov}^2(\pi_5,\theta)/\sigma_\theta^2]\}^2} - \frac{\rho_3}{2}k^2\sigma_\varepsilon^2$$

$$s.t.\ b_5 = b_4 = b_3,\ \rho_5 = \rho_4 = \rho_3 \tag{5-61}$$

企业期望收益损失额为：

$$\Delta E(\pi)_3 = a_3^* - a_5^{**} = \frac{1}{b_3} - \frac{\beta_2 + (1-\beta_2)k}{b_5} = \frac{1 - \beta_2 - (1-\beta_2)k}{b_3}$$

$$= \frac{\rho_5[\sigma_\varepsilon^2 - \mathrm{cov}^2(\pi_5,\theta)/\sigma_\theta^2]}{1 + b_5\rho_5[\sigma_\varepsilon^2 - \mathrm{cov}^2(\pi_5,\theta)/\sigma_\theta^2]}$$

$$s.t.\ b_5 = b_4 = b_3,\ \rho_5 = \rho_4 = \rho_3 \tag{5-62}$$

努力成本的节约额为：

$$\Delta C_3 = c(a_3^*) - c(a_5^{**}) = \frac{1}{2b_3} - \frac{1}{2b_5}[\beta_2 + (1-\beta_2)k]^2 = \frac{1 - [\beta_2 + (1-\beta_2)k]^2}{2b_3}$$

$$= \frac{2\rho_5(\sigma_\varepsilon^2 - \mathrm{cov}^2(\pi_5,\theta)/\sigma_\theta^2) + b_5[\rho_5(\sigma_\varepsilon^2 - \mathrm{cov}^2(\pi_5,\theta)/\sigma_\theta^2)]^2}{2[1 + b_5\rho_5(\sigma_\varepsilon^2 - \mathrm{cov}^2(\pi_5,\theta)/\sigma_\theta^2)]^2}$$

$$s.t.\ b_5 = b_4 = b_3,\ \rho_5 = \rho_4 = \rho_3 \tag{5-63}$$

因此总的激励成本为：

$$\Delta E(\pi)_3 - \Delta C_3 = \frac{1 - \beta_2 - (1-\beta_2)k}{b_3} - \frac{1 - [\beta_2 + (1-\beta_2)k]^2}{2b_3}$$

$$= \frac{(1+k^2)(1-\beta_2)}{2b_3} = \frac{b_5[\rho_5(\sigma_\varepsilon^2 - \mathrm{cov}^2(\pi,\theta)/\sigma_\theta^2)]^2}{2[1 + b_5\rho_5(\sigma_\varepsilon^2 - \mathrm{cov}^2(\pi,\theta)/\sigma_\theta^2)]^2}$$

$$s.t.\ b_5 = b_3,\ \rho_5 = \rho_3 \tag{5-64}$$

总的代理成本为：

$$AC_3 = \Delta RC_3 + [\Delta E(\pi)_3 - \Delta C_3]$$

$$= \frac{\rho_5[\sigma_\varepsilon^2 - \mathrm{cov}^2(\pi_5,\theta)/\sigma_\theta^2]}{2\{1 + b_5\rho_5[\sigma_\varepsilon^2 - \mathrm{cov}^2(\pi_5,\theta)/\sigma_\theta^2]\}^2} - \frac{\rho_5}{2}k^2\sigma_\varepsilon^2$$

$$+ \frac{b_5[\rho_5(\sigma_\varepsilon^2 - \mathrm{cov}^2(\pi,\theta)/\sigma_\theta^2)]^2}{2\{1 + b_5\rho_5[\sigma_\varepsilon^2 - \mathrm{cov}^2(\pi,\theta)/\sigma_\theta^2]\}^2}$$

$$= \frac{\rho_5(\sigma_\varepsilon^2 - \text{cov}^2(\pi,\theta)/\sigma_\theta^2)}{2\{1 + b_5\rho_5[\sigma_\varepsilon^2 - \text{cov}^2(\pi,\theta)/\sigma_\theta^2]\}} - \frac{\rho_3}{2}k^2\sigma_\varepsilon^2$$

$$s.t.\ b_5 = b_3,\ \rho_5 = \rho_3 \tag{5-65}$$

比较式（5－65）与式（5－47）可知：

$$AC_3 - AC_2 = \frac{\rho_5(\sigma_\varepsilon^2 - \text{cov}^2(\pi,\theta)/\sigma_\theta^2)}{2[1 + b_5\rho_5(\sigma_\varepsilon^2 - \text{cov}^2(\pi,\theta)/\sigma_\theta^2)]} - \frac{\rho_5}{2}k^2\sigma_\varepsilon^2 - \left[\frac{\rho_3\sigma_\varepsilon^2}{2(1 + b_3\rho_3\sigma_\varepsilon^2)} - \frac{\rho_3}{2}k^2\sigma_\varepsilon^2\right]$$

$$= \frac{\rho_5(\sigma_\varepsilon^2 - \text{cov}^2(\pi,\theta)/\sigma_\theta^2)}{2[1 + b_5\rho_5(\sigma_\varepsilon^2 - \text{cov}^2(\pi,\theta)/\sigma_\theta^2)]} - \frac{\rho_3\sigma_\varepsilon^2}{2(1 + b_3\rho_3\sigma_\varepsilon^2)} < 0$$

$$s.t.\ b_5 = b_3,\ \rho_5 = \rho_3 \tag{5-66}$$

式（5－57）、式（5－58）和式（5－66）的结果表明，将行业平均业绩相关的可观测变量写入经营者出资的委托代理激励契约是有效率的，一方面通过风险收益分享比例的提高而激励了经营者付出更大的努力水平，进而降低激励成本；另一方面通过降低经营业绩的波动性提高经营者努力与业绩的敏感性而降低了经营者承担的风险水平，进而降低了经营者的风险成本。其背后的逻辑在于，剔除经营业绩中具有不确性的噪声影响，使经营者努力与业绩对等或基本对等，最终有利于诱使经营者在风险成本和激励成本两个方面同时降低代理成本，进而实现委托代理双方收益的帕累托改进。

综上证明，经营者出资购买剩余索取权及以行业平均业绩为基准的相对业绩评价均能改进以剩余索取权为核心要件的经营者激励契约效率，其逻辑关系如图5－3所示。图5－3表明，在传统的“免费”赠予经营者剩余索取权的激励契约基础上追加经营者出资购买剩余索取权的复合激励契约，可使委托人期望收益增加，其背后机理在于经营者努力的边际成本降低和风险厌恶系数增大所致的企业剩余增加超过了代理成本的增加，从而提升了契约效率；而在追加经营者出资购买剩余索取权的复合激励契约基础上，再引入基于行业平均业绩基准的相对业绩评价机制，可以进一步提升委托人期望收益，其背后机理在于特定企业经营业绩与行业平均业绩趋势存在相关性时，经营者努力与业绩敏感性提高所致的企业剩余增加大于代理成本的增加（实际上代理成本不但没有增加反而减少了），从而再一次提升了以剩余索取权为核心要件的经营者激励契约效率。

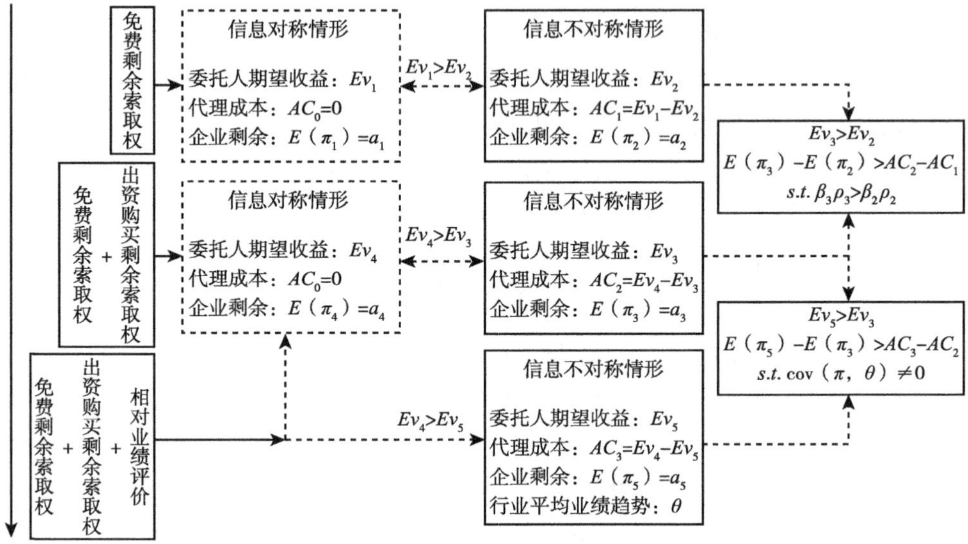

图 5-3　经营者剩余索取权激励契约效率的改进路径示意

注：E 代表期望值，v 代表委托人收益（效用），a 代表经营者努力水平，π 代表经营性收益剩余，AC 代表代理成本，β 代表剩余索取权比例，ρ 代表经营者风险厌恶系数，θ 代表行业平均业绩趋势，$cov(\pi,\theta)$ 代表经营性收益与行业平均业绩趋势的协方差。

资料来源：作者绘制。

5.8　剩余索取权购买式配置效率启示与股权激励契约改进路径探讨

（1）剩余索取权购买式配置的激励契约效率改进启示

前文基于委托代理理论模型对现代企业经营者剩余索取权的不同配置方式和不同业绩考核方式对应的激励契约效率进行了理论实证，结果发现由经营者出资购买剩余索取权的配置方式比企业“免费”赠予经营者剩余索取权的配置方式更具有激励契约效率，并且同时采用基于行业平均业绩的相对业绩评价方式可以进一步增进激励契约效率。结合前文关于限制性股票激励效率在不同情景下总体上始终优于股票期权，并且采用相对业绩评价基准的实施组样本相较于未采用相对业绩评价基准的实施组样本具有更大的激励效应，以及激励效应更具持续性的实证结论，我们从中可以获得以下两个直接启示和一个间接启示：一是纯粹基于经营者人力资本“免费”赠予其剩余索取权，对应的股权激励存在收益与风险不对等的契约缺陷，因此，现代企业经营者股权激励契约应同时基于经营者人力资本与物质资本投入授予其激励权益——剩余索取权。其中，人力资本对应的剩余索取权可以“免费”赠予，物质资本对应的剩余索取权则一定要采用满足等价交易原则的事前“购买”方式，因为物质资本对应的企业剩余索取权在配置给经营者时的等价程度与事前事后支付安排从根本上决定了经营者收益与风险的对等程度。从现代企业经营者产权激励契约发展历程来看，剩余索取权配置时的等价程度与事前事后支付安排的几种主要组合关系正好对应于现实中常见的或创新的四种剩余索取权激励契约形式，它们分别是：利润分享、股票期权、限制性股票、新型股权激励（如事业合伙人、项目跟投等）。从这几种激励契约形式的实践发展历程来看，对应组合关系中的剩余索取权在配置时的等价程度明显表现为逐步提高的趋势，从理论发展脉络来看，显然，这不是一种巧合，其代表的实际上是现代企业经营者产权激励契约形式的逐步升级，是激励制度的不断创新和迭代。它们之间的关系可以用图5-4表达。图5-4显示，在一定的物质资本对应的剩余索取权激励契约中，剩余索取权配置时的等价程度及支付安排从事前事后均免费、事前免费事后待定、事前半价事后亦半价到事前事后均等价的四种情形，分别对应于利润分享、股票期权、限制性股票和新型股权激励四种常见或创新的经营者产权激励契约形式，其在经营业绩和经营风险两方面的激励强度增减变化方向是完全相反的，从这一点来看，风险激励强度更小但经营业绩激励强度更大的新型股权激励契约形式最具激励效率。显然，针对股东总是追求收益更大风险更小的激励目的而言，新型股权激励契约更符合股东利益。二是基于经营业绩绝对水平对剩余索取权激励契约的履约结果进行考核和奖惩，存在经营者努力与业绩不对等的契约缺陷，而采用相对业绩评价则是提升剩余索取权激励契约效率的关键所在，相应地，现代企业股权激励应采用相对业绩评价特别是采用行业相对业绩评价以提升激励契约效率。三是在个人财富约束范围内（或代理人参与约束范围内），实施经营者事前出资购买剩余索取权的激励契约，有利于为企业建立经营人才甄别机制，使有组织承诺、有经营信心和有经营管理或技术才能的优秀员工通过事前出资意愿传达有效的识别信号以区别于组织承诺低、对企业发展信心不足和才能不够的员工，因为后者通常会放弃需要自己事前投入物质资本的、收益与风险对等的股权激励契约。

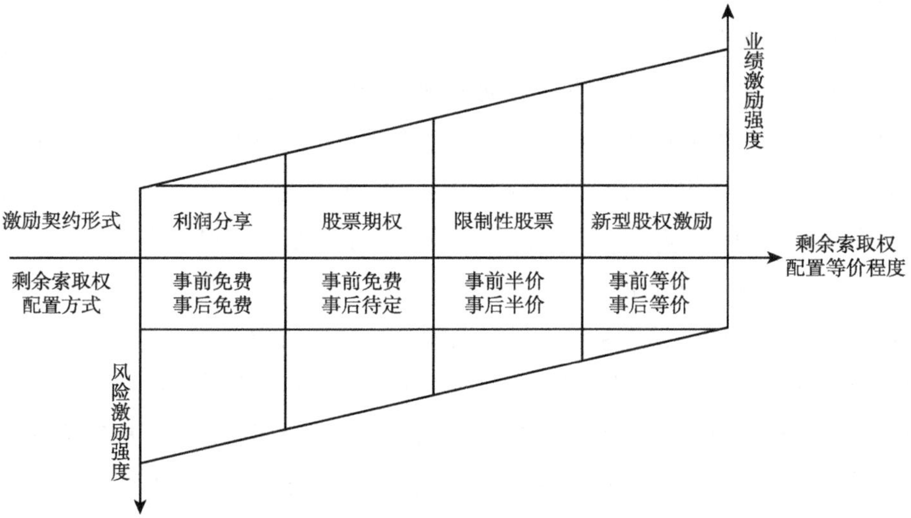

图 5-4　剩余索取权配置等价程度与激励效果的对应关系

资料来源：作者绘制。

（2）基于剩余索取权购买式配置的新型股权激励契约改进路径探讨

综上，股权激励作为剩余索取权激励的一种，必须符合前文推知的剩余索取权激励契约效率原则：收益与风险对等、努力与业绩对等。其中，收益与风险对等原则是核心，努力与业绩对等原则是保障。因此，股权激励契约改进的首要原则是收益与风险对等，基于这一核心原则，现代企业股权激励契约改进路径的要点有两个方面：一是从提升股权激励契约效率的角度来看，由于限制性股票同时对应于激励对象人力资本与物质资本投入而更具收益与风险对等的理论特性，使其激励效应在总体上总是优于股票期权。因此，现代企业股权激励契约的适应性条款中关于激励方式的选择，更应该倾向于限制性股票而非股票期权作为股权激励的主要实施方式。二是对依托于剩余索取权配置的新型股权激励契约进行设计时，应区分人力资本与物质资本对应的部分，其中对应于人力资本的那部分剩余索取权（激励权益）可以“免费”赠予经营者，而对应于物质资本的那部分剩余索取权（激励权益）一般应采用类似于限制性股票事前支付但又同时遵循等价交易原则的契约安排。当然，需要指出的是，在一些新创企业或经营者收入长期偏低的企业中，由于经营者个人财富积累有限，事前投入物质资本的财富约束偏大，同时也由于企业自身尚处于初创期，经营者对企业经营成功的信心可能不足（私人信息），使得实施限制性股票激励契约的条件难以满足，此时则宜采用股票期权这种纯粹基于经营者人力资本投入的股权激励方式，但随着经营者财富积累的增加以及企业自身实力的壮大，在人力资本对应的股权激励权益得到保障的前提下，应逐步转轨到以强制性事前出资购买剩余索取权的限制性股票激励契约方式上来（当然，根据已有文献，经营者持股大小会影响到内部控制的治理效率进而可能带来第二类代理问题。因此，经营者事前出资购买股权份额应有一定限制，但由于这一问题不是本文主旨，在此不作延伸，留待后续研究跟进）。总之，无论采用何种股权激励方式，都要在考虑可行性的同时，以有利于增进经营者“两权合一”的激励目标为导向，促使经营者的行为动机和行为方式真正转变到具有“所有者”的古典经营者角色上来，最终从根本上破解“有福可以同享，有难不能同当”的激励困局。

同时，基于努力与业绩对等这一保障性原则，现代企业股权激励契约除了应该尽可能采用限制性股票激励方式的适用性条款或引入经营者事前出资购买剩余索取权的激励契约安排，还要在经营业绩考核时采用行业相对业绩评价基准，特别是对于股票期权而言，由于经营者拥有事后行权选择权，存在充分的机会主义空间，更有必要采用行业相对业绩评价机制，才能使股票期权激励发挥应有的激励效应并保持激励效应的持续性。值得注意的是，在选择行业相对业绩评价基准时，应采用考核年度期末的行业平均业绩作为评价基准，其中的行业范围需要选择与本企业业务结构最为接近的同行企业构成，而对于无法找到足够多的业务结构相近的同行企业构成相应行业的情况，则应以本企业特定业务所在的市场平均业绩进行加权平均后的业绩作为评价基准。同时，在宏观上考虑经济形势和市场风险等因素的影响，在微观上考虑经营者风险偏好的影响，并在结合行业特点以及激励对象财富约束的基础上，现代企业可以尝试对管理层和一般员工分别采用强制性和自愿性的新型股权激励计划，特别是采用需要激励对象事前投入一定物质资本的、类似于限制性股票方式在事前支付物质资本但又遵循剩余索取权等价交易原则的激励契约，从而促使激励对象从一开始就朝着“股东”角色行事，特别是其中的核心高管团队，更应促其朝着“古典经营者”角色转变。通过构建强制性与自愿性相结合的股权激励制度体系，不但有利于从根本上提升激励契约效率，而且也有利于为企业建立人才甄别机制，为企业或作为委托人的股东在事前识别和留住具有高组织承诺、高经营管理才能的经营者提供信号传递机制。此外，股权激励计划要以企业长远发展为根本目的，对激励对象进行持续的、动态的相对业绩考核的同时，还要适度延长激励计划有效期，设定相对较长的等待期或行权期，采用分层分阶段行权获得激励收益的契约安排，以有效克服经营者短期行为、实现股权激励契约的长期激励目标。最后，经营者股权激励目标并非一蹴而就，它的根本目的在于塑造经营者不间断的“股东”角色。因此，它是一个伴随现代企业长期生存与发展的持续工程，需要不断迭代更新、周而复始递次推行。

5.9 本章小结

委托代理激励理论强调剩余分享的激励思路在现代企业中以利润分享和期权激励契约等形式得以实践，但这种“免费”赠予经营者剩余索取权的激励契约缺失了经营者承担风险损失责任的能力保证，存在经营者收益与风险不对等问题。同时，直接决定经营者参与剩余分享的经营业绩不但取决于经营者自身的努力，还取决于不受其努力所影响的外部“随机冲击”，以至于还出现经营者努力与业绩不对等的先天性契约缺陷。针对两类不对等问题，不同于现有文献只专注于剩余索取权激励契约单纯的激励作用研究角度，本章着重于从激励与约束双重治理作用的研究视角探讨企业剩余索取权配置的契约安排，从人力资本与物质资本对经营者风险承担能力的可置信保证程度入手改进经营者剩余索取权激励契约，并以行业平均业绩为基准修正现有研究中以特定企业业绩作为参照的相对业绩评价机制存在的缺陷。针对理论与实践的偏离，基于激励与约束双重治理作用的契约目标，提出经营者同时投入人力资本与物质资本获得剩余索取权的复合激励契约改进思路，重构了基于经营者出资购买剩余索取权的委托代理激励契约模型并引入以行业平均业绩为基准的相对业绩评价机制，对改进的委托代理激励契约模型逐次进行了效率比较。研究所得结论是：现代企业经营者以人力资本获得“免费”赠予的剩余索取权有其合理性，但由于人力资本与其所有者不可分离的产权特性，使经营者承担经营风险损失责任的保证不可置信而使传统的剩余索取权激励契约存在效率损失。当“免费”赠予经营者剩余索取权的同时要求经营者以一定的物质资本事前购买额外追加的剩余索取权，并以行业平均业绩为基准进行相对业绩评价，经营者剩余索取权激励契约的效率将实现帕累托改进。

本章在反思传统委托代理激励契约理论与现实偏离问题的基础上，通过解构现实偏差与重构理论模型，在新的理论层面上回应了当下现代企业经营者激励契约制度创新的热点现象，对种种以经营者出资为前提条件配置剩余索取权的激励制度形式诸如项目跟投、事业合伙人等新型股权激励契约的出现提供了合理解释。尤其是在理论上丰富了经典委托代理激励理论的契约模型分析框架，以更贴近现实的理论前提修正了经典委托代理理论关于代理人努力边际成本与风险偏好不变的前提假设，为推动现代企业经营者激励契约理论发展与实践创新的演进路径升级提供了可资参考的思路，具有一定的理论价值和现实意义。概括而言，本章结论为企业经营者激励制度创新理论与实践提供了以下两点重要的直接启示：一是以剩余索取权为核心契约要件的经营者激励制度创新应坚持所有者“免费”赠予和经营者出资购买剩余索取权相结合的契约改进路径，其对股权激励契约改进路径所具有的指导意义在于：现代企业股权激励契约的适用性条款应该规定尽可能采用限制性股票而非股票期权激励方式；二是剩余分配的基础不但要以剔除外生随机冲击“噪声”后的“干净业绩”为依据，而且剔除标准应以行业平均业绩而非特定企业业绩作为参照，其对股权激励契约改进路径所具有的指导意义在于：为进一步提升股权激励契约效率，现代企业股权激励契约的约束性条款设置应该突出以本企业业务结构最相近的同行企业构成的行业计算平均业绩，进而以行业平均业绩作为相对业绩评价基准对企业经营业绩进行评价。最后需要指出的是，尽管在模型拓展时对经营者努力边际成本和风险厌恶系数这两个前提假设引入了动态特征，但本章理论模型的求解依托的仍然是静态的委托代理理论分析框架，其达到的均衡解仍然是在其他前提条件满足严格的古典假设之下得出的，所得结论属于一般化的初步理论推断，未来还需要从重复博弈的动态角度进一步深化，并结合现实发展从经验实证层面展开深入研究。

最后，本研究根据剩余索取权激励契约效率进行理论改进的结论，着重分析了剩余索取权由经营者事前出资购买的配置方式更具激励效率这一结论带来的重要启示，并基于经营者剩余索取权激励契约效率改进的两大原则：经营者收益与风险对等，经营者努力与业绩对等，提出了股权激励契约改进的路径选择。其中，根据经营者收益与风险对等的这一核心原则，提出了股权激励契约改进的两个思路：一是现代企业股权激励契约的方式适用性条款更应该倾向于需要经营者事前出资购买剩余索取权的限制性股票方式；二是在对依托于剩余索取权配置的新型股权激励契约进行设计时，应区分人力资本与物质资本对应部分的剩余索取权，其中对应于人力资本的那部分剩余索取权（激励权益）可以采用“免费”赠予经营者的配置方式，而对应于物质资本那部分的剩余索取权（激励权益）一般应采用类似于限制性股票事前支付但又遵循等价交易原则的契约安排。同时，根据努力与业绩对等这一保障性原则，本研究还提出了现代企业股权激励契约在经营业绩考核时采用行业相对业绩评价基准的改进思路。此外，本研究对两种股权激励方式激励契约的适应性条件也进行了侧面论述。

第 6 章

剩余索取权购买式配置的新型股权激励契约实践与效果验证

6.1 引　　言

自贝利和米恩斯提出企业所有权与控制权分离问题以来（Berle and Means，1932），在以“两权分离”为基本特征的现代企业中，经营者激励问题引发了委托代理理论研究热潮，以詹森和麦克林为代表的代理理论学派致力于降低代理成本的研究结论表明（Jensen & Meckling，1976），让代理人（经营者）参与企业剩余分享，使其获得部分剩余索取权，拥有类似“两权合一”的“古典经营者”企业产权，是激活代理人自我激励动机、有效破解代理问题的重要方式（Mirrlees，1976；Holmström and Milgrom，1987）。20 世纪中期以来，委托代理理论关于经营者产权激励有助于解决代理问题的思路对现代企业经营者激励机制创新实践提供了重要启示，籍此以职业经理人及其团队参与企业剩余分享为标志的股票期权激励形式和利润分享制在现代企业中得以广泛应用。但常见的股票期权激励方式和利润分享制使经营者事前“免费”获得剩余索取权，经营者承担的损失风险几乎为零而收益潜力几乎无限，存在严重的收益与风险不对等问题（Murphy，1999；冯怡恬和杨柳勇，2018）。

传统的股票期权激励方式和利润分享制之所以存在收益与风险不对等的契约缺陷，其根本原因在于经营者“免费”获得剩余索取权，其相应解决之道自然也就离不开对剩余索取权配置的定价考量（段文斌和袁帅，2004；李云飞和周宗放，2011）。从风险承担能力的可置信角度看，由于人力资本与其所有者不可分离的产权特点使其不具有抵押功能，而物质资本因其所有者“跑得了和尚跑不了庙”，物质资本仍是现代企业参与者承担经营风险的可置信保证（周其仁，1996；张维迎，1996）。因此，要求经营者跟随企业所有者在事前共同投入物质资本购买（追加的）的部分剩余索取权就成为改进传统上“免费”配置剩余索取权激励契约的必要选择，其实质是一种传统股权激励契约形式改进后的新型股权激励制度。近年来，这种要求经营者出资购买剩余索取权的新型股权激励契约在中国部分新兴企业乃至传统企业中以“事业合伙人”或“经营者内部跟投”的制度形式得以实践。长期以来，尽管这种要求经营者事前在企业内部跟随股东共同投资的思想早已在合伙制企业、私募股权基金公司中得以广泛运用，其对经营者激励与约束的双重作用也在理论上与实务中得以反复证明（Sahlman，1990；Metrick and Yasuda，2010；Izquierdo and Rafels，2020），但在“两权分离”为基本特征的现代企业中却难得一见。

其中，事业合伙人制度虽然在少数国内知名企业中如阿里巴巴集团得到深入实践和不断完善，但相关样本数据难以获取，而经营者内部跟投制度在众多房地产上市公司多年推广应用后，已为实证研究提供了相对可行的数据条件。自 2014 年以来，以中国万科集团、碧桂园集团为代表的房地产行业领军企业率先在项目开发运营过程中引入项目跟投制度，要求经理人及其团队在事前投入一定的物质资本承担经营风险的做法，为经营者内部跟投制度在现代企业中的运用提供了中国情景下的实践样本。据不完全统计，截至 2017 年 12 月，在百强上市房地产公司中已有近半实施了项目跟投制度（明源地产研究院，2018）。显然，这些实践样例为在理论上分析和验证企业经营者内部跟投制度的作用机理与激励效应提供了难得的准自然实验样本。但遗憾的是，尽管项目跟投制度已在中国房地产企业实施多年，理论界却并未对此引起重视，忽视了这一制度创新对破解现代企业“两权分离”情形下委托代理问题所具有的重要理论意义和实践价值。鉴于以上理解和分析，本文试图在理论上阐明“免费”剩余索取权激励契约存在效率损失而经营者出资购买剩余索取权（内部跟投）激励契约具有激励与约束双重治理作用的制度机理，并以 2013 ~ 2019 年我国 A 股房地产上市公司的样本进行实证检验，从而对现代企业基于剩余索取权分配的新型股权激励契约之经营者内部跟投制度所具有的激励效应提供经验证据和制度实践建议。

6.2 剩余索取权购买式配置的新型股权激励契约实践模式

6.2.1 事业合伙人制度

从事业合伙人制度的契约实践形式来看，事业合伙人制度要求参与“合伙”的组织成员不仅需要具备特定的资质条件，而且必须像股东一样在事前投入一定的自有物质资本到所在企业中，并由此以公允价格获得与股东所持股权性质相同但权利又受到特殊限制的股票或股份。而传统的股权激励制度下激励对象既可以获得事前“免费”赠予的股权（或激励权益），也可以获得由自己事前出资购买的股权（尽管通常以低廉的交易对价）。因此，作为新型股权激励契约的事业合伙人制度与传统意义上的股权激励制度之间最大的不同之处就在于前者具有两个突出的特点：经营者事前出资、股权等价交易。正是事业合伙人制度上的这两个特点决定了它仍然是现代企业治理框架下的一种股权激励，但又不同于传统意义上的股权激励。认识到这一点，就能明确一个重大的理论前提，即事业合伙人制度要解决的仍然是委托代理理论框架下经营者激励问题，事业合伙人制度并没有像一些学者所认为的那样是委托代理人角色的颠覆（高闯和李俊华，2017），也非人资本对物质资本的“革命”，更不是“劳动雇佣资本”对“资本雇佣劳动”的企业治理范式进行彻底的颠覆（方竹兰，1997；高闯和李俊华，2017）。在本研究的观点来看，事业合伙人制度更可能是“资本与劳动相互雇佣”治理范式下的经营者新型激励制度。它是知识经济时代背景下一种呼应经营者核心人力资本价值稀缺性凸显、经营者剩余控制权与剩余索取权出现背离等方面恶化委托代理问题时的制度创新，目的是通过经营者事前投入物质资本、等价交易获得剩余索取权的契约安排来塑造古典经营者角色以缓解委托代理问题。截至当前，事业合伙人制度在一部分新兴企业中得以践行，包括海尔、阿里巴巴、万科、华为、小米、复星、美的等知名企业，各企业的具体契约形式略有不同，但核心契约条款大同小异，基本上形成了以阿里巴巴和万科企业集团为代表的两种典型事业合伙人制度，两者的最大区别在于合伙人持股是为创始人团队掌握企业实质控制权还是以激励职业经理人为主要目的。为了更真实地了解事业合伙人制度框架，下面分别以阿里巴巴集团和万科企业集团的事业合伙人制度实践为例予以说明。

（1）阿里事业合伙人制度

阿里巴巴集团事业合伙人制度是以创始人为主导、以保持经营者剩余控制权和剩余索取权相统一为目标的经营者激励制度。阿里巴巴设立于 1999 年，但阿里巴巴合伙人制度确立于 2010 年。在此期间，阿里巴巴经历过五轮外部融资，大量资本涌入后，势必削弱创始人管理团队的股权控制权力。为了保证创始人团队对公司的控制权，以马云为首的创始人团队推出了阿里巴巴的合伙人制度（因在浙江杭州住所的创业出处亦被称为湖畔合伙人制度），将公司的控制权在形式上归于 30 人左右的核心高管团队——合伙人会议掌管，实现了一定程度上的集体领导和集体决策，有利于调动公司内部人的主动性和激发合伙人潜能。阿里巴巴合伙人制度的主要规定包括：一是合伙人身份的获得。初始合伙人由 18 位阿里巴巴创始人身份转变而来，新的合伙人从公司管理层中选拔，组成公司的核心管理团队。新合伙人由现任合伙人一人一票投票推荐，获得 75% 以上的投票即可当选，截至 2014 年在美国纽约证券交易所上市时共有 34 名合伙人。合伙人又分为永久合伙人和普通合伙人：马云和蔡崇信两人为永久合伙人；普通合伙人虽没有明确任期限制，但会因退休、离职和除名等方式丧失合伙人资格。其中，无论是永久合伙人还是普通合伙人，均需要在成为合伙人时按公允市价在事前出资购买公司股权并在担任合伙人期间保持最低持股份额。关于最低持股要求也有明确规定，比如在任期前三年持股数不得低于获得任职资格时持股数的 60%，满三年后则不得低于 40%。此外，永久合伙人马云、蔡崇信接受大股东软银集团和雅虎集团转让的投票权将在马云持股比例低于 1% 时自动终止（郑志刚等，2016）。二是合伙人的董事提名权。合伙人拥有提名简单多数（50% 以上）董事会成员候选人的专有权。虽然合伙人拥有的是提名权而非决定权（最终决定仍需获得年度股东大会半数以上的赞成票），但如果合伙人提名的候选人未获得股东大会通过，合伙人有权指定临时董事暂行董事职权（无须经股东大会同意），直到下届年度股东大会召开，合伙人再提名新的董事候选人（杨国超，2020），可见，阿里巴巴事业合伙人团队对企业实质控制权的掌控地位不可撼动。

从阿里巴巴事业合伙人制度要点来看，其事业合伙人制度有两大功能目标：一是以马云为首的创始人不仅能保有经营管理的剩余控制权，而且借助事业合伙人制度实现类似于双重股权控制权结构安排下的企业实质控制权；二是通过合伙人事前出资购买股票并执行最低持股数要求，将短期合约转变为长期合约，实现经营者收益分享与风险共担的激励与约束双重治理作用。站在经营者角度来看，阿里式事业合伙人制度无疑是完美的，既能保住企业控制权，无惧资本市场“野蛮人敲门”，又能使自身对企业经营管理剩余控制权和对企业剩余索取权实现统一。但值得注意的是，从长期的股东利益来看，以马云为首的创业团队在“长期合伙合约”安排下使马云事实上成为阿里巴巴“不变的董事长”、团队成为“董事会中的董事会”，缺乏诸多中外创业型企业所采用的双层股权结构那种从 B 股转为 A 股的退出机制，而主要依靠独特的企业文化和价值观形成的“软”约束，以及创始人独一无二不可替代的个人魅力来避免合伙人自身可能施行的机会主义行为，这为阿里巴巴式事业合伙人制度的长期行稳致远带来了某种不确定性（郑志刚等，2016）。这意味着，在经营者与外部股东利益一致时，事业合伙人制度无疑能为委托代理双方带来“两权其美”的激励与约束双重治理作用，但由于阿里巴巴式事业合伙人制度使已有事业合伙人长期“垄断”了对企业的实质控制权，一旦企业利益与经营者私人收益出现较大程度的冲突时，特别是在马云等优秀企业家退出企业实质控制后，以事业合伙人为代表的经营者实行机会主义行为将难以约束。现有研究也已表明，在中国当前公司外部治理机制缺失或失效的情形下，2010 年确立的“合伙人制度”使阿里巴巴管理层获得了相比现金流量权的超额投票权，在 2014 年登陆美国纽约证券交易所之前，阿里巴巴管理层利用该制度谋取了可观的控制权私人收益。但在相对完善的资本市场治理情景下，这种在中国情景下难以约束的机会主义行为在登陆美国资本市场后却因“白皮书事件”而受到资本市场严厉惩罚（杨国超，2020）。尽管如此，阿里巴巴式事业合伙人制度下经营者实质控制权地位的不可撼动性，使资本市场无论是否有效，都将使事业合伙人制度在经营者私人收益与外部股东利益冲突时成为保护经营者“作恶”的“金钟罩”，难免严重损害外部投资者利益。

（2）万科事业合伙人制度

万科事业合伙人制度中的合伙人主要针对的是企业职业经理人及其团队成员，其主要目的并非为帮助任何一方掌控企业实质控制权，而是通过收益分享与风险共担机制使职业经理人及其团队与外部股东利益实现深度绑定，以此激励职业经理人及其团队以股东角色行事。根据万科2014年年报公告，为进一步激发经营管理团队的工作热情和创造力，强化经营管理团队与股东之间的紧密联系，为公司创造更大价值，万科实施事业合伙人制度。具体而言，包括8名董事、监事、高级管理人员在内的1 320位员工自愿成为公司首批事业合伙人，并签署《授权委托与承诺书》，将其在公司历年累计尚未发放的经济利润奖金（EP）合计14.1亿元全部委托给深圳盈安财务顾问企业（有限合伙）的普通合伙人以信托计划的形式进行投资管理，盈安合伙企业将利用这笔资金引入融资杠杆后统一购买万科股票并进行封闭管理、不兑付个人，从而以盈安合伙企业作为事业合伙人集体股东的共同代理人行使万科企业股东包括分红、派出董事（如果持股比例达到提名董事的章程规定）和参与股东大会的权利。万科事业合伙人制度相关利益方的关系如图6－1所示，从图6－1中可以看到，盈安合伙企业是以盈安财务顾问有限公司为普通合伙人、万科工会委员会的全资子公司上海万丰资产管理有限公司与华能信托有限公司为有限合伙人组建的有限合伙企业，万科事业合伙人投入的集体资金由盈安财务顾问有限公司以信托计划的形式投入盈安财务顾问合伙企业中，由盈安财务顾问合伙企业发起外部融资后交由国信证券设立的资产管理计划进行买卖万科股票的操作。相应的资金池被称为国信金鹏分级集合资产管理计划，外部资金认购A类优先份额，国信证券认购B类次优份额，盈安合伙认购C类劣后份额，三者比例为52：20：28，相当于盈安合伙自有资金的杠杆率放大约3.6倍，从而使事业合伙人承担劣后责任（康至军，2017）。

从万科事业合伙人制度要点来看，其主要目的显然不在于创始人对企业控

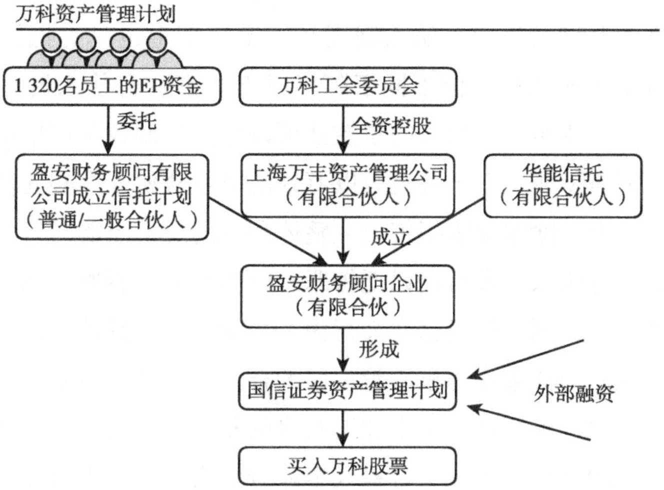

图6－1　万科事业合伙人制度①

制权的掌控，而在于将经理人及其团队的利益与外部股东利益进行深度捆绑，在于建立企业内部所谓“背靠背”的信任，在于实现经营者对经营管理剩余控制权与企业剩余索取权的匹配，在于实现经营者收益分享与风险共担的平衡，从而使万科式事业合伙人制度更具有普惠性质，涉及绝大多数中高层管理人员。因此，万科式事业合伙人制度是基于同股同权原则下的新型股权激励制度，并未突破传统公司治理体系下产品市场、经理人市场和资本市场力量对企业经营者的联合治理框架，一旦经营者团队大大背离外部股东利益时，三大市场力量特别是其中的资本市场力量仍将发挥最终的治理作用，以彻底更换不称职的经营者及其团队。在这个意义上而言，万科式事业合伙人制度优于阿里巴巴式事业合伙人制度。因此，从更具有一般适用性的角度来看，万科式事业合伙人制度具有更广阔的应用空间，因为无论是创始人控制型企业，还是资本方控制型企业抑或是缺失控股方的公众企业，万科式事业合伙人制度均有运用的条件，而阿里巴巴式事业合伙人制度则更适用于创始人具有高度人力资本历史贡献且其核心人力资本依然是决定企业未来生存与发展的关键性因素，同时资

① 资料来源：康至军，《事业合伙人——知识时代的企业经营之道》，北京．机械工业出版社，2017。

本市场对创始人及其团队具有高度信任的条件下才有可能成功实施。最后，还需要指出的是，万科式事业合伙人制度在一定程度上也具有抵御“野蛮人敲门”的恶意资本收购威胁，但不同于阿里巴巴式事业合伙人制度那样只靠少数核心管理层对企业实质控制权的掌控就可以做到控制权不可撼动，万科式事业合伙人制度下需要成百上千甚至数以万计的事业合伙人同心同德才能抵御资本市场的收购压力，除非面临损害企业整体利益的恶意收购，万科式事业合伙人制度才会形成合伙人一致行动以抵御恶意资本收购。否则，如果仅仅是出于少数核心管理层私人利益的机会主义行为，数量众多的其他合伙人势必反对与其采取一致行动，而如果作为核心管理层的合伙人出于牟取私利的目的想要收买所有合伙人采取一致行动，则由此所获得的私人收益又被大大稀释至毫无实施机会主义行为的必要。可见，万科式事业合伙人制度不但可以充分发挥制度本身的正面激励作用，而且在一定程度上还有利于抑制核心管理层实施机会主义行为的内部治理作用。

6.2.2 经营者内部跟投制度——房地产项目跟投

经营者内部跟投即经营者跟随股东向企业投入物质资本，这种委托代理双方共同投资于企业内部的投资关系过去主要发生在私募股权基金（Private Equity，PE）中，私募股权基金的基本组织形式有公司制、有限合伙制和契约制，但又以有限合伙制为主（倪宣明等，2015）。在有限合伙制的私募股权基金中外部投资者是承担有限责任的有限合伙人，为保障外部投资者利益，会要求作为普通合伙人的基金经理跟随外部投资者一同投入自有资金到基金中，并承担无限责任。但基金经理受个人财富约束，其投资占比通常很小甚至不到1%。尽管如此，这一比例对基金经理来说，仍是很大的财产份额，何况承担无限责任。通过这种风险共担的捆绑式跟投，可以有效缓解委托代理双方信息不对称和利益不一致导致的经理人机会主义行为。然而，私募股权基金作为一种金融行业的特殊组织形式，并不能完整展现经营者内部跟投制度的全貌。近年来，在一些以项目单元推进业务发展模式的企业中也出现了经营者内部跟投制度的实践，名为项目跟投，如中广核核技术发展股份有限公司的项目跟投，诸多房地产企业的项目跟投等，其中房地产行业知名企业的项目跟投制度实践最具有代表性，包括众多知名房地产企业如万科、碧桂园、首创置业、越秀、金地、当代置业、龙湖、绿地、招商蛇口等。因此，本文以房地产项目跟投制度实践为例对现代企业经营者内部跟投制度要点予以说明。

房地产项目跟投制度实践以万科集团的实践方案最为典型，同时也是信息透明度最高、最便于全面考察的案例样本。2014年初，万科集团在行业内率先引入项目跟投制度，对万科所有新开项目，除旧改及部分特殊项目外，原则上均要求项目所在一线公司管理层和该项目管理人员必须跟随公司一起投资，公司董事、监事、高级管理人员以外的其他员工可自愿参与投资，且非强制跟投员工可以自愿跟投自己所在项目，也可以跟投公司其他项目。经过几轮修改完善后，万科集团的项目跟投制度要点包括：（1）主要实施模式有个人名义跟投和以新成立的公司名义跟投，并由跟投人推选的代持人统一行使跟投份额的权利和义务。（2）跟投额度及其比例有明确规定，一是跟投人员可跟投总额不超过项目资金峰值的10%，项目跟投资金占项目公司权益比例以实际投入资金占项目资金峰值的比例确定；二是城市公司管理层及职能部门第一负责人不超过项目可跟投总额的12%，项目管理团队与城市公司管理层及职能部门第一负责人合计不超过项目可跟投总额的20%。（3）分配机制具有门槛要求和劣后性质，一是项目销售后的资金回收在覆盖项目未归还融资款及项目未来资金缺口后仍有富余时方可申请归还员工跟投本金，且归还部分在现金流回正前最高不得超过员工跟投全部本金的80%；二是项目现金流回正后且实现结算利润时方可分红，并参考私募股权基金（PE）的普遍做法实行优先劣后分配机制，设置保护外部股东利益的门槛收益率和分配范围内的超额收益率，只有超过门槛收益率之后存在超额收益率时才能享有分配权。（4）员工退出不影响已跟投资金的正常运营，在项目运作周期内，不可转让、赎回份额，因此跟投人无法在项目分红、结算、清算前实现投资变现，如遇员工离职，也不影响上述投资变现的期限。

从以上万科集团房地产项目跟投制度要点来看，其与万科事业合伙人制度相比，在参与对象、参与方式、参与限额、资金来源、所获权益形式、收益分配和实现形式等方面有一定的差异，但两者都具有一个共同特点即参与对象在事前均需要投入物质资本并等价交易获得相应权益（见表6－1）。只是与事业合伙人长期持有股票权益不同的是，项目跟投的权益份额持有时间取决于项目销售周期以及现金流回正与否，可能存在短期行为问题，这有待于实证检验。但是，从中国房地产行业对事业合伙人制度与项目跟投制度的实践历程和推广应用程度来看，事业合伙人制度的实施样本数并不多见，且信息透明度不够，而项目跟投制度则在2014年由万科等房地产领军企业率先引入之后受到众多同行企业的借鉴与推广应用，特别是其中的房地产上市公司，由于信息披露较为充分，截至2020年末已可以获得足够多的案例样本进行实证研究。因此，本研究将以房地产上市公司项目跟投制度的实践样本对其激励效应展开实证检验，以验证需要经营者事前出资购买剩余索取权的经营者内部跟投制度是否具有明显的激励作用。

表6－1　万科事业合伙人制度与项目跟投制度比较

比较维度	事业合伙人制度	项目跟投制度
强制参与人员	集团董事、总部管理人员、地方公司高管	区域公司、城市公司、项目公司管理层
自愿参与人员	一定级别以上人员	除集团公司董事、监事、高级管理人员以外的所有员工
参与方式	委托第三方金融机构购买万科的股票	按事先规定的项目跟投方案缴纳跟投资金
参与限额	高管有下限，非高管有上限	跟投总额不超过项目资金峰值的10%。强制跟投后余下部分按抽签或比例分配
资金来源	未分配奖金、委托的第三方金融机构杠杆融资资金	自筹资金
权益形式	流通股股票	跟投份额
收益分配	和外部的流通股股东一样同股同权同收益	在门槛收益以下跟投员工无收益，只在项目收益超过门槛收益后跟投员工才有收益
实现形式	等价交易，通过第三方金融机构、员工平台间接持股	等价交易，不直接体现为股份

资料来源：作者整理。

6.3　新型股权激励契约之内部跟投激励机理与研究假设

尽管新型股权激励的不同形式已在企业中实践多年，但截至目前，理论界对此仍关注不够，在学界少有相关理论与实证研究文献对此展开深入研究，一方面可能因为在学界尚缺乏直接相关的理论基础，另一方面更因缺少相关数据而难以开展有效的实证研究。特别是其中的事业合伙人制度由于缺乏相应的经验数据而难以对其激励效应展开实证检验，现有文献主要从质性研究角度对此进行探究（郑志刚等，2016；杨国超，2020）。但自2014年以来，新型股权激励契约之内部跟投制度在中国房地产企业中以项目跟投的激励契约形式得以广泛实践，截至2020年末已经积累了足够展开实证研究的经验数据，为在实证角度检验新型股权激励契约的实施效果提供了初步条件。因此，本研究试图从中国房地产上市公司实施项目跟投的实践历程着手，以房地产上市公司实施项目跟投的经验数据对新型股权激励契约的激励效应展开实证检验，进而对现代企业中集经营者人力资本与物质资本双重投入的新型股权激励契约有效性提供经验证据，后文首先对房地产项目跟投的激励机理展开理论分析并提出研究假设。

6.3.1　新型股权激励契约之内部跟投激励机理分析

（1）企业“免费”剩余索取权激励机理

现代企业股票期权激励和利润分享制是传统上“免费”配置剩余索取权的经营者激励契约典型形式，它们的共同特点都是经营者在事前无须投入物质资本，事后可以按照事前规定的份额分享企业剩余（利润）。对此，人力资本理论的解释是，由于经营者拥有的人力资本是经营者个人长期投资于自身所积累的无形资本（Schultz，1961），当经营者将其人力资本投入企业时，实际上是一种对个人投资的再投资，理应获得劳动报酬之外的投资回报（剩余分享）（萨伊，2009）。产权经济学理论则认为，企业是人力资本所有者与物质资本所有者共同签订的特别市场合约（Cheung，1983；周其仁，1996），股东凭借其（物质）资本投入获得剩余索取权，那么作为平等签约主体的另一方，经营者同样有权凭借其（人力）资本投入获得相应剩余索取权。因此，在这个意义上，由企业所有者（股东）“免费”配置的剩余索取权实质上并非真的免费，而是由于经营者投入了无形的人力资本作为对价。但是，产权经济学派同时又指出，人力资本与其所有者不可分离的产权特点，决定了人力资本不具有抵押功能而无法为其所有者提供承担风险损失的责任担保（Barzel，1977；周其仁，1996；张维迎，1996）。即使当企业剩余为正时，经营者参与剩余分享，而当企业经营失败甚至面临破产时（企业剩余为负），经营者完全可以全身而退带走全部人力资本，企业损失只能以股东事前投入的物质资本来承担。

因此，即便经营者以人力资本投入获得“免费”剩余索取权有其合理性，但因人力资本的风险承担能力不可置信而使经营者收益与风险明显不对等，反而为“两权分离”的现代企业经营者留下了足够的机会主义空间。根据经典委托代理激励契约模型（Holmström & Milgrom，1987），经营者（代理人）收益与企业剩余捆绑即：$s(\pi)=\mu+\beta\pi$，其中 $s(\pi)$ 是经营者收益函数，μ 是经营者固定薪酬，β 是经营者剩余索取权比例，企业剩余（利润）π 同时取决于经营者的努力水平 a 和外生不确定性冲击因子 ε 即：$\pi = a+\varepsilon,(a\geqslant 0)$，其中 ε 服从正态分布即 $\varepsilon \sim N(0,\sigma^2)$。此时，经营者与所有者的目标都是企业剩余（利润）最大化，由此便统一了双方的利益目标。但是，在这样的契约安排下，由于企业剩余（利润）变量服从正态分布而使其期望值永远非负即 $E(\pi) = a \geqslant 0$，决策值仅限于有和无、大和小的机会集而不存在损失问题，也就不存在经营者承担损失的责任问题；再者，即使实际的企业剩余真的出现 $\pi<0$，由于经营者未能事前投入物质资本作为承担经营风险损失的资产抵押，事后再要求经营者承担损失责任的谈判成本极其高昂，经营者甚至可以零成本地退出契约。因此，“免费”剩余索取权的经营者激励契约足以保证经营者个人“只盈不亏”，很可能促使经营者的决策行为出现以下异化：一是预期分享剩余收益的边际增量小于在职消费的边际节约时，优先选择在职消费最大化；二是预期分享剩余收益的边际增量大于在职消费的边际节约时，因为是“用别人的钱下的赌注”，“赌”赢参与剩余分享，而“赌”输不必担责，并且“赌局”越大，收益期望值越高，因此过度冒险和规模扩张是其理性选择；三是当企业经营失败

时，最优选择是放弃努力，因为努力的增量成本是自己的，挽回的损失（收益）却是股东的。

（2）企业经营者内部跟投激励机理

前文关于“免费”剩余索取权激励契约机理分析表明，尽管“免费”配置方式可以使经营者剩余索取权与剩余控制权最大程度地相匹配，但仅是经营者“权（剩余控制权）”和“利（剩余索取权）”两者的匹配，而非“责（风险承担）”“权”“利”三者的对等（段文斌和袁帅，2004）。反之，当经营者跟随企业所有者（股东）在事前共同投入物质资本为剩余索取权支付对价时，经营者投入的物质资本不但为追加的剩余索取权提供了资产抵押，而且也为原本以人力本投入而“免费”获得的剩余索取权同时提供了连带担保，此时任何机会主义行为带来的损失都将无差别地由全部剩余索取权对应的收益和资产来承担，这就使得经营者承担风险的保证变得可以置信，经营者“责”“权”“利”三者的统一便具备了现实基础，也就客观上缓解了收益与风险不对等进而压缩经营者机会主义空间（华玉昆等，2023）。那么，经营者内部跟投制度是如何影响经营者行为与动机并由此实现激励与约束双重作用的呢？对此，组织行为学理论关于组织承诺与行为经济学理论关于经济个体损失厌恶性的相关研究结论提供了重要的理论解释。

首先，根据组织承诺理论，企业组织成员具有三个维度的组织承诺，分别是情感承诺、持续承诺与规范承诺。情感承诺表现为对组织目标和价值观的认同与接受，持续承诺表现为个体随着对组织的投入增加而意识到沉没成本，因而愿意留在组织中奋斗到底的信念，规范承诺表现为员工认同对待工作的一般道德标准，感到有责任留在组织中（Allen and Meyer，1990）。研究表明，具有高组织承诺的组织成员对股东的总体回报远大于低组织承诺的组织成员（Whitener，2001；Jaramillo et al.，2005）。就经营者内部跟投制度而言，当企业经营者在事前向企业投入物质资本后，除了因此追加的剩余索取权份额会增加经营者归属感并由此增进情感承诺和规范承诺外，投入物质资本也将使经营者的沉没成本增大而由此增大其对组织的持续承诺，最终强化经营者对组织的总体承诺度和心理所有权（Vandewalle et al.，1995；Jaramillo et al.，2005）。此时，由于经营者出资增加了其拥有的企业产权及相应责任，经营者是真正为自己的“一亩三分地”而努力，他（她）不但更有动力节约开支（如在职消费）、避免浪费，而且更加“心甘情愿”甚至“乐此不疲”地付出努力，这样，经营者努力的边际成本便趋于下降（努力的负效用系数或痛苦指数降低），结果，“努力”在经营者心理上变得更“便宜”而使经营者向自己购买更多的“努力”（周其仁，2002）。

其次，根据损失厌恶理论，在正常的风险水平下，人们失去一件东西时的痛苦程度，要远比得到这件东西所经历的快乐程度更大（Kahneman and Tversky，1979）。实验研究表明，同量损失带来的负效用绝对值是同量收益正效用的2～2.5倍（Gintis，2009）。因此，当经济个体以自己的财产参与企业风险机会时，面对收益时经济个体因害怕损失而选择“见好就收”，但当面对已经发生的损失时，却表现出风险追求反而愿意选择风险更大的机会，试图奋力一搏以扳回已有损失（Tversky and Kahneman，1991）。就企业经营者内部跟投制度而言，损失厌恶理论提供的经济含义是，当经营者跟随企业所有者在事前投入物质资本获得追加的剩余索取权，他（她）将以自己的财产参与企业经营这场“赌局”，由于损失厌恶性，经营者将变得更害怕风险，倾向于风险相对较小的投资项目；而面对已经发生的损失时则表现为风险偏好，倾向于不接受已有损失，更愿意选择不确定的机会“拼一把”，试图挽回已有损失（于鸿君，2000）。因此，经营者内部跟投制度将通过所有权和分担风险的责任保证而提高经营者组织承诺和降低过度冒险经营的风险偏好，并由此降低经营者努力的边际成本和提高经营者风险厌恶程度，最终在激励和约束两个方面发挥作用。

6.3.2 新型股权激励契约之内部跟投激励效应研究假设

综上分析表明，企业经营者内部跟投激励的制度逻辑高度趋同于“古典经营者”人力资本与物质资本“合二为一”的产权激励机理。基于这个理解，本研究推断，实施经营者内部跟投制度后，收益与风险对等的产权激励契约安排能够减轻企业所有者与经营者“两权分离”程度，缓解所有者与经营者之间委托代理问题，进而降低代理成本、提升绩效。结合现有文献中代理成本的分析范式（李世辉和雷新途，2008），现代企业所有者与经营者之间的委托代理成本除了包括易于被观察到的代理成本（显性），如代理人在职消费等，还包括难以被观察到的代理成本（隐性），如代理人实际努力水平低于最优努力水平的产出损失，再比如过度冒险经营行为等，最终将反映在企业经营业绩及其波动性的变化之上。据此，本研究认为经营者内部跟投制度不但将促使经营者主动“节流”以降低在职消费水平等方面的显性代理成本，而且有助于促使经营者积极“开源”增进经营业绩的同时适度控制经营风险，降低与此对应的隐性代理成本，因而提出以下研究假设：

H6-1：当控制其他因素时，实施内部跟投制度可以激励企业经营者降低显性代理成本。

H6-2：当控制其他因素时，实施内部跟投制度可以激励企业经营者提升经营业绩。

H6-3：当控制其他因素时，实施内部跟投制度可以约束企业经营者过度冒险行为从而降低经营风险。

6.4　实证研究设计

6.4.1　研究方法

鉴于经营者内部跟投制度——房地产项目跟投制度的实施事件可能是一个自我选择过程，公司绩效和其他特征变量可能共同决定了项目跟投激励政策的实施决策而出现内生性问题。近年来，倾向得分匹配法（Propensity Score Matching，PSM）能有效消除自选择相关内生性问题的结论受到学界广泛认可（Lian et al.，2011；何靖，2016），因此，本研究选择PSM方法以尽可能消除样本自选择效应。但是，通过PSM方法得到的匹配组样本仅仅基于有限个可观测变量的配对，无法完全剔除项目跟投实施前实施组与控制组样本待检验的政策效应变量本来就存在的特定差异，也无法排除其他可观测和不可观测变量对政策效应变量的影响。考虑到双重差分法（Difference in Difference，DID）可以有效剔除前定差异与时间维度其他影响因素的影响效应，因此，本研究进一步采用双重差分法（DID）以得到项目跟投政策实施的净激励效应。通过PSM + DID的实证方法，本研究不但能够基本消除样本自选择效应带来的内生性问题、剔除样本之间的事前政策效应变量个体异质性，同时还能够剔除其他可观测和不可观测因素的影响，在理论上能够得到对政策效应或事件冲击结果的无偏估计。此外，为考察经营者内部跟投制度的动态激励效应，本研究是从时间维度动态变化的角度对实施第1期、连续实施2期和连续实施3期的样本进行多期PSM后的平均处理效应（Average Treated Effect on the Treated，ATT）和DID检验。

6.4.2 模型设定与变量定义

本研究首先通过倾向得分匹配方法（PSM）为实施项目跟投的实施组样本找到最具有可比性的控制组样本，并通过倾向得分法（PSM）计量程序获得房地产上市公司实施项目跟投之后的绩效平均处理效应（ATT）。而倾向得分匹配法（PSM）要以Logit回归模型实现，为此，本研究根据前文理论分析及模型测试后设定以下Logit回归模型：

$$PCII_{it} = TA_{it-1} + BOARD_{it-1} + RBP_{it-1} + REP_{it-1} + TR\_LA_{it-1} + TIME_{it-1} + \varepsilon_{it-1} \tag{6-1}$$

其中，$PCII$ 为实施项目跟投的虚拟变量，实施时取值为1，否则为0，$BOARD$ 指董事会规模，RBP 为营业利润率，REP 为员工薪酬占主营利润之比，TR_LA 为流动资产周转率，$TIME$ 为实施时期，ε 为随机扰动项，i 指第 i 个观测样本个体，t 指观测样本所在年度，$t-1$ 指滞后一期的观测样本。

对于双重差分检验（DID），参考已有研究（何靖，2016），以PSM筛选出的项目跟投实施组与控制组样本数据构建面板，其中，实施组以虚拟变量 $TREATED=1$ 表征，控制组以虚拟变量 $TREATED=0$ 表征。同时，设置时间虚拟变量 T，令实施项目跟投激励政策及之后的年份 $T=1$，未实施年份为 $T=0$。为进一步检验假设H6-1、假设H6-2和假设H6-3并考虑时间动态边际变化，得出实施项目跟投激励政策产生激励的净效应，结合前文相关变量界定，本文设定以下DID回归模型如下：

$$Performance_{it} = a_0 + a_1 TREATED_{it} + a_2 T1_{it} + a_3 T2_{it} + a_4 T3_{it} + a_5 TREATED_{it} T1_{it} + a_6 TREATED_{it} T2_{it} + a_7 TREATED_{it} T3_{it} + bX_{it} + c_i + e_{it} \quad (6-2)$$

其中，*Performance* 代指房地产企业 i 在第 t 期的绩效表现，包含前述三个方面绩效维度（政策效应变量），即显性代理成本之在职消费，隐性代理成本之经营业绩和风险水平。当在职消费水平越高时，说明企业经营者的显性代理成本越大，而经营业绩越差、经营风险水平越高时，则说明企业经营者的隐性代理成本越大。$T1$、$T2$ 和 $T3$ 分别对应于房地产企业实施项目跟投政策第 1 期、第 2 期和第 3 期的虚拟变量。X 代指一组随时间变化且可观测地影响房地产企业绩效表现的控制变量向量，c_i 是不随时间变化的个体固定效应，e_{it} 代指随机误差项。

从式（6-1）可以看出，实施第 1 期期间，就控制组样本而言（$TREATED=0$），在控制了其他影响因素的前提下，实施项目跟投年份前后的绩效边际表现分别为 α_0 和 $\alpha_0+\alpha_2$，因此，未实施项目跟投的房地产企业在实施项目跟投第 1 期年份前后对应的绩效边际存在 α_2 的差异，即 $diff_0=\alpha_2$，这一差异是指不实施项目跟投原本存在的时间趋势差异。对于实施组样本而言（$TREATED=1$），实施项目跟投第一期年份前后的绩效边际表现分别为 $\alpha_0+\alpha_1$ 和 $\alpha_0+\alpha_1+\alpha_2+\alpha_5$，差异为 $diff_1=\alpha_2+\alpha_5$，这一差异同时包含了实施项目跟投的激励效应 α_5 和时间趋势差异 α_2，即实施项目跟投激励政策对房地产企业绩效产生的净激励效应为：$DID=diff_1-diff_0=\alpha_2+\alpha_5-\alpha_2=\alpha_5$；同样地，实施第 2 期和第 3 期项目跟投激励政策对房地产企业绩效产生的净激励效应分别是：α_6 和 α_7。这意味着房地产企业实施项目跟投政策的动态边际激励效应分别对应于 $TREATED_{it}T1_{it}$、$TREATED_{it}T2_{it}$ 和 $TREATED_{it}T3_{it}$ 的系数 α_5、α_6 和 α_7。因此，从理论预期的角度，如果实施项目跟投激励政策产生了相应的激励效应，不同实施期间对应于显性代理成本之管理费用 RAC 的回归系数 α_5、α_6 和 α_7 显著为负，对应于隐性代理成本之企业经营业绩 ROE 的回归系数 α_5、α_6 和 α_7 显著为正，对应于隐性代理成本之企业风险承担 $RISK$ 的回归系数 α_5、α_6 和 α_7 显著为负。

实证分析的相关变量分为四类，包括：政策实施变量、政策决定变量、政策效应变量和政策效应控制变量。（1）政策实施变量，即表征样本公司是否实施项目跟投激励政策的变量（*PCII*）。（2）政策决定变量，即影响房地产公司实施项目跟投政策决议的变量。考虑到项目跟投激励制度的首次实施通常基于上一年的决策，本文以项目跟投激励变量（*PCII*）为被解释变量（政策实施变量），以实施第1期的该变量和滞后一期的37个初始协变量构建Logit回归模型（限于篇幅，初始协变量未予列示），并使用后向循环回归法逐个剔除对模型残差平方和贡献较小的滞后一期协变量。最终筛选出整体模型最优且在5%水平上显著的6个对项目跟投激励实施决策起关键作用的政策决定变量分别是：时期（*TIME*）、总资产规模（*TA*）、董事会规模（*BOARD*）、营业利润率（*RBP*）、员工薪酬占主营业务利润的比重（*REP*）、流动资产周转率（*T_CA*）。（3）政策效应变量，即本研究假设中对应的项目跟投激励政策实施后待考察的绩效变量（也称为结果变量）。本研究结合项目跟投激励的制度特点，借鉴以往研究的做法，采用以下三个政策效应变量：一是借鉴李世辉和雷新途等的做法（李世辉和雷新途，2008），以管理费用来刻画“在职消费”影响的显性代理成本，选取管理费用率（*RAC*）作为主要检验变量；二是借鉴Lian等（2011）的做法，以股东收益率来刻画经营者“努力水平”对应的经营业绩，选取扣除非经常性损益后的净资产收益率（*ROE*）作为主要检验变量；三是借鉴Beaver等（1970）的做法，采用净资产收益率相对过去3年移动平均值的波动水平代表的业绩波动率来刻画经营风险（*RISK*）。（4）政策效应控制变量，即影响项目跟投激励效应的其他可观测变量。本研究参考Lian等（2011）关于经营者股票期权激励效应研究中常见的控制变量，引入了包括公司个体特征变量、公司治理变量、公司其他绩效变量、宏观和中观环境影响因素相关变量等。以上四类变量定义见表6-2。

表6-2　相关变量名称、符号与定义

变量类型	变量名称	变量符号	变量定义
政策实施变量	项目跟投激励	*PCII*	虚拟变量，实施项目跟投为1，否则为0
政策决定变量	实施时期	*TIME*	以2013年作为实施项目跟投决策第1年并取值为1，其后每年加1
	总资产规模	*TA*	以当年平均总资产取自然对数

续表

变量类型	变量名称	变量符号	变量定义
政策决定变量	董事会规模	*BOARD*	年末董事会总人数
	营业利润率	*RBP*	营业利润除以主营业务收入
	员工薪酬占主营利润之比	*REP*	年末应付职工薪酬加上当年支付给职工及为职工支付的现金减去年初应付职工薪酬所得结果与当年营业利润之比
	流动资产周转率	*TR_LA*	当年主营业务收入与年平均流动资产之比
政策效应变量	管理费用率	*RAC*	当年管理费用与主营业务收入之比
	期间费用率	*RPC*	当年期间费用与主营业务收入之比
	净资产收益率	*ROE*	扣除非经常性损益后的净利润与当年平均净资产之比
	加权平均净资产收益率	*ROE_WA*	扣除非经常性损益后的净利润与当年加权平均净资产之比
	风险承担水平	*RISK*	净资产收益率与过去3年移动平均值的偏差平方值
	加权风险承担水平	*RISK_WA*	加权净资产收益率与过去3年移动平均值的偏差平方值
政策效应控制变量	总资产规模	*TA*	以当年平均总资产取自然对数
	资产负债率	*LEV*	年末负债总额与资产总额之比
	现金回收率	*CRR*	经营活动现金流量净额与年末总资产之比
	净资产收益率滞后项	ROE_{t-1}	上一期扣除非经常性损益后的净利润与净资产之比
	高管薪酬	*GPAY*	管理层现金薪酬总额的自然对数
	高管持股	*MSR*	管理层持股数与总股本股数之比
	第一大股东持股比例	*TOPONE*	第一大股东持股数与总股本股数之比
	股权集中度	*HHI5*	前五大股东持股比例之和
	股权制衡度	*ZINDEX*	第一大股东与第二大股东持股比例之比
	两职合一	*DUAL*	董事长与总经理兼任为1，否则为0
	董事会规模	*BOARD*	年末董事会总人数
	独立董事占比	*INDBOARD*	独立董事与董事会总人数之比
	产权性质	*STATE*	最终控制人为国有主体取值为1，否则为0
	主营市场区域	*M_A*	公司总部所在地所属区域按东、中、西和东北部区域划分赋值

6.4.3 样本选择与数据来源

经营者内部跟投制度首先以项目跟投的制度形式在中国房地产行业和少数互联网企业中得以实践。特别是2014年以来，以万科和碧桂园为代表的房地产行业领军企业率先在企业内部实施项目跟投制度，后逐步在众多房地产企业中得以推广应用。这种激励制度的重要特征是：企业高管和负责房地产项目开发运营的职业经理人及其团队为主体的经营者必须在事前投入一定的物质资本至本企业房地产开发项目中，旨在于强制性地让公司高管和自愿性地让普通员工成为项目的特殊股东，推动其由单纯劳动要素投入者转变为人力资本和物质资本的共同投入者，从而实现职业经理人及其团队以特殊的产权配置方式参与项目的利润分享和风险共担，并由此激励经营者更加努力的同时约束其过度冒险经营行为。其理论逻辑与本文探究的企业经营者内部跟投制度机理高度吻合。因此，考虑实例样本的代表性和数据可得性，本研究选择在中国A股市场上市的房地产公司为实证检验样本。

本研究房地产上市公司是指在A股上市并在中国证监会2012年版《上市公司行业分类指引》中分类为“房地产业”的公司。其中，实施项目跟投政策的公司样本通过巨潮资讯网、万得（Wind）数据库、百度互联网搜索引擎和房地产上市公司官网以及上市公司年报中依据“跟投”“共同投资”为关键词搜索并确定。其他基础数据，均来源于万得（Wind）数据库和国泰安（CSMAR）数据库，当两者不一致时，以年报为准。在数据取样时，以2013～2019年为全样本取样窗口期（涉及移动平均计算的个别变量则前推相应年度，2020年度因新冠疫情冲击，为避免全年数据异常值太多带来的偏误，取样时未纳入2020年数据）。对原始样本进行筛选时，删除ST类上市公司、B股上市公司、房地产中介公司的样本数据，同时，剔除了没有住宅楼盘业务的房地产上市公司，共获得113家A股房地产上市公司的791个样本观测值构成的面板数据。最后，对所有连续变量在1%水平上进行了Winsor缩尾处理。数据的实证分析主要借助Stata16.0完成。

6.5 实证结果与分析

6.5.1 描述性统计

表6-3给出了初始样本相关变量的描述性统计结果。其中，项目跟投这一政策实施变量的统计结果表明，中国房地产上市公司中实施项目跟投的样本少于未实施样本，使远多于实施组样本量的未实施组样本可能为PSM方法匹配控制组样本提供足够的选择空间。从样本其他主要变量的统计结果来看，中国房地产上市公司总资产规模平均而言分布较为均匀，但经营绩效偏差较大，其中表征显性代理成本的管理费用率和期间费用率的标准差都超过了平均值，且平均值超过了中位数，说明有部分样本公司的显性代理成本过于偏高。同样地，表征经营业绩的标准偏差均超过了平均值，其中加权平均净资产收益率的平均值小于中位数，说明有相当部分房地产上市公司平均净资产收益率偏低，经营业绩差异较大。从以上变量的描述性统计结果来看，样本总体中各样本公司经营绩效的差异较为明显，其中是否有来自项目跟投激励作用的影响，需要进一步实证检验。

表6-3　　主要变量的描述性统计

变量名	样本量	均值	标准差	最小值	中位数	最大值
PCII	791	0.101	0.302	0	0	1
TA	791	23.45	1.496	19.54	23.36	27.37
BOARD	791	8.736	1.698	5	9	18
RBP	791	0.0241	0.583	-4.218	0.118	0.599
REP	791	0.146	3.091	-23.26	0.298	9.124
TR_LA	791	0.310	0.310	0.0171	0.239	2.368
RAC	791	0.131	0.356	0.0137	0.0458	2.752
RPC	791	0.226	0.445	0.0281	0.115	3.311

续表

变量名	样本量	均值	标准差	最小值	中位数	最大值
TR_TA	791	0.238	0.138	0.0101	0.215	0.769
TR_SE	791	0.813	0.625	0.00948	0.700	7.673
ROE	791	0.118	0.125	-0.363	0.115	0.475
ROE_WA	791	0.0608	0.113	-0.414	0.0621	0.344
RISK	791	0.0042	0.0118	2.03e-07	0.0006	0.0788
RISK_WA	791	0.0047	0.0143	7.11e-08	0.0006	0.100
LEV	791	0.645	0.181	0.124	0.677	0.920
CRR	791	0.0140	0.0983	-0.274	0.0103	0.295
ROE_{t-1}	678	0.118	0.123	-0.363	0.117	0.475
GPAY	791	15.82	0.916	13.53	15.78	18.16
MSR	791	0.0168	0.0545	0	8.90e-05	0.323
TOPONE	791	0.395	0.167	0.0952	0.393	0.806
HHI5	791	0.549	0.159	0.194	0.566	0.856
ZINDEX	791	16.64	28.35	1.016	6.262	165.7
DUAL	791	0.148	0.355	0	0	1
INDBOARD	791	0.381	0.0568	0.333	0.364	0.571
STATE	791	0.489	0.500	0	0	1
M_A	791	1.761	1.032	1	1	5

资料来源：国泰安数据库和 Wind 数据库，下同。

6.5.2 检验结果分析

(1) 倾向得分匹配效果及 ATT 检验结果

通过 Logit 后向循环回归优选的政策决定变量构建的 PSM 模型计算出每个样本的 PS 值（概率值）后，对每一家实施项目跟投激励政策的公司在全样本中进行分期匹配并删除未获得匹配的样本，获得 2013～2019 年实施组与控制组的 3 期配对组样本（配对组样本是指实施组与控制组构成的混合样本）。基于此配对数据，再对匹对结果进行共同支撑假设检验和平行假设检验，结果表明，以上 3 期配对组样本匹配效果良好。限于篇幅，本研究以实施第 3 期的配对组样本为例予以说明，其共同支撑假设检验结果显示 97% 的实施组样本观测值得到匹配，且实施组与控制组两者倾向得分值共同取值范围达 95.55%（实施组样本与控制组样本倾向得分值值域的交集占两者并集的比例）；平行假设检验结果显示，配对组样本的协变量标准化偏差均小于 10%（见图 6－2），表明匹配后的配对组样本协变量对项目跟投的政策决议不再具有明显的解释力（R 方由匹配前的 0.253 降至匹配后的 0.004）。

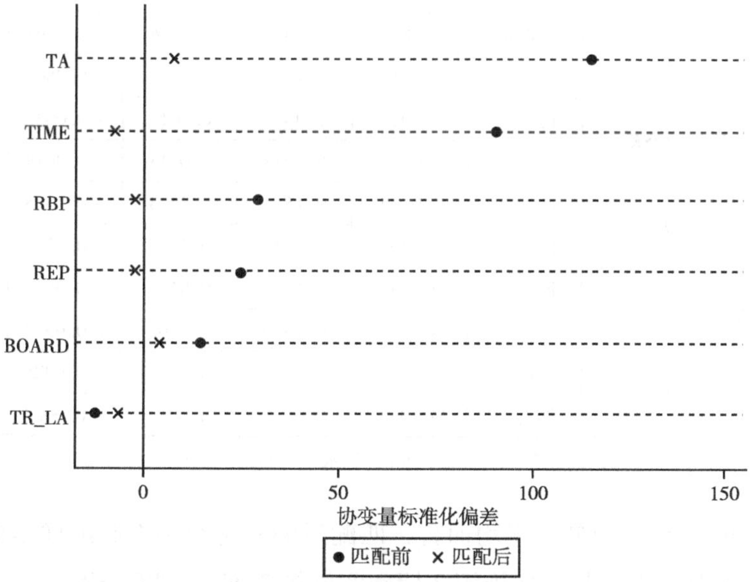

图 6－2　匹配前后分组样本协变量标准化偏差变化（以实施第 3 期为例）

为实施组找到配对的控制组样本后，在理论上，可以认为两组在实施项目跟投激励政策之前是无差异的、具有可比性的，那么实施组样本实施项目跟投激励政策后的绩效和控制组样本在同一个时期绩效的差异就可以解释为只是项目跟投激励政策带来的影响。为此，我们将匹配后的两组样本进行平均处理效应（ATT）检验，以验证关于实施组样本的绩效好于控制组的假设，表 6－4 报告了三大假设检验的结果变量平均处理效应（ATT）及其动态变化。

表 6-4　　实施项目跟投激励的绩效变量 ATT 检验结果（PSM-k 近邻匹配）

实施期间	绩效变量	匹配与否	实施组	控制组	S. E.	ATT	t 值
实施第 1 期	*RAC*	匹配前	0.0430	0.1518	0.0749	-0.1088	-1.45
		匹配后	0.0439	0.0780	0.0186	-0.0341	-1.84*
	ROE	匹配前	0.1777	0.1066	0.0237	0.0712	3.00***
		匹配后	0.1767	0.1408	0.0185	0.0359	1.95*
	RISK	匹配前	0.0009	0.0047	0.0024	-0.0039	-1.64
		匹配后	0.0009	0.0026	0.0010	-0.0017	-1.79*
实施第 2 期	*RAC*	匹配前	0.0450	0.1518	0.0549	-0.1068	-1.95*
		匹配后	0.0455	0.0795	0.0149	-0.0340	-2.29**
	ROE	匹配前	0.1826	0.1066	0.0176	0.0761	4.33***
		匹配后	0.1815	0.1313	0.0163	0.0502	3.08***
	RISK	匹配前	0.0014	0.0047	0.0017	-0.0033	-1.93*
		匹配后	0.0014	0.0033	0.0013	-0.0019	-1.48
实施第 3 期	*RAC*	匹配前	0.0462	0.1518	0.0493	-0.1055	-2.14**
		匹配后	0.0469	0.0731	0.0137	-0.0261	-1.91*
	ROE	匹配前	0.1737	0.1066	0.0160	0.0671	4.19***
		匹配后	0.1713	0.1360	0.0162	0.0352	2.17**
	RISK	匹配前	0.0022	0.0047	0.0016	-0.0025	-1.58
		匹配后	0.0023	0.0026	0.0013	-0.0003	-0.23

注：*，**，*** 分别代表在 10%、5% 和 1% 的水平上显著，k=5。

从表 6-4 结果可知，平均而言，匹配后的实施组和控制组样本的管理费用率 *RAC* 在实施第 1 期、实施第 2 期和实施第 3 期的 ATT 分别在 10%、5%、10% 的水平上显著为负，表明实施组样本管理费用率显著低于控制组样本，并且激励效应在时间维度的动态变化中呈现出渐弱趋势，服从制度红利边际递减规律。净资产收益率 *ROE* 在实施第 1 期、实施第 2 期和实施第 3 期的 ATT 值分别在 10%、1% 和 5% 的水平上显著为正，表明实施组样本的经营业绩平均而言均好于控制组，并且激励效应同样在时间维度的动态变化中最后一期出现衰减现象，总的趋势也服从制度红利边际递减规律。企业风险水平 *RISK* 在实施第 1 期、实施第 2 期和实施第 3 期的 ATT 值均为负值，说明风险水平相对控制组样本要低，但只在实施第 1 期显著为负，相应显著性水平为 10%，而在实施第 2 期和实施第 3 期均不再显著，说明项目跟投制度在首次实施期间对风控发挥了显著作用，但随后作用趋弱。从表 6 – 3 的 ATT 检验结果来看，提出的研究假设 H6 – 1、假设 H6 – 2 和假设 H6 – 3 均得以初步证实，即实施经营者内部跟投制度（项目跟投激励）有助于经营者降低代理成本、提升经营业绩和降低经营风险，且激励效应在时间维度上呈现边际递减的特点。

虽然以上 PSM 匹配后对配对组样本的 ATT 检验结果初步验证了本假设，但正如前文所述，由于 PSM 方法只是基于有限个可观测变量的 Logit 回归模型计算的倾向得分值匹配的控制组，虽然相当程度上减弱了传统 OLS 回归时存在的样本自选择偏误问题，但并不能完全排除，这就使得实施组和控制组在准自然实验之前就可能仍然存在一定的差异，特别是对于待检验的政策效应变量而言，实施组可能在事前一定程度上好于或差于控制组，而政策效应变量的 ATT 值只是两组样本在某一个时间节点上的平均水平值之差，这一差值可能包含了两组样本在政策实施之前本来已存在的前定差异，这是其一。其二，即便完全剔除了两者在政策效应变量上的前定差异，但通过 PSM 匹配后的两组样本，在政策实施期间的其他可观测及不可观测变量的影响水平也不可能完全一致（正如对 PSM 匹配效果进行平行假设检验的结果一般不可能出现协变量偏差完全为 0），这就使得两组样本的政策实施变量之外的其他影响因素对两者的政策效应待检验变量的影响水平不完全一致，导致 ATT 值可能还包含了其他因素变量水平不同所产生的影响。因此，PSM 匹配后的 ATT 检验结果仍需进一步通过剔除前定差异和其他因素的影响，以得到项目跟投激励政策实施的净效应，为此，下文进一步进行 DID 检验。

（2）DID 检验结果

通过 PSM 处理获得的配对组样本对式（6 – 1）进行 DID 回归时发现，如果采用混合截面数据 OLS，非观测效应 c_i 可能与解释变量相关而导致估计结果有偏且不一致，有必要对面板数据进行组内去心以消除非观测效应 c_i 的影响并得到一致估计。经过 Hausman 检定，本研究最终采用面板固定效应回归。在进行 DID 固定效应回归时，由于政策虚拟变量 *TREATED* 不具有时变性，*TREATED* 会被计量程序自动删除，但不会影响模型回归结果及其有效性（何靖，2016）。表 6 – 5 报告了配对组样本项目跟投激励政策实施第 1 期、实施第

2 期和实施第 3 期的 DID 模型最终回归结果，其中列（1）、列（3）和列（5）是没有加入控制变量的回归结果，列（2）、列（4）和列（6）是加入了控制变量的回归结果。结果表明，无论是否加入控制变量，在实施项目跟投激励政策的第 1 期和第 2 期，对应于显性代理成本之管理费用 *RAC* 的回归系数 α_5、α_6 都显著为负，对应于隐性代理成本之企业经营业绩 *ROE* 的回归系数 α_5、α_6 都显著为正，对应于隐性代理成本之企业风险承担 *RISK* 的回归系数 α_5、α_6 都显著为负，且实施第 2 期比第 1 期的激励效应更强，但在实施第 3 期却都不显著，与预期不符。因此，表 6－4 回归结果传递的完整含义包括：一是在项目跟投激励政策实施当年和次年，本研究假设 H6－1、假设 H6－2 和假设 H6－3 均得以证实；二是实施项目跟投激励政策的边际激励效应存在先递增后递减的动态变化。

表 6－5　实施项目跟投激励的绩效变量 DID 检验结果

变量	*RAC*		*ROE*		*RISK*	
	(1)	(2)	(3)	(4)	(5)	(6)
TREATED × *T1*	-0.0222* (-1.88)	-0.0319** (-2.37)	0.0372* (1.77)	0.0562*** (2.79)	-0.0032* (-1.91)	-0.0043** (-2.16)
TREATED × *T2*	-0.0295** (-2.03)	-0.0349** (-2.24)	0.0451* (1.75)	0.0618*** (2.65)	-0.0036* (-1.75)	-0.0044* (-1.90)
TREATED × *T3*	-0.0045 (-0.31)	-0.0014 (-0.09)	0.0004 (0.02)	0.0117 (0.50)	-0.0014 (-0.70)	-0.0010 (-0.42)
T1	0.0257*** (3.88)	0.0333*** (3.88)	-0.0355*** (-3.02)	-0.0693*** (-5.38)	0.0015 (1.64)	0.0026** (2.00)
T2	0.0225*** (3.10)	0.0295*** (3.68)	0.0077 (0.60)	-0.0113 (-0.93)	0.0053*** (5.20)	0.0061*** (5.12)
T3	0.0148 (1.44)	0.0229* (1.94)	-0.0385** (-2.11)	-0.0621*** (-3.50)	0.0001 (0.08)	0.0012 (0.68)
TA		-0.0743** (-2.20)		0.1390*** (2.74)		-0.0072 (-1.43)
LEV		0.1364 (1.44)		-0.2086 (-1.47)		0.0062 (0.44)
CRR		0.0051 (0.14)		-0.1874*** (-3.45)		-0.0016 (-0.30)

续表

变量	RAC		ROE		RISK	
	(1)	(2)	(3)	(4)	(5)	(6)
ROE_{t-1}		0.0383 (0.74)		-0.4434 *** (-5.69)		0.0034 (0.44)
GPAY		0.0053 (0.36)		0.0891 *** (4.07)		-0.0001 (-0.05)
MSR		0.0548 (0.56)		0.1702 (1.15)		-0.0002 (-0.01)
TOPONE		-0.4362 *** (-2.97)		0.0756 (0.34)		-0.0110 (-0.50)
HHI5		-0.0045 (-0.04)		0.0507 (0.30)		-0.0021 (-0.12)
ZINDEX		0.0001 (0.24)		-0.0002 (-0.46)		-0.0000 (-0.95)
DUAL		-0.0108 (-0.76)		0.0014 (0.07)		-0.0005 (-0.22)
BOARD		-0.0052 (-1.03)		0.0036 (0.48)		0.0002 (0.30)
INDBOARD		0.0713 (0.52)		0.5682 *** (2.77)		0.0058 (0.28)
STATE		-0.0006 (-0.02)		-0.0408 (-0.74)		0.0020 (0.37)
M_A		0.0093 (0.34)		-0.0480 (-1.16)		-0.0013 (-0.32)
_CONS	0.0475 *** (21.54)	1.8630 ** (2.32)	0.1615 *** (41.14)	-4.7093 *** (-3.91)	0.0017 *** (5.54)	0.1796 (1.50)
N	260	260	260	260	260	260
R^2	0.1893	0.3099	0.1480	0.4825	0.2079	0.2436
F	4.8263 ***	2.4701 ***	3.5908 ***	5.1287 ***	5.4249 ***	1.7710 **

注：*，**，*** 分别代表在10%、5%和1%的水平上显著，括号内为双尾检验t值。

之所以出现上述政策效应产生分化的现象，本研究认为：一方面，项目跟投激励政策的激励效应最初出现递增的现象，其原因可能在于部分样本企业实施第1期的时间不满一年，以致政策实施效应未能反映当年全年的激励作用，而实施第2期全部样本企业都经历了完整的一个自然年度，激励作用得以较充分的体现，这是其一；其二，由于实施项目跟投激励政策需要改进和调整的工作都安排在实施第1期期间，也在一定程度上限制了实施第1期的激励效果。另一方面，项目跟投激励政策在实施第3期出现激励效应急速减弱的证据，其原因可能在于经历2～3年的完整实施周期后，面临着参投机制、回报机制和退出机制进一步规范化的现实需要，如限制经理人及其团队参与项目跟投的占股比例，收紧第一轮过于宽松的回报机制，提高退出门槛，而且此时跟投人大多已经获得相应投资回报并已自然退出原有项目跟投，又恰逢国家调控力度增大、经营风险暴露，部分跟投人开始见好就收，不再参与新一轮跟投，最终削弱了第3期项目跟投政策的整体激励效应。此外，项目跟投作为一种新型激励机制，样本企业中连续实施满3期的实施组样本数量偏少，可能存在小样本偏误。但这不影响实施第1期和实施第2期检验结果支持研究假设的结论。

从以上DID检验结果来看，各检验变量的检验结果与ATT检验结果呈现动态边际递减的趋势是一致的。尽管检验结果在时间维度上呈现动态边际递减趋势，但上述结果已经足以证明，房地产企业实施项目跟投激励政策有助于激励职业经理人及其团队抑制代理成本、提升经营业绩和抑制过度冒险机会主义行为，特别是在实施第1期和第2期，项目跟投激励政策产生了显著的激励效应。综上所述，本研究实证结果印证了前文对“两权分离”的现代企业经营者内部跟投激励政策的激励机理分析，即通过经营者投入物质资本到企业，以自有物质资本作为风险抵押参与企业经营这场“赌局”，让“剩余索取权”不再完全“免费”，让“风险承担”不再毫无“担保”，真正实现经营者收益与风险对等，保障“责、权、利”三者对应，使企业剩余分享制真正发挥激励与约束双重作用。由此可见：房地产企业项目跟投制度的有效性为企业经营者内部跟投制度的激励效应提供了有力的经验证据，但激励效应总体上呈边际递减现象，且激励时效更偏向于短期目标。

6.5.3 稳健性检验

为了确认研究结论的稳健性，本研究方法PSM＋DID的PSM部分采用新的匹配技术——核匹配和半径匹配，以检验与前文使用的最近邻匹配结果是否一致，进而排除因匹配技术不同可能存在的偏误；另外，采用与前文检验变量密切相关但内涵更具有广度或界定更为严格的经营绩效变量对研究假设进行二次验证，以此在经营绩效层面上更大范围、更高程度地验证假设。其中，显性代理成本采用以经营者在经营期间能直接影响的期间费用率（*RPC*）进行稳健性检验，是为了避免出现经营者节约了管理费用的同时而提高销售费或财务费用的情况导致实际的代理成本不降反升的可能性。经营业绩采用加权平均净资产收益率（*ROE_WA*）进行稳健性检验，是因为考虑到上市公司净资产常常受到发行新股、增发股和股票回购等资本业务的影响，因此以加权平均净资产收益率（*ROE_WA*）作为检验变量以尽可能剔除偶然性资本变动带来的异常波动性冲击。与经营业绩变量对应，经营风险水平采用加权平均净资产收益率的波动率（*RISK_WA*）进行稳健性检验。经过以上多种方式方法的稳健性检验结果表明，无论是调整检验方法还是调整政策效应的检验变量，本研究结论在总体上稳健。详细的稳健性检验结果见表6－6和表6－7。

表6－6　更换政策效应检验变量后ATT稳健性检验结果（PSM－k近邻匹配）

实施期间	绩效变量	匹配与否	实施组	控制组	S. E.	ATT	t值
实施第1期	*RPC*	匹配前	0.0936	0.2560	0.0930	－0.1624	－1.75*
		匹配后	0.0947	0.1797	0.0295	－0.0850	－2.88***
	ROE_WA	匹配前	0.1177	0.0493	0.0211	0.0684	3.24***
		匹配后	0.1162	0.0775	0.0159	0.0388	2.44**
	RISK_WA	匹配前	0.0009	0.0053	0.0028	－0.0043	－1.53
		匹配后	0.0010	0.0031	0.0011	－0.0022	－1.88*
实施第2期	*RPC*	匹配前	0.0998	0.2560	0.0682	－0.1561	－2.29**
		匹配后	0.1006	0.1853	0.0241	－0.0847	－3.51***
	ROE_WA	匹配前	0.1196	0.0493	0.0157	0.0703	4.47***
		匹配后	0.1180	0.0748	0.0164	0.0432	2.64**
	RISK_WA	匹配前	0.0018	0.0053	0.0021	－0.0034	－1.65*
		匹配后	0.0019	0.0046	0.0018	－0.0027	－1.55

续表

实施期间	绩效变量	匹配与否	实施组	控制组	S. E.	ATT	t 值
实施第 3 期	*RPC*	匹配前	0.1060	0.2560	0.0613	-0.1499	-2.45 **
		匹配后	0.1075	0.1720	0.0241	-0.0645	-2.68 ***
	ROE_WA	匹配前	0.1101	0.0493	0.0144	0.0607	4.22 ***
		匹配后	0.1077	0.0812	0.0159	0.0264	1.67 *
	RISK_WA	匹配前	0.0032	0.0053	0.0019	-0.0021	-1.07
		匹配后	0.0033	0.0033	0.0020	-0.0001	-0.03

注：*、**、*** 分别代表在 10%、5% 和 1% 的水平上显著，k = 5。

表 6-7　更换政策效应检验变量后的 DID 稳健性检验结果

变量	*RPC*		*ROE_WA*		*RISK_WA*	
	(1)	(2)	(3)	(4)	(5)	(6)
TREATED × *T1*	-0.0378 * (-1.92)	-0.0556 ** (-2.45)	0.0309 * (1.76)	0.0459 ** (2.51)	-0.0040 ** (-2.00)	-0.0053 ** (-2.32)
TREATED × *T2*	-0.0559 ** (-2.32)	-0.0594 ** (-2.26)	0.0518 ** (2.40)	0.0655 *** (3.10)	-0.0041 * (-1.67)	-0.0056 ** (-2.13)
TREATED × *T3*	0.0047 (0.19)	0.0086 (0.33)	0.0033 (0.15)	0.0076 (0.36)	-0.0023 (-0.91)	-0.0012 (-0.46)
T1	0.0372 *** (3.39)	0.0497 *** (3.43)	-0.0184 * (-1.88)	-0.0414 *** (-3.54)	0.0019 * (1.69)	0.0035 ** (2.37)
T2	0.0324 *** (2.69)	0.0412 *** (3.04)	-0.0222 ** (-2.06)	-0.0355 *** (-3.25)	0.0058 *** (4.70)	0.0072 *** (5.24)
T3	0.0312 * (1.83)	0.0397 ** (1.99)	-0.0317 ** (-2.08)	-0.0466 *** (-2.90)	0.0007 (0.39)	0.0025 (1.23)
控制变量	否	是	否	是	否	是
_CONS	0.1143 *** (31.20)	2.5775 * (1.91)	0.1019 *** (31.10)	-3.3500 *** (-3.07)	0.0020 *** (5.42)	0.2793 ** (2.05)
N	260	260	260	260	260	260
R^2	0.1880	0.2858	0.1237	0.3730	0.1905	0.3117
F	4.7842 ***	2.2011 ***	2.9166 ***	3.2720 ***	4.8636 ***	2.4910 ***

注：*、**、*** 分别在代表 10%、5% 和 1% 的水平上显著，括号内为双尾检验 t 值。

6.6 本章小结

以剩余索取权为核心契约要件的经营者激励制度已经成为现代企业核心人力资本激励机制创新的重要基石。本章对其制度机理分析表明，传统上基于经营者人力资本而“免费”配置剩余索取权的股票期权制或利润分享制等传统激励制度存在收益与风险不对等的契约缺陷，为经营者留下了足够的机会主义空间。而由经营者事前投入物质资本购买剩余索取权为核心契约要件的新型股权激励制度形式——经营者内部跟投，因经营者事前向企业投入物质资本，使经营者不但为其追加的剩余索取权对应的风险承担提供了“资产抵押”，而且还为其原本以人力资本“免费”获得的剩余索取权对应的风险承担提供了连带担保，从而使经营者承担经营风险的履责能力变得可以置信，经营者收益与风险趋于对等，经营者机会主义行为受到抑制，生产性努力则受到激发。其作用机理在于通过经营者投入自有物质资本内生的组织承诺和损失厌恶性，驱动经营者在企业经营过程中发挥自我激励与约束的双重治理作用，促其积极降低显性与隐性代理成本。对此，本研究基于中国房地产上市公司项目跟投激励制度的实践样本，采用倾向得分匹配法（PSM）和双重差分法（DID）相结合的实证研究方法，以消除样本自选择偏误的内生性影响，剔除项目跟投激励政策实施因素影响效应之外的时间趋势效应和其他可观测以及随机因素的影响效应，得到项目跟投激励政策的净激励效应。结果发现，以经营者事前投入物质资本获得剩余索取权为核心契约要件的内部跟投制度对经营者降低显性代理成本、增进企业业绩和抑制过度冒险的机会主义行为等方面具有显著的激励与约束作用，但激励效应在时间维度上存在动态边际递减变化趋势，且时效性偏向于短期。

本章结论对深化现代企业人力资本产权激励制度变革、破解委托代理关系困局的理论探究有一定的参考价值，对现实中企业经营者激励契约制度的实践创新提供了或可资鉴的经验性启示。其一，文章触及了理论上仅强调经营者剩余索取权与剩余控制权相匹配而忽视剩余索取权定价机制的研究缺口，发现

"免费"剩余索取权的过度配置为现代企业经营者留下了充分的机会主义空间。因此，未来更可取的研究范式是将剩余索取权对应的风险承担能力进而定价机制问题纳入现代企业委托代理理论特别是经营者激励契约理论的研究范畴。其二，结论为制度实践提供了方法论指引，即在现代企业经营者激励契约制度创新实践中，不但要高度重视经营者人力资本价值体现，允许为经营者"免费"配置部分剩余索取权以对应其人力资本投入，而且还要格外重视经营者人力资本难以承担经营风险的客观现实，考虑经营者追加物质资本投入为核心契约要件的复合激励契约安排，真正实现激励契约对经营者激励与约束的双重治理作用。其三，实证结果还预示，如不能设定具有长期锁定利益的回报机制和退出机制，以剩余索取权为核心激励契约要件的激励制度并非长效激励机制的代名词，即便以经营者投入自有物质资本为对价获得剩余索取权的激励契约——经营者内部跟投制度，依然不能保证长期激励目标的实现。因此，为了避免以剩余索取权为核心契约要件的激励制度沦为一种过度短期的激励措施，需要在回报机制和退出机制设计上进一步引入长期激励思路，并提供长期持续和动态优化的制度供给。

第 7 章

结论与展望

7.1 研究结论

本研究在长期视域下结合宏观与微观研究视角，通过实证揭示、规范评判、制度选择和实践验证的四大研究步骤，对现代企业经营者股权激励方式选择偏好的理论框架、实践范式和股权激励制度的实际效果进行了多层次多维度考察与验证，继而在实证结论的启示下，根据经营者剩余索取权配置方式的事前等价交易原则对股权激励契约的理论基础——委托代理激励契约模型在理论上进行了效率改进，提出了现代企业经营者股权激励契约的改进路径和新型股权激励契约的制度形式，并对新型股权激励契约的激励作用进行了初步检验。本研究的主要结论如下：

第一，现代企业究竟采用何种股权激励方式，是股东与管理层在不同情势下基于不同博弈态势进行选择的结果，其中，宏观因素是相对于微观因素更为重要的股权激励方式选择决策影响因素，但其影响强度受时代特征的调节。本研究同时基于宏观与微观研究视角，以中国 2006 ~ 2020 年的上市公司年度数据构建全样本、以 2006 ~ 2012 年和 2013 ~ 2020 年构建股权激励方式选择偏好反转前后的两个时间阶段子样本，对股权激励方式选择动因与偏好反转之谜的理论假设和假说进行了实证检验。结果发现，宏观因素是相对于微观因素更为重要的股权激励方式选择决策影响因素。具体包括：（1）时代背景是调节股权激励实施及其方式选择决策的重要影响因素，这一发现初步验证了本研究对不同宏观经济环境背景下的时代特征对公司治理效应具有调节作用的理论猜想。(2) 从总体上而言，企业微观层面的管理层风险偏好和宏观层面的经济增速和市场风险均显著影响了股权激励方式选择决策，其中，管理层风险偏好和市场风险水平对股权激励方式选择偏好产生了负向作用，而经济增速产生了正向作用。(3) 在股权激励方式选择偏好反转之前除经济增速对股权激励方式选择偏好产生显著的正向作用，管理层风险偏好和市场风险水平均未产生显著作用，而在股权激励方式选择偏好反转之后却恰恰与此相反。(4) 股权激励方式选择偏好反转之谜的解释符合公司治理权力主导地位相机转移的理论假说，即在经营形势处于有利阶段时，公司治理由管理层权力占主导地位，股东治理对管理层风险偏好的逆向规制不明显，而在经营形势处于不利阶段时，公司治理由股东权力占主导地位，股东对管理层风险偏好存在逆向规制，使企业更多地采用有利于股东利益的限制性股票方式。本研究为全面揭示股权激励方式选择动因和偏好改变的原因提供了新的研究视角，为揭开股权激励及其方式选择决策与激励效应之间关系的“黑箱”提供了新的研究思路，也对现实中股权激励契约实践创新提供了政策启示。

第二，不同的股权激励方式选择结果会带来不同的直接激励效应，总体而言，要求激励对象事前出资购买激励权益的限制性股票激励方式产生的激励效应在不同的博弈情景下始终优于股票期权方式。本研究基于委托代理的最优契约论观点，针对股权激励是否存在激励效应的验证目的，在股权激励方式选择、偏好反转的不同情景下，采用倾向得分匹配法和双重差分法相结合的研究方法（PSM + DID），对股权激励的直接激励效应进行了多维度实证检验。研究发现：(1) 在 2006 ~ 2020 年的长期视域下股权激励确实在总体上对提升经营业绩、降低经营风险和降低（隐性）代理成本发挥了显著的激励作用，但股票期权方式仅对提升经营业绩发挥了显著激励作用，而限制性股票方式则在提升经营业绩、降低经营风险和降低（隐性）代理成本方面均发挥了显著的激励作用，且在提升经营业绩上的激励作用好于股票期权方式。此外，从长期来看，股权激励总体上对提升经营业绩和降低经营风险分别具有至少 6 年和 3 年的持续激励效应，其中，股票期权和限制性股票对提升经营业绩分别具有至少 5 年和 6 年的持续激励效应，但股票期权对降低经营风险不存在持续激励效应，而限制性股票则具有至少 4 年的持续激励效应。(2) 股权激励方式选择偏好反转前后的时期因素对股权激励不同方式激励效应存在调节作用：①在偏好反转之前的2006～2012年正好对应于宏观经济形势处于上行期，股票期权方式对提升经营业绩、降低显性和隐性代理成本均有显著的激励作用，且对提升经营业绩的激励作用略好于限制性股票方式，但未见降低经营风险的激励作用；②在偏好反转之后的2013～2020年正好对应宏观经济形势处于下行期，股票期权方式仅对提升经营业绩和降低（隐性）代理成本具有显著的激励作用，而限制性股票方式则同时对提升经营业绩、降低经营风险和降低（隐性）代理成本具有显著的激励作用，且对经营业绩的激励作用略好于股票期权方式。（3）进一步基于企业产权性质、行业异质性和业绩考核基准的不同对股权激励方式激励效应进行分类检验发现：①非国有控股上市公司的股权激励效果好于国有控股上市公司，且无论何种产权性质，限制性股票激励作用均好于股票期权；②股票期权方式对技术密集型行业上市公司的激励作用最好，但对劳动密集型行业基本不具有明显激励作用，限制性股票方式则对技术密集型、资本密集型和劳动密集型行业激均有显著的激励作用，且在劳动密集型行业的激励作用最好；③股票期权方式在市场高竞争行业和低竞争行业的上市公司中激励作用都偏弱，而限制性股票对高竞争行业上市公司发挥了显著的激励作用，但对低竞争行业上市公司激励作用不明显；④无论何种股权激励方式，在采用行业相对业绩考核基准时其激励作用都要好于未采用行业相对业绩考核基准的样本，且两种股权激励方式在提升经营业绩和降低经营风险方面的激励作用相近。本研究表明，股权激励及其不同方式在不同情景下和不同绩效维度下都具有明显的激励效应，但其中的限制性股票方式由于需要激励对象事前投入物质资本才能获得相应的剩余索取权，具有收益分享与风险分担相匹配的激励契约特征，从而具有更为综合的激励效应。

第三，提升股权激励契约效率、破解“有福同享，有难不能同当”的激励困局，关键在于选择收益与风险对等的股权激励方式，采用经营者事前出资购买剩余索取权的契约安排。根据本文实证研究结论的启示，结合契约理论、人力资本理论和前景理论，基于经营者剩余索取权配置方式的事前等价交易原则，本研究对股权激励契约的理论基础——委托代理激励契约模型在理论上进行了效率改进，并依托于此提出了股权激励契约改进路径。改进的结果表明，更有效的现代企业经营者股权激励契约应坚持经营者人力资本与物质资本双重投入的复合激励契约安排。本研究对股权激励契约的改进始终置于激励与约束双重治理作用的研究视角，紧紧围绕企业剩余索取权配置方式的责权利匹配的契约安排，立足于破解人力资本产权激励存在"有福同享，有难不能同当"的激励困局，从人力资本与物质资本对经营者风险承担能力的可置信保证程度入手改进经营者剩余索取权激励契约，并以行业平均业绩为基准修正现有研究中以特定企业业绩作为参照的相对业绩评价机制存在的缺陷。针对理论与实践的偏离，基于激励与约束双重治理作用的契约目标，本研究提出经营者同时投入人力资本与物质资本获得剩余索取权的复合激励契约思路，重构了基于经营者出资购买剩余索取权的委托代理激励契约模型并引入以行业平均业绩为基准的相对业绩评价机制，对改进的委托代理激励契约模型逐次进行了效率比较。研究发现：（1）企业剩余索取权是委托代理激励理论与现代企业经营者激励契约的核心要件，但对剩余索取权定价及其激励契约存在收益与风险不匹配、努力与业绩不对等两个方面的讨论仍未定型，激励契约效率损失问题仍未解决。（2）知识经济时代下，现代企业经营者剩余索取权激励制度创新形式正在由纯粹的人力资本为依托转向以人力资本与物质资本双重投入为前提的复合激励契约发展趋势，"免费"赠予经营者剩余索取权的激励契约正在受到不可调和的现实挑战。（3）基于经典委托代理模型引入经营者出资购买部分剩余索取权以及进一步引入相对业绩评价的改进思路重构的经营者激励契约模型解析解表明：当"免费"赠予经营者剩余索取权的同时要求经营者以一定的物质资本事前出资购买额外追加的剩余索取权，并以行业平均业绩为基准进行相对业绩评价，不但有助于提升经营者组织承诺度而降低其边际努力成本、增强经营者损失厌恶性而提高其风险厌恶系数，并且有助于剔除与经营者努力无关的业绩噪声从而提升经营业绩对经营者努力的敏感性，最终实现经营者剩余索取权激励契约效率的帕累托改进。（4）现代企业股权激励契约改进路径应坚持经营者人力资本与物质资本双重投入相结合的复合激励契约设计原则，在具备实施条件的情况下，股权激励应尽可能执行以经营者事前出资购买剩余索取权的契约安排，即为了提升股权激励契约效率，企业更应该选择限制性股票而非股票期权作为股权激励的主要实施方式，同时，施以行业相对业绩评价的考核机制。本研究结论表明，从理论上而言，基于剩余索取权分享安排的现代企业经营者股权激励契约离不开对激励权益定价机制的考量，这是以“免费”赠予经营者剩余索取权的股票期权方式激励作用总体上不如限制性股票方式的原因所在。

第四，要求经营者事前出资购买剩余索取权的新型股权激励契约确实具有激励与约束的双重治理作用，不但能显著提升经营业绩，而且显著降低了经营风险，但激励效应的持续性仍有待于利益锁定机制与退出机制的不断完善。根据前文提出的股权激励契约改进路径，新型股权激励契约应以经营者出资购买剩余索取权为核心契约要件才能充分发挥激励契约效率，为此，本研究针对近年来中国部分新兴企业中出现的由经营者事前出资购买并且“等价交易”剩余索取权的激励契约实践模式进行分析比较，并对其中的经营者内部跟制度的激励作用进行实证检验，从而为本研究理论结论提供经验证据。研究发现：（1）新型股权激励契约实践模式主要以事业合伙人制度和经营者内部跟投制度得以推行，两种实践模式具有不同的功能目标和契约结构特点：①事业合伙人制度因主要功能目标的不同分为保护创始人控制权主导地位的事业合伙人制度和激励与约束职业经理人及其团队的事业合伙人制度，前者是以创始人为首的极少数核心管理层为“合伙人”，以保护创始人团队对企业实质控制权为主要目的并兼顾“合伙人”的激励与约束目标，一旦实施，创始人控制权地位往往不可撼动，而后者则以企业高层管理者及骨干员工为主体的群体成员为“合伙人”，人数规模通常几百上千甚至数以万计，是具有普惠性质和全员激励目的激励制度，并且依然受制于产品市场、经理人市场和外部资本市场的约束。②经营者内部跟投以项目跟投的制度形式在房地产行业得以推广，它的制度要义在于激励对象事前同外部股东或企业共同投入自有物质资本，从而在项目层面实现激励对象收益与风险共担，其与事业合伙人制度的主要区别在于激励权益的形式和持有期限规定不同，事业合伙人通常以自有资金通过公允交易持有企业流通股股票，而项目跟投人则以自有资金等价购买项目权益份额，前者要求在任期内始终持有而后者取决于项目经营周期。（2）以经营者事前投入物质资本获得剩余索取权为核心契约要件的内部跟投制度对经营者降低显性代理成本、增进企业业绩和抑制过度冒险的机会主义行为等方面具有显著的激励与约束作用，但激励效应在时间维度存在动态边际递减变化趋势，且时效性偏向于短期。本研究表明，经营者剩余索取权配置在“免费”赠予的基础上追加经营者出资购买的激励契约安排确实是现代企业核心人力资本产权激励机制创新的重要进路，但长期激励目标的实现不但需要事前对经营者出资购买的剩余索取权作出长期持有的契约安排，而且还需要对基于剩余索取权为核心契约要件的现代企业经营者激励契约的改进提供长期持续的制度供给。

7.2 理论贡献

本研究基于长期时间窗口对现代企业经营者股权激励方式选择动因、偏好反转原因和股权激励及其不同方式激励效应的理论与实证研究，对股权激励领域的后续研究提供了新的研究视角和经验证据，特别是在实证研究结论的启示下，本研究对现代企业经营者剩余索取权激励机理、模型拓展与效率改进等方面展开深入研究所得结论和股权激励契约改进路径的提出，对进一步深化与拓展股权激励乃至现代企业核心人力资本产权激励契约研究具有重要的理论意义。

首先，本研究从宏观角度对股权激励方式选择动因展开深入分析与实证检验，拓展了局限于微观层面的现有研究范式，同时将微观层面的企业内部因素与宏观层面的外部经济环境因素纳入同一个研究框架，丰富了股权激励问题的研究思路和研究内容，也为后续股权激励方式激励效应研究提供了新的分析视角，为上市公司股权激励契约条款设计提供了关于方式选择的新思路。尽管现有文献对股权激励实施动因给予了较多关注，取得了较为丰富的研究成果且结论趋于一致，但尚未有文献全面分析股权激励方式选择的动因，即便有个别文献涉及这一问题，也主要从企业微观层面的单一视角对内生因素进行了初步分析。本研究在现有文献关于股权激励方式选择的内生因素分析基础上，首次从宏观经济形势和市场系统性风险态势的外生因素入手，综合宏观与微观层面影响因素的多重分析视角，基于委托代理理论分析框架，对委托人与代理人双方在选择股权激励方式时的动机进行了考察，开拓和丰富了股权激励研究内容，在一定程度上填补了股权激励方式选择动因研究的空白。同时，本研究对中国上市公司股权激励方式选择偏好反转现象的特别关注和实证研究结论，不但进一步对股权激励方式选择动因的决定因素进行了补充，而且在对股权激励方式选择偏好反转之谜的揭示过程中提出了公司治理主导权相机转移假说，为后续从股权激励方式选择偏好反转前后两个阶段进行比较研究提供了思路，为全面考察宏微观环境因素对股权激励效应的影响提供了有益参考。

其次，在股权激励效应研究主题上，不同于现有文献主要从短期或平均意义上的激励效应展开实证研究，本研究同时对股权激励的总体激励效应和激励效应在时间维度上的持续性及分布特征进行了多层次、多维度的实证研究，并首次将股权激励对企业经营业绩与经营风险的激励效应同时纳入一个研究框架内进行实证检验，不但考虑了股东价值回报最大化目标，还考虑了股东价值波动风险最小化目标。从而在多维立体的角度为全面掌握股权激励效果提供了重要的研究基础，丰富了股权激励效应与激励效应持续性研究内容和研究视角，也为后续研究对企业经营者股权激励效应之外的薪酬激励效应展开类似研究提供有益的技术路线参考。另外，本研究同时对业绩水平和经营风险的静态激励效应与动态持续激励效应基于股权激励方式选择偏好反转前后的两个时间窗口进行分期检验所得结论表明，限制性股票方式总体上好于股票期权方式，特别是限制性股票方式在各种情景下均对降低经营风险具有显著激励作用并具有更长期的持续性这一结论，颠覆了现有文献主要研究结论认为股票期权方式激励效应及其持续性总体上优于限制性股票方式的主流观点，籍此可能推动后续研究重新审视股权激励效应研究样本的科学选取和研究方法在技术细节差异上的重要影响。因为无论在理论上还是现实中都发现，股票期权因事前无须激励对象投入物质资本而存在收益与风险不对等的凸性支付及过度冒险问题，而限制性股票则因激励对象事前投入自有资金的契约安排，更有利于激励经营者基于企业整体利益平衡收益与风险。因此，本研究结论可能引发对股权激励理论基础——委托代理理论模型的重新思考，特别是为后续研究者对经典委托代理理论模型中忽视剩余索取权定价及支付的契约安排进行深入探究提供了重要启示，这可能是完善股权激励理论基础的重大研究机会。

再次，现有关于股权激励问题的研究很少关注股权激励理论基础本身的问题，更缺少从实证发现到理论反思、从理论反思到制度改进（选择）再到新制度应用实效验证的研究范式下贯彻实证＋理论的融合研究范例可循。本研究在股权激励及其方式选择动因、方式选择偏好反转前后短期静态激励效应和长期动态持续激励效应实证检验结果的启示下，引入契约理论、人力资本理论、产权理论和前景理论等新制度经济学理论观点，在理论层面上重新思考了股权激励制度的理论基础——委托代理理论，并基于经营者出资购买剩余索取权的思路改进了经典的委托代理激励契约模型，进而在新的理论模型指引下，确立了股权激励契约改进路径。改进的委托代理模型及以其为理论基础的新型股权激励制度体现了现代企业经营者事前人力资本与物质资本双重投入的契约效率原则，为在理论上与实践中切实提升以两权分离为基本特征的现代企业经营者激励效率提供了重要的理论参考。同时，本研究还根据不同业绩考核基准下所具有的静态与动态激励效应检验结果，对改进的委托代理模型引入了以行业平均业绩为基准的相对业绩评价方法进一步完善了模型，为股权激励契约的业绩考核条款设置引入行业相对业绩评价提供了有益的理论参考依据。此外，本研究还在股权激励契约改进路径的指引下，对近年来现实中诸多企业基于经营者出资购买剩余索取权的新型股权激励契约实践模式进行了总结和比较，并对其中的经营者内部跟投激励效应进行了实证检验，为经营者出资购买剩余索取权的新型股权激励契约的有效性提供了经验证据，也为进一步研究依托于经营者人力资本与物质资本双重投入的新型股权激励契约提供了研究基础。

最后，本研究在研究方法上对特定技术处理办法的改进可能具有借鉴意义。虽然现有研究已经有部分文献注意到股权激励事件内生性问题，特别是研究样本因反向因果关系存在的样本自选择偏误内生性问题已经成为近年来股权激励效应研究中首先要解决的问题，现有文献中最常见的解决办法通常都是采用倾向得分匹配法（PSM）找出与实施组样本具有可比性的控制组样本构建配样本组，再以配对样本组进行多元回归检验激励效应以缓解样本自选择偏误问题。但由于股权激励实施样本的匹配技术要求以实施股权激励事件前一年样本的匹配变量作为计算倾向得分的依据，而现有研究普遍把实施股权激励之后的每一年都视为首次实施样本，并以其上一年样本观测值作为匹配样本观测值，导致重复匹配以及每一家实施公司匹配的控制组样本公司在每一年都可能不是同一家公司，从而导致匹配对象在各年不一致的问题。倾向得分匹配法（PSM）的这些技术性误用情况，可能导致现有文献中的相当部分实证结论存疑。对此，本研究仅采用首次实施当年的样本为实施组样本进行一次性匹配获得控制组样本，从而避免了倾向得分匹配技术性偏误对激励效应检验结果的不利影响，此其一。其二，不同于现有文献简单地采用匹配成功后的配对组样本进行多元回归分析，本文考虑到倾向得分匹配法不可能百分百消除配对组样本在实施事件之前本来就存在的前定差异和实施后的时间趋势效应，在倾向得分匹配获得配对组样本后，还进一步采用双重差分法（DID）获得股权激励净激励效应，不同于现有文献做法，本研究采用的是逐期 DID 检验，每一期 DID 检验都是以首次实施前一期为基期，在始终保持同一比较基准的前提下得到股权激励的净激励效应。由此得到的检验结果不但最大限度地避免了样本自选择偏误内生性问题，而且避免了 PSM + DID 研究方法应用中的技术性偏误，提高了估计结果的准确性和可靠性，使研究结论更为可信。因此，本研究在研究方法上的技术性纠偏或为后续研究提供有益的参考。

7.3　实践启示

一次成功的股权激励事件包含系统性的契约安排和完整的实施流程，是公司治理范畴下的重大事件，关乎着众多利益主体，受制于内外环境的诸多影响因素，从事件开始到结束涉及大量复杂的关键变量需要系统考量。本研究正是基于系统性思维，从微观与宏观、从过程到结果、从框架到方法等多层次、多维度进行理论与实证研究，从而比较全面地揭示了股权激励实施及方式选择动因、股权激励方式选择偏好反转缘由，实证检验了股权激励的静态激励效应与动态持续激励效应，得出了多方面有参考价值的结论和启示，并基于实证研究结论的启示对股权激励理论基础进行了理论改进，最后还籍此提出了股权激励契约改进的路径。本研究这一系列研究成果，不仅对现代企业成功实施股权激励和股权激励契约实践创新提供了方法论指引，而且也为政府和学界进一步完善股权激励制度框架提供了有益的政策启示。

第一，实施股权激励的关键环节在于决定采用何种股权激励方式，而股权激励方式选择决策首先要基于市场经营形势总体上处于有利还是不利时机的客观实际，再结合当时股东和管理层在公司治理结构中权力主导地位的不同，对股权激励方式采取相机抉择的策略，总的原则是坚持以企业价值最大化或股东价值最大化。具体而言，根据本研究提出的公司治理权力主导地位相机转移假说：（1）当企业处于经济形势有利时，从股东利益最大化角度出发，公司治理结构的权力主导地位通常会安排给企业管理层，以便掌握信息优势的管理层能够迅速作出抢占市场机遇的经营管理决策。此时，股权激励方式选择结果取决于两种股权激励方式占比随机分布的不确性状态。一是个人财富约束大的管理层群体更倾向于采用无须事前投入自有物质资本的股票期权方式，以抓住股权激励收益的同时避免自有物质资本的损失风险；二是个人财富约束小的管理层群体更倾向于采用事前虽然需要投入一定物质资本但却能获取足够多折价收益的限制性股票方式，以抓住股票折价而大幅增加股权激励收益的机会。当管理层个人财富约束小但风险厌恶程度高时，管理层也可能机会主义地倾向于选择股票期权方式，这是管理层在公司治理结构中权力占主导地位时难以避免的政策成本，也是必须且可以接受的机会成本，因为在经济形势有利时，抢抓市场机遇的重要性远大于规避管理层在股权激励方式选择过程中实施机会主义行为的重要性。因此，在经济形势有利而管理层在公司治理结构中权力占主导地位时，根据本研究实证发现，股票期权对经营业绩的激励效应及其持续性略好于限制性股票但降低经营风险的激励作用始终劣于限制性股票，以股东为主体的公司利益相关者应重点关注选择股票期权方式的公司对经营风险的控制。同时，行业相对业绩评价基准是保证股票期权方式激励效应的关键性契约条款，为提高股票期权方式的激励效率，在股东大会审批股权激励方案时，股东应特别强调业绩考核标准基于行业平均业绩的要求。（2）当经济形势处于对企业经营不利时，从股东利益最大化角度出发，由于此时管理层机会主义行为带来的后果直接在短期内决定企业生死存亡（股东甚至没有反应时间），为避免公司在经济形势不利时轻易陷入难以挽回的经营危机，公司治理结构的权力主导地位通常会安排给股东，以便管理层在股东权力主导下能够迅速有力地作出避险求存的经营管理决策。因此，为了尽可能减少管理层机会主义空间，此时的股权激励方式应该尽可能选择限制性股票方式，从而在收益与风险两方面锁定管理层的动机与行为倾向，以便与外部股东利益保持一致。（3）当无法界定经济形势是否有利以及公司治理权力主导地位出现错配时，为保守起见，应尽可能选择限制性股票方式。当然，最终是否以及能否选择限制性股票方式，还要考虑到行业的特殊性、经营者个人财富的约束程度、公司成长阶段、公司发展前景和公司长期的文化惯性等诸多方面因素，比如对于创业型企业、经营者个人财富约束比较大和已经陷入经营危机的公司，选择需要经营者事前投入自有物质资本的限制性股票方式可能在客观上存在很大阻力甚至不具有可行性，那么，在此种情形下，采用股票期权方式可能是最佳选择甚至也可能是唯一可行选择，但无论采用何种股权激励方式，为提高激励效率，都应该致力于建立相对于行业平均业绩的考核评价机制，尤其对股票期权方式而言更甚。

第二，以剩余索取权分享为核心契约要件的现代企业经营者股权激励契约应始终坚持经营者收益与风险对等、权利与义务对等的激励契约原则，并且还需要对股权激励权益建立长期锁定机制以真正发挥长期激励效应。根据本研究对经营者剩余索取权激励机理、模型拓展和效率改进的研究结论，要真正实现激励对象自我激励与约束的双重治理目标，在人力资本价值空前凸显的知识经济时代，股权激励契约实践必须满足以下要求：（1）现代企业股权激励制度创新实践需要始终坚持经营者人力资本与物质资本双重投入的复合激励契约安排。纯粹的人力资本对应于“免费”赠予经营者剩余索取权为核心契约要件的股票期权方式，而经营者投入自有物质资本则对应于出资购买剩余索取权为核心契约要件的限制性股票方式。当采用具有折价收益的限制性股票方式时，折价收益部分对应于经营者纯粹的人力资本投入，而实际支付的股票价格则对应于经营者投入的自有物质资本。因此，如果已经实施了“免费”赠予经营者剩余索取权为核心契约要件的股票期权并且仍在执行之中，则一旦条件成熟，还应同时追加需要经营者出资购买剩余索取权的限制性股票，并要求经营者事前以资本市场公允价格等价支付所授股票的成本。而如果是首次实施股权激励，则更应该采用现行的具有折价收益的限制性股票方式以实现经营者人力资本与物质资本的双重投入，进而使经营者的剩余控制权对应于收益与风险对等的剩余索取权，但应注意合理的折价比例及应授股票份额，既防止激励不足，又避免过度激励。（2）为了真正塑造现代企业经营者的古典企业经营者角色，在新型股权激励契约条款中不宜提供激励对象以事后选择权的“避险后门”。现行的股票期权方式不但事前“免费”赠予经营者剩余索取权，而且允许经营者事后根据“对赌”业绩目标的达成与否赋予其自由决定是否行使行权权或弃权权，这相当于面对市场机会这场“赌局”，股东出钱，经营者“参赌”，赢了经营者参与分钱，亏了则与其无关。显而易见，这对经营者而言几乎是毫无代价却有无限可能的“赌博盛宴”，客观上为股票期权激励的经营者提供了充分的机会主义空间。因此，如果因实施条件使然必须采用股票期权，则除了上文所强调的相对业绩考核机制外，还应取消股票期权方式在期满时经营者拥有的事后选择权。当然，既然事前没有要求激励对象投入自有物质资本作“抵押”，事后却因未达成契约目标再要求激励对象投入自有物质资本，事实上可能也是无效率的契约安排，因为事后委托代理双方谈判成本过于高昂，比如代理人甚至可以离职的极端方式拒绝履约。因此，在继续延用事前“免费”赠予经营者剩余索取权的股权激励契约时，当业绩不达标而使激励收益消失甚至为负时，简单地取消弃权权并非最佳选择，对此，应该在契约中事前规定此类情形采用调整行权价至当时股票市价的强制行权义务和最低持有期限约束，保证激励对象最终能投入自有物质资本从而促使职业经理人在一定程度上转变为具有“两权合一”的古典经营者角色。最后，根据以经营者剩余索取权为核心契约要件的新型股权激励契约——经营者内部跟投制度的实证研究结论，不但股权激励契约对业绩考核时期的约束性条款需要适度拉长，而且以经营者剩余索取权为核心契约要件的新型股权激励契约还需要长期滚动实施，以始终保持经营者“两权合一”带来的持续动力，真正发挥股权激励制度的长期激励作用。

第三，在宏观和中观层面，需要不断完善公司治理相关的法律法规，深化国有企业产权制度改革，完善产品市场竞争机制，提高资本市场活力和投资者保护力度，推动公司内部治理体系的完善，充分发挥股东主导下的董事会和监事会在内部控制体系上的监督与约束作用。首先，根据本研究第四章的实证检验结果，在宏观层面，非国有企业、市场竞争程度高的行业实施股权激励效果更好，而国有控股企业和市场竞争程度低的企业股权激励效果不明显，股权激励实施范围需要有所侧重。其次，股权制衡度无论在股权激励实施及方式选择决策中还是对股权激励效应上均未发挥应有的治理作用，表明股权激励作为涉及经营者激励与约束的重大治理事件，并未体现上市公司中小股东的治理作用，这很可能与资本市场不够健全和投资者保护机制及保护力度不足有关。因此，要进一步推进国有及国有控股企业的混合所有制改革进程，增强国有资产股东角色的治理作用，减少对国有企业经营过程的行政干预、政策扶持和行业保护，真正落实现代公司制度框架的治理作用，使国有及国有控股企业真正成为与非国有控股企业公平竞争的市场主体。再次，实证结果中行业异质性影响表明，未来仍需要政府大力破除市场分割和行业垄断，不断深化市场改革进程，完善产品市场竞争机制，营造公平、透明和开放的市场竞争环境，有效发挥产品市场竞争的治理作用。同时，政府还要切实推进资本市场改革，完善中小投资者保护的法律法规和维权机制，由政府牵头推动，为广大中小投资者搭建有效参与上市公司治理的有利条件，打破体制机制壁垒，为资本市场提供畅通的资本性并购交易通道，充分发挥资本市场对公司经营者的治理作用。最后，根据本研究第三章和第四章的实证检验结果，作为股东利益“守夜人”角色的董事会、独立董事和监事会等内部治理机构，在长期视角下，除了在经济形势利好的2006~2012年，董事会和独立董事对股权激励方式选择决策发挥了显著的治理作用外，在不同情景下对股权激励实施及方式选择决策和激励效应上均未见显著治理作用，特别是其中的监事会几乎没有发挥有效的治理作用。这可能意味着，我国上市公司内部治理水平总体上还有很大提升空间，其中的监事会机构设置是否是一种制度冗余值得深入探讨，而对于上市公司董事会、独立董事甚至两权合一的治理结构来说，还需要结合大股东控制程度，不断提高其相应的独立性与必要的协同性，从而在股权激励实施及其方式选择决策和契约履行过程中发挥应有的治理作用。

7.4 局限与展望

本研究通过现象剖析、实证检验、理论改进、提出制度路径和新制度效果验证，使整个研究进程遵循从现实发现到理论改进再到现实验证的系统研究闭环，并以此研究范式对本研究主题进行了较为全面和深入的研究论证，发现了诸多新问题，得出了诸多与现有研究不同的新结论，提出了解决问题的新思路，为现代企业经营者股权激励契约实践与制度创新提供了可资参考的理论依据和实践指引。总体而言，本研究完成了预期的研究任务，达到了预期的研究目的。但受限于个人时间、精力和研究条件约束，本研究或有以下几个方面的局限与不足，有待于未来进一步探究。

第一，在长期视域下，现代公司治理机制对股权激励实施及其方式选择偏好和激励效应的作用路径和作用强度需要进一步探究。尽管本研究在长期视域下，发现中国上市公司内部治理机制对股权激励实施及方式选择偏好和激励效应基本上未发挥显著治理作用（除了在特定时期部分内部治理变量交替显现了治理作用），并且与现有文献的研究结论存在较大差异，但本研究并未对此予以深究，未能对不同治理机制在股权激励事件中特定的治理作用进行单独检验，也未检验不同治理机制之间存在的相互影响关系。事实上，董事会规模、独立董事占比、监事会规模和两职合一等治理单元可能对股权激励实施及方式选择偏好和激励效应存在不同的治理效应，彼此之间可能存在相互抵消或加强的关系，特别是相对于本研究提出的公司治理权力主导地位相机转移的理论假说，在股东权力占主导地位或管理层权力占主导地位时，以上这些治理单元的治理作用及其相互关系会发生何种变化，是否在加强以上这些治理单元的独立性和必要的协同性之后，公司治理结构究竟由股东权力占主导地位还是管理层权力占主导地位将变得不再重要，其中的监事会机构设置是否真的是制度冗余，以及就股权激励问题而言，以上治理结构安排在哪些方面的治理作用有必要强化等问题都值得进一步探究。换言之，股权激励制度本身作为公司治理范畴下的重要内容，公司治理机制如何完善才能更好地策应股权激励计划实施及其方式选择决策，是笔者未来需要深入探索的重要方面。

第二，在长期视域下，股权激励效应是否受到管理层信息操纵的影响，存在多大程度的盈余管理，对本研究结论又有多大影响，值得进一步探讨和实证检验。由于中国上市公司股权激励是典型的业绩型股权激励，激励对象获得激励收益的重要前提之一是业绩目标的达成，而经营业绩作为一种事后披露的信息，其披露过程又在作为激励对象的管理层主导之下。因此，有理由怀疑管理层很可能通过自身掌控的权力操纵盈余信息的生成过程和披露结果，而如果经营业绩是经营者信息操纵的结果，那么经营业绩作为股权激励效应检验的重要变量，其检验结果就值得怀疑。对此，现有个别文献发现上市公司盈余管理行为对股权激励效应并不存明显影响，即在剔除了盈余管理的影响效应之后，股权激励的有效性结论仍然不变（陈文强，2017），但也有文献发现剔除公司绩效中的盈余管理噪声后，股权激励效应变得不再显著（许娟娟等，2016）。不过，这些研究都是基于较短时间窗口的研究样本，那么，在长期时间窗口下，本研究样本可能存在的盈余管理行为又将会如何影响股权激励效应及其持续性，是否会改变本研究结论，尚待后续实证检验。此外，本研究虽然也考察了股权激励及其不同方式对降低代理成本的激励作用，但未对降低显性代理成本的激励作用不显著而降低隐性代理成本的激励作用显著的结论展开原因分析，也未基于长期时间窗口对股权激励的其他间接作用进行探究。例如股权激励作为一项长期激励制度，激励对象很可能会对一些具有长期收益的战略性投资如研发与创新、市场开拓等方面加大投入，由此使股权激励对企业短期业绩与长期业绩的实现过程发挥不同的激励作用。这些问题都是全面认识股权激励效应及其持续性特征的重要方面，尚有待于进一步考察与验证。

第三，经营者出资购买剩余索取权的激励契约模型仍需进一步完善，且以此为理论依据的新型股权激励契约的不同实践模式之优缺点和相对于传统股权激励制度激励效应的优势值得进一步深入研究。首先，本研究虽然在理论上纳入经营者出资购买剩余索取权这一重要变量重构了委托代理激励契约模型，也通过解析解证实了这一新的制度安排将带来委托人和代理人双方收益的帕累托改进，但本研究并未基于委托人净收益和代理成本的边际变化求解经营者最佳出资额边界。笔者将在后续研究中继续基于边际分析法，考虑代理人每增加一单位自有物质资本投资对委托人边际收益和代理人边际代理成本的综合影响，进而求解出边际收益等于边际代理成本时的代理人最佳投资额。其次，对于新型股权激励实践模式有如事业合伙人制度和经营者内部跟投制度，究竟何种实践模式更优，又有哪些需要克服或避免的缺点，以及不同实践模式在何种情景下更具适用性等问题的回答都具有重要的现实意义，有待于后续进一步理论分析、案例验证乃至依托于经验数据的实证检验。再次，本文虽然对新型股权激励之经营者内部跟投制度的激励效应以房地产上市公司项目跟投的案例样本进行了实证检验，但囿于实践历程较短、样本数量限制，以及缺少足够多的只实施传统股权激励制度和只实施新型股权激励之项目跟投制度的分类样本，当前尚无数据条件对新型股权激励效应与传统股权激励效应之间的差异进行比较。对此，未来随着越来越多的现代企业采用新型股权激励契约，一旦数据条件满足，我们还需要对新旧股权激励契约效率及其差异展开大样本的实证检验与比较。最后，本研究实证研究依托的是上市公司披露的公开数据，但工商管理领域的实证研究仅凭二手数据获得经验证据难免有失偏颇，可能还需要来自工商业界更直接的案例数据予以印证，特别是对股权激励方式选择决策、股权激励效应变化存在深层影响、更具个体特征和主观感受的直观数据，将为本研究结论提供更为生动有趣的验证素材，未来还需要通过调查和访谈等研究方法予以补充。

参考文献

[1] Abdel - Khalik, A. R. The Effect of LIFO - Switching and Firm Ownership on Executives' Pay [J]. Journal of Accounting Research, 1985: 427 - 447.

[2] Aboody, D., N. B. Johnson, R. Kasznik. Employee Stock Options and Future Firm Performance: Evidence from Option Repricings [J]. Journal of Accounting and Economics, 2010, 50 (1): 74 - 92.

[3] Aboody, D., R. Kasznik. CEO Stock Option Awards and the Timing of Corporate Voluntary Disclosures [J]. Journal of Accounting and Economics, 2000, 29 (1): 73 - 100.

[4] Aboody, D., R. Kasznik. Executive Stock - Based Compensation and Firms' Cash Payout: The Role of Shareholders' Tax - Related Payout Preferences [J]. Review of Accounting Studies, 2008, 13 (2 - 3): 216 - 251.

[5] Aghion, P., P. Bolton. An Incomplete Contracts Approach to Financial Contracting [J]. The Review of Economic Studies, 1992, 59 (3): 473 - 494.

[6] Ajinkya, B., S. Bhojraj, P. Sengupta. The Association Between Outside Directors, Institutional Investors and the Properties of Management Earnings Forecasts [J]. Journal of accounting research, 2005, 43 (3): 343 - 376.

[7] Akimova, I., G. Schwödiauer. Ownership Structure, Corporate Governance, and Enterprise Performance: Empirical Results for Ukraine [J]. International Advances in Economic Research, 2004, 10 (1): 28 - 42.

[8] Akindayomi, A. Executive Stock Options and Firm Valuation: A Literature Review and Research Framework [J]. International Journal of Business Excellence, 2010, 3 (4): 470 - 493.

[9] Alchian, A. A., H. Demsetz. Production, Information Costs, and Economic Organization [J]. The American Economic Review, 1972, 62 (5): 777 – 795.

[10] Allen, N. J., J. P. Meyer. The Measurement and Antecedents of Affective, Continuance and Normative Commitment to the Organization [J]. Journal of Occupational Psychology, 1990, 63 (1): 1 – 18.

[11] Alves, S., J. Martins, C. Ferreira. Determinants of Executive Stock Options: Portuguese Evidence [J]. Corporate Ownership and Control, 2009, 7 (2): 260 – 268.

[12] Amihud, Y., B. Lev. Risk Reduction as a Managerial Motive for Conglomerate Mergers [J]. The Bell Journal of Economics, 1981: 605 – 617.

[13] Andergassen, R. High – Powered Incentives and Fraudulent Behavior: Stock – Based Versus Stock Option – Based Compensation [J]. Economics Letters, 2008, 101 (2): 122 – 125.

[14] Angelis, D. D., G. Grullon, S. Michenaud. Downside Risk and the Design of CEO Incentives: Evidence from a Natural Experiment [EB/OL]. https://www.cbs.dk/files/cbs.dk/title_page.pdf, Working Paper, 2013.

[15] Armstrong, C., D. F. Larcker, C. Su. Stock Options and Chief Executive Officer Compensation [J]. Operations Research, 2007, 58 (4 Part 2): 1090 – 1106.

[16] Armstrong, C. S., A. D. Jagolinzer, D. F. Larcker. Chief Executive Officer Equity Incentives and Accounting Irregularities [J]. Journal of Accounting Research, 2010, 48 (2): 225 – 271.

[17] Arrow, K. J. Uncertainty and the Welfare Economics of Medical Care [J]. The American Economic Review, 1963, 53 (5): 941 – 973.

[18] Baker, T., D. Collins, A. Reitenga. Stock Option Compensation and Earnings Management Incentives [J]. Journal of Accounting, Auditing & Finance, 2003, 18 (4): 557 – 582.

[19] Barberis, N. C. Thirty Years of Prospect Theory in Economics: A Review and Assessment [J]. Journal of Economic Perspectives, 2013, 27 (1): 173 – 196.

[20] Barberis, N., M. Huang. Mental Accounting, Loss Aversion, and Indi-

vidual Stock Returns [J]. The Journal of Finance, 2001, 56 (4): 1247 -1292.

[21] Barron, D., G. Georgiadis, J. Swinkels. Optimal Contracts with a Risk - Taking Agent [J]. Theoretical Economics, 2020, 15 (2): 715 -761.

[22] Bartov, E., P. Mohanram. Private Information, Earnings Manipulations, and Executive Stock Option Exercises [J]. The Accounting Review, 2004, 79 (4): 889 -920.

[23] Barzel, Y. An Economic Analysis of Slavery [J]. The Journal of Law and Economics, 1977, 20 (1): 87 -110.

[24] Barzel, Y. Measurement Cost and the Organization of Markets [J]. The Journal of Law and Economics, 1982, 25 (1): 27 -48.

[25] Beaver, W., P. Kettler, M. Scholes. The Association Between Market Determined and Accounting Determined Risk Measures [J]. The Accounting Review, 1970, 45 (4): 654 -682.

[26] Bebchuk, L. A., J. M. Fried. Pay Without Performance: The Unfulfilled Promise of Executive Compensation [M]. Massachusetts: Harvard University Press, 2004.

[27] Bebchuk, L. A., J. M. Fried. Pay without Performance: Overview of the Issues [M]. Columbia: Columbia University Press, 2009.

[28] Bebchuk, L. A., J. M. Fried. Paying for Long - Term Performance [J]. University of Pennsylvania Law Review, 2010: 1915 -1959.

[29] Bebchuk, L. A., J. M. Fried. How to Tie Equity Compensation to Long - Term Results [J]. Journal of Applied Corporate Finance, 2010, 22 (1): 99 -106.

[30] Bebchuk, L. A., J. M. Fried, D. I. Walker. Managerial Power and Rent Extraction in the Design of Executive Compensation [J]. The University of Chicago Law Review, 2002, 69 (3): 751.

[31] Becker, G. S. Investment in Human Capital: A Theoretical Analysis [J]. Journal of Political Economy, 1962, 70 (5, Part 2): 9 -49.

[32] Becker, G. S. Human Capital: A Theoretical and Empirical Analysis, with Special Reference to Education [M]. Chicago: University of Chicago

Press, 2009.

[33] Berg, T., V. Burg, A. Gombović, M. Puri. On the Rise of Fintechs: Credit Scoring Using Digital Footprints [J]. The Review of Financial Studies, 2020, 33 (7): 2845 – 2897.

[34] Bergman, N. K., D. Jenter. Employee Sentiment and Stock Option Compensation [J]. Journal of Financial Economics, 2007, 84 (3): 667 – 712.

[35] Bergstresser, D., T. Philippon. CEO Incentives and Earnings Management [J]. Journal of Financial Economics, 2006, 80 (3): 511 – 529.

[36] Berle, A. A., G. C. Means. Modern Corporation and Private Property [M]. New York: The Macmillan Company, 1932.

[37] Bertrand, M., S. Mullainathan. Are CEOs Rewarded for Luck? —The Ones Without Principals Are [J]. The Quarterly Journal of Economics, 2001, 116 (3): 901 – 932.

[38] Bettis, C., J. Bizjak, J. Coles, S. Kalpathy. Stock and Option Grants with Performance – Based Vesting Provisions [J]. The Review of Financial Studies, 2010, 23 (10): 3849 – 3888.

[39] Blair, M. M. Ownership and Control: Rethinking Corporate Governance for the Twenty – First Century [J]. Long Range Planning, 1996, 29 (3): 432.

[40] Blair, M. M., D. L. Kruse, J. Blasi. Employee Ownership: An Unstable Form or a Stabilizing Force? [EB/OL]. https://papers.ssrn.com/sol3/papers.cfm?abstract_id=142146, Working Paper, 2000.

[41] Blouin, J., M. E. Carter. The Economics of Restricted Stock and the Section 83 (B) Election [EB/OL]. https://papers.ssrn.com/sol3/papers.cfm?abstract_id=1561923, Working Paper, 2010.

[42] Bolton, P., J. Scheinkman, W. Xiong. Executive Compensation and Short – Termist Behaviour in Speculative Markets [J]. The Review of Economic Studies, 2006, 73 (3): 577 – 610.

[43] Boyle, P. P., R. Jha, S. Kennedy, W. Tian. Stock and Option Proportions in Executive Compensation [J]. The Quarterly Journal of Finance, 2011, 1 (1):

169 –203.

[44] Brenner, M., R. K. Sundaram, D. Yermack. Altering the Terms of Executive Stock Options [J]. Journal of Financial Economics, 2000, 57 (1): 103 –128.

[45] Bryan, S., L. Hwang, S. Lilien. CEO Stock – Based Compensation: An Empirical Analysis of Incentive – Intensity, Relative Mix, and Economic Determinants [J]. The Journal of Business, 2000, 73 (4): 661 –693.

[46] Burns, N., S. Kedia. The Impact of Performance – Based Compensation on Misreporting [J]. Journal of Financial Economics, 2006, 79 (1): 35 –67.

[47] Burns, N., S. Kedia. Executive Option Exercises and Financial Misreporting [J]. Journal of Banking & Finance, 2008, 32 (5): 845 –857.

[48] Cadman, B., J. Sunder. Investor Horizon and CEO Horizon Incentives [J]. The Accounting Review, 2014, 89 (4): 1299 –1328.

[49] Call, A. C., S. Kedia, S. Rajgopal. Rank and File Employees and the Discovery of Misreporting: The Role of Stock Options [J]. Journal of Accounting and Economics, 2016, 62 (2 –3): 277 –300.

[50] Canil, J., B. Rosser. A Dual Role for Restricted Stock Grants [EB/OL]. https://papers.ssrn.com/sol3/papers.cfm?abstract_id=1786332, Working Paper, 2011.

[51] Carey, M., B. Sun. Stocks or Options: Risk Choices and Compensation Design [EB/OL]. https://citeseerx.ist.psu.edu/viewdoc, Working Paper, 2010.

[52] Carpenter, J. N. Does Option Compensation Increase Managerial Risk Appetite? [J]. The Journal of Finance, 2000, 55 (5): 2311 –2331.

[53] Carpenter, J. N., B. Remmers. Executive Stock Option Exercises and Inside Information [J]. The Journal of Business, 2001, 74 (4): 513 –534.

[54] Cassidy, J. The Greed Cycle [J]. The New Yorker, 2002, 23 (28): 64 –77.

[55] Chance, D. M., R. Kumar, R. B. Todd. The "Repricing" of Executive Stock Options [J]. Journal of Financial Economics, 2000, 57 (1): 129 –154.

[56] Chang, W., R. M. Hayes, S. A. Hillegeist. Human Capital Risk and Ini-

tial CEO Compensation Contracts [EB/OL]. https://www.researchgate.net/profile/Stephen - Hillegeist/publication, Working Paper, 2009.

[57] Chang, X., K. Fu, A. Low, W. Zhang. Non - Executive Employee Stock Options and Corporate Innovation [J]. Journal of Financial Economics, 2015, 115 (1): 168 - 188.

[58] Chauvin, K. W., C. Shenoy. Stock Price Decreases Prior to Executive Stock Option Grants [J]. Journal of Corporate Finance, 2001, 7 (1): 53 - 76.

[59] Chen, Y. R., C. R. Chen, C. K. Chu. The Effect of Executive Stock Options on Corporate Innovative Activities [J]. Financial Management, 2014, 43 (2): 271 - 290.

[60] Chen, Y., B. S. Lee. A Dynamic Analysis of Executive Stock Options: Determinants and Consequences [J]. Journal of Corporate Finance, 2010, 16 (1): 88 - 103.

[61] Chen, Y., Y. Ma. Revisiting the Risk - Taking Effect of Executive Stock Options on Firm Performance [J]. Journal of Business Research, 2011, 64 (6): 640 - 648.

[62] Cheng, Q., T. D. Warfield. Equity Incentives and Earnings Management [J]. The Accounting Review, 2005, 80 (2): 441 - 476.

[63] Cheung, S. N. S. The contractual nature of the firm [J]. The Journal of Law and Economics, 1983, 26 (1): 1 - 21.

[64] Chourou, L., E. Abaoub, S. Saadi. The Economic Determinants of CEO Stock Option Compensation [J]. Journal of Multinational Financial Management, 2008, 18 (1): 61 - 77.

[65] Clifford W. Smith, J., R. L. Watts. The Investment Opportunity Set and Corporate Financing, Dividend, and Compensation Policies [J]. Journal of Financial Economics, 1992, 32 (3): 263 - 292.

[66] Clinch, G. Employee Compensation and Firms' Research and Development Activity [J]. Journal of Accounting Research, 1991, 29 (1): 59 - 78.

[67] Coase, R. H. The Nature of the Firm [J]. Economica, 1937, 4 (16):

386 – 405.

[68] Cohen, R. B., B. J. Hall, L. M. Viceira. Do Executive Stock Options Encourage Risk – Taking [EB/OL]. https://www.hbs.edu/faculty/Pages/item.aspx? num = 61961, Working Paper, 2000.

[69] Coles, J. L., N. D. Daniel, L. Naveen. Managerial Incentives and Risk – Taking [J]. Journal of Financial Economics, 2006, 79 (2): 431 – 468.

[70] Coles, J. L., M. Hertzel, S. Kalpathy. Earnings Management Around Employee Stock Option Reissues [J]. Journal of Accounting and Economics, 2006, 41 (1 – 2): 173 – 200.

[71] Core, J. E., W. R. Guay. Stock Option Plans for Non – Executive Employees [J]. Journal of Financial Economics, 2001, 61 (2): 253 – 287.

[72] Core, J. E., W. R. Guay, R. E. Verrecchia. Price Versus Non – Price Performance Measures in Optimal CEO Compensation Contracts [J]. The Accounting Review, 2003, 78 (4): 957 – 981.

[73] Core, J., W. Guay. The Use of Equity Grants to Manage Optimal Equity Incentive Levels [J]. Journal of Accounting and Economics, 1999, 28 (2): 151 – 184.

[74] Crainich, D., L. Eeckhoudt. On the Intensity of Downside Risk Aversion [J]. Journal of Risk and Uncertainty, 2008, 36 (3): 267 – 276.

[75] Cramton, P., H. Mehran, J. S. Tracy. ESOP Fables: The Impact of Employee Stock Ownership Plans on Labor Disputes [EB/OL]. https://papers.ssrn.com/sol3/papers.cfm? abstract_id = 1266717, Working Paper, 2008.

[76] Crocker, K. J., J. Slemrod. The Economics of Earnings Manipulation and Managerial Compensation [J]. The RAND Journal of Economics, 2007, 38 (3): 698 – 713.

[77] Cronqvist, H., R. Fahlenbrach. CEO Contract Design: How Do Strong Principals Do It? [J]. Journal of Financial Economics, 2013, 108 (3): 659 – 674.

[78] Dechow, P. M., A. P. Hutton, R. G. Sloan. Economic Consequences of Accounting for Stock – Based Compensation [J]. Journal of Accounting Research,

1996, 34: 1 -20.

[79] Defusco, R. A., R. R. Johnson, T. S. Zorn. The Effect of Executive Stock Option Plans on Stockholders and Bondholders [J]. The Journal of Finance, 1990, 45 (2): 617 -627.

[80] Demsetz, H., K. Lehn. The Structure of Corporate Ownership: Causes and Consequences [J]. Journal of Political Economy, 1985, 93 (6): 1155 -1177.

[81] Demsetz, H., B. Villalonga. Ownership Structure and Corporate Performance [J]. Journal of corporate finance, 2001, 7 (3): 209 -233.

[82] Denison, E. F. United States Economic Growth [J]. The Journal of Business, 1962, 35 (2): 109 -121.

[83] Dittmann, I., E. Maug, O. Spalt. Sticks or Carrots? —Optimal CEO Compensation When Managers Are Loss Averse [J]. The Journal of Finance, 2010, 65 (6): 2015 -2050.

[84] Dodonova, A., Y. Khoroshilov. Optimal Incentive Contracts for Loss - Averse Managers: Stock Options Versus Restricted Stock Grants [J]. Financial Review, 2006, 41 (4): 451 -482.

[85] Duffhues, P., R. Kabir. Is the Pay - Performance Relationship Always Positive? —Evidence from the Netherlands [J]. Journal of Multinational Financial Management, 2008, 18 (1): 45 -60.

[86] Dyck, A., N. Volchkova, L. Zingales. The Corporate Governance Role of the Media: Evidence from Russia [J]. The Journal of Finance, 2008, 63 (3): 1093 -1135.

[87] Edmans, A., V. W. Fang, K. A. Lewellen. Equity Vesting and Managerial Myopia [EB/OL]. https://papers.ssrn.com/sol3/papers.cfm?abstract_id = 2501628, Working Paper, 2013.

[88] Eeckhoudt, L., H. Schlesinger. Putting Risk in Its Proper Place [J]. American Economic Review, 2006, 96 (1): 280 -289.

[89] Faccio, M., M. Marchica, R. Mura. Large Shareholder Diversification and Corporate Risk - Taking [J]. The Review of Financial Studies, 2011, 24

(11): 3601 -3641.

[90] Fama, E. F. Agency Problems and the Theory of the Firm [J]. Journal of Political Economy, 1980, 88 (2): 288 -307.

[91] Fama, E. F., M. C. Jensen. Agency Problems and Residual Claims [J]. The Journal of Law and Economics, 1983, 26 (2): 327 -349.

[92] Fang, H., J. R. Nofsinger, J. Quan. The Effects of Employee Stock Option Plans on Operating Performance in Chinese Firms [J]. Journal of Banking & Finance, 2015, 54: 141 -159.

[93] Fawcett, T. An Introduction to ROC Analysis [J]. Pattern Recognition Letters, 2006, 27 (8): 861 -874.

[94] Feltham, G. A., M. G. Wu. Incentive Efficiency of Stock Versus Options [J]. Review of Accounting Studies, 2001, 6 (1): 7 -28.

[95] Fogel, R. W., S. L. Engerman. Time on the Cross: The Economics of American Negro Slavery [M]. Boston - Toronto: Little, Brown and Company, 1975.

[96] Gabaix, X., A. Landier. Why Has CEO Pay Increased so Much? [J]. The Quarterly Journal of Economics, 2008, 123 (1): 49 -100.

[97] Gabaix, X., A. Landier, J. Sauvagnat. CEO Pay and Firm Size: An Update after the Crisis [J]. The Economic Journal, 2014, 124 (574): 40 -59.

[98] Gao, P., R. E. Shrieves. Earnings Management and Executive Compensation: A Case of Overdose of Option and Underdose of Salary [EB/OL]. https://papers.ssrn.com/sol3/papers.cfm? abstract_id =302843, Working Paper, 2002.

[99] Gaver, J. J., K. M. Gaver. Additional Evidence on the Association Between the Investment Opportunity Set and Corporate Financing, Dividend, and Compensation Policies [J]. Journal of Accounting and Economics, 1993, 16 (1 -3): 125 -160.

[100] Gibbons, R., K. J. Murphy. Relative Performance Evaluation for Chief Executive Officers [J]. Industrial & Labor Relations Review, 1990, 43 (3): 30.

[101] Gintis, H. The Bounds of Reason: Game Theory and the Unification of the Behavioral Sciences [M]. New Jersey: Princeton University Press, 2014.

[102] Gintis, H. The Bounds of Reason Game Theory and the Unification of the Behavioral Sciences [M]. New Jersey: Princeton University Press, 2014.

[103] Goldman, E., S. L. Slezak. An Equilibrium Model of Incentive Contracts in the Presence of Information Manipulation [J]. Journal of Financial Economics, 2006, 80 (3): 603 -626.

[104] Gopalan, R., T. Milbourn, F. Song, A. V. Thakor. Duration of Executive Compensation [J]. The Journal of Finance, 2014, 69 (6): 2777 -2817.

[105] Griffith, J. M. CEO Ownership and Firm Value [J]. Managerial and Decision Economics, 1999, 20 (1): 1 -8.

[106] Grossman, S. J., O. D. Hart. The Costs and Benefits of Ownership: A Theory of Vertical and Lateral Integration [J]. Journal of Political Economy, 1986, 94 (4): 691 -719.

[107] Guay, W. R. The Sensitivity of CEO Wealth to Equity Risk: An Analysis of the Magnitude and Determinants [J]. Journal of Financial Economics, 1999, 53 (1): 43 -71.

[108] Guiso, L., M. Paiella. Risk Aversion, Wealth, and Background Risk [J]. Journal of the European Economic Association, 2008, 6 (6): 1109 -1150.

[109] Hadlock, C. J., G. B. Lumer. Compensation, Turnover, and Top Management Incentives: Historical Evidence [J]. The Journal of Business, 1997, 70 (2): 153 -187.

[110] Hall, B. J., J. B. Liebman. Are CEOs Really Paid Like Bureaucrats? [J]. The Quarterly Journal of Economics, 1998, 113 (3): 653 -691.

[111] Hall, B. J., K. J. Murphy. Optimal Exercise Prices for Executive Stock Options [J]. American Economic Review, 2000, 90 (2): 209 -214.

[112] Hall, B. J., K. J. Murphy. Stock Options for Undiversified Executives [J]. Journal of Accounting and Economics, 2002, 33 (1): 3 -42.

[113] Hall, B. J., K. J. Murphy. The Trouble with Stock Options [J]. Journal of Economic Perspectives, 2003, 17 (3): 49 -70.

[114] Hanlon, M., S. Rajgopal, T. Shevlin. Are Executive Stock Options As-

sociated with Future Earnings? [J]. Journal of Accounting and Economics, 2003, 36 (1-3): 3-43.

[115] Hanson, R. C., M. H. Song. Managerial Ownership, Board Structure, and the Division of Gains in Divestitures [J]. Journal of Corporate Finance, 2000, 6 (1): 55-70.

[116] Hart, O. Firms, Contracts, and Financial Structure [M]. Oxford: Clarendon Press, 1995.

[117] Hart, O., J. Moore. Property Rights and the Nature of the Firm [J]. Journal of Political Economy, 1990, 98 (6): 1119-1158.

[118] Hart, O., J. Moore. Contracts as Reference Points [J]. The Quarterly Journal of Economics, 2008, 123 (1): 1-48.

[119] Haugen, R. A., L. W. Senbet. Resolving the Agency Problems of External Capital Through Options [J]. The Journal of Finance, 1981, 36 (3): 629-647.

[120] Hayes, R. M., M. Lemmon, M. Qiu. Stock Options and Managerial Incentives for Risk Taking: Evidence from FAS 123R [J]. Journal of Financial Economics, 2012, 105 (1): 174-190.

[121] Hemmer, T., O. Kim, R. E. Verrecchia. Introducing Convexity into Optimal Compensation Contracts [J]. Journal of Accounting and Economics, 1999, 28 (3): 307-327.

[122] Heron, R. A., E. Lie. Do Stock Options Overcome Managerial Risk Aversion? —Evidence from Exercises of Executive Stock Options [J]. Management Science, 2017, 63 (9): 3057-3071.

[123] Hillegeist, S. A., F. Penalva. Stock Option Incentives and Firm Performance [EB/OL]. https://papers.ssrn.com/sol3/papers.cfm?abstract_id=480384, Working Paper, 2003.

[124] Hite, G. L., M. S. Long. Taxes and Executive Stock Options [J]. Journal of Accounting and Economics, 1982, 4 (1): 3-14.

[125] Holmström, B. Moral Hazard in Teams [J]. The Bell Journal of Economics, 1982: 324-340.

[126] Holmström, B. Moral Hazard and Observability [J]. The Bell Journal of Economics, 1979 (10): 74 -91.

[127] Holmström, B. R., J. Tirole. The Theory of the Firm [J]. Handbook of Industrial Organization, 1989, 1: 61 -133.

[128] Holmström, B., P. Milgrom. Aggregation and Linearity in the Provision of Intertemporal Incentives [J]. Econometrica, 1987, 55 (2): 303 -328.

[129] Hou, W., S. Lovett, A. Rasheed. Stock Option Pay Versus Restricted Stock: A Comparative Analysis of Their Impact on Managerial Risk - Taking and Performance Extremeness [J]. Strategic Organization, 2020, 18 (2): 301 -329.

[130] Irving, J. H., W. R. Landsman, B. P. Lindsey. The Valuation Differences Between Stock Option and Restricted Stock Grants for US Firms [J]. Journal of Business Finance & Accounting, 2011, 38 (3 -4): 395 -412.

[131] Ittner, C. D., R. A. Lambert, D. F. Larcker. The Structure and Performance Consequences of Equity Grants to Employees of New Economy Firms [J]. Journal of Accounting and Economics, 2003, 34 (1 -3): 89 -127.

[132] Iyer, R., A. I. Khwaja, E. F. Luttmer, K. Shue. Screening Peers Softly: Inferring the Quality of Small Borrowers [J]. Management Science, 2016, 62 (6): 1554 -1577.

[133] Jaramillo, F., J. P. Mulki, G. W. Marshall. A Meta - Analysis of the Relationship Between Organizational Commitment and Salesperson Job Performance: 25 Years of Research [J]. Journal of Business Research, 2005, 58 (6): 705 -714.

[134] Jensen, M. C., W. H. Meckling. Theory of the Firm: Managerial Behavior, Agency Costs and Ownership Structure [J]. Journal of Financial Economics, 1976, 3 (4): 305 -360.

[135] Jensen, M. C., K. J. Murphy. Performance Pay and Top - Management Incentives [J]. Journal of Political Economy, 1990, 98 (2): 225 -264.

[136] Jensen, M. C., K. J. Murphy. CEO Incentives: It's Not How Much You Pay, But How [J]. Journal of Applied Corporate Finance, 1990, 3 (3): 36 -49.

[137] John, T. A., K. John. Top - Management Compensation and Capital

Structure [J]. The Journal of Finance, 1993, 48 (3): 949 -974.

[138] Kaarsemaker, E. Employee Share Ownership as Moderator of the Relationship Between Firm - Specific Human Capital Investments and Organizational Commitment [J]. Management Revue, 2008, 19 (4): 324 -339.

[139] Kadan, O., J. M. Swinkels. Stocks or Options? —Moral Hazard, Firm Viability, and the Design of Compensation Contracts [J]. The Review of Financial Studies, 2008, 21 (1): 451 -482.

[140] Kahneman, D., A. Tversky. Prospect Theory: An Analysis of Decision under Risk [J]. Econometrica, 1979, 47 (2): 363 -391.

[141] Kaplan, S. N., P. Strömberg. Financial Contracting Theory Meets the Real World: An Empirical Analysis of Venture Capital Contracts [J]. The Review of Economic Studies, 2003, 70 (2): 281 -315.

[142] Klein, B. Contracting Costs and Residual Claims: The Separation of Ownership and Control [J]. The Journal of Law and Economics, 1983, 26 (2): 367 -374.

[143] Klein, D., E. Maug. How Do Executives Exercise Their Stock Options? [J]. The Review of Corporate Finance Studies, 2020, 9 (2): 302 -339.

[144] Knight, F. H. Risk, Uncertainty and Profit [M]. Boston: Houghton Mifflin, 1921.

[145] Krammer, S. M. International R&D Spillovers in Emerging Markets: The Impact of Trade and Foreign Direct Investment [J]. The Journal of International Trade & Economic Development, 2010, 19 (4): 591 -623.

[146] Krivogorsky, V. Ownership, Board Structure, and Performance in Continental Europe [J]. The International Journal of Accounting, 2006, 41 (2): 176 -197.

[147] Kuo, C., M. L. Li, S. Yu. Non - Uniform Effects of CEO Equity - Based Compensation on Firm Performance: An Application of a Panel Threshold Regression Model [J]. The British Accounting Review, 2013, 45 (3): 203 -214.

[148] Kuvaas, B. Employee Ownership and Affective Organizational Commit-

ment: Employees' Perceptions of Fairness and Their Preference for Company Shares Over Cash [J]. Scandinavian Journal of Management, 2003, 19 (2): 193 -212.

[149] Lambert, R. A. Agency Theory and Management Accounting [J]. Handbooks of Management Accounting Research, 2006, 1: 247 -268.

[150] Lambert, R. A., D. F. Larcker. Stock Options, Restricted Stock, and Incentives [EB/OL]. https://papers.ssrn.com/sol3/papers.cfm? abstract_id = 527822, Working Paper, 2004.

[151] Lee, G. The Effectiveness of International Knowledge Spillover Channels [J]. European Economic Review, 2006, 50 (8): 2075 -2088.

[152] Lefebvre, M., F. M. Vieider, M. C. Villeval. Incentive Effects on Risk Attitude in Small Probability Prospects [J]. Economics Letters, 2010, 109 (2): 115 -120.

[153] Lewellen, W., C. Loderer, K. Martin. Executive Compensation and Executive Incentive Problems: An Empirical Analysis [J]. Journal of Accounting and Economics, 1987, 9 (3): 287 -310.

[154] Li, J., D. Wu, D. Zhou. A Comparison of Restricted Stock Grants Between Dual - Class and Single - Class Companies [J]. Journal of Corporate Accounting & Finance, 2018, 29 (3): 91 -103.

[155] Lian, Y., Z. Su, Y. Gu. Evaluating the Effects of Equity Incentives Using PSM: Evidence from China [J]. Frontiers of Business Research in China, 2011, 5 (2): 266 -290.

[156] Lichtenstein, S., P. Slovic. Reversals of Preference Between Bids and Choices in Gambling Decisions [J]. Journal of Experimental Psychology, 1971, 89 (1): 46.

[157] Low, A. Managerial Risk - Taking Behavior and Equity - Based Compensation [J]. Journal of Financial Economics, 2009, 92 (3): 470 -490.

[158] Madrick, J. A Theory on Corporate Greed [N]. New York Times, 2003 -01 -01.

[159] Maskin, E., J. Tirole. Unforeseen Contingencies and Incomplete Con-

tracts [J]. The Review of Economic Studies, 1999, 66 (1): 83 – 114.

[160] Matsumoto, D., M. Pronk, E. Roelofsen. What Makes Conference Calls Useful? —The Information Content of Managers' Presentations and Analysts' Discussion Sessions [J]. The Accounting Review, 2011, 86 (4): 1383 – 1414.

[161] Matsunaga, S. R. The Effects of Financial Reporting Costs on the Use of Employee Stock Options [J]. Accounting Review, 1995: 1 – 26.

[162] May, D. O. Do Managerial Motives Influence Firm Risk Reduction Strategies? [J]. The Journal of Finance, 1995, 50 (4): 1291 – 1308.

[163] Mcconnell, J. J., H. Servaes. Additional Evidence on Equity Ownership and Corporate Value [J]. Journal of Financial Economics, 1990, 27 (2): 595 – 612.

[164] Mcfadden, D. L. Conditional Logit Analysis of Qualitative Choice Behavior [J]. Frontiers in Econometrics, 1974: 105 – 142.

[165] Mehran, H. Executive Compensation Structure, Ownership, and Firm Performance [J]. Journal of Financial Economics, 1995, 38 (2): 163 – 184.

[166] Metrick, A., A. Yasuda. The Economics of Private Equity Funds [J]. The Review of Financial Studies, 2010, 23 (6): 2303 – 2341.

[167] Milidonis, A., K. Stathopoulos. Managerial Incentives, Risk Aversion, and Debt [J]. Journal of Financial and Quantitative Analysis, 2014, 49 (2): 453 – 481.

[168] Mincer, J. Investment in Human Capital and Personal Income Distribution [J]. Journal of Political Economy, 1958, 66 (4): 281 – 302.

[169] Mirrlees, J. Notes on Welfare Economics, Information and Uncertainty [C]. // M. Balch, D. M. A. W. Essays on Economic Behavior under Uncertainty. Amsterdam: North – Holland Publishing Co, 1974: 243 – 261.

[170] Mirrlees, J. The Optimal Structure of Authority and Incentives Within an Organization [J]. Bell Journal of Economics, 1976, 7 (2): 105 – 131.

[171] Morck, R., A. Shleifer, R. W. Vishny. Management Ownership and Market Valuation: An Empirical Analysis [J]. Journal of Financial Economics,

1988, 20 (2): 293 -315.

[172] Murphy, K. J. Corporate Performance and Managerial Remuneration: An Empirical Analysis [J]. Journal of Accounting and Economics, 1985, 7 (1 -3): 11 -42.

[173] Murphy, K. J. Politics, Economics, and Executive Compensation [J]. University of Cincinnati Law Review, 1995, 63 (2): 713.

[174] Murphy, K. J. Executive Compensation [J]. Handbook of Labor Economics, 1999 (3): 2485 -2563.

[175] Murphy, K. J. Explaining Executive Compensation: Managerial Power Versus the Perceived Cost of Stock Options [J]. University of Cincinnati Law Review, 2002, 69: 847.

[176] Murphy, K. J. Stock -Based Pay in New Economy Firms [J]. Journal of Accounting and Economics, 2003, 34 (1 -3): 129 -147.

[177] Murphy, K. J. Executive Compensation: Where We Are, and How We Got There [J]. Handbook of the Economics of Finance: Corporate Finance, 2013: 211.

[178] Nagaoka, S. Determinants of the Introduction of Stock Options by Japanese Firms: Analysis from the Incentive and Selection Perspectives [J]. The Journal of Business, 2005, 78 (6): 2289 -2316.

[179] Năstăsescu, R. G. Managerial Stock Compensation and Risky Investment. [J]. Theoretical & Applied Economics, 2009, 16 (6).

[180] Nguyen, T. CEO Incentives and Corporate Innovation [J]. Financial Review, 2018, 53 (2): 255 -300.

[181] Oyer, P. Why Do Firms Use Incentives That Have No Incentive Effects? [J]. The Journal of Finance, 2004, 59 (4): 1619 -1650.

[182] Oyer, P. , S. Schaefer. A Comparison of Options, Restricted Stock, and Cash for Employee Compensation [EB/OL]. https: //papers. ssrn. com/sol3/papers. cfm? abstract_id =441860, Working Paper, 2003.

[183] Oyer, P. , S. Schaefer. Why Do Some Firms Give Stock Options to all

Employees? —An Empirical Examination of Alternative Theories [J]. Journal of Financial Economics, 2005, 76 (1): 99 - 133.

[184] Oyer, P., S. Schaefer. Costs of Broad - Based Stock Option Plans [J]. Journal of Financial Intermediation, 2006, 15 (4): 511 - 534.

[185] Palia, D., F. Lichtenberg. Managerial Ownership and Firm Performance: A Re - Examination Using Productivity Measurement [J]. Journal of Corporate Finance, 1999, 5 (4): 323 - 339.

[186] Pendleton, A. Incentives, Monitoring, and Employee Stock Ownership Plans: New Evidence and Interpretations [J]. Industrial Relations: A Journal of Economy and Society, 2006, 45 (4): 753 - 777.

[187] Peng, L., A. Röell. Managerial Incentives and Stock Price Manipulation [J]. The Journal of Finance, 2014, 69 (2): 487 - 526.

[188] Pratt, J. W. Risk Aversion in the Small and in the Large [J]. Uncertainty in Economics, 1976, 44 (2): 420.

[189] Rajan, R. G., L. Zingales. Power in a Theory of the Firm [J]. The Quarterly Journal of Economics, 1998, 113 (2): 387 - 432.

[190] Rajgopal, S., T. Shevlin. Empirical Evidence on the Relation Between Stock Option Compensation and Risk Taking [J]. Journal of Accounting and Economics, 2002, 33 (2): 145 - 171.

[191] Rappaport, A. Creating Shareholder Value: A Guide for Managers and Investors [M]. New York: Simon & Schuster Inc., 1999.

[192] Riley Jr, W. B., K. V. Chow. Asset Allocation and Individual Risk Aversion [J]. Financial Analysts Journal, 1992, 48 (6): 32 - 37.

[193] Rose, A. M., J. M. Rose, I. Suh, J. C. Ugrin. Unanticipated Effects of Restricted Stock on Managers' Risky Investment Decisions [J]. Advances in Accounting, 2017, 38: 106 - 112.

[194] Rosen, S. The Theory of Equalizing Differences [J]. Handbook of Labor Economics, 1986, 1: 641 - 692.

[195] Ross, S. A. The Economic Theory of Agency: The Principal's Problem

[J]. The American Economic Review, 1973, 63 (2): 134 –139.

[196] Ross, S. A. Compensation, Incentives, and the Duality of Risk Aversion and Riskiness [J]. The Journal of Finance, 2004, 59 (1): 207 –225.

[197] Roychowdhury, S. Earnings Management Through Real Activities Manipulation [J]. Journal of Accounting and Economics, 2006, 42 (3): 335 –370.

[198] Sahlman, W. A. The Structure and Governance of Venture – Capital Organizations [J]. Journal of Financial Economics, 1990, 27 (2): 473 –521.

[199] Saly, P. J. Repricing Executive Stock Option in a Down Market [J]. Journal of Accounting and Economics, 1994, 18 (3): 325 –356.

[200] Sanders, W. G. , D. C. Hambrick. Swinging for the Fences: The Effects of CEO Stock Options on Company Risk Taking and Performance [J]. Academy of Management Journal, 2007, 50 (5): 1055 –1078.

[201] Schultz, T. W. Investment in Human Capital [J]. The American Economic Review, 1961, 51 (1): 1 –17.

[202] Sesil, J. C. , M. K. Kroumova. The Impact of Broad – Based Stock Options on Firm Performance: Does Firm Size Matter? [EB/OL]. https: //papers. ssrn. com/sol3/papers. cfm? abstract_id =717081, Working Paper, 2005.

[203] Shen Qiang, Hua Yukun, Huang Yuxing, Ebstein Richard, Yu Xiaofen and Wu Zhihua. Knowledge management and modern digital transformation of the property management industry in China [J]. Journal of Knowledge Management, 2022, 26 (8): 2133 –2144.

[204] Shin, T. Fair Pay or Power Play? —Pay Equity, Managerial Power, and Compensation Adjustments for CEOs [J]. Journal of Management, 2016, 42 (2): 419 –448.

[205] Sinclair – Desgagné, B. , S. Spaeter. The Prudent Principal [EB/OL]. https: //www. researchgate. net/publication/228197896 _ The _ Prudent _ Principal, Working Paper, 2011.

[206] Sloan, R. G. Accounting Earnings and Top Executive Compensation [J]. Journal of Accounting and Economics, 1993, 16 (1 –3): 55 –100.

[207] Smith, A. The Wealth of Nations: An Inquiry into the Nature and Causes of the Wealth of Nations [M]. Petersfield: Harriman House Ltd., 2010.

[208] Smith, C. W., R. M. Stulz. The Determinants of Firms' Hedging Policies [J]. Journal of Financial and Quantitative Analysis, 1985, 20 (4): 391-405.

[209] Smith, J. A., P. E. Todd. Does Matching Overcome Lalonde's Critique of Nonexperimental Estimators? [J]. Journal of Econometrics, 2005, 125 (1-2): 305-353.

[210] Stewart, T. A. The Trouble with Stock Options [J]. Fortune, 1990, 1 (1): 93-95.

[211] Sualihu, M. A., M. Rankin, J. Haman. The Role of Equity Compensation in Reducing Inefficient Investment in Labor [J]. Journal of Corporate Finance, 2021, 66: 101788.

[212] Tai, Y. Is Adoption of Restricted Stock Grants Related with Firm Performance? [J]. Asia Pacific Management Review, 2018, 23 (2): 137-147.

[213] Tai, Y., Y. Wang. The Effect of Risk in the Choosing between Stock Options or Restricted Stock Rewards [J]. Taiwan Accounting Review, 2020, 16 (2): 259-295.

[214] Tirole, J. Incomplete Contracts: Where Do We Stand? [J]. Econometrica, 1999, 67 (4): 741-781.

[215] Tversky, A., D. Kahneman. Advances in Prospect Theory: Cumulative Representation of Uncertainty [J]. Journal of Risk and Uncertainty, 1992, 5 (4): 297-323.

[216] Tversky, A., D. Kahneman. Loss Aversion in Riskless Choice: A Reference-Dependent Model [J]. The Quarterly Journal of Economics, 1991, 106 (4): 1039-1061.

[217] Tzioumis, K. Why Do Firms Adopt CEO Stock Options? —Evidence from the United States [J]. Journal of Economic Behavior & Organization, 2008, 68 (1): 100-111.

[218] Uchida, K. Determinants of Stock Option Use by Japanese Companies

[J]. Review of Financial Economics, 2006, 15 (3): 251 -269.

[219] Vandewalle, D., L. Van Dyne, T. Kostova. Psychological Ownership: An Empirical Examination of Its Consequences [J]. Group & Organization Management, 1995, 20 (2): 210 -226.

[220] Wang, D., D. Wu. Equity Incentive and Risk Taking: Evidence from China [J]. Nankai Business Review International, 2017.

[221] Weinberg, C. R. CEO Compensation: Greed or Glory? [N]. The Chief Executive, 1999 -01 -01.

[222] Whitener, E. M. Do "High Commitment" Human Resource Practices Affect Employee Commitment? —A Cross - Level Analysis Using Hierarchical Linear Modeling [J]. Journal of Management, 2001, 27 (5): 515 -535.

[223] Williamson, O. E. The Economic Institutions of Capitalism: Firms, Markets, Relational Contracting [M]. New York: Free Press, 1985.

[224] Wilson, R. The Structure of Incentives for Decentralization under Uncertainty [M]. Paris: Editions Du Centre National De La Recherche Scientifique, 1969.

[225] Wiseman, R. M., L. R. Gomez - Mejia. A Behavioral Agency Model of Managerial Risk Taking [J]. Academy of Management Review, 1998, 23 (1): 133 -153.

[226] Wu, Y. W. Optimal Executive Compensation: Stock Options or Restricted Stocks [J]. International Review of Economics & Finance, 2011, 20 (4): 633 -644.

[227] Yang, X., Y. Ng. Theory of the Firm and Structure of Residual Rights [J]. Journal of Economic Behavior & Organization, 1995, 26 (1): 107 -128.

[228] Yermack, D. Do Corporations Award CEO Stock Options Effectively? [J]. Journal of Financial Economics, 1995, 39 (2 -3): 237 -269.

[229] Yermack, D. Good Timing: CEO Stock Option Awards and Company News Announcements [J]. The Journal of Finance, 1997, 52 (2): 449 -476.

[230] Zenner, M., T. T. Perry. CEO Compensation in the 1990s: Shareholder Alignment or Shareholder Expropriation? [EB/OL]. https://papers.ssrn.com/

sol3/papers. cfm? abstract_id = 205588, Working Paper, 2000.

[231] Zhu, C., T. Zhang, S. Li. Why More Restricted Stocks, Less Stock Options? —An Explanation Based on the Preference of Regulators of China [J]. Journal of Asian Economics, 2021, 77 (10): 1 – 56.

[232] 柏培文，陈惠贞．企业剩余索取权安排理论分歧及其在资产稀缺性框架下的诠释 [J]．管理评论，2006，(2)：37 – 43.

[233] 曹冬媛．日本现代公司治理监督机制模式演变及启示 [J]．商业研究，2017，(3)：136 – 140.

[234] 曾之明，汪晨菊，张琦．金融发展对中国中小板上市公司融资约束的影响 [J]．财经理论与实践，2017，(4)：15 – 20.

[235] 陈丹，曹伟豪．高管激励，终极控制权性质与财务风险 [J]．工业技术经济，2018，(9)：114 – 122.

[236] 陈其安，张红真，徐礼．基于股权激励的上市公司委托代理模型研究 [J]．中国管理科学，2012，(11).

[237] 陈强．高级计量经济学及 Stata 应用 [M]．第 2 版．北京：高等教育出版社，2014.

[238] 陈胜军，吕思莹，白鸽．A 股上市公司股权激励方案实施效果影响因素研究 [J]．中央财经大学学报，2016，(12)：121 – 128.

[239] 陈文强．长期视角下股权激励的动态效应研究 [J]．经济理论与经济管理，2016，(11)：53 – 66.

[240] 陈文强．长期视角下股权激励的动态效应研究 [D]．杭州：浙江大学，2017.

[241] 陈文强．股权激励、契约异质性与企业绩效的动态增长 [J]．经济管理，2018，(5)：175 – 192.

[242] 陈文强，贾生华．股权激励效应研究述评与展望 [J]．华东经济管理，2015，(7)：150 – 155.

[243] 陈文强，贾生华．股权激励存在持续性的激励效应吗？——基于倾向得分匹配法的实证分析 [J]．财经论丛，2015，(9)：59 – 68.

[244] 陈文强，王成方．股权激励方式与企业生命周期的适应性匹配研究

[J]．会计研究，2021，(6)：76－90.

[245] 陈文哲，石宁，梁琪，郝项超．股权激励模式选择之谜——基于股东与激励对象之间博弈分析 [J]．南开管理评论，2021：1－23.

[246] 陈艳艳．我国股权激励经济后果的实证检验 [J]．南方经济，2012，(10)：123－134.

[247] 陈艳艳．员工股权激励的实施动机与经济后果研究 [J]．管理评论，2015，(9)：163－176.

[248] 陈艳艳．股权激励能够增加股东财富吗？[J]．暨南学报（哲学社会科学版），2016，(3)：105－116.

[249] 陈艳艳，郭然．员工股权激励的国外研究述评：实施动机与经济后果 [J]．管理现代化，2017，(5)：123－129.

[250] 程继荣，徐文龙．基于企业剩余视角的收入差距研究 [J]．经济体制改革，2013，(3)：105－109.

[251] 迟国泰，张亚京，石宝峰．基于 Probit 回归的小企业债信评级模型及实证 [J]．管理科学学报，2016，(6)：136－156.

[252] 大卫·李嘉图．政治经济学及赋税原理 [M]．第 1 版．北京：华夏出版社，2013.

[253] 邓慧慧，刘宇佳．反腐败影响了地区营商环境吗？——基于十八大以来反腐行动的经验证据 [J]．经济科学，2021，(4)：84－98.

[254] 董屹宇，郭泽光．风险资本与企业技术创新——基于要素密集度行业差异性的研究 [J]．财贸研究，2021，(8)：99－110.

[255] 段文斌，袁帅．风险分担与激励合同：对委托—代理论的进一步检讨 [J]．南开经济研究，2004，(5)：19－25.

[256] 范圣然，陈志斌．股权激励、代理成本与企业现金流风险 [J]．西南大学学报（社会科学版），2016，(6)：66－74.

[257] 方竹兰．人力资本所有者拥有企业所有权是一个趋势——兼与张维迎博士商榷 [J]．经济研究，1997，(6)：36－40.

[258] 冯涛，杨瑾，刘湘勤．后股权分置改革上市公司经理层股权激励的决定因素研究 [J]．统计与信息论坛，2010，(3)：40－45.

［259］冯怡恬，杨柳勇．股权激励能阻止创业板高管辞职与套现吗？［J］．商业经济与管理，2018，(3)：36-46.

［260］弗兰克·奈特．风险、不确定性和利润［M］．第1版．北京：华夏出版社，2013.

［261］高闯，李俊华．人力资本参与、事业合伙人制度与公司治理逻辑［J］．江西师范大学学报（哲学社会科学版），2017，(2)：51-59.

［262］高岳兴．山西票号的“身股”与现代股票期权——两种代理人激励方式的比较［J］．上海经济研究，2003，(12)：71-76.

［263］葛军．股权激励与上市公司绩效关系研究［D］．南京：南京农业大学，2007.

［264］葛文雷，荆虹玮．我国上市公司股权激励与企业业绩的关系研究［J］．华东经济管理，2008，(3)：84-88.

［265］宫玉松．上市公司股权激励问题探析［J］．经济理论与经济管理，2012，(11)：78-83.

［266］龚磊．前景理论与决策那些事儿［M］．第1版．北京：电子工业出版社，2020.

［267］顾斌，周立烨．我国上市公司股权激励实施效果的研究［J］．会计研究，2007，(2)：79-84.

［268］郭雳．中国式监事会：安于何处，去向何方？——国际比较视野下的再审思［J］．比较法研究，2016，(2)：74-87.

［269］哈里·马克威茨．资产选择：投资的有效分散化［M］．第2版．北京：首都经济贸易大学出版社，2000.

［270］韩亮亮，李凯，宋力．高管持股与企业价值——基于利益趋同效应与壕沟防守效应的经验研究［J］．南开管理评论，2006，(4)：35-41.

［271］韩卓辰．混合所有制企业股权激励研究——以中国联通混合所有制改革为例［J］．当代经济研究，2020，(12)：33-40.

［272］何靖．延付高管薪酬对银行风险承担的政策效应——基于银行盈余管理动机视角的PSM-DID分析［J］．中国工业经济，2016，(11)：126-143.

［273］贺立龙，郭劲廷，周慧珍．监事会特征对高管薪酬业绩敏感性的影

响——来自国有上市企业的证据［J］. 经济问题，2020，(6)：64 -73.

［274］胡景涛，宿涵宁，王秀玲. 员工股权激励对企业经营业绩会产生补充的提升效应吗？［J］. 会计研究，2020，(4)：119 -129.

［275］胡铭. 上市公司高层经理与经营绩效的实证分析［J］. 财贸经济，2003，(4)：59 -62.

［276］华玉昆. 薪酬水平、薪酬差距与企业规模扩张——来自中国房地产上市公司的经验证据［J］. 湖北经济学院学报，2020，(3)：73 -86.

［277］华玉昆，虞晓芬，郭建斌. 剩余索取权激励机理、模型拓展与效率改进［J］. 管理评论，2023，(7)：221 -235.

［278］黄辉. 高管薪酬的外部不公平、内部差距与企业绩效［J］. 经济管理，2012，(7)：81 -92.

［279］季勇. 公司治理对股权激励方式选择的影响——基于中国资本市场的实证分析［J］. 系统工程，2010，(3)：26 -32.

［280］马克思. 剩余价值论［M］. 第1版. 北京：人民出版社，1975.

［281］康晶晶，张增强. 清朝时期晋商票号"股份制"经营探微［J］. 经济与管理，2012，(3)：44 -46.

［282］康至军. 事业合伙人——知识经济时代的企业经营之道［M］. 第1版. 北京：机械工业出版社，2017.

［283］李秉祥，惠祥. 我国上市公司股权激励有效性的影响因素——基于方案要素中介效用的分析［J］. 商业研究，2018，(2)：30 -41.

［284］李朝芳. 科创板公司股权激励之多元业绩考核创新研究——基于科创板公司特征的视角［J］. 当代经济管理，2020，(8)：89 -97.

［285］李凤云. 机构投资者与股权激励：中国证券市场的实证研究［J］. 证券市场导报，2008，(9)：38 -42.

［286］李梅，王春晖. 机构投资者调研、大股东减持与公司投资效率［J］. 投资研究，2020，(9)：65 -81.

［287］李明辉. 股份公司监事会制度之比较［J］. 经济管理，2002，(18)：17 -24.

［288］李睿. 前景理论研究综述［J］. 社会科学论坛，2014，(2)：214 -222.

[289] 李世辉，雷新途．两类代理成本、债务治理及其可观测绩效的研究——来自我国中小上市公司的经验证据 [J]．会计研究，2008，(5)：30-37.

[290] 李维安，王守志，王世权．大股东股权竞争与监事会治理——基于中国上市公司的实证分析 [J]．经济社会体制比较，2006，(3)：61-66.

[291] 李小娟．股权激励模式与企业非效率投资行为研究——基于代理成本中介和股权集中调节的视角 [J]．湖南大学学报（社会科学版），2017，(6)：74-79.

[292] 李小荣，张瑞君．股权激励影响风险承担：代理成本还是风险规避？[J]．会计研究，2014，(1)：57-63.

[293] 李艳妮．创始CEO持股对新创企业绩效是促进还是抑制？——基于先前经验的调节效应分析 [J]．现代财经（天津财经大学学报），2019，(11)：100-113.

[294] 李曜．股票期权与限制性股票股权激励方式的比较研究 [J]．经济管理，2008，(Z3)：11-18.

[295] 李勇．山西票号激励制度解读 [J]．会计研究，2002，(3)：31-35.

[296] 李云飞，周宗放．基于委托-代理关系的风险投资家激励契约模型 [J]．管理学报，2011，(6)：872-878.

[297] 李增泉．激励机制与企业绩效——一项基于上市公司的实证研究 [J]．会计研究，2000，(1)：24-30.

[298] 李志辉，胡心怡，杜阳．专业机构投资者能够抑制股票市场操纵吗？——基于高频交易数据的异常交易识别模型 [J]．现代财经（天津财经大学学报），2021，(12)：3-18.

[299] 梁上坤．股权激励强度是否会影响公司费用黏性 [J]．世界经济，2016，(6)：168-192.

[300] 刘峰，冯星．上市公司终止实施股权激励的动机研究 [J]．厦门大学学报（哲学社会科学版），2014，(5)：126-135.

[301] 刘浩，孙铮．西方股权激励契约结构研究综述——兼论对中国上市公司股权激励制度的启示 [J]．经济管理，2009，(4)：166-172.

[302] 刘磊，谢继君，李诗琪．股权激励方式与现金股利——基于股东监

督情境差异化视角的考察［J］. 会计与经济研究，2019，(5)：61－77.

［303］刘莉，温丹丹. 股权激励与长期并购绩效的实证研究——基于制造业A股上市公司数据［J］. 云南财经大学学报，2014，(6)：127－132.

［304］刘新民，沙一凡，王垒，康旺霖. 机构投资者抱团与高管超额薪酬［J］. 财经论丛，2021，(7)：90－100.

［305］刘永胜. 企业家人力资本与高科技创业企业绩效关系研究［J］. 科技管理研究，2009，(3)：186－188.

［306］刘志远，张瀛之，张利. 国家腐败治理与企业风险承担——兼论政商关系的改善作用［J］. 经济与管理研究，2020，(5)：107－124.

［307］鲁桐，党印. 公司治理与技术创新：分行业比较［J］. 经济研究，2014，(6)：115－128.

［308］鲁桐，吴国鼎. 中小板、创业板上市公司治理评价［J］. 学术研究，2015，(5)：79－86.

［309］罗富碧，冉茂盛，杜家廷. 国外股权激励与经营者信息披露研究综述［J］. 商业研究，2009，(10)：31－34.

［310］吕长江，郑慧莲，严明珠，等. 上市公司股权激励制度设计：是激励还是福利［J］. 管理世界，2009，(9)：133－147.

［311］明源地产研究院. 跟投之潮［M］. 第1版. 北京：中信出版集团股份有限公司，2018.

［312］倪宣明，武康平，黄嵩. 私募基金合伙人契约研究［J］. 经济理论与经济管理，2015，(4)：104－112.

［313］聂辉华. 不完全契约理论的转变［J］. 教学与研究，2011，(1)：71－78.

［314］聂辉华. 契约理论的起源、发展和分歧［J］. 经济社会体制比较，2017，(1)：1－13.

［315］聂辉华，阮睿，李琛. 从完全契约理论到不完全契约理论——2016年诺贝尔经济学奖评析［J］. 中央财经大学学报，2016，(12)：129－135.

［316］潘颖. 股权激励、股权结构与公司业绩关系的实证研究——基于公司治理视角［J］. 经济问题，2009，(8)：107－109.

[317] 潘颖，刘广生．双重委托治理框架下股权激励效应研究［J］．经济经纬，2009，(6)：73－76.

[318] 邱强，卜华，陈健．管理层股权激励方式选择与风险承担——基于内生性视角的研究［J］．当代财经，2018，(1)：122－132.

[319] 曲馨怡．经理人项目跟投的制度设计逻辑案例研究——基于中国四家上市房地产公司案例研究［J］．管理会计研究，2020，(3)：66－73.

[320] 屈恩义，朱方明．中国上市公司股权激励效应再评估——来自PSM＋DID的新证据［J］．重庆大学学报（社会科学版），2017，(6)：49－59.

[321] 饶晞浩．对股权激励方式的理论分析［J］．经济学动态，1999，(6)：24－26.

[322] 饶晓秋．第四类代理成本与国有企业所有者财务监督体制［J］．财政研究，2007，(11)：63－66.

[323] 荣正投资课题组．中国企业家价值报告2020［M］．第1版．上海：上海荣正投资有限公司，2020.

[324] 萨伊．政治经济学概论：财富的生产、分配和消费［M］．第1版．陈福生，陈振骅译．上海：商务印书馆，2009.

[325] 邵剑兵，陈永恒，苏涛永．CEO股权激励对企业研发投入强度的影响研究——基于2008年金融危机的烙印效应［J］．中央财经大学学报，2019，(12)：106－117.

[326] 沈丽萍，黄勤．经营者股权激励、创新与企业价值——基于内生视角的经验分析［J］．证券市场导报，2016，(4)：27－34.

[327] 史金艳，秦基超，宋蕾．基金异质、风险偏好与创业板公司风险承担：行为金融视角［J］．现代财经（天津财经大学学报），2015，(12)：29－40.

[328] 苏冬蔚，林大庞．股权激励、盈余管理与公司治理［J］．经济研究，2010，(11)：88－100.

[329] 孙凤娥，田治威，陈丽荣．股权激励与过度投资：激励力度的门槛效应［J］．中央财经大学学报，2019，(11)：67－75.

[330] 孙林杰，梁铄，康荣．基于SCP范式的企业创新绩效影响机制研究［J］．科学学研究，2019，(6)：1122－1132.

[331] 万里霜．上市公司股权激励、代理成本与企业绩效关系的实证研究[J]．预测，2021，(2)：76－82.

[332] 王传彬，崔益嘉，赵晓庆．股权分置改革后上市公司股权激励效果及影响因素研究分析 [J]．统计与决策，2013，(2)：183－186.

[333] 王栋，吴德胜．股权激励与风险承担——来自中国上市公司的证据[J]．南开管理评论，2016，(3)：157－167.

[334] 王华，黄之骏．经营者股权激励、董事会组成与企业价值——基于内生性视角的经验分析 [J]．管理世界，2006，(9)：101－116.

[335] 王克敏，陈井勇．股权结构、投资者保护与公司绩效 [J]．管理世界，2004，(7)：127－133.

[336] 王雷，党兴华，杨敏利．两权分离度、剩余控制权、剩余索取权与公司绩效——基于两类国有上市公司的实证研究 [J]．管理评论，2010，(9)：24－35.

[337] 王首元，孔淑红．新行为经济学理论：对期望效用理论和前景理论的一个延伸 [J]．西安交通大学学报（社会科学版），2012，(4)：17－24.

[338] 王烨．关于股权激励效应的争论及其检验 [J]．经济学动态，2009，(8)：107－111.

[339] 王烨，叶玲，盛明泉．管理层权力、机会主义动机与股权激励计划设计 [J]．会计研究，2012，(10)：35－41.

[340] 王宇，李海洋．管理学研究中的内生性问题及修正方法 [J]．管理学季刊，2017，(3)：20－47.

[341] 王珍莲．房地产开发项目跟投制之管理创新研究 [J]．经济论坛，2017，(4)：116－118.

[342] 魏春燕．创业板公司股权激励的影响因素研究 [J]．会计研究，2019，(7)：51－58.

[343] 魏刚．高级管理层激励与上市公司经营绩效 [J]．经济研究，2000，(3)：32－39，64.

[344] 吴淑琨．股权结构与公司绩效的U型关系研究——1997～2000年上市公司的实证研究 [J]．中国工业经济，2002，(1)：80－87.

[345] 吴育辉，吴世农. 企业高管自利行为及其影响因素研究——基于我国上市公司股权激励草案的证据 [J]. 管理世界，2010，(5)：141 - 149.

[346] 肖继辉，孟婷. 非对称业绩基准与高管薪酬：基于代理成本视角 [J]. 管理评论，2015，(1)：194 - 208.

[347] 肖淑芳，石琦，王婷，易肃. 上市公司股权激励方式选择偏好——基于激励对象视角的研究 [J]. 会计研究，2016，(6)：55 - 62.

[348] 肖星，陈婵. 激励水平、约束机制与上市公司股权激励计划 [J]. 南开管理评论，2013，(1)：24 - 32.

[349] 肖永慧，段康. 高管股权激励、EVA考核与费用粘性 [J]. 财经问题研究，2020，(8)：65 - 73.

[350] 谢德仁. 经理人激励与股票期权 [M]. 第1版. 北京：中国人民大学出版社，2004.

[351] 谢德仁. 企业剩余索取权：分享安排与剩余计量 [M]. 第1版. 上海：上海人民出版社，2001.

[352] 徐光华，陈万明，王怀明. 基于人力资本与投入资本博弈的企业剩余收益分配模式研究 [J]. 管理世界，2006，(6)：149 - 150.

[353] 徐经长，张璋，张东旭. 高管的风险态度与股权激励方式选择 [J]. 经济理论与经济管理，2017，(12)：73 - 87.

[354] 徐宁. 上市公司股权激励方式及其倾向性选择——基于中国上市公司的实证研究 [J]. 山西财经大学学报，2010，(3)：81 - 87.

[355] 徐宁，徐向艺. 公司治理理论的演进趋势研究——基于经济学与法学的整合视角 [J]. 经济与管理研究，2009，(12)：62 - 66.

[356] 徐宁，徐向艺. 股票期权激励契约合理性及其约束性因素——基于中国上市公司的实证分析 [J]. 中国工业经济，2010，(2)：100 - 109.

[357] 徐宁，徐向艺. 监事股权激励、合谋倾向与公司治理约束——基于中国上市公司面板数据的实证研究 [J]. 经济管理，2012，(1)：41 - 49.

[358] 徐长生，孔令文，倪娟. A股上市公司股权激励的创新激励效应研究 [J]. 科研管理，2018，(9)：93 - 101.

[359] 许娟娟，陈艳，陈志阳. 股权激励、盈余管理与公司绩效 [J]. 山

西财经大学学报，2016，(3)：100－112.

［360］许娟娟，陈志阳．股权激励模式、盈余管理与公司治理［J］．上海金融，2019，(1)：42－49.

［361］薛祖云，黄彤．董事会、监事会制度特征与会计信息质量——来自中国资本市场的经验分析［J］．财经理论与实践，2004，(4)：84－89.

［362］亚当・斯密．国民财富的性质和原因的研究［M］．第1版．北京：商务印书馆，1972.

［363］闫妍，刘宜．2016年度诺贝尔经济科学奖获得者 Oliver Hart 与 Bengt Holmström 研究工作评述［J］．管理评论，2016，(10)：3－10.

［364］严若森．公司治理成本的构成与公司治理效率的最优化研究［J］．会计研究，2005，(2)：59－63.

［365］杨国超．外部治理机制缺失下制度创新的代价——基于阿里巴巴“合伙人制度”的案例研究［J］．会计研究，2020，(1)：126－134.

［366］杨慧辉，赵媛，潘飞．股权分置改革后上市公司股权激励的有效性——基于盈余管理的视角［J］．经济管理，2012，(8)：65－75.

［367］杨瑞龙，聂辉华．不完全契约理论：一个综述［J］．经济研究，2006，(2)：104－115.

［368］杨晓刚．股权激励一本通［M］．第1版．北京：人民邮电出版社，2017.

［369］杨志强，石水平，石本仁，等．混合所有制、股权激励与融资决策中的防御行为——基于动态权衡理论的证据［J］．财经研究，2016，(8)：108－120.

［370］尹振东，聂辉华．腐败、官员治理与经济发展［J］．经济学（季刊），2020，(2)：411－432.

［371］于鸿君．从一个赌博模型看经济主体的风险偏好［J］．经济科学，2000，(5)：83－94.

［372］于卫国．内部治理、外部环境与股权激励关系的实证检验［J］．统计与决策，2011，(2)：151－153.

［373］于震，张行．“效率契约”还是“管理权力”？——公司治理对

CEO 股权激励的影响研究 [J]. 管理评论, 2020, (10): 259 - 275.

[374] 余海宗, 吴艳玲. 合约期内股权激励与内部控制有效性——基于股票期权和限制性股票的视角 [J]. 审计研究, 2015, (5): 57 - 67.

[375] 虞晓芬, 华玉昆. 企业经营者内部跟投的制度机理与激励效应——来自中国房地产上市公司项目跟投的经验证据 [J]. 浙江社会科学, 2021, (7): 14 - 25.

[376] 张东明. 对企业剩余权的重新解读 [J]. 经济纵横, 2011, (3): 19 - 22.

[377] 张海峰, 张维, 熊熊, 等. 损失厌恶对金融市场的作用机理探究 [J]. 西南交通大学学报 (社会科学版), 2011, (5): 68 - 72.

[378] 张俊瑞, 张健光, 王丽娜. 中国上市公司股权激励效果考察 [J]. 西安交通大学学报 (社会科学版), 2009, (1): 1 - 5.

[379] 张奇峰, 冯琪, 陈世敏, 等. 股权激励计划修订的动因与后果——以神州泰岳为例 [J]. 会计研究, 2018, (8): 49 - 56.

[380] 张维迎. 所有制、治理结构及委托—代理关系——兼评崔之元和周其仁的一些观点 [J]. 经济研究, 1996, (9): 3 - 53.

[381] 张维迎. 控制权损失的不可补偿性与国有企业兼并中的产权障碍 [J]. 经济研究, 1998, (7): 4 - 15.

[382] 张维迎. 产权安排与企业内部的权力斗争 [J]. 经济研究, 2000, (6): 41 - 50.

[383] 张维迎. 企业产权改革和我国后发优势的转变 [J]. 经济学动态, 2005, (2): 3 - 5.

[384] 张维迎. 博弈论与信息经济学 [M]. 第 1 版. 上海: 格致出版社, 2012.

[385] 张维迎. 企业的企业家——契约理论 [M]. 第 1 版. 上海: 上海人民出版社, 2016.

[386] 张维迎, 余晖. 西方企业理论的演进与最新发展 [J]. 经济研究, 1994, (11): 70 - 81.

[387] 张五常. 卖桔者言 [M]. 第 1 版. 成都: 四川人民出版社, 1988.

[388] 张曦，许琦．上市公司高管激励与公司绩效关系的实证研究［J］．商业研究，2013，(3)：108－115.

[389] 张宪．基于事件研究法的上市公司股权激励效应研究［J］．统计与决策，2016，(21)：166－168.

[390] 张璇，刘贝贝，李春涛．反腐政策为何能够提升企业业绩？——来自中国上市公司的经验证据［J］．财经问题研究，2021，(8)：1－13.

[391] 赵国宇，禹薇．股权激励、过度投资抑制与公司价值［J］．经济与管理评论，2019，(4)：42－51.

[392] 郑君君，谭旭，范文涛．基于委托－代理理论的股权激励模型的研究［J］．管理科学学报，2005，(1)：24－29.

[393] 郑丽，陈志军．企业扩张行为是否与董事会结构特征、激励方式有关——来自中国上市公司数据的实证检验［J］．现代财经（天津财经大学学报），2018，(9)：48－60.

[394] 郑志刚，邹宇，崔丽．合伙人制度与创业团队控制权安排模式选择——基于阿里巴巴的案例研究［J］．中国工业经济，2016，(10)：126－143.

[395] 周嘉南，陈效东．高管股权激励动机差异对公司绩效的影响研究［J］．财经理论与实践，2014，(2)：84－90.

[396] 周嘉南，雷霆．股权激励影响上市公司权益资本成本了吗？［J］．管理评论，2014，(3)：39－52.

[397] 周建，金媛媛，袁德利．董事会人力资本、CEO 权力对企业研发投入的影响研究——基于中国沪深两市高科技上市公司的经验证据［J］．科学学与科学技术管理，2013，(3)：170－180.

[398] 周建波，孙菊生．经营者股权激励的治理效应研究——来自中国上市公司的经验证据［J］．经济研究，2003，(5)：74－82.

[399] 周其仁．市场里的企业：一个人力资本与非人力资本的特别合约［J］．经济研究，1996，(6)：71－80.

[400] 周其仁．产权与制度变迁［M］．第 1 版．北京：北京大学出版社，2004.

[401] 周泽将，邹冰清．监事会经济独立性与代理成本［J］．财贸研究，

2020，(2)：97 －110.

［402］朱德胜，周晓珮．股权制衡、高管持股与企业创新效率［J］．南开管理评论，2016，(3)：136 －144.

［403］宗文龙，王玉涛，魏紫．股权激励能留住高管吗？——基于中国证券市场的经验证据［J］．会计研究，2013，(9)：58 －63.

［404］左聪颖，周业安．风险偏好研究及其未来可能的进展［J］．教学与研究，2013，(3)：64 －72.

后　　记

提笔之时，往日所有的不易和顺意皆历历心头，恍如梦幻一般，仿佛自己奇迹般地翻越了人生中不可逾越之巅，承受住了人生中不可承受之重，内心深处那种劫后余生的幸运感实在难以名状。或许，这种“不淡定”对于“顺风顺水”的求学者来说，未免显得夸张，可对我而言，几乎人到中年，方求学问，不仅是学术之路上的半路出家者，毫无优势可言，而且还背负着无处安放的家庭责任，明明显得如此“不合时宜”，却仍要执意问鼎学术之“玄”，实在是有点“悬”。然而，好在幸运之神有眷顾于我，让我求学期间幸遇诸多贵人相助，外加自身努力和不懈坚持，克忍所有艰辛，所幸最终后知后觉的我仍然可以得偿所愿。此刻，面对行将尾声的博士学习生涯，心潮久久难平，最想表达的当然是对诸多师友亲朋的感恩与感谢！

首先，我要衷心地感谢我的导师虞晓芬教授，没有虞老师的指导、帮助和鼓励，我深知自己几乎难以完成学业。虞老师在我心目中，既是严师慈导，更是亲人一般的存在。读博期间，在我每遇关坎迷茫之时，总有虞老师指点迷津，或交流引导，或提笔修稿，或迎请同行专家为我提供指导，利用一切有利条件为我提供学习和锻炼机会，让我有南下广州问学之旅、东渡上海学术交流之行、北上青岛国际学术会议学习之机。总之，正是在虞老师的教导之下，我才有幸步入学术研究殿堂之门，从最初的博士论文选题，到开题框架的确定再到学位论文的理论提升，从研究方法的学习到理论基础的夯实再到研究逻辑的确立，都离不开虞老师的耐心引导，特别是针对我的学术兴趣和专业学习背景，虞老师思想非常开明，允许我有自己的想法和选择，这让我有机会真正基于自己的研究兴趣和能力特征做自己想做和能做的研究主题。同时，虞老师除了在学习上对学生们循循善诱、用心良苦，还在生活上给予学生们最大的支持